Informationsrechte
des Private Equity-Investors
gegenüber dem Portfolio-Unternehmen

Schriften zum Gesellschafts-, Bilanz- und Unternehmensteuerrecht

Herausgegeben von Barbara Grunewald und Joachim Hennrichs

Band 34

Zur Qualitätssicherung und Peer Review der vorliegenden Publikation

Die Qualität der in dieser Reihe erscheinenden Arbeiten wird vor der Publikation durch den Herausgeber der Reihe geprüft.

Notes on the quality assurance and peer review of this publication

Prior to publication, the quality of the work published in this series is reviewed by the editor of the series.

Christian Brenscheidt

Informationsrechte des Private Equity-Investors gegenüber dem Portfolio-Unternehmen

Untersuchung am Beispiel einer Aktiengesellschaft

PETER LANG

Bibliografische Information der Deutschen Nationalbibliothek
Die Deutsche Nationalbibliothek verzeichnet diese Publikation in der Deutschen Nationalbibliografie; detaillierte bibliografische Daten sind im Internet über http://dnb.d-nb.de abrufbar.

Zugl.: Köln, Univ., Diss., 2019.

Gedruckt auf alterungsbeständigem, säurefreiem Papier.
Druck und Bindung: CPI books GmbH, Leck

D 38
ISBN 978-3-631-81733-9 (Print)
E-ISBN 978-3-631-82564-8 (E-PDF)
E-ISBN 978-3-631-82565-5 (EPUB)
E-ISBN 978-3-631-82566-2 (MOBI)
DOI 10.3726/b17363

Peter Lang – Berlin · Bern · Bruxelles · New York · Oxford · Warszawa · Wien

Diese Publikation wurde begutachtet.

www.peterlang.com

Meinen lieben Eltern

Vorwort

Die vorliegende Arbeit wurde im Wintersemester 2019/2020 von der Rechtswissenschaftlichen Fakultät der Universität zu Köln als Dissertation angenommen. Literatur und Rechtsprechung konnten bis März 2019 berücksichtigt werden.

Zunächst danke ich ganz besonders Frau Prof. Dr. Barbara Grunewald und Herrn Prof. Dr. Michael Schlitt für die Erstellung ihrer Gutachten sowie ihre Unterstützung und Begleitung auf meinem Weg bis zur Veröffentlichung dieser Dissertation. Herrn Prof. Dr. Michael Schlitt danke ich insbesondere auch für die vielen wertvollen Anregungen und Hinweise im Rahmen der Erstellung dieser Arbeit.

Frau Prof. Dr. Barbara Grunewald und Herrn Prof. Dr. Joachim Hennrichs danke ich zudem sehr herzlich für die Aufnahme meiner Arbeit in ihre Schriftenreihe.

Schließlich möchte ich meiner Familie danken: Meinen Eltern, Gabi und Michael, sowie meiner Schwester, Martina, für Eure Liebe, Eure bedingungslose Unterstützung und dass Ihr immer für mich da seid. Meinem Vater, dass Du diese Arbeit über alle Stadien hinweg geduldig zur Fehlerkorrektur gelesen hast und mir immer ein großartiger Diskussionspartner warst. Und Dir, liebe Alice, verdanke ich mehr als Worte ausdrücken können. Ihr bedeutet mir alles.

Inhaltsübersicht

Inhaltsverzeichnis

1. Teil: Einleitung

§ 1. Gegenstand der Untersuchung

Gegenstand der Untersuchung sind die grundlegenden Informationsrechte von Private Equity-Investoren („PE-Investoren“) gegenüber Portfolio-Unternehmen, die in der Rechtsform der Aktiengesellschaft verfasst sind. Hierbei wird zu differenzieren sein zwischen den Auskünften und Informationen, zu denen das Portfolio-Unternehmen *verpflichtet* ist, und denen, zu denen es *berechtigt* ist. Ferner soll geprüft werden, ob und mit welchen Maßnahmen der PE-Investor seine Informationsmöglichkeiten ggf. optimieren kann.

A. Private und Public Equity

I. Private Equity als Oberbegriff

Private Equity wird zum einen als der Oberbegriff für das außerbörsliche Eigenkapitalgeschäft verwendet.[1] Darunter versteht man ganz allgemein den privaten Erwerb von Beteiligungen an Unternehmen, die nicht börsennotiert sind oder sich unmittelbar nach dem Erwerb von der Börse zurückziehen.[2] Private Equity im weiteren Sinne unterfallen beispielsweise auch Venture Capital-Finanzierungen.[3]

II. Private Equity im engeren Sinne

Gegenstand dieser Untersuchung sind Private Equity-Investitionen im engeren Sinne. In Abgrenzung zu strategischen Investoren werden PE-Investoren der Gruppe der Finanzinvestoren zugeordnet.[4] Sie streben zumeist maßgebliche und in

---

1 *Thum/Timmreck/Keul*, Private Equity, S. 11; *Jesch*, Private-Equity-Beteiligungen, 2004, S. 21; *Gabrysch*, Breithaupt/Ottersbach, Komp. GesR, Teil 1, C, § 2 Rn. 61; *Brettel/Kauffmann u.a., PE-Investoren*, S. 11; *Weitnauer*, Hdb. VC, Teil A Rn. 2; *Feldhaus*, Feldhaus/Veith, FK PE, Kap. 1, Rn. 2 m.w.N.; *Weinheimer*, Hölters, Hdb. Unternehmenskauf, Rn. 12.1 m.w.N.; *Schewe u.a.*, Arbeitspapier Nr. 56, S. 1f.

2 *Eilers/Koffka*, Eilers/Koffka u.a., Private Equity, Einführung Rn. 2; *Thum/Timmreck/Keul*, Private Equity, S. 14.

3 *Feldhaus*, Feldhaus/Veith, FK PE, Kap. 1, Rn. 6; EVCA, Guide on Private Equity and Venture Capital for Entrepreneurs, 2007, S. 6; *Schewe u.a.*, Arbeitspapier Nr. 56, S. 1f. Siehe zu VC-Transaktionen die Ausführungen unter: § 2.B.I, S. 50ff.

4 *Faber*, Hommelhoff u.a., Hdb. Corp. Gov., 219, 220ff.; *Eidenmüller*, DStR 2007, 2116; vgl.: *Rudolph*, ZGR 2008, 161, 163.

der Regel sogar Mehrheitsbeteiligungen an ihren Unternehmen an[5], begnügen sich bisweilen aber auch mit Minderheitsbeteiligungen.[6] Dabei verfolgen PE-Investoren typischerweise einen mittelfristigen Investitionshorizont.[7] Die Haltedauer der Beteiligung beträgt üblicherweise zwischen drei und sieben Jahren[8], allerdings sind auch längere Investitionszeiträume von bis zu zehn Jahren[9] möglich. PE-Investoren wollen die Entwicklung ihrer Beteiligungsunternehmen über diesen Zeitraum aktiv mitgestalten mithilfe ihrer Eigentums-, Informations-, Kontroll- und Stimmrechte.[10] Sie streben in der Regel also *unternehmerische Beteiligungen* an, bei denen sie mittelbar als Aktionär oder über die Besetzung von Aufsichtsrats- oder Beiratsposten Einfluss auf die Geschäftsführung ihrer Portfolio-Unternehmen nehmen; das operative Geschäft hingegen führen sie, wie zu zeigen ist[11], dabei nur selten selbst.[12] Ihr Ziel ist es, den Wert der Unternehmensbeteiligung während der Haltedauer zu steigern und beim *Exit* eine möglichst hohe Rendite auf das eingesetzte Kapital zu erzielen.[13] Mögliche *Exit*-Szenarien sind der Verkauf der Beteiligung an einen strategischen Investor (*Trade Sale*) oder einen anderen Finanzinvestor (*Secondary Sale*), die Platzierung und Veräußerung der Aktien am Kapitalmarkt (*Initial Public Offering*), ein Rückkauf durch Alt- bzw. Mitgesellschafter (*Buy Back*) oder – im Falle des Misserfolgs der Beteiligung – die Liquidation der Gesellschaft.[14]

---

5 *Faber*, Hommelhoff u.a., Hdb. Corp. Gov., 219, 222; *Eilers/Koffka*, Eilers/Koffka u.a., Private Equity, Einführung Rn. 17; *Picot*, Handbuch Mergers & Acquisitions, S. 429; *Thum/Timmreck/Keul*, Private Equity, S. 13; *Eidenmüller*, DStR 2007, 2116.

6 *Rudolph*, ZGR 2008, 161, 163; vgl. ferner: EVCA, Guide on Private Equity and Venture Capital for Entrepreneurs, 2007, S. 15; Artikel aus der Frankfurter Allgemeinen Zeitung vom 20.12.2016, „Wohin mit all dem „Trockenpulver"?", abrufbar unter: http://www.faz.net/aktuell/finanzen/private-equity-finanzinvestoren-bekommen-oft-nur-noch-minderheiten-14582884.html, zuletzt abgerufen am: 20.6.2017.

7 *Eilers*, AG 2006, 792.

8 *Eilers/Koffka*, Eilers/Koffka u.a., Private Equity, Einführung Rn. 18, 20; *Gündel/Katzorke*, Private Equity, S. 35; *Thum/Timmreck/Keul*, Private Equity, S. 129; *Kaserer*, Private Equity in Deutschland, 2007, S. 14; *Cichy/Jander-McAlister*, BB 2012, 723, 724; *Schewe u.a.*, Arbeitspapier Nr. 56, S. 2.

9 Vgl.: *Kind*, Lüdicke/Arndt, Geschlossene Fonds, S. 395; *Rudolph*, ZGR 2008, 161, 162; *Ferber*, FS Binz, 2014, 193, 196.

10 *Rudolph*, ZGR 2008, 161.

11 Siehe die Ausführungen unter: § 2.A.III.1, S. 47f.

12 Vgl. zu Finanzinvestoren allgemein: *Cichy/Jander-McAlister*, BB 2012, 723, 724.

13 *Richter/Steinmüller/Gollan*, Jesch/Striegel, Rechtshdb. PE, S. 6f.; *Gabrysch*, Breithaupt/Ottersbach, Komp. GesR, Teil 1, C, § 2 Rn. 60; *Weinheimer*, Hölters, Hdb. Unternehmenskauf, Rn. 12.13; *Ellrott*, Eilers/Koffka u.a., Private Equity, VIII.1 Rn. 1; *Rudolph*, ZGR 2008, 161, 163f.; vgl. hierzu ferner: BMF Schreiben vom 16.12.2003, BStBl. 2004, Teil I, S. 40 Rn. 1; *Kaserer*, Private Equity in Deutschland, 2007, S. 14; *Schewe u.a.*, Arbeitspapier Nr. 56, S. 3; *Schewe u.a.*, Arbeitspapier Nr. 57, S. 1.

14 *Rudolph*, ZGR 2008, 161, 164; *Ellrott*, Eilers/Koffka u.a., Private Equity, VIII.1 Rn. 1; *Thum/Timmreck/Keul*, Private Equity, S. 129; vgl. hierzu ausführlich: *Brettel/Kauffmann u.a., PE-Investoren*, S. 120ff.

III. Public Equity

Public Equity wird in Abgrenzung zu Private Equity regelmäßig als das börsliche Eigenkapitalgeschäft umschrieben.[15] Wenngleich sich PE-Investoren, wie bereits erörtert,[16] klassischerweise an Unternehmen beteiligen, die nicht börsennotiert sind bzw. sich unmittelbar nach dem Erwerb von der Börse zurückziehen, kommen in der Praxis auch börsennotierte Unternehmen als Anlageobjekt für PE-Investoren in Betracht. Im Folgenden soll dargestellt werden, wann Unternehmen *börsennotiert* in diesem Sinne sind.

1. Begriff der Börsennotierung

Nach der engen Legaldefinition des § 3 Abs. 2 AktG sind Gesellschaften nur dann börsennotiert, wenn ihre *„Aktien zu einem Markt zugelassen sind, der von staatlich anerkannten Stellen geregelt und überwacht wird"*. Von dem aktienrechtlichen Begriff der Börsennotierung sind also nur solche Unternehmen umfasst, die im regulierten Markt oder vergleichbaren Börsen im Ausland gehandelt werden.[17] Nicht börsennotiert im Sinne des AktG sind hingegen Unternehmen, deren Aktien lediglich in einem Freiverkehr gehandelt werden, da diese den Börsen nur privatrechtlich angegliedert sind.[18] Allerdings sind die kapitalmarktrechtlichen Zulassungsfolgepflichten für den Handel an regulierten Märkten in den vergangenen Jahren weitgehend auch auf multilaterale Handelssysteme (zu denen auch die deutschen Freiverkehre zählen[19]) ausgedehnt worden.[20] Insbesondere die in wesentlichen Teilen am 3. Juli 2016 in Kraft getretene EU-Marktmissbrauchsverordnung (*Market Abuse Regulation*, kurz: „MAR")[21] gilt nicht nur für den Handel

---

15 *Feldhaus*, Feldhaus/Veith, FK PE, Kap. 1, Rn. 2; *Weitnauer*, Hdb. VC, Teil A Rn. 2; *Weinheimer*, Hölters, Hdb. Unternehmenskauf, Rn. 12.1; *Söhner*, WM 2014, 2110; *Schewe u.a.*, Arbeitspapier Nr. 56, S. 2; vgl.: *Jesch*, Private-Equity-Beteiligungen, 2004, S. 23.

16 Siehe hierzu bereits die Ausführungen unter: § 1.A.I, S. 27.

17 *Koch*, Hüffer/Koch, AktG, § 3 Rn. 6; *Bayer*, FS Hopt, S. 373, 385.

18 *Lutter*, Schmidt, K./Lutter, AktG, § 3 Rn. 6; *Bayer*, FS Hopt, S. 373, 385; vgl. ferner: *Koch*, Hüffer/Koch, AktG, § 3 Rn. 6; *Burgard/Heimann*, WM 2014, 821, 829f.; *Zetzsche*, NZG 2012, 1164.

19 Siehe eine Liste mit den zugelassenen MTFs auf der Website der ESMA, abrufbar unter: https://registers.esma.europa.eu/publication/searchRegister?core=esma_registers_mifid_mtf, zuletzt abgerufen am: 1.7.2017; BaFin, „Art. 17 MAR – Veröffentlichung von Insiderinformationen (FAQs)", Stand: 22.12.2016, abrufbar unter: https://www.bafin.de/SharedDocs/Downloads/DE/FAQ/dl_faq_mar_art_17_Ad-hoc.pdf?__blob=publicationFile&v=3, zuletzt abgerufen am: 1.7.2017, S. 4.

20 Vgl.: *Koch*, Hüffer/Koch, AktG, § 3 Rn. 6.

21 Verordnung (EU) Nr. 596/2014 des Europäischen Parlaments und des Rates vom 16.4.2014 über Marktmissbrauch (Marktmissbrauchsverordnung) und zur Aufhebung der Richtlinie 2003/6/EG des Europäischen Parlaments und des Rates und der Richtlinien 2003/124/EG, 2003/125/EG und 2004/72/EG der Kommission.

an geregelten Märkten, sondern auch für den Handel an multilateralen Handelssystemen und organisierten Handelssystemen.[22] Im Rahmen dieser Untersuchung wird der Begriff der Börsennotierung daher weiter verstanden und schließt insbesondere auch in Freiverkehren gelistete Unternehmen ein.

2. *Übernahme börsennotierter Unternehmen durch PE*

Die Rolle von PE-Investoren bei der Übernahme von börsennotierten Unternehmen ist in den vergangenen Jahren signifikant gewachsen.[23] Ein jüngeres Beispiel hierfür stellt die 2017 erfolgte Übernahme der *STADA Arzneimittel AG* durch die PE-Investoren *Bain Capital* und *Cinven* mit einem Transaktionsvolumen von rund 5,3 Milliarden Euro dar.[24] Eine Ursache für die gestiegene Bedeutung von Private Equity bei der Übernahme von börsennotierten Unternehmen liegt darin, dass den enormen Summen an verfügbarem Eigenkapital der PE-Fonds[25] und dem damit einhergehenden Anlagedruck der PE-Investoren nur eine begrenzte Anzahl an potenziellen, nicht börsennotierten Zielgesellschaften gegenübersteht.[26] Dies zwingt PE-Investoren mitunter zu Anlagebetätigungen *„abseits der vertrauten Pfade"*.[27]

3. *PIPE-Transaktionen*

Eine besondere Form von Public Equity-Transaktionen stellen sog. *Private Investments in Public Equity* (kurz: „PIPE") dar. Die Besonderheit liegt darin, dass der Finanzinvestor (teils aus rechtlichen, teils aus wirtschaftlichen Gründen[28]) lediglich eine Minderheitsbeteiligung an der börsennotierten Gesellschaft

22 Art. 2 Abs. 1 MAR; siehe hierzu ferner die ausführlichen Ausführungen unter: § 4.B.II, S. 71ff., § 8, S. 143ff.

23 Vgl. *Fromholzer/Hasselbach/v.Werder*, Eilers/Koffka u.a., Private Equity, Kapitel II.1 Rn. 1.

24 Siehe hierzu: *Fromholzer/Hasselbach/v.Werder*, Eilers/Koffka u.a., Private Equity, Kapitel II.1 Rn. 1.

25 Siehe hierzu die Ausführungen unter: § 1.A.IV, S. 31f.

26 *Fromholzer/Hasselbach/v.Werder*, Eilers/Koffka u.a., Private Equity, Kapitel II.1 Rn. 1; gar von einer Abnahme der potenziellen Zielgesellschaften sprechend: *Schmitz/Slopek*, NJOZ 2009, 1264, 1265; vgl. ferner: Artikel aus der Welt am Sonntag vom 17.4.2016, „Nichts zu Fressen", S. 41f., wonach *„kaum noch Unternehmen zum Verkauf"* stünden; Artikel aus der Frankfurter Allgemeinen Zeitung vom 22.9.2014, „Wohin nur mit dem ganzen Geld?", abrufbar unter: http://www.faz.net/aktuell/wirtschaft/unternehmen/private-equity-wohin-nur-mit-dem-ganzen-geld-13164184.html, zuletzt abgerufen am: 20.6.2017; vgl. zum globalen PE-Markt: Artikel aus der Frankfurter Allgemeinen Zeitung vom 20.12.2016, „Wohin mit all dem „Trockenpulver"?" (siehe Fn. 6).

27 *Schmitz/Slopek*, NJOZ 2009, 1264, 1265.

28 *Neumann*, Rechtliche Probleme von PIPE-Transaktionen, S. 1.

erwirbt[29], also eine Beteiligung unterhalb der übernahmerechtlichen Kontrollschwelle von 30 Prozent (§ 29 Abs. 2 WpÜG)[30]. Für Aufsehen sorgte im Jahre 2006 etwa der PE-Investor *Blackstone* mit seiner Beteiligung von knapp 5 Prozent an dem Telekommunikationsanbieter *Deutsche Telekom AG.*[31] Die strukturellen Nachteile der Minderheitsposition versucht der PE-Investor, über gute Beteiligungskonditionen und einen individuellen Zuschnitt seiner Investorenvereinbarung auszugleichen.[32]

IV. Volkswirtschaftliche Bedeutung von Private Equity

PE-Investoren nehmen heute im kontinentaleuropäischen Finanzsystem eine wichtige Rolle bei der Finanzierung vorzugsweise mittelständischer Unternehmen ein.[33] Sie agieren als Finanzintermediäre, indem sie zwischen den Investoren und den kapitalsuchenden Unternehmen vermitteln.[34] Zwar fließt der Kaufpreis für den Erwerb der Beteiligung an die (Alt-)Gesellschafter bzw. Verkäufer und nicht an das Portfolio-Unternehmen selbst. Üblicherweise stellen PE-Investoren den Portfolio-Unternehmen im Rahmen des Beteiligungserwerbs jedoch darüber hinausgehendes Kapital zur Verfügung, etwa als Gesellschaftsdarlehen und/oder in Form von Eigenkapital (z.B. als Zuzahlung in die Kapitalrücklagen nach § 272 Abs. 2 Nr. 4 HGB oder im Rahmen einer Kapitalerhöhung, durch die der PE-Investor ggf. erst die Mehrheit an dem Portfolio-Unternehmen erlangt).[35]

Das *Handelsblatt* schätzte das allen PE-Investoren weltweit für Unternehmensbeteiligungen zur Verfügung stehende Kapital Anfang 2017 auf rund 800 Milliarden Dollar (ca. 820 Milliarden Euro).[36] Berücksichtigt man, dass Private Equity-Gesellschaften die Transaktionen regelmäßig zu großen Teilen mit

29 *Fromholzer/Hasselbach/v.Werder*, Eilers/Koffka u.a., Private Equity, Kapitel II.7 Rn. 177; *v.Riegen*, CFL 2010, 1; vgl.: *Schiessl*, AG 2009, 385ff.

30 *Fromholzer/Hasselbach/v.Werder*, Eilers/Koffka u.a., Private Equity, Kapitel II.7 Rn. 177; *Nussbaum/Rothenfußer*, Jesch/Striegel, Rechtshdb. PE, S. 570, mit weiteren Ausführungen zum wesentlich engeren Verständnis von PIPE in den USA (ebenda: S. 569f.).

31 *Schmitz/Slopek*, NJOZ 2009, 1264; *Fromholzer/Hasselbach/v.Werder*, Eilers/Koffka u.a., Private Equity, Kapitel II.7 Rn. 177; siehe weitere Beispiele für PIPE-Transaktionen bei: *Neumann*, Rechtliche Probleme von PIPE-Transaktionen, S. 4ff.

32 *Neumann*, Rechtliche Probleme von PIPE-Transaktionen, S. 1.

33 *Rudolph*, ZGR 2008, 161, 167.

34 *Feldhaus*, Feldhaus/Veith, FK PE, Kap. 1, Rn. 15 m.w.N., Rn. 51; *Thum/Timmreck/Keul*, Private Equity, S. 17; *Brettel/Kauffmann u.a., PE-Investoren*, S. 14; *Schewe u.a.*, Arbeitspapier Nr. 56, 2008, S. 2.

35 Diese Ausführungen basieren auf praktischen Erfahrungen des Verfassers.

36 Artikel aus dem Handelsblatt vom 25.1.2017, „Willkommen beim deutschen Mittelstand“, abrufbar unter: http://www.handelsblatt.com/finanzen/anlagestrategie/trends/finanzinvestoren-willkommen-beim-deutschen-mittelstand/19301728.html, zuletzt abgerufen am: 10.4.2018.

Fremdkapital finanzieren[37] (die Fremdkapitalquote beträgt nicht selten bis zu 70 Prozent des Beteiligungsvolumens[38]), konnte man bereits 2017 von einem potenziellen Transaktionsvolumen für Unternehmensbeteiligungen von weit über einer Billion Dollar ausgehen. Die PE-Investoren stehen unter Druck, ihr „Trockenpulver" zeitnah in Unternehmensbeteiligungen zu investieren. Deutschland gilt bei vielen als besonders attraktiver Markt für PE-Investoren, sodass vielfach mit einer Zunahme der Investitionen in Deutschland gerechnet wird.[39] In 2017 investierten Finanzinvestoren laut Statistiken des *Bundesverbandes Deutscher Kapitalbeteiligungsgesellschaften* („BVK") ca. 11,31 Milliarden Euro in deutsche Unternehmen (davon 8,94 Milliarden Euro in Form klassischer Unternehmensübernahmen).[40]

B. Informationsbedürfnis von PE-Investoren

PE-Investoren sind in jeder Phase der Unternehmensbeteiligung auf zuverlässige und umfassende Informationen über ihre Portfolio-Unternehmen angewiesen.[41] Im Folgenden soll aufgezeigt werden, worin das gegenüber „gewöhnlichen" Aktionären[42] gesteigerte Informationsbedürfnis von PE-Investoren begründet liegt.

I. Beteiligungsprüfung und Due Diligence

Zunächst einmal können die Gewinnung von Informationen und deren richtige Interpretation bereits im Vorfeld einer Unternehmensbeteiligung des PE-Investors grundlegend für den Ausgang der gesamten Transaktion sein.[43] Mithilfe der *Due Diligence*-Prüfung[44] versucht der PE-Investor, das Zielunternehmen besser zu

---

37 *Faber*, Hommelhoff u.a., Hdb. Corp. Gov., 219, 222.

38 *Kind*, Lüdicke/Arndt, Geschlossene Fonds, S. 392.

39 Vgl. hierzu folgende Zeitungsartikel: Artikel aus der Frankfurter Allgemeinen Zeitung vom 24.2.2015, „Finanzinvestoren lieben Deutschland", S. 21; Artikel aus der Frankfurter Allgemeinen Zeitung vom 25.2.2015, „Deutschland ist ein Investoren-Magnet", abrufbar unter: http://www.faz.net/aktuell/finanzen/fonds-mehr/deutschland-ist-ein-investoren-magnet-13450220.html, zuletzt abgerufen am: 20.6.2017.

40 Siehe „BVK-Statistik. Das Jahr in Zahlen 2017", abrufbar unter: https://www.bvkap.de/markt/statistiken, zuletzt abgerufen am: 10.4.2018.

41 *Traugott*, BB 2001, 2277; vgl. dahingehend: *Thum/Timmreck/Keul*, Private Equity, S. 10; vgl. mit Bezug auf VC-Investoren: *Kuntz*, Gestaltung von Kapitalgesellschaften, 587.

42 Im Rahmen der Untersuchung wird bei geschlechtsspezifischen Begriffen aus Gründen der besseren Lesbarkeit durchgehend das generische Maskulinum verwendet. Diese Form versteht sich explizit als geschlechtsneutral, gedanklich einzuschließen sind demnach Personen jeglichen Geschlechts.

43 Vgl.: *Koffka*, Eilers/Koffka u.a., Private Equity, Kapitel I.3 Rn. 1: *„Die „richtigen" Informationen zum richtigen Zeitpunkt richtig bewertet, können über den Erfolg oder Misserfolg [...] entscheiden"*.

44 Unter einer *Due Diligence* versteht man eine intensive, ganzheitliche Unternehmensanalyse, die regelmäßig im Vorfeld von Käufen, Verkäufen, Fusionen,

verstehen.[45] Da Finanzinvestoren üblicherweise über geringere Branchenkenntnisse verfügen als strategische Investoren, bestehen zwischen Veräußerer und Erwerber hier regelmäßig in besonderem Maße Informationsasymmetrien.[46] Die grundsätzliche Zulässigkeit der Weitergabe von Informationen an einen potenziellen Erwerber zur Durchführung einer *Due Diligence* ist mittlerweile ganz überwiegend anerkannt[47] und soll daher nicht Gegenstand dieser Untersuchung sein.

II. Fortlaufendes Beteiligungs-Controlling

1. Strukturierung des Beteiligungs-Controllings

Nach dem Erwerb der Beteiligung beschränken sich PE-Investoren nicht auf das bloße Halten ihrer Beteiligung.[48] Sie übernehmen vielmehr eine aktive Rolle bei der Betreuung und Kontrolle ihrer Portfolio-Unternehmen und leisten dem Management ggf. punktuell Unterstützung.[49] PE-Investoren führen daher fortlaufend Maßnahmen zum Controlling[50] bzw. *Monitoring* ihrer Portfolio-Unternehmen durch[51], wobei sich das Beteiligungs-Controlling wie folgt gliedert:

- zum einen überwacht der PE-Investor sein jeweiliges Beteiligungs-Portfolio in seiner Gesamtheit und überprüft dessen richtige Zusammensetzung;
- zum anderen führt er ein Controlling auf Ebene der einzelnen Portfolio-Unternehmen zu deren Überwachung und Steuerung durch.[52]

Umstrukturierungen, Sanierungen oder Börseneinführungen stattfindet (*Wegmann/Koch*, DStR 2000, 1027; *Körber*, NZG 2002, 263f. m.w.N.).

45 *Koffka*, Eilers/Koffka u.a., Private Equity, Kapitel I.3 Rn. 4.

46 Vgl. zum ähnlich gelagerten Interesse des PE-Investors an Garantien des Managements im Rahmen von Unternehmenskäufen zum Ausgleich der gegenüber strategischen Investoren verminderten Branchenkenntnisse: *Hohaus/Kaufhold*, BB 2015, 709, 710.

47 Vgl. statt vieler: *Koch*, Hüffer/Koch, AktG, § 93 Rn. 32; *Krieger/Sailer-Coceani*, Schmidt, K./Lutter, AktG, § 93 Rn. 27; *Spindler*, MüKo-AktG, Band 2, § 93 Rn. 137; *Wiesner*, MünchHdb. GesR, Band 4, § 25 Rn. 48; *Mertens*, AG 1997, 541, 542ff.; *K.J.Müller*, NJW 2000, 3452ff.; *Stoffels*, ZHR 165 (2001), 362, 371ff.; *Körber*, NZG 2002, 263, 269f.; die Zulässigkeit nur bei einem ungewöhnlichen, überragenden, anders nicht zu realisierenden eigenen unternehmerischen Interesse der Gesellschaft bejahend: *Lutter*, ZIP 1997, 613, 617; *Ziemons*, AG 1999, 492, 495.

48 *Richter/Steinmüller/Gollan*, Jesch/Striegel, Rechtshdb. PE, S. 6f.; *Gündel/Katzorke*, Private Equity, S. 188.

49 *Theiler*, Jesch/Striegel, Rechtshdb. PE, S. 340.

50 Darunter versteht man *„Beherrschung, Lenkung und Steuerung eines Vorganges"* (*Theiler*, Jesch/Striegel, Rechtshdb. PE, S. 341 m.w.N.).

51 *Gündel/Katzorke*, Private Equity, S. 188; siehe ausführlich zum *Monitoring* unter § 6.C.II.1, S. 104f.

52 *Thum/Timmreck/Keul*, Private Equity, S. 111f.; *Feldhaus*, Feldhaus/Veith, FK PE, Kap. 1, Rn. 264f.

Das Beteiligungs-Controlling bildet einen Schwerpunkt der Tätigkeit von PE-Investoren.[53] Rund 60 Prozent ihres Arbeitseinsatzes verwenden Private Equity-Manager empirischen Studien zufolge für das Beteiligungs-Controlling und das damit einhergehende *Mentoring*.[54] Darunter werden wiederum jene Maßnahmen des PE-Investors zusammengefasst, mit denen er auf eine Erhöhung der Wertschöpfung der einzelnen Portfolio-Unternehmen abzielt.[55] Sowohl die gezielte Einflussnahme auf die Portfolio-Unternehmen im Einzelnen als auch die sinnvolle Verwaltung des Portfolios in seiner Gesamtheit setzen wiederum umfassende Informationen über die jeweiligen Portfolio-Unternehmen voraus.[56] Die Beschaffung und Zusammenführung verlässlicher Informationen über die Portfolio-Unternehmen ist somit eine der zentralen Aufgaben des Beteiligungs-Controllings.[57]

2. Controlling auf Ebene des Portfolio-Unternehmens

Wie gezeigt,[58] ist das Geschäftsmodell von PE-Investoren dadurch geprägt, dass sie aktiv zur Wertsteigerung ihrer Unternehmensbeteiligungen beitragen möchten, um im *Exit* eine möglichst hohe Rendite auf das eingesetzte Kapital realisieren zu können. Ihr Beteiligungs-Controlling auf Ebene der einzelnen Portfolio-Unternehmen gliedert sich daher im Wesentlichen in folgende drei Phasen:

1. *Investitionsphase:* Der PE-Investor analysiert geeignete Investitionsmöglichkeiten und erarbeitet ein Wertsteigerungskonzept;
2. *Betreuungsphase:* Der PE-Investor betreut das Portfolio-Unternehmen bei der Umsetzung des Wertsteigerungskonzepts und kontrolliert dessen Durchführung; und
3. *Exitphase:* Der PE-Investor entscheidet über den Zeitpunkt und die Durchführung des *Exits*.[59]

In dem Wertsteigerungskonzept legt der PE-Investor die Ziele und Maßnahmen fest, mit denen er die geplante Unternehmenswertsteigerung erreichen möchte, z.B. in Form eines Business-Plans, ggf. ergänzt um einen Maßnahmenplan (häufig „6-Monatsplan") mit den kurz- und mittelfristig geplanten Maßnahmen und Zielen.[60] In der Betreuungsphase nimmt der PE-Investor die Rolle eines aktiven

53 *Thum/Timmreck/Keul*, Private Equity, S. 110ff.
54 *Feldhaus*, Feldhaus/Veith, FK PE, Kap. 1, Rn. 268.
55 *Brettel/Kauffmann u.a.*, PE-Investoren, S. 99; *Schewe u.a.*, Arbeitspapier Nr. 56, S. 4; siehe zum *Mentoring* ausführlich unter § 6.C.II.2, S. 105ff.
56 *Traugott*, BB 2001, 2277; vgl. hierzu ausführlich: *Thum/Timmreck/Keul*, Private Equity, S. 110ff.
57 *Theiler*, Jesch/Striegel, Rechtshdb. PE, S. 353.
58 Siehe hierzu die bereits Ausführungen unter: § 1.A.II, S. 27f.
59 *Theiler*, Jesch/Striegel, Rechtshdb. PE, S. 342f.
60 *Theiler*, Jesch/Striegel, Rechtshdb. PE, S. 345, 347.

Beraters des Managements des Portfolio-Unternehmens ein; einen wesentlichen Aspekt der Betreuung stellt die periodische Überprüfung des Erreichens der Zielgrößen des vereinbarten Maßnahmenkatalogs dar (Soll-Ist-Vergleich).[61] Das Beteiligungs-Controlling dient ferner dazu, einen günstigen Zeitpunkt für den *Exit* zu identifizieren.[62]

III. Reporting-Pflichten des PE-Investors

Das Informationsbedürfnis des PE-Investors wird in der Praxis zusätzlich dadurch gesteigert, dass dieser seinerseits Berichtspflichten genügen muss. Zunächst ist er gegenüber seinen Kapitalgebern, also den Investoren der von ihm verwalteten Fonds, zur Rechenschaft verpflichtet.[63] Zudem nehmen PE-Investoren zur (teilweisen) Finanzierung der Beteiligung an den Portfolio-Unternehmen zusätzlich zu dem eingesetzten Eigenkapital typischerweise auf Ebene ihrer Erwerbsgesellschaften Fremdkapital auf.[64] Die finanzierenden Banken, mit deren Hilfe die PE-Transaktionen finanziert werden, verpflichten den PE-Investor ihrerseits zu einem umfassenden *Reporting*.[65] Um den Banken ein frühzeitiges Eingreifen bei Fehlentwicklungen zu ermöglichen, ist das *Reporting* ihnen gegenüber zumeist besonders zeitnah und umfangreich angelegt.[66] Die Berichterstattung an die Banken beinhaltet üblicherweise ein Monats-, zumindest aber ein Quartals-*Reporting* (einschließlich Bilanzen, Gewinn- und Verlust- sowie Kapitalflussrechnung).[67] Der PE-Investor muss sicherstellen, dass er seine *Reporting*-Verpflichtungen vollständig und rechtzeitig erfüllen kann, also insbesondere, dass ihm das Management des Portfolio-Unternehmens die hierzu erforderlichen Informationen zur Verfügung stellt.[68]

61 *Theiler*, Jesch/Striegel, Rechtshdb. PE, S. 347f., 362.
62 *Theiler*, Jesch/Striegel, Rechtshdb. PE, S. 348.
63 *Wagner*, BKR 2002, 17; zu der Berichtspflicht von Venture Capital-Investoren („VC-Investoren") gegenüber ihren Kapitalgebern: *Möllmann/Bank*, VC Germany, Teil 2 Rn. 326; *Mellert*, NZG 2003, 1096, 1099; *Pfeifer*, BB 1999, 1665, 1668.
64 *Hundertmark/Paul*, Eilers/Koffka u.a., Private Equity, Kapitel VII.5 Rn. 2; siehe hierzu ausführlicher die Ausführungen unter: § 2.A.IV.
65 *Hundertmark/Paul*, Eilers/Koffka u.a., Private Equity, Kapitel VII.5 Rn. 2; *Thum/Timmreck/Keul*, Private Equity, S. 22f.
66 *Thum/Timmreck/Keul*, Private Equity, S. 22f.
67 *Thum/Timmreck/Keul*, Private Equity, S. 22f.; vgl. hierzu ferner: Deutsche Bundesbank, Monatsbericht April 2007, abrufbar unter: http://www.bundesbank.de/Redaktion/DE/Downloads/Veroeffentlichungen/Monatsberichte/2007/2007_04_monatsbericht.html, zuletzt abgerufen am: 19.6.2017, S. 25f.
68 *Hundertmark/Paul*, Eilers/Koffka u.a., Private Equity, Kapitel VII.5 Rn. 2.

C. Informationsaustausch in der Praxis

Da eine aktive Beteiligung von PE-Investoren am Management üblicherweise nicht gewollt ist,[69] sind sie darauf angewiesen, umfassend über die Angelegenheiten des Portfolio-Unternehmens informiert zu werden.[70] Um ihre Investments besser kontrollieren zu können, streben PE-Investoren daher gesonderte Informations- und Kontrollrechte in den Portfolio-Unternehmen an.[71] Über beteiligungsvertragliche Berichtspflichten soll gewährleistet werden, dass der PE-Investor letztlich sämtliche Informationen erlangt, die für die geschäftliche Entwicklung des Beteiligungsunternehmens von wesentlicher Bedeutung sind.[72] Die Portfolio-Unternehmen verpflichten sich hierüber typischerweise zu einem regelmäßigen, üblicherweise sogar monatlichen *Reporting* gegenüber dem PE-Investor[73], insbesondere über die wirtschaftliche und finanzielle Lage des Unternehmens[74]. Ein wesentliches Überwachungs- und Steuerungswerkzeug für den PE-Investor stellt das *Financial Reporting* dar.[75] Neben periodisch wiederkehrenden Berichten begehrt der PE-Investor zusätzlich außerordentliche Berichte, die ihn über sämtliche Ereignisse in Kenntnis setzen, die über den normalen Geschäftsbetrieb hinausgehen[76], also gewissermaßen eine anlassbezogene Berichterstattung[77]. Potenzielle Gegenstände des *Reportings* des Portfolio-Unternehmens sind vor allem:

- die finanziellen Kennzahlen des Portfolio-Unternehmens, insbesondere aktualisierte Bilanzen, Gewinn- und Verlustrechnungen, *Cashflow*-Rechnungen, aber auch detaillierte Investitionsplanungen und Business-Pläne;[78]
- der Stand der technischen Entwicklung von Produkten, detaillierte Vertriebszahlen, Vermarktungserfolge, der Auftragsbestand oder Vertragsabschlüsse[79]; und

---

69 Vgl. hierzu: BMF Schreiben vom 16.12.2003, BStBl. 2004, Teil I, S. 42 Rn. 16; *Inhester*, Jesch/Striegel, Rechtshdb. PE, S. 246; vgl. ferner: *Veith*, Feldhaus/Veith, FK PE, Kap. 3, § 8 Rn. 17; siehe hierzu ferner die Ausführungen unter: § 2.A.III.1, S. 47f.

70 *Inhester*, Jesch/Striegel, Rechtshdb. PE, S. 247.

71 *Weitnauer*, Hdb. VC, Teil F Rn. 168; *ders.*, FS Hay, 463, 470f.

72 *Schewe u.a.*, Arbeitspapier Nr. 56, S. 4f.; vgl. ferner mit Bezug auf das Informationsbedürfnis von VC-Investoren: *Winkler*, Rechtsfragen VC-Finanzierung, S. 117; *Weitnauer*, NZG 2001, 1065, 1071.

73 *Brettel/Kauffmann u.a., PE-Investoren*, S. 97; vgl. ferner mit Bezug auf VC-Investoren: *Möllmann/Möllmann*, BWNotZ 2013, 74, 84.

74 Vgl. mit Bezug auf VC-Investments: *Mellert*, NZG 2003, 1096, 1099; vgl. ferner: *Weitnauer*, NZG 2001, 1065, 1071 („*geschäftliche Entwicklung*").

75 *Hundertmark/Paul*, Eilers/Koffka u.a., Private Equity, Kapitel VII.5 Rn. 2; vgl. zum Fokus auf die finanz- und betriebswirtschaftlichen Kennziffern: *Thum/Timmreck/Keul*, Private Equity, S. 112ff.

76 *Maidl/Kreifels*, NZG 2003, 1091, 1095.

77 Mit Bezug auf PIPE-Transaktionen: *Neumann*, Rechtliche Probleme von PIPE-Transaktionen, S. 243.

78 *Brettel/Kauffmann u.a., PE-Investoren*, S. 97; *Schewe u.a.*, Arbeitspapier Nr. 56, S. 5.

79 *Brettel/Kauffmann u.a., PE-Investoren*, S. 97.

- je nach Einzelfall, Informationen aus den unterschiedlichsten Bereichen der Geschäftstätigkeit des Portfolio-Unternehmens, beispielsweise über wesentliche Miet- und Pachtverträge, gewerbliche Schutzrechte oder, ganz allgemein, die Geschäftspolitik des Unternehmens[80].

In der Praxis beziehen PE-Investoren ihre Informationen häufig über Investorengespräche, bei denen die Unternehmensvorstände die Investoren in informellen Treffen exklusiv mit unternehmensrelevanten Informationen bedienen[81], ggf. auch über gesonderte Gremien wie Beiräte. Fraglich ist jedoch, ob die Praxis des bevorzugten, exklusiven Informationsaustauschs mit dem PE-Investor bei Portfolio-Unternehmen, die in der Rechtsform der AG verfasst sind, (aktien-)rechtlich zulässig ist.

D. Problemstellung

Die AG ist insgesamt wesentlich strenger reglementiert als beispielsweise die GmbH.[82] Was bei der GmbH zulässige und gängige Praxis sein kann, muss keineswegs auch bei der AG erlaubt sein. Die Zulässigkeit der oben aufgezeigten informationellen Bevorteilung einzelner Aktionäre in der AG stößt in vielerlei Hinsicht auf (aktien-)rechtliche Bedenken: Dürfen Vorstand und Aufsichtsrat an dem Organ der Hauptversammlung vorbei selektiv Informationen an den PE-Investor weiterreichen? Wenn ja, gilt dies auch für Betriebs- und Geschäftsgeheimnisse oder, im Falle der Börsennotierung des Portfolio-Unternehmens, Insiderinformationen im Sinne des kapitalmarktrechtlichen Insiderrechts? Was geschieht, wenn der Vorstand derlei Informationen weitergibt: Haben die anderen Aktionäre dann ihrerseits einen Anspruch auf Auskunft gegenüber dem Portfolio-Unternehmen?

Diese Fragen dürften sich in der Praxis bei nahezu jeder Beteiligung eines PE-Investors an einer AG stellen. Gleichwohl ist dieses Thema in der Literatur bislang eher stiefmütterlich bzw. nur am Rande behandelt worden.[83] Die dadurch entstehende Rechtsunsicherheit kann in der Praxis dazu führen, dass durch den intensiven Informationsaustausch zwischen PE-Investor und Unternehmen aktienrechtliche Grenzen überschritten und Mitaktionäre des PE-Investors in

---

80 Mit Bezug auf VC-Investoren: *Weitnauer*, NZG 2001, 1065, 1071.

81 Vgl. mit Bezug auf institutionelle Investoren allgemein: *Faber*, Hommelhoff u.a., Hdb. Corp. Gov., 219, 228; *Janke*, Gesellschaftsrechtliche Treuepflicht, S. 240f.; *Wilde*, ZGR 1998, 423, 460.

82 *Mailänder*, Hdb. VC, Teil E Rn. 238.

83 Daran hat sich seit der Feststellung hierzu von *Traugott*, BB 2001, 2277, nicht viel geändert; vgl. so mit Bezug auf das Problem der Reichweite des Gleichbehandlungsgrundsatzes beim Informationsaustausch zwischen dem Portfolio-Unternehmen und dem VC-Investor: *Kuntz*, Gestaltung von Kapitalgesellschaften, 583; vgl. ferner zur geringen Beachtung des Controllings und Reportings von PE-Investoren: *Thum/Timmreck/Keul*, Private Equity, S. 110.

unzulässiger Weise benachteiligt werden. Umgekehrt werden aus diesem Grund ggf. gesellschaftsrechtliche und vertragliche Gestaltungsmöglichkeiten einer selektiven Informationspolitik, die – wie zu zeigen ist – durchaus im Interesse der Gesellschaft liegen kann, nicht vollumfänglich ausgeschöpft.

Ursächlich für die geringe Aufarbeitung in der Literatur könnte zunächst sein, dass überhaupt nur ein Bruchteil der deutschen Unternehmen in der Rechtsform der AG verfasst ist; so existieren in Deutschland allein rund 70-mal so viele GmbHs wie AGs.[84] Eine weitere Ursache könnte darin bestehen, dass sich die deutschen Gerichte, soweit ersichtlich, bislang noch nicht mit dem Informationsaustausch zwischen PE-Investor und Portfolio-Unternehmen (in der Rechtsform der AG) auseinandergesetzt haben.[85] Angesichts der enormen und tendenziell noch wachsenden Bedeutung von Private Equity[86] bedarf diese Thematik einer näheren Untersuchung. Datenschutzrechtlichen Fragestellungen soll im Rahmen dieser Untersuchung nicht nachgegangen werden.

E. Gang der Untersuchung

1. Teil: Zunächst sollen die Struktur und die wesentlichen Parteien bei Private Equity- und Public Equity-Transaktionen erörtert und eine Abgrenzung zu vergleichbaren Investorenarten vorgenommen werden (§ 2). Anschließend erfolgt ein kurzer Überblick über die *Corporate Governance* bei Portfolio-Unternehmen in der Rechtsform der AG, den Einfluss des PE-Investors auf dieses Kompetenzgefüge und die Informationsströme zwischen den Organen der AG (§ 3).

2. Teil: Der zweite Teil dieser Untersuchung beschäftigt sich mit den grundlegenden Informationsmöglichkeiten des PE-Investors. Dabei sollen die Publizitätspflichten eines Portfolio-Unternehmens in der Rechtsform der AG (§ 4) sowie die allgemeinen aktienrechtlichen Informationsrechte von Aktionären aufgezeigt werden (§ 5).

---

84 Umsatzsteuerstatistik (Voranmeldungen) des Statistischen Bundesamtes, abrufbar unter: https://www.destatis.de/DE/ZahlenFakten/GesellschaftStaat/OeffentlicheFinanzenSteuern/Steuern/Umsatzsteuer/Tabellen/Voranmeldungen_Rechtsformen.html; zuletzt abgerufen am: 19.12.2017: danach waren in 2015 gerade einmal 7.732 umsatzsteuerpflichtige Unternehmen in Deutschland als AG verfasst verglichen mit 528.038 umsatzsteuerpflichtigen Unternehmen in der Rechtsform der GmbH und 3.255.537 umsatzsteuerpflichtigen Unternehmen insgesamt unter Einschluss von Einzelunternehmern (berücksichtigt wurden nur umsatzsteuerpflichtige Unternehmen mit jährlichen Lieferungen und Leistungen über 17.500 Euro).

85 Vgl. hierzu: *Hopt/Kumpan*, ZGR 2017, 765, 766, die allgemein darauf hinweisen, dass es kaum Gerichtsentscheidungen zu *M & A*-Transaktionen gibt.

86 Zu der volkswirtschaftlichen Bedeutung von PE siehe die Ausführungen unter: § 1.A.IV, S. 31ff.

3. Teil: Einen Schwerpunkt der Untersuchung bildet die Überprüfung der Zulässigkeit eines überobligatorischen Informationsaustauschs zwischen dem PE-Investor und dem Vorstand des Portfolio-Unternehmens. Dabei wird vertiefend auf die Vereinbarkeit mit der Pflicht des Vorstands zur Verschwiegenheit (§ 6), dem aktienrechtlichen Gebot der Gleichbehandlung der Aktionäre (§ 7) und dem insiderrechtlichen Verbot der Offenlegung von Insiderinformationen (§ 8) einzugehen sein. Daran anknüpfend sollen die diesbezüglichen Besonderheiten beim faktischen Konzern (§ 9) dargestellt werden. Abschließend soll geprüft werden, ob und inwieweit die übrigen Aktionäre einen Anspruch auf Nachauskunft hinsichtlich der dem PE-Investor bereitgestellten Informationen haben (§ 10) und welche Rechtsfolgen ein unzulässiger Informationsaustausch für das jeweilige Vorstandsmitglied nach sich ziehen kann (§ 11).

4. Teil: Der vierte Teil der Untersuchung widmet sich der Zulässigkeit eines unmittelbaren Informationsaustauschs zwischen dem PE-Investor und dem Aufsichtsrat. Zunächst sollen die allgemeinen Informationsmöglichkeiten des Aufsichtsrats und seiner Mitglieder aufgezeigt werden (§ 12). Daran anschließend soll untersucht werden, ob und inwieweit grundsätzlich ein Informationsaustausch zwischen dem Aufsichtsrat und dem PE-Investor stattfinden darf (§ 13) und welche Rechtsfolgen ein unzulässiger Informationsaustausch für das Aufsichtsratsmitglied nach sich ziehen kann (§ 14).

5. Teil: Im fünften Teil sollen die Maßnahmen untersucht werden, mit denen der PE-Investor den Informationsaustausch mit dem Portfolio-Unternehmen und seinen Organen ggf. optimieren kann, namentlich konzernrechtliche Gestaltungsmittel (§ 15), die Entsendung oder Wahl von Aufsichtsratsmitgliedern aus seinem Umfeld (§ 16), statutarische (§ 17) oder schuldrechtliche Gestaltungsmittel (§ 18) sowie Strukturmaßnahmen in Zusammenhang mit oder im Anschluss an den Beteiligungserwerb (§ 19).

6. Teil: Abschließend sollen die wesentlichen Ergebnisse dieser Untersuchung zusammengefasst werden (§ 20).

§ 2. Struktur von Private und Public Equity-Deals

A. Skizzierung der Struktur von Private Equity-Deals

Im Folgenden soll die klassische Struktur von PE-Transaktionen dargestellt werden.

I. Der Private Equity-Investor

In der Praxis ist die Struktur hinter Private Equity-Investitionen häufig ausgesprochen vielschichtig; PE-Investoren beziehen nicht selten (und zumeist steuerlich motiviert) eine Vielzahl von Kapital- und/oder Personengesellschaften aus unterschiedlichen Jurisdiktionen ein, etwa mit Sitz auf den *Britischen Jungferninseln* oder in *ZypeRn.* Stark vereinfacht lassen sich PE-Investoren wie folgt gliedern:

1. Der Private Equity-Fonds

a) Rechtsform des Fondsvehikels

Die eigentlichen PE-Fonds werden zumeist als Personengesellschaften aufgesetzt[87], üblicherweise in der Rechtsform einer *Limited Partnership*[88]. Nach deutschem Recht ausgestaltete Fonds stellen die Ausnahme dar; wenn, dann handelt es sich regelmäßig um solche in der Rechtsform der GmbH & Co KG.[89] Diese Rechtsform ermöglicht es PE-Investoren, das Fondsvehikel steuerlich transparent auszugestalten und zugleich die Haftung für Verbindlichkeiten des Fonds zu beschränken.[90] Dabei sind ggf. die besonderen Anforderungen an eine Investmentkommanditgesellschaft nach dem Kapitalanlagegesetzbuch (KAGB)[91] zu beachten, welches für

---

87 BMF Schreiben vom 16.12.2003, BStBl. 2004, Teil I, S. 40 Rn. 2; *Eilers/Koffka*, Eilers/Koffka u.a., Private Equity, Einführung Rn. 24; *Schnittker/Steinbiß*, IStR 2015, 760; *Söhner*, WM 2014, 2110, 2111.

88 *Eilers/Koffka*, Eilers/Koffka u.a., Private Equity, Einführung Rn. 24; *Rudolph*, ZGR 2008, 161, 162; vgl.: *Ettinger*, Ettinger/Jaques, Beck'sches Hdb. Unternehmenskauf, E. Rn. 50; *Eidenmüller*, ZHR 171 (2007), 644, 649.

89 *Eilers/Koffka*, Eilers/Koffka u.a., Private Equity, Einführung Rn. 24; *Ettinger*, Ettinger/Jaques, Beck'sches Hdb. Unternehmenskauf, E. Rn. 50; vgl. auch: *Schnittker/Steinbiß*, IStR 2015, 760f.; *Eidenmüller*, ZHR 171 (2007), 644, 649; vgl. zur bevorzugten Ausgestaltung von geschlossenen Fonds als GmbH & Co. KG in Zusammenhang mit der Einführung der KAGB-Investmentkommanditgesellschaft (§ 1 Abs. 11 KAGB): *Emde/Dreibus*, BKR 2013, 89, 93 Fn. 27; Begründung zum Regierungsentwurf zum AIFM-Umsetzungsgesetz vom 6.2.2013, BT-Drucks. 17/12294, S. 190.

90 *Jugel*, Private Equity Investments, 224; vgl. zur steuerlich transparenten Ausgestaltung der Fondsgesellschaft: *Ettinger*, Ettinger/Jaques, Beck'sches Hdb. Unternehmenskauf, E. Rn. 49.

91 Das KAGB hat der deutsche Gesetzgeber in Umsetzung der *Alternative Investment Funds Manager Directive* (Richtlinie 2011/61/EU des Europäischen Parlaments und des Rates vom 8.6.2011 über die Verwalter alternativer Investmentfonds und zur Änderung der Richtlinien 2003/41/EG und 2009/65/EG und der Verordnungen (EG) Nr. 1060/2009 und (EU) Nr. 1095/2010, „AIFM-Richtlinie“) eingeführt; siehe: Gesetz zur Umsetzung der Richtlinie 2011/61/EU über die Verwalter alternativer Investmentfonds (AIFM-Umsetzungsgesetz – AIFM-UmsG) vom 4.7.2013, veröffentlicht BGBl. I 2013, S. 2164. Das KAGB ist als geschlossenes Regelwerk für Investmentfonds (*Alternative Investment Funds*, „AIF“) und ihre Manager konzipiert (*Klebeck/Kolbe*, BB 2014, 707, 708; *Weitnauer*, AG 2013, 672; *Viciano-Gofferje*, BB 2013, 2506) und schließt insbesondere auch PE-Fonds bzw. deren Management ein (*Klebeck/Kolbe*, BB 2014, 707; *Schröder/Rahn*, GWR 2014, 49; *Viciano-Gofferje*, BB 2013, 2506; *Söhner*, WM 2014, 2110, 2111f.; *Koch*, WM 2014, 433, 434f.; Begründung zum Regierungsentwurf zum AIFM-Umsetzungsgesetz vom 6.2.2013, BT-Drucks. 17/12294, S. 2, S. 187).

bestimmte deutsche Fondsstrukturen einen Rechtsformzwang[92] vorsieht. Bei der Investmentkommanditgesellschaft handelt es sich um eine Kommanditgesellschaft im Sinne des HGB, auf welche die handelsrechtlichen Vorschriften vorbehaltlich abweichender Regelungen im KAGB grundsätzlich anwendbar sind.[93] PE-Fonds können jedoch grundsätzlich auch Kapitalgesellschaften sein.[94]

b) Typische Konditionen von PE-Fonds

Private Equity-Fonds werden klassischerweise als geschlossene Fonds ausgestaltet.[95] Die Laufzeit der Fonds beträgt üblicherweise zwischen acht und vierzehn Jahren.[96] Die Möglichkeiten der Kapitalgeber, ihre Fondsanteile vor Laufzeitende zu veräußern, sind sehr begrenzt.[97] Ebenso wenig kommt in der Regel eine vorzeitige Auszahlung des Geldwertes der Fondsanteile an die Kapitalgeber in Betracht.[98]

---

92 *Kunschke/Klebeck*, Beckmann/Scholtz/Vollmer, Investment-Hdb., 405 § 124 Rn. 1 (Stand: Erg.-Lfg. 5/14), 405 § 149 Rn. 1 (Stand: Erg.-Lfg. 2/14); *Freitag*, NZG 2013, 329f.; *Emde/Dreibus*, BKR 2013, 89, 93; siehe: §§ 124ff., 149ff. KAGB. Nicht den Rechtsformzwängen des KAGB unterliegen hingegen AIF, deren Kapitalverwaltungsgesellschaften die Voraussetzungen des § 2 Abs. 4, 4a oder 5 KAGB erfüllen (*Kunschke/Klebeck*, Beckmann/Scholtz/Vollmer, Investment-Hdb., 405 § 124 Rn. 1 (Stand: Erg.-Lfg. 5/14); Begründung zum Regierungsentwurf zum AIFM-Umsetzungsgesetz vom 6.2.2013, BT-Drucks. 17/12294, S. 332).

93 §§ 124 Abs. 1 Satz 2, 149 Abs. 1 Satz 2 KAGB; vgl.: *Klebeck/Kunschke*, Beckmann/Scholtz/Vollmer, Investment-Hdb., 405 § 149 Rn. 70 (Stand: Erg.-Lfg. 2/14); *Eme/Dreibus*, BKR 2013, 89, 93; vgl. jedoch: *Klebeck/Kolbe*, BB 2014, 707, 708, nach deren Ansicht *„die aufsichtsrechtliche Überlagerung des KAGB [...] von den allgemeinen Bestimmungen v. a. des HGB und BGB für Kommanditgesellschaften aber wenig übrig"* lässt.

94 Vgl.: *Schatz*, Jesch/Striegel, Rechtshdb. PE, S. 78ff.; vgl. zur Investmentaktiengesellschaft nach dem KAGB nur: §§ 108ff., 140ff. KAGB. Das Fondstatut der Unternehmensbeteiligungsgesellschaft nach dem Gesetz über Unternehmensbeteiligungsgesellschaften (UBGG) weist bislang hingegen kaum Praxisrelevanz auf (*Weitnauer*, Weitnauer, MBO, S. 31; *Schatz*, Jesch/Striegel, Rechtshdb. PE, S. 80).

95 *Richter/Steinmüller/Gollan*, Jesch/Striegel, Rechtshdb. PE, S. 7; *Schatz*, ebenda, S. 74; *Koch*, WM 2014, 433, 434; EVCA, Guide on Private Equity and Venture Capital for Entrepreneurs, 2007, S. 10.

96 Vgl.: *Eidenmüller*, ZHR 171 (2007), 644, 649 (*„etwa zehn Jahre"*); *Sagasser*, Assmann/Schütze, Hdb. KapitalanlageR, § 27 Rn. 401 (*„Laufzeit von acht bis zwölf Jahren"*); *Inhester/Herrmann*, MünchHdb. GesR, Band 2, § 26 Rn. 127 (*„8 bis 12"*); *Levedag*, MünchHdb. GesR, Band 2, § 71 Rn. 201 (*„Laufzeit von 10–12 Jahren"*); *Farahbakhsh*, GWR 2016, 265 (*„zwischen 8 und 14 Jahren"*).

97 *Schatz*, Jesch/Striegel, Rechtshdb. PE, S. 74; EVCA, Guide on Private Equity and Venture Capital for Entrepreneurs, 2007, S. 10.

98 *Richter/Steinmüller/Gollan*, Jesch/Striegel, Rechtshdb. PE, S. 7.

c) Sonderfall: Börsennotierte Beteiligungsgesellschaften

In der Praxis sind zunehmend auch börsennotierte Beteiligungsgesellschaften zu beobachten.[99] Die Fondsinitiatoren nutzen hierbei die Börse als Möglichkeit, Kapital bei privaten und institutionellen Investoren einzusammeln, um dieses in die Portfolio-Unternehmen zu investieren (*Listed Private Equity*).[100] Der BVK beziffert die Anzahl der börsennotierten PE-Gesellschaften derzeit auf weltweit 250, davon knapp 150 in Europa.[101] Aufgrund der zahlreichen Besonderheiten und der (noch) relativ geringen Praxisrelevanz wird das Thema *Listed Private Equity* nicht weiter vertieft.

2. PE-Gesellschaft und Fondsorganisatoren

PE-Fonds werden von sog. Private Equity-Gesellschaften aufgesetzt.[102] Diese betreiben regelmäßig parallel eine Vielzahl unterschiedlicher PE-Fonds.[103] Private Equity-Gesellschaften sammeln Kapital von ihren Fondsinvestoren ein und nehmen die Auswahl und Bewertung geeigneter Portfolio-Unternehmen vor[104], sie fungieren somit als Intermediäre zwischen den Investoren und den kapitalsuchenden Unternehmen.[105] Einige Private Equity-Gesellschaften sind auf bestimmte Industriezweige[106] spezialisiert, andere auf bestimmte Regionen[107], wieder andere schränken ihre Beteiligungsstrategie überhaupt nicht ein[108].

Die Private Equity-Gesellschaft führt ganz überwiegend die Geschäfte des PE-Fonds.[109] Häufig setzt sie hierfür gesonderte Managementgesellschaften

---

99 Beispielhaft zu nennen sind die deutschen Beteiligungsgesellschaften *Deutsche Beteiligungs AG* und *Heliad Equity Partners GmbH & Co. KGaA* sowie die schweizerischen Beteiligungsgesellschaften *Castle Private Equity AG* und *Private Equity Holding AG.*

100 Siehe hierzu: Artikel des BVK, „Was versteht man unter Listed Private Equity?", abrufbar unter: http://www.bvkap.de/beteiligungskapital/fragen-antworten/was-versteht-man-unter-listed-private-equity, zuletzt abgerufen am: 1.7.2017.

101 Artikel des BVK, „Beteiligungskapital für Investoren", abrufbar unter: http://www.bvkap.de/beteiligungskapital/fuer-investoren, zuletzt abgerufen am: 1.7.2017; siehe ferner Fundstelle in Fn. 100.

102 *Rudolph*, ZGR 2008, 161, 162; *Richter/Steinmüller/Gollan*, Jesch/Striegel, Rechtshdb. PE, S. 7.

103 *Rudolph*, ZGR 2008, 161, 162.

104 *Feldhaus*, Feldhaus/Veith, FK PE, Kap. 1, Rn. 51.

105 Siehe Fundstellen in Fn. 34.

106 *Thum/Timmreck/Keul*, Private Equity, S. 19; *Feldhaus*, Feldhaus/Veith, FK PE, Kap. 1, Rn. 53; EVCA, Guide on Private Equity and Venture Capital for Entrepreneurs, 2007, S. 13.

107 *Thum/Timmreck/Keul*, Private Equity, S. 19; *Feldhaus*, Feldhaus/Veith, FK PE, Kap. 1, Rn. 53; EVCA, Guide on Private Equity and Venture Capital for Entrepreneurs, 2007, S. 13.

108 Vgl. zu den globalen, opportunistisch vorgehenden PE-Gesellschaften: *Thum/Timmreck/Keul*, Private Equity, S. 19ff.; *Feldhaus*, Feldhaus/Veith, FK PE, Kap. 1, Rn. 53.

109 *Veith*, Feldhaus/Veith, FK PE, Kap. 1, Rn. 61.

ein.[110] Die laufende Geschäftsführung beinhaltet neben der Prüfung von potenziellen Beteiligungen insbesondere auch die Verhandlung von Beteiligungsverträgen, die Überwachung der Beteiligungen, das Berichtswesen und die Betreuung der Investoren.[111] Die Private Equity-Gesellschaft als Fondsorganisator nimmt üblicherweise entweder die Rolle des Komplementärs (*General Partner*)[112] des PE-Fonds oder die eines Kommanditisten mit Geschäftsführungsbefugnis[113] ein. Bei ausländischen Fondsstrukturen in der Rechtsform der *Limited Partnership* ist die Private Equity-Gesellschaft häufig überhaupt nicht an dem PE-Fonds beteiligt und schließt lediglich einen schuldrechtlichen Anlageberatervertrag mit dem *General Partner* ab.[114] Innerhalb der Private Equity-Gesellschaft werden die Entscheidungen üblicherweise von die jeweilige Transaktion betreuenden Teams aus Mitgliedern der Private Equity-Gesellschaft (sog. *Deal*-Teams) vorbereitet und vom Management der Private Equity-Gesellschaft abgesegnet. Besonders gewichtige Entscheidungen, etwa die grundsätzliche Entscheidung über den Erwerb einer Beteiligung an einer Zielgesellschaft oder deren Veräußerung, bedürfen darüber hinaus häufig noch der Zustimmung eines gesonderten Gremiums, das mit erfahrenen Vertretern der Private Equity-Gesellschaft besetzt ist (sog. *Investment Committee*).[115]

3. *Maßgebliche Kapitalgeber des Private Equity-Fonds*

Als Fondsinvestoren kommen sowohl natürliche Personen als auch institutionelle Anleger in Betracht[116] (insbesondere Pensionskassen, Banken und Versicherungen[117]). Auch die öffentliche Hand beteiligt sich mitunter an

---

110 Vgl. zur Übernahme der laufenden Geschäftsführung durch Managementgesellschaften: *Schnittker/Steinbiß*, IStR 2015, 760, 761.

111 *Richter/Steinmüller/Gollan*, Jesch/Striegel, Rechtshdb. PE, S. 7f.; BMF Schreiben vom 16.12.2003, BStBl. 2004, Teil I, S. 40 Rn. 3.

112 *Eilers/Koffka*, Eilers/Koffka u.a., Private Equity, Einführung Rn. 24.

113 *Veith*, Feldhaus/Veith, FK PE, Kap. 1, Rn. 61; *Richter/Steinmüller/Gollan*, Jesch/Striegel, Rechtshdb. PE, S. 7; BMF Schreiben vom 16.12.2003, BStBl. 2004, Teil I, S. 40 Rn. 3; vgl.: *Weitnauer*, BKR 2011, 143, 144.

114 *Veith*, Feldhaus/Veith, FK PE, Kap. 1, Rn. 61.

115 Vgl. hierzu: Invest Europe, Professional Standards 2015 Handbook, abrufbar unter: https://www.investeurope.eu/about-us/professional-standards/professional-standards-handbook/, zuletzt abgerufen am: 14.8.2017, S. 28, S. 60; siehe ferner zum Erfordernis der Zustimmung des *Investment Commitees* zu Transaktionen: *v.Rosenberg*, Eilers/Koffka u.a., Private Equity, Kapitel I.8 Rn. 13.

116 BMF Schreiben vom 16.12.2003, BStBl. 2004, Teil I, S. 40 Rn. 2; *Eilers/Koffka*, Eilers/Koffka u.a., Private Equity, Einführung Rn. 24; *Feldhaus*, Feldhaus/Veith, FK PE, Kap. 1, Rn. 50; *Kind*, Lüdicke/Arndt, Geschlossene Fonds, S. 392; *Thum/Timmreck/Keul*, Private Equity, S. 16; *Rudolph*, ZGR 2008, 161, 162.

117 *Feldhaus*, Feldhaus/Veith, FK PE, Kap. 1, Rn. 50; *Kind*, Lüdicke/Arndt, Geschlossene Fonds, S. 392; *Thum/Timmreck/Keul*, Private Equity, S. 16; *Rudolph*, ZGR 2008, 161, 162; vgl. ferner: *Jaques*, Ettinger/Jaques, Beck'sches Hdb. Unternehmenskauf, E. Rn. 6.

PE-Fonds.[118] Das von den Kapitalgebern eingesammelte Kapital ist reines Investmentkapital.[119] Die Kapitalgeber nehmen beim PE-Fonds üblicherweise die Rolle des *Limited Partner* bzw. Kommanditisten ein.[120] Sie finanzieren den Fonds in der Regel zu 98 bis 99 Prozent.[121] Daneben beteiligen sich klassischerweise auch die Fondsorganisatoren bzw. das Management der Private Equity-Gesellschaften mit ein bis zwei Prozent an dem Fonds.[122]

4. Vergütungsstruktur bei Private Equity-Deals

Die Tätigkeit der Private Equity-Gesellschaft bei PE-Transaktionen wird im Wesentlichen über zwei Komponenten vergütet: einem Gewinn-Vorab, der zur Deckung der laufenden Kosten des Fondsmanagements geleistet wird (*Management Fee*), und einer Gewinnbeteiligung, die sich disproportional zum von der Private Equity-Gesellschaft eingesetzten Kapital verhält und den Initiatoren für ihre letztverantwortliche Anlagenentscheidung und sonstige immaterielle Beiträge ausgezahlt wird (*Carried Interest*).[123] Die *Management Fee* bemisst sich an der Höhe des Fondsvermögens und beträgt üblicherweise 1 bis 3 Prozent *per annum*.[124] Der *Carried Interest* beträgt, vorbehaltlich des Erreichens einer bestimmten Mindestverzinsung auf das eingesetzte Kapital der übrigen Fondsinvestoren (*Hurdle Rate*)[125], üblicherweise 20 Prozent der Rendite des

118 *Feldhaus*, Feldhaus/Veith, FK PE, Kap. 1, Rn. 50; vgl. hierzu: *Thum/Timmreck/Keul*, Private Equity, S. 16.

119 *Eilers/Koffka*, Eilers/Koffka u.a., Private Equity, Einführung Rn. 24.

120 *Veith*, Feldhaus/Veith, FK PE, Kap. 1, Rn. 60; *Eilers/Koffka*, Eilers/Koffka u.a., Private Equity, Einführung Rn. 24; *Stoschek/Daniel*, FR 2001, 816; *Rudolph*, ZGR 2008, 161, 162; EVCA, Guide on Private Equity and Venture Capital for Entrepreneurs, 2007, S. 9; *dies.*, Private Equity Fund Structures in Europe, 2006, S. 12.

121 *Kind*, Lüdicke/Arndt, Geschlossene Fonds, S. 395.

122 *Kind*, Lüdicke/Arndt, Geschlossene Fonds, S. 395.

123 BMF Schreiben vom 16.12.2003, BStBl. 2004, Teil I, S. 40 Rn. 3; *Richter/Steinmüller/Gollan*, Jesch/Striegel, Rechtshdb. PE, S. 8; vgl. ferner: *Eilers/Koffka*, Eilers/Koffka u.a., Private Equity, Einführung Rn. 24; EVCA, Guide on Private Equity and Venture Capital for Entrepreneurs, 2007, S. 13.

124 *Eidenmüller*, ZHR 171 (2007), 644, 650 („*üblicherweise 1 bis 2% p.a.*"); *Inhester/Herrmann*, MünchHdb. GesR, Band 2, § 26 Rn. 127 („*2% bis 2,5%*"); *Thum/Timmreck/Keul*, Private Equity, S. 21 („*2–3%*").

125 *Inhester/Herrmann*, MünchHdb. GesR, Band 2, § 26 Rn. 127; *Sagasser*, Assmann/Schütze, Hdb. KapitalanlageR, § 27 Rn. 400; *Kind*, Lüdicke/Arndt, Geschlossene Fonds, S. 395; *Schnittker/Steinbiß*, IStR 2015, 760, 761; *Watrin*, BB 2002, 811, 812; EVCA, Guide on Private Equity and Venture Capital for Entrepreneurs, 2007, S. 13. Branchenüblich ist eine Mindestverzinsung bzw. *Hurdle Rate* von acht Prozent (so mit Bezug auf AIF: *Boxberger/Klebeck*, BKR 2013, 441, 447f.; vgl. mit Bezug auf VC-Investitionen: *Weitnauer*, Hdb. VC, Teil B Rn. 99); von acht bis zwölf Prozent ausgehend: *Kind*, Lüdicke/Arndt, Geschlossene Fonds, S. 395.

Fonds[126]. Der *Carried Interest* wird entweder jeweils nach dem Verkauf einer einzelnen Beteiligung ausgezahlt (*Deal-by-Deal Basis*) oder erst am Ende der Fondslaufzeit (*Whole-of-Fund Calculation*).[127] Als zusätzliche Vergütungskomponenten können noch Transaktionsgebühren für den Abschluss spezieller Geschäfte (*Transaction Fees*), Abbruchgebühren zur Entschädigung von getätigten Aufwendungen für erfolglose Geschäftsanbahnungen (*Abort Fees*) und Kontrollgebühren für die kontinuierliche Überwachung der Geschäftsentwicklung des Portfolio-Unternehmens (*Monitoring Fees*) hinzukommen.[128]

5. Erwerb über eine Erwerbsgesellschaft

Bei PE-Transaktionen werden in aller Regel Erwerbsgesellschaften bzw. Akquisitionsvehikel eingesetzt, die eigens zu dem Zweck des Erwerbs des Portfolio-Unternehmens gegründet und vom PE-Fonds gehalten werden (auch als *Special Purpose Vehicle* oder einfach *NewCo* bezeichnet).[129] Der PE-Fonds selbst ist hingegen in der Regel weder Vertragspartei beim Erwerb der Beteiligung noch möchte er Garantien abgeben.[130] Eine direkte Einbeziehung des PE-Fonds in die Transaktion geschieht typischerweise allenfalls über die Abgabe eines sog. *Equity Commitment Letter*.[131] Dabei handelt es sich um ein selbstständiges Garantieversprechen, die Erwerbsgesellschaft mit dem für die Transaktion erforderlichen Eigenkapital auszustatten.[132]

6. Der „PE-Investor" im Rahmen dieser Untersuchung

Der Terminus „PE-Investor" soll im Rahmen dieser Untersuchung nicht als abschließend definierter Rechtsterminus verstanden werden. Vielmehr verbirgt sich dahinter das Zusammenwirken mehrerer, miteinander verwobener Parteien und Personen. Die Private Equity-Gesellschaft ist die treibende Kraft bei PE-Transaktionen. PE-Investor im Rahmen dieser Untersuchung meint daher insbesondere die Private Equity-Gesellschaft mitsamt ihren Management-Teams und sonstigen

---

126 *Eidenmüller*, ZHR 171 (2007), 644, 650; BMF Schreiben vom 16.12.2003, BStBl. 2004, Teil I, S. 40 Rn. 3; *Inhester/Herrmann*, MünchHdb. GesR, Band 2, § 26 Rn. 127; *Herzig/Gocksch*, DB 2002, 600; EVCA, Guide on Private Equity and Venture Capital for Entrepreneurs, 2007, S. 13.

127 *Anzinger/Jekerle*, IStR 2008, 821, 823 m.w.N.

128 *Eidenmüller*, ZHR 171 (2007), 644, 650.

129 *Nawroth/Braun*, Eilers/Koffka u.a., Private Equity, Kapitel I.1 Rn. 6; *Kind*, Lüdicke/Arndt, Geschlossene Fonds, S. 392; vgl. ferner: *Ettinger*, Ettinger/Jaques, Beck'sches Hdb. Unternehmenskauf, E. Rn. 49; *Weitnauer*, AG 2013, 672, 674.

130 *Nawroth/Braun*, Eilers/Koffka u.a., Private Equity, Kapitel I.1 Rn. 6.

131 *Nawroth/Braun*, Eilers/Koffka u.a., Private Equity, Kapitel I.1 Rn. 6.

132 *v.Rosenberg*, Eilers/Koffka u.a., Private Equity, Kapitel I.5 Rn. 3; der *Equity Commitment Letter* unterscheidet sich dadurch von einer Patronatserklärung, dass sich der Fonds nicht verpflichtet, die Erwerbsgesellschaft auch über die anfängliche Zahlung hinaus dauerhaft mit einem Mindesteigenkapitalbetrag auszustatten (siehe ebenda).

Gremien. Wie bereits erörtert, ist die Private Equity-Gesellschaft jedoch allenfalls mittelbar an dem Portfolio-Unternehmen beteiligt. In gesellschaftsrechtlicher Hinsicht kann sie auf das Portfolio-Unternehmen daher in der Regel nur mittelbar über den PE-Fonds und die Erwerbsgesellschaft Einfluss ausüben; der Terminus *PE-Investor* schließt daher auch den PE-Fonds und die Erwerbsgesellschaft ein. Von dem Terminus *PE-Investor* nicht umfasst sind hingegen die Fondsinvestoren als (Haupt-)Kapitalgeber des PE-Fonds; von etwaigen *Co-Investments* der Mitglieder der Private Equity-Gesellschaft abgesehen, nehmen die Fondsinvestoren üblicherweise keinerlei Einfluss auf die Portfolio-Unternehmen. Der Terminus *PE-Investor* wird im Rahmen dieser Untersuchung sowohl für Private Equity- als auch für Public Equity-Investments verwendet.

II. Portfolio-Unternehmen

Als potenzielle *Targets* von PE-Investoren kommen neben mittelständischen Unternehmen auch große und, wie gezeigt, sogar börsennotierte AGs[133] in Betracht. Den Unternehmen bietet sich durch die Beteiligung des PE-Investors die Möglichkeit, sich Eigenkapital zu beschaffen.[134] Die Gründe für den Kapitalbedarf des Portfolio-Unternehmens können ganz unterschiedlicher Natur sein[135], insbesondere:

- ein gesteigerter Eigenkapitalbedarf zur Umsetzung von Wachstums- oder Expansionsplänen (etwa eine angestrebte Internationalisierung, der Erwerb eines Wettbewerbers, ein bevorstehender Innovationssprung[136] oder die Entwicklung eines neuen Geschäftsfeldes[137]);
- eine beabsichtigte Stärkung des Eigenkapitalanteils der Gesellschaft, zum Beispiel, um Fremdverschuldungen abzubauen (*deleveraging*) oder den laufenden Geschäftsbetrieb zu finanzieren[138]; oder
- ein beabsichtigter *Turnaround* des Portfolio-Unternehmens; Private Equity kann Rettung in Krisensituationen versprechen und dem Unternehmen frisches Kapital zuführen[139].

---

133 Beispielhaft zu nennen sind die Beteiligung von *Advent International* an der *Douglas Holding AG* sowie die Beteiligung von *Kohlberg Kravis Roberts & Co.* („KKR") und *Permira* an der *ProSiebenSat.1 Media AG*; siehe zu Public Equity bereits die Ausführungen unter: § 1.A.III, S. 29ff.

134 *Brettel/Kauffmann u.a., PE-Investoren,* S. 16; vgl. hierzu die Ausführungen unter § 1.A.IV, S. 31f.

135 *Thum/Timmreck/Keul,* Private Equity, S. 21.

136 *Völker,* FuS 2014, 19.

137 *Feldhaus,* Feldhaus/Veith, FK PE, Kap. 1, Rn. 55.

138 *v.Riegen,* CFL 2010, 1.

139 *Feldhaus,* Feldhaus/Veith, FK PE, Kap. 1, Rn. 55.

Ein weiteres mögliches Szenario, das zu der Beteiligung eines PE-Investors führen kann, sind Pläne des bisherigen Eigentümers, das Unternehmen zu veräußern.[140] Dies gilt vor allem für Familienunternehmen, wenn die Unternehmensnachfolge innerhalb der Familie nicht gelingt[141]; den Familiengesellschaftern wird so ggf. die Möglichkeit eröffnet, sich (auch über mehrere Jahre) geordnet aus dem Unternehmen zurückzuziehen.[142] Nicht selten nehmen Mitglieder des Familienunternehmens nach dem Verkauf an den PE-Investor Positionen in Beiräten oder vergleichbaren Gremien des Portfolio-Unternehmens ein und bleiben diesem zumindest für einige Jahre in beratender Funktion erhalten.[143]

III. Management des Portfolio-Unternehmens

1. Rolle des Managements bei PE-Transaktionen

Das Management der Zielgesellschaften nimmt bei PE-Transaktionen eine gewichtige Rolle ein.[144] Dies betrifft zunächst einmal die Phase des Beteiligungserwerbs: das Management stellt die Unterlagen für die *Due Diligence* zusammen, hält Management-Präsentationen und führt wichtige Gespräche mit dem PE-Investor, auf deren Grundlage dieser seinen Business-Plan erstellt.[145] Doch auch nach dem Erwerb des Portfolio-Unternehmens im Rahmen der bestehenden Beteiligung sind PE-Investoren in hohem Maße auf gute Management-Teams angewiesen.[146] Üblicherweise bauen sie darauf, auch in Zukunft mit dem Management des Portfolio-Unternehmens zusammenzuarbeiten.[147] Eine eigene Beteiligung des PE-Investors am Management des Portfolio-Unternehmens hingegen ist in der Regel nicht gewollt.[148] PE-Investoren haben kein eigenes Management-Personal zur Verfügung und sind darauf angewiesen, mit dem Unternehmen zugleich auch ein gutes Management-Team zu übernehmen.[149] In den Reihen der Private Equity-Gesellschaften befinden sich zwar Experten auf den Gebieten Finanzierung und Unternehmensakquisitionen, typischerweise jedoch nicht für das Tagesgeschäft

140 *Brettel/Kauffmann u.a., PE-Investoren*, S. 16; *Feldhaus*, Feldhaus/Veith, FK PE, Kap. 1, Rn. 55.

141 *Ferber*, FS Binz, 193, 193ff.; *Wagner*, BKR 2002, 17 m.w.N.

142 *Ferber*, FS Binz, 193, 197f.

143 Diese Ausführungen basieren auf praktischen Erfahrungen des Verfassers.

144 *Eilers/Koffka*, Eilers/Koffka u.a., Private Equity, Einführung Rn. 26.

145 *Mackensen*, Eilers/Koffka u.a., Private Equity, Kapitel VI.1 Rn. 6.

146 Vgl.: *Mackensen*, Eilers/Koffka u.a., Private Equity, Kapitel VI.1 Rn. 5.

147 *Mackensen*, Eilers/Koffka u.a., Private Equity, Kapitel VI.1 Rn. 5; *Cichy/Jander-McAlister*, BB 2012, 723, 724.

148 *Schewe u.a.*, Arbeitspapier Nr. 56, 2008, S. 4; vgl.: *Brettel/Kauffmann u.a.*, PE-Investoren, S. 95, 102, nach denen PE-Investoren bei *Turnaround*-Fonds hingegen nicht selten (zumindest vorübergehend) unmittelbar die Geschäftsleitung übernehmen (ebenda: S. 102, 105).

149 *Eilers/Koffka*, Eilers/Koffka u.a., Private Equity, Einführung Rn. 23.

der jeweiligen Branche ihrer Portfolio-Unternehmen.[150] Zudem reichen die personellen Kapazitäten der Management-Teams der PE-Gesellschaften üblicherweise bei weitem nicht aus, um für jedes ihrer Beteiligungsunternehmen einen oder gar mehrere Manager abzustellen. Dem Management von Private Equity-Gesellschaften gehören regelmäßig nur wenige, ca. sechs bis acht Personen an.[151] Die Tätigkeit im Vorstand ist äußerst zeitintensiv und würde die Mitglieder der Management-Teams Vollzeit binden. Schließlich kann die direkte Beteiligung am Management dazu führen, dass die Tätigkeit des Private Equity-Fonds in steuerlicher Hinsicht nachteilig insgesamt als *gewerblich* eingestuft wird und nicht wie beabsichtigt als *vermögensverwaltend*.[152]

2. *Sonderfall: Management Buy-out*

Nicht selten beteiligt sich das Management des Portfolio-Unternehmens bei PE-Transaktionen neben dem PE-Investor selbst an dem Portfolio-Unternehmen, man spricht vom sog. *Management Buy-out* (kurz: „MBO").[153] Die Höhe der Beteiligung beträgt üblicherweise zwischen 5 und 15 Prozent.[154] Der PE-Investor kann das Management auf diesem Wege an das Portfolio-Unternehmen binden und schafft zugleich eine vom Gehalt losgelöste Motivation des Managements, den Wert des Unternehmens zu steigern.[155] Je nach Ausgestaltung des MBOs trägt das Management zudem auch ein finanzielles Risiko, das für den Erwerb der Beteiligung eingesetzte Kapital im Falle von Wertverlusten zu verlieren.[156] Die Beteiligung des Managements an der Gesellschaft soll so zu einem Gleichlauf der Interessen des Managements und des Investors führen.[157] Eine gute Chemie zwischen Management und PE-Investor und eine konstruktive Zusammenarbeit sind bei MBOs von außerordentlich hoher Bedeutung; schließlich sind der PE-Investor und das Management hier nicht lediglich über die Geschäftsführerstellung des Managers

---

150 *Mackensen*, Eilers/Koffka u.a., Private Equity, Kapitel VI.1 Rn. 5.

151 EVCA, Guide on Private Equity and Venture Capital for Entrepreneurs, 2007, S. 12.

152 BMF Schreiben vom 16.12.2003, BStBl. 2004, Teil I, S. 42 Rn. 16; *Inhester*, Jesch/Striegel, Rechtshdb. PE, S. 246; vgl. ferner: *Veith*, Feldhaus/Veith, FK PE, Kap. 3, § 8 Rn. 17.

153 Zu dem Begriff des *Management Buy-outs*: *Weitnauer*, Weitnauer, MBO, S. 3; *Picot*, Handbuch Mergers & Acquisitions, S. 430; *Raupach*, Hölters, Handbuch Unternehmenskauf, Rn. 3.76 m.w.N.

154 *Bloß*, GmbHR 2016, 104.

155 *Mackensen*, Eilers/Koffka u.a., Private Equity, Kapitel VI.1 Rn. 3, 5; *Mayer-Uellner*, AG 2013, 828, 838; *Bloß*, GmbHR 2016, 104.

156 *Miesen*, RNotZ 2006, 522, 529.

157 *Mackensen*, Eilers/Koffka u.a., Private Equity, Kapitel VI.1 Rn. 1; *Hohaus/Kaufhold*, BB 2015, 709, 711 („*Interessenhomogenisierung*"); zum Gleichlauf der Interessen von Unternehmen und Management vgl. ferner: *Frey/Schmid*, DStR 2015, 1094; *Bloß*, GmbHR 2016, 104; *Stenzel*, DStR 2017, 883, nach dem den Managern „*finanzielle Anreize*" gegeben werden, „*das Unternehmen im Interesse der Aktionäre zu führen*".

beim Portfolio-Unternehmen und dessen Geschäftsführerdienstvertrag mit dem Portfolio-Unternehmen miteinander verbunden, sie sitzen vielmehr als Mitgesellschafter „in einem Boot".[158]

IV. Banken

Private Equity-Finanzierungen werden ganz üblicherweise als *Leveraged Buy-out* ausgestaltet.[159] Darunter versteht man den Kauf eines Unternehmens bzw. einer Beteiligung unter (signifikantem) Einsatz von Fremdkapital.[160] Das Fremdkapital wird dabei in der Regel nicht auf Ebene des PE-Fonds, sondern auf Ebene der Erwerbsgesellschaft aufgenommen.[161] Die Fremdkapitalquote beträgt bei PE-Transaktionen regelmäßig 50 bis 75 Prozent.[162] Die Verwendung des Fremdkapitals ermöglicht neben höheren Transaktionsvolumina auch eine höhere Rendite auf das eingesetzte Kapital (sog. *Leverage-Effekt*).[163] Die Hebelwirkung kommt zum Tragen, wenn die Zinsen auf das Fremdkapital unterhalb der Gesamtrendite auf das eingesetzte Kapital liegen.[164] Die Eigenkapitalquote des Portfolio-Unternehmens wird nach und nach durch die Rückführung des Fremdkapitals optimiert.[165] Dabei gilt für den PE-Investor grundsätzlich: je höher der Fremdkapitaleinsatz, desto größer die Chancen, aber auch die Risiken des Investments.[166]

158 Dem Investor wird aber regelmäßig eine *Call Option* hinsichtlich der Anteile des MBO-Managers für den Fall dessen Ausscheidens aus dem Management eingeräumt (vgl. zur Formulierung einer solchen *Call Option*: *Weitnauer*, Weitnauer, MBO, S. 318f.).

159 Vgl.: *Jaques*, Ettinger/Jaques, Beck'sches Hdb. Unternehmenskauf, E. Rn. 8.

160 *Weinheimer*, Hölters, Hdb. Unternehmenskauf, Rn. 12.23; *Gabrysch*, Breithaupt/Ottersbach, Komp. GesR, Teil 1, C, § 2 Rn. 65; vgl.: *Koblenzer*, ZEV 2002, 350, 351; *Jaques*, Ettinger/Jaques, Beck'sches Hdb. Unternehmenskauf, E. Rn. 8.

161 *Weitnauer*, Weitnauer, MBO, S. 20, S. 175; *ders.*, AG 2013, 672, 673; *Hundertmark/Paul*, Eilers/Koffka u.a., Private Equity, Kapitel VII.5 Rn. 2.

162 *Thum/Timmreck/Keul*, Private Equity, S. 22; *Kind*, Lüdicke/Arndt, Geschlossene Fonds, S. 392 („*bis zu 70 %*"). Siehe zur Anzeigepflicht der Kapitalgesellschaften von Spezial-AIF gegenüber der BaFin in Hinblick auf das eingesetzte *Leverage* und der Möglichkeit der BaFin, das *Leverage* zu begrenzen: §§ 274 i.V.m. 215 KAGB. Geschlossene Publikums-AIF dürfen nach § 263 Abs. 1 KAGB ohnehin nur Kredite bis zur Höhe von 60% des Wertes des geschlossenen Publikumsfonds aufnehmen (*Koch*, WM 2014, 433, 437; *Burgard/Heimann*, WM 2014, 821, 824).

163 *Raupach*, Hölters, Handbuch Unternehmenskauf, Rn. 3.80.

164 *Weinheimer*, Hölters, Hdb. Unternehmenskauf, Rn. 12.23; *Koblenzer*, ZEV 2002, 350, 351.

165 *Raupach*, Hölters, Handbuch Unternehmenskauf, Rn. 3.81.

166 *Eilers/Koffka*, Eilers/Koffka u.a., Private Equity, Einführung Rn. 19.

B. Abgrenzung zu anderen Investorenarten

Private Equity-Finanzierungen im engeren Sinne lassen sich nicht immer eindeutig von anderen Formen der Unternehmensfinanzierung abgrenzen, insbesondere von Finanzierungen durch Venture Capital-Geber, Hedgefonds oder *Mezzanine*-Kapitalgeber.[167] Im Folgenden sind kurz die wesentlichen Merkmale der unterschiedlichen Unternehmensfinanzierungsformen herauszuarbeiten.

I. Venture Capital

Bei allen Gemeinsamkeiten[168] zwischen Private Equity und Venture Capital unterscheiden sich beide Finanzierungsformen im Wesentlichen durch das Entwicklungsstadium, in dem sich ihre potenziellen Zielgesellschaften (*Targets*) befinden.[169] Venture Capital-Geber bauen ihre Unternehmensbeteiligung regelmäßig in der Frühphase des Unternehmens auf, sozusagen als Anschubfinanzierung.[170] Die Frühphase (*Early Stage*) setzt sich zusammen aus der *Seed*- und der *Start-up*-Phase.[171] In der *Seed*-Phase entwickelt das Unternehmen das Geschäftskonzept und den Business-Plan.[172] Das Portfolio-Unternehmen erhält in dieser Phase Startkapital für die Vorbereitung der Unternehmensgründung, wobei das Startkapital insbesondere der Entwicklung und Evaluierung der Produkt- und Geschäftsidee dient.[173] In der anschließenden *Start-up*-Phase wird ein Marketingkonzept erarbeitet und das Produkt bis zur Produktionsreife weiterentwickelt.[174] Das Ziel in dieser Phase ist die erstmalige Erschließung des Marktes.[175] Das Risiko des Scheiterns der Unternehmung ist in diesem Stadium noch recht hoch.[176]

---

167 *Eilers/Koffka*, Eilers/Koffka u.a., Private Equity, Einführung Rn. 2.

168 Auch der Venture Capital-Geber beteiligt sich über Eigenkapital und eigenkapitalähnliche Finanzierungen an Portfolio-Gesellschaften (BMF Schreiben vom 16.12.2003, BStBl. 2004, Teil I, S. 40 Rn. 1); zur zunehmenden Bedeutung von *Mezzanine*-Elementen bei VC-Transaktionen vgl.: *Weitnauer*, Hdb. VC, Teil A Rn. 3.

169 *Feldhaus*, Feldhaus/Veith, FK PE, Kap. 1, Rn. 8; EVCA, Guide on Private Equity and Venture Capital for Entrepreneurs, 2007, S. 6.

170 *Weitnauer*, Hdb. VC, Teil A Rn. 1f.; vgl.: EVCA, Guide on Private Equity and Venture Capital for Entrepreneurs, 2007, S. 6; *Thum/Timmreck/Keul*, Private Equity, S. 12f.

171 *Feldhaus*, Feldhaus/Veith, FK PE, Kap. 1, Rn. 8; *Thum/Timmreck/Keul*, Private Equity, S. 12.

172 *Feldhaus*, Feldhaus/Veith, FK PE, Kap. 1, Rn. 9; EVCA, Guide on Private Equity and Venture Capital for Entrepreneurs, 2007, S. 13.

173 *Brettel/Kauffmann u.a., PE-Investoren*, S. 14.

174 *Brettel/Kauffmann u.a., PE-Investoren*, S. 14; EVCA, Guide on Private Equity and Venture Capital for Entrepreneurs, 2007, S. 14.

175 *Gabrysch*, Breithaupt/Ottersbach, Komp. GesR, Teil 1, C, § 1 Rn. 23; vgl.: *Feldhaus*, Feldhaus/Veith, FK PE, Kap. 1, Rn. 9; hingegen die eigentliche Markterschließung wohl einer eigenen Phase („*Post-creation*“) zuordnend: EVCA, Guide on Private Equity and Venture Capital for Entrepreneurs, 2007, S. 14.

176 EVCA, Guide on Private Equity and Venture Capital for Entrepreneurs, 2007, S. 14.

PE-Investoren hingegen beteiligen sich typischerweise an reiferen bzw. mittelständischen Unternehmen, sodass PE-Investments in der Regel ein geringeres Wagnispotenzial aufweisen.[177] Die *Targets* von PE-Investoren befinden sich insbesondere in der Expansions- oder *Bridge*-Phase (gemeinsam: *Later Stage*).[178] In der Expansions-Phase sollen eine Marktposition des Unternehmens aufgebaut sowie Absatz und Produktion ausgeweitet werden.[179] Unternehmen in dieser Phase streben beispielsweise einen Ausbau der Produktionskapazitäten oder sonstige Produkt- oder Marktentwicklungen an, unter anderem auch durch strategische Zukäufe bereits existierender Unternehmen.[180] In der *Bridge*-Phase benötigt das Unternehmen Mittel, um etwa den Zeitraum im Vorfeld eines Börsengangs oder der Veräußerung an einen strategischen Investor zu finanzieren.[181] PE-Investments können auch der Durchführung eines *Turnarounds* des Unternehmens dienen.[182] Damit werden Szenarien umschrieben, in denen sich ein Unternehmen in einem Umbruch befindet, etwa in einer Krisensituation.[183]

II. Mezzanine-Finanzierungen

Der Begriff *Mezzanine-Finanzierung* konnte bislang keiner scharf umrissenen Definition zugeführt werden.[184] Auch hier wird dem Unternehmen Kapital für einen befristeten Zeitraum überlassen,[185] üblich sind drei bis zehn Jahre[186]. Klassische Finanzierungsinstrumente mit *Mezzanine*-Charakter sind stille Gesellschaften, partiarische Darlehen, Nachrangdarlehen, Wandelschuldverschreibungen und Genussrechte.[187] Anders als bei PE-Transaktionen werden hierdurch weder das Kapital noch die Stimmrechtsverhältnisse verwässert.[188]

---

177 *Weitnauer*, Hdb. VC, Teil A Rn. 2.

178 *Feldhaus*, Feldhaus/Veith, FK PE, Kap. 1, Rn. 8ff.

179 *Brettel/Kauffmann u.a., PE-Investoren*, S. 14.

180 *Feldhaus*, Feldhaus/Veith, FK PE, Kap. 1, Rn. 10.

181 *Brettel/Kauffmann u.a., PE-Investoren*, S. 14; *Feldhaus*, Feldhaus/Veith, FK PE, Kap. 1, Rn. 10.

182 *Feldhaus*, Feldhaus/Veith, FK PE, Kap. 1, Rn. 10.

183 *Feldhaus*, Feldhaus/Veith, FK PE, Kap. 1, Rn. 10.

184 *Diem*, Akquisitionsfinanzierungen, § 38 Rn. 1; *Weinheimer*, Hölters, Hdb. Unternehmenskauf, Rn. 12.25; vgl.: *Marzinkowski*, Mezzanine-Finanzierung, S. 16: *„Begrifflichkeit stark variierend angewandt"*.

185 *Golland/Gehlhaar/Grossmann/Eickhoff-Kley/Jänisch*, BB 2005, Beilage Nr. 5, 1, 2.

186 *Golland/Gehlhaar/Grossmann/Eickhoff-Kley/Jänisch*, BB 2005, Beilage Nr. 5, 1, 2; vgl.: *Weitnauer*, Hdb. VC, Teil A Rn. 3 (*„ab fünf Jahre"*).

187 *Weitnauer*, Hdb. VC, Teil D Rn. 29ff.; *Weinheimer*, Hölters, Hdb. Unternehmenskauf, Rn. 12.25.

188 *Golland/Gehlhaar/Grossmann/Eickhoff-Kley/Jänisch*, BB 2005, Beilage Nr. 5, 1, 2; vgl.: *Marzinkowski*, Mezzanine-Finanzierung, S. 16 (*„schuldrechtliche, nicht mitgliedschaftliche Beteiligung"*).

III. Hedgefonds

Hedgefonds spekulieren auf eine bestimmte Entwicklung von Aktien, Anleihen, Devisen, Indizes, Rohstoffen und Zinssätzen und bedienen sich verschiedenster Finanzinstrumente.[189] Typisch sind etwa kurzfristige Minderheitsbeteiligungen an börsennotierten Unternehmen, bei denen die Hedgefonds temporäre Marktineffizienzen auszunutzen versuchen.[190] Während PE-Investoren darauf hinwirken, den Wert des Unternehmens im Laufe ihrer mittelfristigen Beteiligung durch gezielte Einflussnahme auf die Unternehmensleitung nachhaltig zu steigern, begnügen sich Hedgefonds regelmäßig bereits mit kurzfristigen positiven Auswirkungen auf den Börsenkurs des Unternehmens.[191] Sie sind typischerweise also an kurzfristigen wirtschaftlichen Erfolgen interessiert.[192] Die Maßnahmen, mit denen Hedgefonds kurzfristige Kursgewinne zu erzwingen versuchen, können, müssen aber nicht unbedingt im Interesse der Gesellschaft liegen.[193] Probate Mittel sind etwa die Ablösung des Managements, die Ausschüttung von Reserven oder die Erhöhung der Dividende.[194] Hedgefonds übernehmen typischerweise keinerlei Management-Verantwortung.[195]

IV. Institutionelle Investoren

Unter institutionellen Investoren versteht man allgemein Investoren, die als Kapitalsammelstellen im Auftrag anderer professionell Gelder verwalten.[196] Hierunter fallen normale Aktienfonds[197], spezielle Pensionsfonds[198], Investmentfonds[199],

189 *Ricke*, BKR 2004, 60, 61.

190 *Eidenmüller*, DStR 2007, 2116.

191 *Weinheimer*, Hölters, Hdb. Unternehmenskauf, Rn. 12.14, Rn. 12.22; vgl. zum kurzfristigen Planungshorizont: *Faber*, Hommelhoff u.a., Hdb. Corp. Gov., 219, 223.

192 *Feldhaus*, Feldhaus/Veith, FK PE, Kap. 1, Rn. 13; *Schiessl*, AG 2009, 385.

193 *Schiessl*, ZIP 2009, 689ff.; *ders.*, AG 2009, 385.

194 *Feldhaus*, Feldhaus/Veith, FK PE, Kap. 1, Rn. 13.

195 *Eilers*, AG 2006, 792.

196 *Cromme/Claassen*, Hommelhoff u.a., Hdb. Corp. Gov., 603, 613; kritisch zur Eignung der Kriterien *Professionalität* und *Fremdnützigkeit* zur Definition institutioneller Investoren: *Schmolke*, ZGR 2007, 701, 704ff. m.w.N.

197 *Cromme/Claassen*, Hommelhoff u.a., Hdb. Corp. Gov., 603, 613.

198 *Cromme/Claassen*, Hommelhoff u.a., Hdb. Corp. Gov., 603, 613; *Redeke*, AG 2015, 253, 254; *Schmolke*, ZGR 2007, 701, 706.

199 *Rudolf*, Habersack/Mülbert/Schlitt, Kapitalmarktinformation, § 1 Rn. 58; *Redeke*, AG 2015, 253, 254; *Schmolke*, ZGR 2007, 701, 706.

Versicherungen[200], Banken[201], Hedgefonds[202], aber auch Private Equity-Fonds[203]. Anlagestrategie und -horizont der institutionellen Investoren weichen mitunter erheblich voneinander ab.[204] Je nach Anlagestrategie bringen sie sich oftmals aktiv in die Geschäftspolitik ein, etwa über Gespräche mit dem Vorstand (*One-on-Ones*), in denen sie Fragen der Unternehmensstrategie und der *Corporate Governance* sowie Nachhaltigkeitsthemen erörtern.[205] Hierdurch versuchen sie, das Management der Beteiligungsunternehmen dazu zu bewegen, die Wertpotenziale des Unternehmens möglichst auszuschöpfen, zu mehren und so zu einer höheren Bewertung am Kapitalmarkt beizutragen.[206]

V. Shareholder Activists

Mit *Shareholder Activism* beschreibt man das Phänomen, dass professionell agierende Investoren ihre Aktionärsinteressen nicht lediglich durch Ausübung der ihnen gesetzlich oder statutarisch zustehenden Aktionärsrechte durchzusetzen versuchen, sondern darüber hinausgehende Maßnahmen ergreifen, um insgesamt einen gemessen an der Beteiligungsquote überproportional großen Einfluss auszuüben.[207] *Shareholder Activist* meint jedoch keinen konkreten Anlegertyp. Solche Aktionäre können beispielsweise Hedgefonds, *Family Offices* oder PE-Investoren sein.[208] Ihre Beteiligungsquote liegt typischerweise unter 25 Prozent.[209] Mitunter treten *Shareholder Activists* aggressiv gegenüber ihren Beteiligungsunternehmen auf, etwa indem sie auf einen Wechsel der Unternehmensstrategie oder einen Austausch des Managements hinwirken.[210] Doch nicht alle *Shareholder Activists*

---

200 *Rudolf*, Habersack/Mülbert/Schlitt, Kapitalmarktinformation, § 1 Rn. 58; *Redeke*, AG 2015, 253, 254; *Schmolke*, ZGR 2007, 701, 706.

201 *Redeke*, AG 2015, 253, 254; *Schmolke*, ZGR 2007, 701, 706.

202 *Rudolf*, Habersack/Mülbert/Schlitt, Kapitalmarktinformation, § 1 Rn. 58; *Cromme/Claassen*, Hommelhoff u.a., Hdb. Corp. Gov., 603, 613; *Faber*, ebenda, S. 220ff.; *Redeke*, AG 2015, 253, 254.

203 *Faber*, Hommelhoff u.a., Hdb. Corp. Gov., 219, 220ff.

204 *Redeke*, AG 2015, 253, 254.

205 *Rudolf*, Habersack/Mülbert/Schlitt, Kapitalmarktinformation, § 1 Rn. 58; vgl. zu *One-on-Ones* zwischen institutionellen Investoren und den Unternehmen ferner: *Faber*, Hommelhoff u.a., Hdb. Corp. Gov., 219, 228; *Cromme/Claassen*, ebenda, 603, 613.

206 *Rudolf*, Habersack/Mülbert/Schlitt, Kapitalmarktinformation, § 1 Rn. 58.

207 *Kleinmanns*, IRZ 2016, 341, 342; *Schockenhoff/Culmann*, ZIP 2015, 297.

208 *Graßl/Nikoleyczik*, AG 2017, 49, 50; *Schockenhoff/Culmann*, ZIP 2015, 297.

209 *Kleinmanns*, IRZ 2016, 341, 342; *Schockenhoff/Culmann*, ZIP 2015, 297.

210 *Rudolf*, Habersack/Mülbert/Schlitt, Kapitalmarktinformation, § 1 Rn. 58; mit weiteren Beispielen aggressiver Maßnahmen von *Shareholder Activists*: *Hasselbach/Peters*, BB 2017, 1347, 1350; *Graßl/Nikoleyczik*, AG 2017, 49, 50ff.; *Schockenhoff/Culmann*, ZIP 2015, 297; vgl. ferner zur Gefahr eines Übergriffs aktivistischer Aktionäre auf deutsche Unternehmen: *Moritz/Morlock*, Börsenzeitung vom 4.6.2011, Sonderbeilage B4, die dies vornehmlich mit dem häufigen Fehlen von Ankeraktionären bei deutschen börsennotierten Gesellschaften begründen.

greifen zu aggressiven Mitteln, um lediglich kurzfristige Gewinne einzustreichen; häufig verfolgen sie eine langfristige Strategie, sodass die Zusammenarbeit mit ihnen durchaus im Interesse der Gesellschaft liegen kann.[211]

§ 3. Corporate Governance in der AG

Die Informationsmöglichkeiten des PE-Investors hängen wesentlich davon ab, wie Informationen im Portfolio-Unternehmen generiert und innerhalb des Unternehmens transportiert werden. Im Folgenden sollen daher die *Corporate Governance* und damit einhergehend die innergesellschaftlichen Informationsströme in der AG dargestellt werden. Vereinfacht gesprochen versteht man unter *Corporate Governance* den rechtlichen und faktischen Ordnungsrahmen für die Leitung und Überwachung des Unternehmens.[212]

A. Maßgebliche Regelungsregime

I. Aktienrecht

Das System der *Corporate Governance* eines Portfolio-Unternehmens hängt primär von seiner Rechtsform ab und wird vor allem durch das jeweils zugrunde liegende Gesellschaftsrecht bestimmt; somit wiederum richten sich auch die konkreten Einflussmöglichkeiten des PE-Investors insbesondere danach, welche Aufgaben, Rechte und Pflichten den einzelnen Organen des Portfolio-Unternehmens gesetzlich zugeordnet sind.[213] Die *Corporate Governance* eines Portfolio-Unternehmens in der Rechtsform der AG bestimmt sich also im Wesentlichen nach dem AktG.

II. Kapitalmarktrechtliche Besonderheiten

Sofern das Portfolio-Unternehmen börsennotiert ist, sind zusätzlich zu den Regelungen des Aktienrechts die kapitalmarktrechtlichen Besonderheiten zu beachten. So stellt insbesondere die MAR[214] besondere Anforderungen an den Informationsfluss innerhalb des Portfolio-Unternehmens sowie an seine Kommunikation nach außen.[215]

---

211 *Schockenhoff/Culmann*, ZIP 2015, 297; vgl. dahingehend: *Graßl/Nikoleyczik*, AG 2017, 49, 50; a.A. wohl: *Bunz*, NZG 2014, 1049, 1050, der vom *Shareholder Activist* als kurzfristig denkenden Aktionär auszugehen scheint.

212 *v.Werder*, Hommelhoff u.a., Hdb. Corp. Gov., 3, 4 m.w.N.; *ders.*, Kremer u.a., DCGK, Vorbem. Rn. 1; ausführlich: *Hopt*, ZHR 175 (2011), 444, 448; vgl. ferner: *Wicke*, ZGR 2012, 450, 451f. m.w.N.

213 *Schewe u.a.*, Arbeitspapier Nr. 56, S. 5; vgl. ferner zur Bedeutung der Rechtsformwahl für wesentliche Fragen der Leitung und Überwachung von Unternehmen: *Wicke*, ZGR 2012, 450, 462.

214 *Market Abuse Regulation*, kurz: „MAR“ (siehe hierzu bereits Fn. 21).

215 Siehe hierzu die Ausführungen unter: § 4.B.II, S. 71ff.; § 8, S. 143ff.

III. Deutscher Corporate Governance Kodex

Für börsennotierte Unternehmen spricht zudem der *Deutsche Corporate Governance Kodex* („DCGK") *„international und national anerkannte Standards guter und verantwortungsvoller Unternehmensführung"*[216] aus, die über das geltende Recht hinausgehen und in Form von Empfehlungen und Anregungen an die Emittenten umgesetzt worden sind.[217] Mangels Zustandekommens in einem parlamentarischen Verfahren hat der DCGK keine Gesetzesqualität[218] und enthält damit lediglich unverbindliche Verhaltensempfehlungen zur Unternehmensleitung und -überwachung[219]. Vorstand und Aufsichtsrat von börsennotierten Gesellschaften[220] sind jedoch verpflichtet, jährlich eine Erklärung abzugeben, welchen Empfehlungen des DCGK die Gesellschaft inwieweit entsprochen hat, und etwaige Abweichungen von den Empfehlungen des DCGK zu begründen (auch bezeichnet als: *comply or disclose*[221] bzw. *comply or explain*[222]).[223] Nicht kapitalmarktorientierten Unternehmen wird der DCGK zumindest zur Beachtung empfohlen.[224]

---

216 Präambel Abs. 1 Satz 1 DCGK.

217 *Hölters*, Hölters, AktG, § 161 Rn. 5; *Bachmann*, Kremer u.a., DCGK, Vorbem. Rn. 33ff.; siehe zur Unterscheidung der Begriffe *Empfehlungen* und *Anregungen* ausführlich: *Goette*, MüKo-AktG, Band 3, § 161 Rn. 23.

218 Statt vieler: *Hölters*, Hölters, AktG, § 161 Rn. 3; *Spindler*, Schmidt, K./Lutter, AktG, § 161 Rn. 7; *v.d.Linden*, GWR 2011, 407, 409; vgl.: *Koch*, Hüffer/Koch, AktG, § 161 Rn. 3.

219 *Hölters*, Hölters, AktG, § 161 Rn. 3; Begründung zum Regierungsentwurf des Gesetzes zur weiteren Reform des Aktien- und Bilanzrechts, zu Transparenz und Publizität (Transparenz- und Publizitätsgesetz) vom 11.4.2002, BT-Drucks. 14/8769, S. 21.

220 Dies meint börsennotierte Gesellschaften im Sinne des § 3 Abs. 2 AktG, also insbesondere Emittenten im regulierten Markt; Emittenten im Freiverkehr bzw. Gesellschaften, deren Wertpapiere über ein multilaterales Handelssystem gehandelt werden, sind nicht umfasst, können über § 161 Abs. 1 Satz 2 AktG aber ebenfalls zur Abgabe einer Entsprechenserklärung verpflichtet sein (*Hölters*, Hölters, AktG, § 161 Rn. 9ff.; *Koch*, Hüffer/Koch, AktG, § 161 Rn. 6a f.; *Weber-Rey*, AG 2008, 345, 347).

221 *Weber-Rey*, AG 2008, 345, 346.

222 *Schlitt*, Habersack/Mülbert/Schlitt, Unternehmensfinanzierung, § 38 Rn. 178; *v.Werder*, FS Hopt, 1471.

223 § 161 Abs. 1 Satz 1 AktG. Die Pflicht zur Abgabe der Entsprechenserklärung bezieht sich jedoch nicht auf die im DCGK enthaltenen Anregungen, da diese nach Ansicht der Regierungskommission noch nicht als allgemein anerkannte *best practice* angesehen werden können (Begründung zum Regierungsentwurf zum TransPuG (s. Fn. 219), BT-Drucks. 14/8769, S. 21).

224 Präambel Abs. 13 Satz 2 DCGK; *Arbeitskreis „Wertorientierte Führung in Mittelständischen Unternehmen" (AK Wert) der Schmalenbach-Gesellschaft für Betriebswirtschaft e.V.*, BB 2017, 235, 237.

IV. Satzungsrechtlicher Rahmen

Die Satzung ist die geschriebene Verfassung der AG und regelt neben dem Gesetz die grundlegenden Fragen der Verfassung der Gesellschaft.[225] Sie bildet die Grundlage der AG und ist maßgeblich für den inneren Aufbau.[226] Die Regelungen einer Satzung lassen sich in zwei Arten von Bestimmungen unterteilen: zum einen die *materiellen* oder *korporativen* Satzungsbestimmungen, die notwendiger Bestandteil der Satzung sind und die Gesellschaft und ihre Beziehungen zu den Gründern bzw. Aktionären betreffen (vor allem die Organisation der Gesellschaft); zum anderen die *formellen* oder *nicht korporativen* Bestimmungen, die, ohne notwendiger Bestandteil zu sein, in die Satzungsurkunde aufgenommen werden.[227] Die Satzung unterliegt dem Grundsatz der Satzungsstrenge. Danach sind vom AktG abweichende Regelungen in der Satzung nur zulässig, wenn das Gesetz diese ausdrücklich zulässt.[228] Ergänzende Bestimmungen sind grundsätzlich zulässig, sofern das AktG keine abschließende Regelung trifft.[229]

V. Beteiligungs- und Aktionärsvereinbarungen

Zusätzlich zur Satzung werden in Zusammenhang mit PE-Transaktionen typischerweise Beteiligungs- und Aktionärsvereinbarungen (kurz: „Beteiligungsverträge") aufgesetzt.[230] Partei dieser Verträge sind neben dem PE-Investor regelmäßig etwaige Co-Investoren, das Portfolio-Unternehmen selbst und die übrigen oder zumindest weitere Aktionäre.[231]

1. Grundsätzliche Bedeutung bei PE-Transaktionen

Über die Beteiligungs- und Aktionärsvereinbarungen werden die Rechtsverhältnisse der Aktionäre untereinander bzw. deren rechtliche Beziehungen zur Gesellschaft geregelt.[232] Finanzinvestoren versuchen, die Investitionskriterien, die sie für die Beteiligung an dem Portfolio-Unternehmen zur Grundlage gemacht haben, über solche Zusatzvereinbarungen rechtlich abzusichern.[233] Wesentlicher Bestandteil der Beteiligungsverträge sind aus Sicht des PE-Investors insbesondere die Regelungen bezüglich seines *Exits*. Für den PE-Investor ist es von essenzieller Bedeutung, selbst über den Zeitpunkt des *Exits* bestimmen und einem Dritten

---

225 *Limmer*, Spindler/Stilz, AktG, Band 1, § 23 Rn. 3.
226 *Pentz*, MüKo-AktG, Band 1, § 23 Rn. 37.
227 *Pentz*, MüKo-AktG, Band 1, § 23 Rn. 39ff.; *Röhricht/Schall*, GroßKomm-AktG, § 23 Rn. 15ff.; *Loges/Distler*, ZIP 2002, 467.
228 § 23 Abs. 5 Satz 1 AktG.
229 § 23 Abs. 5 Satz 2 AktG.
230 Vgl.: *Inhester*, Jesch/Striegel, Rechtshdb. PE, S. 230f.
231 Vgl.: *Inhester*, Jesch/Striegel, Rechtshdb. PE, S. 230.
232 *Mayer*, MittBayNot 2006, 281; vgl.: *Inhester*, Jesch/Striegel, Rechtshdb. PE, S. 231.
233 So mit Bezug auf VC-Investitionen: *Weitnauer*, Hdb. VC, Teil F Rn. 85.

stets 100% der Anteile an dem Portfolio-Unternehmen zum Kauf anbieten zu können (also einschließlich der Aktien der Mitaktionäre).[234] Um einen gemeinsamen *Exit* aller Aktionäre sicherzustellen, sehen die Beteiligungsverträge daher üblicherweise Mitverkaufsrechte (*Tag-Along*) und -pflichten (*Drag-Along*) der anderen Parteien vor.[235] Darüber hinaus enthalten Beteiligungsverträge regelmäßig Regelungen zur *Corporate Governance* im Unternehmen, etwa der Bestellung bzw. Besetzung von Organen des Portfolio-Unternehmens[236], der Zustimmungspflicht der Gesellschafter zu bestimmten Geschäftsführungsmaßnahmen[237] oder den Mehrheitserfordernissen bei Abstimmungen innerhalb der Organe der Gesellschaft[238]. Sofern sich das Management seinerseits an dem Portfolio-Unternehmen (rück-)beteiligt, hält der Beteiligungsvertrag typischerweise auch die Grundzüge der Managementbeteiligung fest.[239] Gegenstand einer Beteiligungs- und Gesellschaftervereinbarung können zudem erweiterte Informationsrechte des PE-Investors gegenüber dem Portfolio-Unternehmen sein.[240] Letztere verpflichten sich hierin in der Regel zu einem ausgeweiteten *Reporting*, insbesondere über die wirtschaftliche und finanzielle Lage des Unternehmens.[241] Im Gegenzug verpflichten sich die Parteien der Beteiligungsvereinbarung für die Dauer ihrer Beteiligung und darüber hinaus zur Verschwiegenheit über die Inhalte des Vertrages und die Informationen des Unternehmens.[242] Von der Vertraulichkeitsverpflichtung ausgenommen ist in der Regel jedoch die Weitergabe von Informationen durch den PE-Investor für die Zwecke des *Investor Reportings*.[243] Zu beachten ist jedoch, dass die Beteiligungs- und Aktionärsvereinbarungen die Aktionäre nur

234 Vgl.: *Mackensen*, Eilers/Koffka u.a., Private Equity, VI.6 Rn. 59.

235 *Hundertmark/Paul*, Eilers/Koffka u.a., Private Equity, VII.1 Rn. 14.

236 *Hundertmark/Paul*, Eilers/Koffka u.a., Private Equity, VII.1 Rn. 14; *Mayer*, MittBayNot 2006, 281; *Sickinger*, Schüppen/Schaub, MAH AktR, § 11 Rn. 9ff.; *Maidl/Kreifels*, NZG 2003, 1091, 1092, 1094.

237 *Hundertmark/Paul*, Eilers/Koffka u.a., Private Equity, VII.1 Rn. 14.

238 *Hundertmark/Paul*, Eilers/Koffka u.a., Private Equity, VII.1 Rn. 14.

239 Vgl.: *Hundertmark/Paul*, Eilers/Koffka u.a., Private Equity, VII.1 Rn. 14.

240 *Inhester*, Jesch/Striegel, Rechtshdb. PE, S. 231; *Brettel/Kauffmann u.a., PE-Investoren*, S. 97; vgl. ferner: *Schewe u.a.*, Arbeitspapier Nr. 56, S. 4.

241 Vgl. mit Bezug auf VC-Investments: *Mellert*, NZG 2003, 1096, 1099; vgl. ferner: *Weitnauer*, NZG 2001, 1065, 1071 („*geschäftliche Entwicklung*"); siehe Formulierungsbeispiele zu Gesellschaftervereinbarungen: *Weitnauer*, Weitnauer, MBO, S. 309f.; vgl. ferner zu VC-Transaktionen: *Seibt*, Beck'sches Formularbuch M & A, F.V.2; Bank/Möllmann, VC Germany, Anh. 2, Zf. 9.2.3. Siehe hierzu bereits ausführlicher die Ausführungen unter: § 1.C, S. 36ff.

242 Mit Bezug auf VC-Transaktionen: *Möllmann/Bank*, VC Germany, Teil 2 Rn. 325; vgl.: *Weitnauer*, Hdb. VC, Teil F Rn. 258.

243 Mit Bezug auf VC-Transaktionen: *Möllmann/Bank*, VC Germany, Teil 2 Rn. 326; siehe zum *Investor Reporting* des PE-Investors bereits die Ausführungen unter: § 1.B.III, S. 43f.

schuldrechtlich binden, nicht korporationsrechtlich.[244] So sind beispielsweise entgegen einer schuldrechtlich vereinbarten Stimmrechtsvereinbarung abgegebene Stimmen gleichwohl wirksam.[245]

2. *Gesteigerte Bedeutung bei Beteiligungen an AGs*

Neben der Satzung stehende Zusatzvereinbarungen erfreuen sich gerade bei AGs besonderer Beliebtheit.[246] Dies liegt zunächst daran, dass aufgrund des aktienrechtlichen Grundsatzes der Satzungsstrenge Abweichungen der Satzung vom AktG nur eingeschränkt zulässig sind.[247] Insbesondere die Organisationsverfassung der AG ist hierdurch weitgehend vorgegeben. Die Gestaltung des Beteiligungsvertrages ist den Parteien hingegen prinzipiell frei überlassen.[248] Sie können sich hierüber auch ohne Beachtung des Grundsatzes der Satzungsstrenge auf von der Organisationsverfassung der AG abweichende Regelungen verständigen.[249] Gerade bei PE-Transaktionen werden über den Beteiligungsvertrag beispielsweise häufig neben dem Aufsichtsrat stehende zusätzliche Gremien gebildet (etwa Lenkungsausschüsse oder Beiräte), die in beratender Funktion gegenüber dem Vorstand auftreten und mitunter erheblichen Einfluss auf dessen Willensbildung nehmen.[250] Darüber hinaus unterliegen Beteiligungsverträge nicht der Publizitätspflicht, sodass deren Inhalt geheim gehalten werden kann.[251] Hochsensible Informationen wie der Mechanismus der Erlösverteilung im Falle des *Exits* oder die Konditionen der Managementbeteiligung müssen daher nicht der Öffentlichkeit preisgegeben werden.

---

244 *Sickinger*, Schüppen/Schaub, MAH AktR, § 11 Rn. 1; *Inhester*, Jesch/Striegel, Rechtshdb. PE, S. 231; *Cziupka/Kliebisch*, BB 2013, 715; vgl.: *Mayer*, MittBayNot 2006, 281, 281f.

245 *Sickinger*, Schüppen/Schaub, MAH AktR, § 11 Rn. 23; *Mayer*, MittBayNot 2006, 281, 287.

246 *Sickinger*, Schüppen/Schaub, MAH AktR, § 11 Rn. 1; *Cziupka/Kliebisch*, BB 2013, 715; *Mayer*, MittBayNot 2006, 281.

247 *Sickinger*, Schüppen/Schaub, MAH AktR, § 11 Rn. 1; *Mayer*, MittBayNot 2006, 281; vgl.: *Cziupka/Kliebisch*, BB 2013, 715; *Zetzsche*, NZG 2002, 942, 944f.

248 *Cziupka/Kliebisch*, BB 2013, 715; so mit Bezug auf VC-Investitionen: *Weitnauer*, Hdb. VC, Teil F Rn. 105.

249 *Sickinger*, Schüppen/Schaub, MAH AktR, § 11 Rn. 1; *Mayer*, MittBayNot 2006, 281, 281f.

250 Siehe zur Funktion und den Zulässigkeitsvoraussetzungen eines Beirats die Ausführungen unter: § 18.A.

251 *Cziupka/Kliebisch*, BB 2013, 715.

3. *Stimmrechtszurechnung bei börsennotierten AGs*

Mitunter schließen sich zwei oder gar mehrere PE-Investoren zusammen, um eine Zielgesellschaft gemeinschaftlich zu erwerben (sog. *Club Deals*).[252] Dabei versuchen sie oftmals, ihren Stimmrechtseinfluss in der Hauptversammlung über Aktionärsvereinbarungen zu bündeln.[253] Sofern sich mehrere PE-Investoren als Co-Investoren an einem börsennotierten Portfolio-Unternehmen beteiligen, müssen sie jedoch berücksichtigen, dass ihnen die Stimmrechte der anderen Parteien der Aktionärsvereinbarung ggf. zugerechnet werden[254] und sie dadurch möglicherweise die Kontrollschwelle von 30 Prozent der Stimmrechte an der Gesellschaft überschreiten[255]; die Parteien sind dann verpflichtet, den übrigen Aktionären ein Pflichtangebot zu unterbreiten.[256]

B. Organe und Informationsfluss in der AG

Nachdem im vorangegangenen Abschnitt der rechtliche Regelungsrahmen für die *Corporate Governance* von Portfolio-Unternehmen in der Rechtsform der AG erörtert wurde, sollen im Folgenden die daraus resultierende Kompetenzordnung in der AG sowie die Grundzüge des Informationsflusses zwischen ihren Organen untersucht werden.

I. Der Vorstand: Das Leitungsorgan

Der Vorstand ist Leitungs-, Geschäftsführungs- und Vertretungsorgan der AG.[257] Er übt die Leitungsfunktion *„unter eigener Verantwortung"* aus[258], unterliegt bei unternehmerischen Entscheidungen also weder Weisungen des Aufsichtsrats noch der Hauptversammlung.[259] Seiner Leitungsmacht unterfällt grundsätzlich auch die Informationspolitik der Gesellschaft:[260]

- Der Vorstand muss zum einen den unternehmensinternen Informationsfluss sicherstellen;[261]

---

252 *Söhner*, in: WM 2014, 2110, 2111; EVCA, Guide on Private Equity and Venture Capital for Entrepreneurs, 2007, S. 10; *Eidenmüller*, in: ZHR 171 (2007), 644, 649.

253 *Sickinger*, Schüppen/Schaub, MAH AktR, § 11 Rn. 47; *Mayer*, MittBayNot 2006, 281, 283.

254 § 30 Abs. 2 WpÜG.

255 § 29 Abs. 2 Satz 1 WpÜG.

256 *Sickinger*, Schüppen/Schaub, MAH AktR, § 11 Rn. 47; *Mayer*, MittBayNot 2006, 281, 283; siehe: §§ 29 Abs. 2 Satz 1, 30 Abs. 2, 35 WpÜG.

257 *Ziemons*, Ziemons/Binnewies, Hdb. AG, Teil I Rn. 8.32.

258 § 76 Abs. 1 AktG.

259 *Oetker*, Hommelhoff u.a., Hdb. Corp. Gov., 277, 279.

260 Statt vieler: *Lutter*, Information und Vertraulichkeit, Rn. 401; *Leyendecker-Langner*, NZG 2015, 44, 45; *Vetter*, AG 2014, 387, 388.

261 *Fleischer*, Fleischer, Hdb. VorstandsR, § 7 Rn. 44; *ders.*, ZIP 2003, 1, 5.

- zum anderen fällt auch die Entscheidung über die Weitergabe von Informationen grundsätzlich in seine Zuständigkeit als geschäftsführendem Leitungsorgan.[262]

Der Vorstand wird daher als „*Herr der Gesellschaftsgeheimnisse*" bezeichnet.[263] Die Zuständigkeit des Vorstands insoweit ergibt sich nicht zuletzt daraus, dass nur er als unternehmensleitendes Organ in alle Einzelheiten des Unternehmens Einblick genießt und dessen Geschäftspolitik bestimmt.[264] Daher dürften in der Regel nur ihm sämtliche Einzelfaktoren und Zusammenhänge bei der Informationsweitergabe vollumfänglich bekannt sein.[265] Da sich der PE-Investor, wie dargelegt,[266] in der Regel nicht direkt am Management des Portfolio-Unternehmens beteiligt, ist er darauf angewiesen, die unternehmensbezogenen Informationen direkt oder indirekt vom Vorstand zu erlangen.

II. Der Aufsichtsrat: Das Kontrollgremium

1. Überwachung und Beratung der Geschäftsführung

Häufig wirken PE-Investoren in den Aufsichtsräten ihrer Portfolio-Unternehmen mit.[267] Dem Aufsichtsrat obliegt die Überwachung der Geschäftsführung.[268] Die aktive Teilhabe an der Überwachung der Geschäftsleitung ermöglicht dem PE-Investor eine bessere Überwachung seiner Investitionsrisiken. Die Überwachungsfunktion des Aufsichtsrats wird dabei weit verstanden und bezieht sich nicht allein auf die Prüfung der Rechtmäßigkeit[269], sondern auch der Ordnungsmäßigkeit, Zweckmäßigkeit und Wirtschaftlichkeit[270] des Vorstandshandelns.[271] Die Kontrollfunktion des Aufsichtsrats beschränkt sich ferner nicht allein auf die

262 *Spindler*, Spindler/Stilz, AktG, Band 1, § 116 Rn. 102; *Mertens/Cahn*, KK-AktG, § 116 Rn. 47; *Rothweiler*, Der Informationsfluss, S. 97; *v.Stebut*, Geheimnisschutz, S. 97f.; *Wilsing/v.d.Linden*, ZHR 178 (2014), 419, 431f.; *Ziegler*, DStR 2000, 249, 253; *Hengeler*, FS Schilling, 1973, 175, 181; vgl. zur Zuständigkeit des Vorstands ferner: *Fleischer*, Spindler/Stilz, AktG, Band 1, § 93 Rn. 169; *Bank*, NZG 2013, 801, 803.

263 BGH, Urt. v. 5.6.1975 – II ZR 156/73, NJW 1975, 1412, 1413; *Spindler*, MüKo-AktG, Band 2, § 93 Rn. 119; *Bauer/Schmidt-Bendun*, FS Wegen, 2015, S. 105, 110; *Fleischer/Bauer/Wansleben*, DB 2015, 360, 367; *Bank*, NZG 2013, 801, 803; *Hengeler*, FS Schilling, 1973, 175, 181.

264 Vgl.: § 90 Abs. 1 Satz 1 Nr. 1 AktG.

265 *Hengeler*, FS Schilling, 1973, 175, 180f.

266 Siehe hierzu bereits die Ausführungen unter: § 1.C, 36; § 2.A.III, S. 47f.

267 *Feldhaus*, Feldhaus/Veith, FK PE, Kap. 1, Rn. 269; *Brettel/Kauffmann u.a., PE-Investoren*, S. 95.

268 § 111 Abs. 1 AktG.

269 Vgl.: BGH, Urt. v. 15.11.1993 – II ZR 235/92, AG 1994, 124, 127f.

270 Vgl.: BGH, Urt. v. 25.03.1991 – II ZR 188/89, NJW 1991, 1830, 1831.

271 *Lutter/Krieger/Verse*, Rechte und Pflichten AR, § 6 Rn. 191; *Veil*, ZHR 172 (2008), 239, 241.

Aufarbeitung von Geschäftsführungsmaßnahmen der Vergangenheit; der Aufsichtsrat nimmt vielmehr auch eine präventive Kontrolle hinsichtlich zukünftiger Geschäftsführungsmaßnahmen wahr, die er etwa in Form von laufenden Beratungen mit dem Vorstand ausübt.[272] Zudem unterliegen bestimmte Maßnahmen und Geschäfte des Vorstands der Zustimmung des Aufsichtsrats. Zum Teil ergeben sich diese bereits aus dem Gesetz.[273] Darüber hinaus müssen die Satzung und/oder der Aufsichtsrat selbst (beispielsweise über eine Geschäftsordnung für den Vorstand[274]) weitere Gegenstände festlegen, die der Zustimmung des Aufsichtsrats bedürfen (Vetorecht).[275] Über seine Mitwirkung im Aufsichtsrat kann der PE-Investor somit ggf. selbst (mittelbar) Einfluss darauf nehmen, welche Vorstandsmaßnahmen der Zustimmung des Aufsichtsrats unterliegen. Praxisüblich sind Zustimmungsvorbehalte etwa bei wichtigen strategischen Entscheidungen, der (signifikanten) Aufnahme von Fremdkapital oder dem Erwerb bzw. der Veräußerung von Unternehmensbeteiligungen. Von der Geschäftsführung ist der Aufsichtsrat hingegen grundsätzlich ausgeschlossen.[276] Es steht dem Vorstand allerdings frei, den Aufsichtsrat über dessen Überwachungsfunktion hinaus bei einzelnen Geschäftsführungsfragen zur Beratung hinzuzuziehen (ohne dabei jedoch die Geschäftsführungsbefugnis als solche auf diesen zu delegieren).[277]

2. *Bestellung und Abberufung des Vorstands*

Der Aufsichtsrat ist für die Bestellung und Abberufung der Mitglieder des Vorstands zuständig.[278] Auch wenn der PE-Investor hierdurch keinen unmittelbaren Einfluss auf die Geschäftsführung als solche erlangt, kann er die Geschäftsführung so jedenfalls über den Aufsichtsrat indirekt beeinflussen.[279] Der PE-Investor wird über seine Mitwirkung im Aufsichtsrat also darauf hinwirken, dass Vorstandsposten in seinem Sinne besetzt werden und er auf diesem Weg indirekt Einfluss

---

272 BGH, Urt. v. 25.03.1991 – II ZR 188/89, NJW 1991, 1830, 1831; *Oetker*, Hommelhoff u.a., Hdb. Corp. Gov., 277, 281f.; *Burgard/Heimann*, NZG 2014, 1294, 1295; *Wilsing/v.d.Linden*, ZHR 178 (2014), 419, 423; *Hüffer*, NZG 2007, 47; *Schneider/Singhof*, FS Kraft, S. 585, 592.

273 Siehe nur: §§ 59 Abs. 3, 89 Abs. 1 Satz 1, 202 Abs. 3 Satz 2, 308 Abs. 3 Satz 2 a.E. AktG.

274 § 77 Abs. 2 Satz 1 AktG.

275 *Hettich*, van Kann, Vorstand der AG, Kapitel II Rn. 122ff.; § 111 Abs. 4 Satz 2 AktG.

276 § 111 Abs. 4 Satz 1 AktG.

277 *Wilsing/v.d.Linden*, ZHR 178 (2014), 419, 423f.; *Diekmann/Wurst*, NZG 2014, 121, 123; vgl.: *Grunewald*, ZIP 2016, 2009, 2010, die es in eng begrenzten Einzelfällen als zulässig erachtet, wenn sich der Vorstand bei der Geschäftsführung für bestimmte Aufgaben eines Aufsichtsratsmitglieds bedient, etwa bei der Vermittlung eines Kontakts des Aufsichtsratsmitglieds.

278 § 84 Abs. 1 Satz 1, Abs. 3 AktG.

279 Vgl.: *Oetker*, Hommelhoff u.a., Hdb. Corp. Gov., 277, 283f.; *Schewe u.a.*, Arbeitspapier Nr. 56, S. 5.

auf die Unternehmensstrategie und Geschäftspolitik des Portfolio-Unternehmens nehmen kann.[280]

3. *Informationsrechte gegenüber dem Vorstand*

Eine effiziente präventive und retrospektive Überwachung der Geschäftsleitung durch den Aufsichtsrat setzt voraus, dass dieser über eine angemessene Informationsgrundlage verfügt.[281] Da er die Gesellschaft nicht selbst leitet und somit nicht aufgrund eigener Anschauung und Tätigkeit Kenntnis von den Vorhaben und Geschehnissen in der Gesellschaft erlangt, ist er auf Informationen von anderen angewiesen.[282] Der Aufsichtsrat hat daher ein nahezu unbegrenztes Informationsrecht gegenüber dem Vorstand.[283] Dessen Mitglieder sind dem Aufsichtsrat gegenüber grundsätzlich zu unbedingter Offenheit verpflichtet.[284] Die weitreichende Verpflichtung des Vorstands zur Rechenschaft ist Grundlage dafür, dass der Aufsichtsrat seiner Überwachungsfunktion überhaupt gerecht werden kann.[285] Ein Mitglied des PE-Investors im Aufsichtsrat kann auf diesem Wege an umfassende Informationen über das Portfolio-Unternehmen gelangen.

4. *Einflussnahme des Investors auf den Aufsichtsrat*

Um Vertreter aus seinem Umfeld in den Aufsichtsrat wählen zu können, benötigt der PE-Investor grundsätzlich die einfache Mehrheit der in der Hauptversammlung abgegebenen Stimmen, wobei das Gesetz[286] oder die Satzung abweichende

---

280 Vgl. zum Einfluss des Aufsichtsrats auf die Zusammensetzung des Vorstands und die indirekte Beeinflussung der Geschäftspolitik: *Oetker*, Hommelhoff u.a., Hdb. Corp. Gov., 277, 283f.

281 *Bürgers*, Bürgers/Körber, AktG, § 90 Rn. 1; vgl.: *Kleindiek*, Hommelhoff u.a., Hdb. Corp. Gov., 787, 809 („*Grundlage jeder Überwachungstätigkeit ist die hinreichende Information des Überwachungsorgans*"); *Barzen/Kampf*, BB 2011, 3011 („*Voraussetzung einer effektiven Kontrolle ist eine hinreichende Informationsbasis*").

282 *Lutter/Krieger/Verse*, Rechte und Pflichten AR, § 6 Rn. 191.

283 LG Dortmund, Beschl. v. 10.8.1984 – 12 O 580/83, Mitbestimmung 1984, 410, 411; *Lutter/Krieger/Verse*, Rechte und Pflichten AR, § 6 Rn. 191 („*Was der Vorstand weiß, darf auch der Aufsichtsrat wissen*"); *v.Schenck*, NZG 2002, 64, 65.

284 BGH, Urt. v. 26.3.1956 – II ZR 57/55, NJW 1956, 906; *Bürgers*, Bürgers/Körber, AktG, § 90 Rn. 4; *Hopt/Roth*, GroßKomm-AktG, § 93 Rn. 292; *Hölters*, Hölters, AktG, § 93 Rn. 139; *v.Schenck*, NZG 2002, *Oetker*, FS Hopt, 1091, 1094; 64, 65f.; *Traugott*, BB 2001, 2277, 2278; einschränkend: *Mertens/Cahn*, KK-AktG, § 93 Rn. 116.

285 *Mertens*, KK-AktG, § 90 Rn. 6; *Köstler/Zachert/Müller*, Aufsichtsratspraxis, Rn. 472; *Lutter/Krieger/Verse*, Rechte und Pflichten AR, § 6 Rn. 192; *Scheffler*, BB 2014, 2859; *Wagner*, NZG 1999, 1092, 1093; *Groß*, AG 1997, 97, 98; vgl.: *v. Schenck*, Semler/v.Schenck, AH AR-Mitglieder, S. 25 Rn. 105. Zu den einzelnen Informationsmöglichkeiten des Aufsichtsrats und seiner Mitglieder siehe die Ausführungen unter: § 12, S. 205ff.

286 § 31 Abs. 2 MitbestG etwa fordert eine Zwei-Drittel-Mehrheit.

Regelungen treffen können.[287] Bei geringer Hauptversammlungspräsenz reicht dem PE-Investor ggf. auch eine Beteiligungsquote von deutlich unter 50 Prozent des Grundkapitals aus. Hält der PE-Investor die Hauptversammlungsmehrheit, kann er aus eigener Kraft grundsätzlich sämtliche Aktionärsvertreter im Aufsichtsrat frei wählen, ohne dass ein Minderheitenschutz greifen würde.[288] Um sich seinen Einfluss im Aufsichtsrat zu sichern, kann der PE-Investor ferner darauf hinwirken, dass ihm durch satzungsändernden Beschluss der Hauptversammlung ein Entsendungsrecht[289] und/oder von den Vertragsparteien des Beteiligungsvertrages ein Benennungsrecht eingeräumt wird. Bei Letzteren wird dem PE-Investor lediglich ein schuldrechtliches Recht eingeräumt, einzelne oder mehrere Mitglieder für den Aufsichtsrat vorzuschlagen; die übrigen Vertragsparteien binden sich im Wege der Stimmbindung, den bzw. die vorgeschlagenen Kandidaten bei der Abstimmung zu wählen.[290] Benennungsrechte bieten den Vorteil, dass sie keiner Verankerung in der Satzung bedürfen und vermeiden somit auch die mit der Satzung verbundene Publizität.[291]

III. Die Hauptversammlung: Organ der Willensbildung

Aufgrund der Übernahme von Aktien an dem Portfolio-Unternehmen stehen dem PE-Investor automatisch die Aktionärsrechte, insbesondere in der Hauptversammlung, zu.[292] Der Begriff *Hauptversammlung* umschreibt zum einen funktional das Organ, durch welches die Aktionäre über ihre Mitgliedschaftsrechte die Willensbildung der AG betreiben; zum anderen umschreibt er rein organisationsrechtlich

---

287 So allgemein zur Bestellung der Vertreter der Aktionäre: BGH, Urt. v. 13.3.1980 – II ZR 54/78, NJW 1980, 1465, 1466; *Hoffmann-Becking*, MünchHdb. GesR, Band 4, § 30 Rn. 41; *Jaeger*, Ziemons/Binnewies, Hdb. AG, Teil I Rn. 9.73; siehe: §§ 101 Abs. 1, 133 Abs. 1 AktG. Bei AGs mit mehr als 500 Arbeitnehmern und weniger als 2.000 Arbeitnehmern besteht ein Drittel der Aufsichtsratsmitglieder aus Arbeitnehmervertretern (§§ 1 Abs. 1 Nr. 1, Abs. 2 Satz 1 Nr. 1, 4 Abs. 1 DrittelbG); bei AGs, die nicht in den Anwendungsbereich des Montan-Mitbestimmungsgesetzes oder des Mitbestimmungsergänzungsgesetzes fallen und in der Regel mehr als 2.000 Arbeitnehmer beschäftigen, sogar die Hälfte (§§ 1 Abs. 1, Abs. 2, 7 Abs. 1 Satz 1 MitbestG).

288 So allgemein zur Bestellung der Vertreter der Aktionäre: *Hoffmann-Becking*, MünchHdb. GesR, Band 4, § 30 Rn. 41; *Timm*, NJW 1987, 977, 986; vgl. ferner: *Schewe u.a.*, Arbeitspapier Nr. 56, S. 15, die Bezug nehmen auf die Übernahme der Mehrheitsbeteiligung an *Hugo Boss AG* durch den britischen PE-Investor *Permira* und dessen Einflussnahme auf die Besetzung des Aufsichtsrats.

289 § 101 Abs. 2 Satz 1 AktG; *Feldhaus*, Feldhaus/Veith, FK PE, Kap. 1, Rn. 272; siehe: § 101 Abs. 2 Satz 1 AktG, wobei Entsendungsrechte insgesamt nur für maximal ein Drittel der Vertreter der Aktionäre im Aufsichtsrat eingeräumt werden können (§ 101 Abs. 2 Satz 4 AktG).

290 *Mayer*, MittBayNot 2006, 281, 287.

291 *Mayer*, MittBayNot 2006, 281, 287f.

292 *Schewe u.a.*, Arbeitspapier Nr. 56, S. 5.

die Zusammenkunft der Aktionäre als solche, um eben diese Mitgliedschaftsrechte ausüben zu können.[293] Da die Hauptversammlung grundsätzlich ein Beschluss- und kein Kontrollorgan ist, sind die Informationsrechte der Aktionäre primär Hilfsrechte für die sachgerechte Stimmrechtsausübung in der Hauptversammlung und keine organschaftlichen Kontrollinstrumente.[294] Die Möglichkeiten des PE-Investors, aus seiner Aktionärsstellung heraus Einfluss auf das Portfolio-Unternehmen zu nehmen, sind sehr begrenzt.[295] Hält der PE-Investor jedoch eine signifikante Beteiligung, vielleicht sogar die einfache oder Dreiviertelmehrheit in der Hauptversammlung, ergeben sich daraus automatisch mehr Einflussmöglichkeiten (etwa im Rahmen der Bestellung der Vertreter der Aktionäre im Aufsichtsrat).[296] Möchte der PE-Investor seine Rechte und Einflussmöglichkeiten in der AG ausbauen, kommen ggf. Satzungsänderungen oder der Abschluss einer Beteiligungs- und Aktionärsvereinbarung in Betracht. Zur Durchführung dieser Maßnahmen ist er jedoch regelmäßig auf die Mitwirkung weiterer Aktionäre angewiesen.

---

293 *Kubis*, MüKo-AktG, Band 3, Band 3, § 118 Rn. 1; *Ziemons*, Ziemons/Binnewies, Hdb. AG, Teil I Rn. 8.32; *Reger*, Bürgers/Körber, AktG, § 118 Rn. 1.

294 *Groß*, AG 1997, 97, 99f. m.w.N.; *Wilde*, ZGR 1998, 423, 436; bezugnehmend auf § 131 Abs. 1 Satz 1 AktG: *Fabritius*, FS Huber, 705, 706.

295 Vgl.: *Schewe u.a.*, Arbeitspapier Nr. 56, S. 15, die Bezug nehmen auf die Übernahme einer Mehrheitsbeteiligung an *Hugo Boss AG* durch den britischen PE-Investor *Permira* und die Einflussmöglichkeiten mit denen eines GmbH-Gesellschafters vergleichen (siehe zu den Informationsrechten in der GmbH: § 19.C.I.2, S. 272ff.).

296 Vgl.: *Schewe u.a.*, Arbeitspapier Nr. 56, S. 15; siehe zu der Bestellung der Aktionärsvertreter im Aufsichtsrat bereits die Ausführungen unter: § 3.B.II.4, S. 62f.

2. Teil: Aktionärs-Informationsrechte

Im Folgenden sollen die grundlegenden Informationsmöglichkeiten des PE-Investors untersucht werden, die sich bereits aus seiner Aktionärsstellung ergeben.

§ 4. Publizitätspflichten der AG

PE-Investoren können sich zunächst sämtliche Informationen beschaffen, die das Portfolio-Unternehmen bereits kraft Gesetzes veröffentlichen muss. Gerade Portfolio-Unternehmen in der Rechtsform der AG unterliegen diversen Publizitätspflichten, die im Folgenden dargestellt werden sollen.

A. Rechnungslegungsbezogene Informationspflichten

I. Finanzberichterstattungspflicht des Unternehmens

1. Financial Reporting

Wie gezeigt,[297] stellt das *Financial Reporting* ein wesentliches Überwachungs- und Steuerungswerkzeug für den PE-Investor dar.[298] Zum Teil können PE-Investoren die wesentlichen Finanzinformationen ihrer Portfolio-Unternehmen bereits über deren Finanzberichterstattung beziehen. Portfolio-Unternehmen in der Rechtsform der AG sind insbesondere verpflichtet, für den Schluss eines jeden Geschäftsjahres eine Bilanz sowie eine Gewinn- und Verlustrechnung aufzustellen.[299] Mittelgroße und große AGs müssen den Jahresabschluss zudem um einen Anhang und einen Lagebericht, kleine Kapitalgesellschaften (mit Ausnahme von Kleinstkapitalgesellschaften) nur um einen Anhang erweitern.[300] Der Jahresabschluss dient vor allem

---

297 Siehe hierzu bereits die Ausführungen unter: § 1.C, S. 36ff.

298 *Hundertmark/Paul*, Eilers/Koffka u.a., Private Equity, Kapitel VII.5 Rn. 2; vgl. zum Fokus auf die finanz- und betriebswirtschaftlichen Kennziffern: *Thum/Timmreck/Keul*, Private Equity, S. 112ff.

299 § 242 Abs. 1 Satz 1, Abs. 2 HGB i.V.m. §§ 6 Abs. 1 HGB, 3 Abs. 1 AktG. Bilanz und Gewinn- und Verlustrechnung bilden zusammen den Jahresabschluss, § 242 Abs. 3 HGB.

300 §§ 264 Abs. 1 Satz 1 und 4, 267 Abs. 1 bis 3 HGB. Das HGB sieht zahlreiche Erleichterungen für mittelgroße, kleine und Kleinstkapitalgesellschaften sowie Tochterunternehmen im Unternehmensverbund vor, die sowohl die Aufstellung des Jahresabschlusses als auch dessen Offenlegung betreffen; diese können im Rahmen dieser Untersuchung nicht allesamt dargestellt werden.

der Darstellung, der Lagebericht hingegen eher der Analyse und Kommentierung der wesentlichen Kennziffern und Vorgänge im Unternehmen.[301]

Sofern ein Portfolio-Unternehmen zur Konzernrechnungslegung verpflichtet ist, besteht der Konzernabschluss sowohl nach deutschem Handelsrecht als auch nach internationalen Rechnungslegungsstandards in jedem Fall aus Konzernbilanz, Konzern-Gewinn- und Verlustrechnung, Anhang und Kapitalflussrechnung.[302] Im Falle der Rechnungslegung nach dem HGB kann der Konzernabschluss um eine Segmentberichterstattung ergänzt werden[303], im Falle der Rechnungslegung nach IFRS[304] ist dies sogar zwingend vorgeschrieben.

2. CSR-Reporting

Große Kapitalgesellschaften[305], kapitalmarktorientierte Gesellschaften[306] und Kapitalgesellschaften mit jahresdurchschnittlich mehr als 500 Arbeitnehmern müssen ihren Lagebericht neuerdings gemäß § 289b HGB um eine nichtfinanzielle Erklärung erweitern (sog. „CSR-Berichterstattung“[307]).[308] Die CSR-Berichterstattung umfasst unter anderem Ausführungen zu Umweltbelangen des Unternehmens (z.B. zu Treibhausgasemissionen und dem Wasserverbrauch)[309], Arbeitnehmerbelangen (etwa zu den Arbeitsbedingungen oder etwaigen Maßnahmen zur Gewährleistung der Geschlechtergleichstellung)[310] und Instrumenten zur Bekämpfung von Korruption und Bestechung[311].

---

301 Begründung der Bundesregierung zum Entwurf eines Gesetzes zur Einführung internationaler Rechnungslegungsstandards und zur Sicherung der Qualität der Abschlussprüfung (Bilanzrechtsreformgesetz – BilReG) vom 30.4.2004, BR-Drucks. 326/04, S. 63; *Grottel*, Beck'scher Bilanz-Kommentar, HGB, § 289 Rn. 5.

302 Vgl. zum deutschen Handelsrecht: § 297 Abs. 1 Satz 1 HGB; vgl. zur Rechnungslegung nach internationalen Rechnungslegungsstandards: IAS 1.10, 1.54ff., IAS 1.81A ff., IAS 7.

303 § 297 Abs. 1 Satz 2 HGB.

304 IFRS 8.

305 § 267 Abs. 3 HGB.

306 § 264d HGB.

307 *Lanfermann*, BB 2017, 747.

308 Der deutsche Gesetzgeber hat diese Regelung 2017 mit dem *CSR-Richtlinie-Umsetzungsgesetz* (Gesetz zur Stärkung der nichtfinanziellen Berichterstattung der Unternehmen in ihren Lage- und Konzernlageberichten (CSR-Richtlinie-Umsetzungsgesetz) vom 11.4.2017, BGBl. I 2017, S. 802) zur Umsetzung der EU-*Corporate-Social-Responsibility*-Richtlinie (Richtlinie 2014/95/EU des Europäischen Parlaments und des Rates vom 22.10.2014 zur Änderung der Richtlinie 2013/34/EU in Hinblick auf die Angabe nichtfinanzieller und die Diversität betreffender Informationen durch bestimmte große Unternehmen und Gruppen) eingeführt.

309 § 289c Abs. 2 Nr. 1 HGB.

310 § 289c Abs. 2 Nr. 2 HGB.

311 § 289c Abs. 2 Nr. 5 HGB.

II. Eignung als Informationsquelle des Investors

1. Retrospektive und Aktualität der Informationen

Die Rechnungslegung des Portfolio-Unternehmens erfüllt vornehmlich eine kontrollorientierte Rechenschafts- und Informationsfunktion; durch die retrospektive Betrachtung der Geschäftsvorgänge im Betrachtungszeitraum kann Informationsasymmetrien zwischen dem Management und dem PE-Investor begegnet und diesem eine Beurteilung und Kontrolle des Managements sowie seiner Leistungen ermöglicht werden.[312] Der PE-Investor kann über die Rechnungslegung vor allem die Entwicklung des Portfolio-Unternehmens in dem vergangenen Betrachtungszeitraum analysieren und daraus Rückschlüsse auf die Performance des Managements seines Portfolio-Unternehmens ziehen. Angesichts der strengen Anforderungen an die Erstellung der Rechnungslegung kommt den hierdurch erlangten Informationen eine sehr hohe Validität zu.[313] Will der PE-Investor das Portfolio-Unternehmen jedoch fortlaufend überwachen und Einfluss auf dessen Geschicke nehmen, reichen diese nur jährlich zur Verfügung gestellten und zumindest vornehmlich retrospektiv ausgerichteten Berichte und Abschlüsse nicht aus. Zwar erfüllt die Rechnungslegung in begrenztem Maße auch eine *Ex-ante*-Steuerungswirkung hinsichtlich des zukünftigen Verhaltens des kontrollierten Managements.[314] So enthält insbesondere der Lagebericht neben der überwiegend retrospektiven Berichterstattung zumindest auch prospektive Elemente wie Angaben zum Entwicklungs- und Erfolgspotenzial der Gesellschaft.[315] Eine unternehmerische Beteiligungsverwaltung wie die des PE-Investors ist jedoch zukunftsorientiert angelegt und stark von Prognoseentscheidungen abhängig, er benötigt daher in besonderem Maße auch zukunftsorientierte Informationen.[316] Ferner ist der PE-Investor für die Durchführung seines Beteiligungs-Controllings darauf angewiesen, stets

---

312 Vgl.: *Kleindiek*, MüKo-BilR, Band 2, HGB, § 242 Rn. 6; *Hinz*, Böcking u.a., Beck HdR, Band 1, B 100 Rn. 17; mit Bezug auf die internationalen Rechnungslegungsstandards: *Coenenberg/Straub*, KoR 2008, 17ff., 22.

313 Vgl. allgemein zu dem Erfordernis des PE-Investors, aktuelle und valide Informationen über das Portfolio-Unternehmen zu erhalten: *Theiler*, Jesch/Striegel, Rechtshdb. PE, S. 353.

314 *Hinz*, Böcking u.a., Beck HdR, Band 1, B 100 Rn. 17; mit Beug auf die internationalen Rechnungslegungsstandards: *Coenenberg/Straub*, KoR 2008, 17, 18.

315 *Kleindiek*, MüKo-BilR, Band 2, HGB, § 242 Rn. 7; *ders.*, ZGR 1998, 466, 473; *Kaiser*, WPg 2005, 405, 409f. („*Prognoseberichterstattungspflicht*"); vgl. ferner: *Lange*, MüKo-HGB, Band 4, § 289 Rn. 5 („*Prognosefunktion*"); Böcking/Gros, E/B/J/S, HGB, § 289 Rn. 16f. („*Prognosebericht*").

316 So zur unternehmerischen Beteiligungsverwaltung des faktisch herrschenden Unternehmens: *Hüffer*, FS Schwark, 185, 188; vgl. zur Eignung als Informationsquellen für das herrschende Unternehmens im faktischen Konzern: *Rothweiler*, Der Informationsfluss, S. 34.

aktuelle Informationen über das Portfolio-Unternehmen zu erhalten.[317] Die in den Betrachtungszeitraum der Rechnungslegung fallenden Ereignisse bzw. Vorgänge liegen jedoch bereits deutlich in der Vergangenheit. Reizt das Portfolio-Unternehmen etwa die Frist zur Aufstellung des Jahresabschlusses sowie zur Einberufung und Abhaltung der Hauptversammlung nach § 175 AktG (spätestens acht Monate nach Ablauf des jeweiligen Geschäftsjahres) aus, erlangt der PE-Investor ggf. erst ca. sieben Monaten nach Ablauf des Geschäftsjahres Kenntnis von der Rechnungslegung des Portfolio-Unternehmens. Ein kurzfristiges Einwirken auf das Unternehmen bzw. dessen Management, um etwaigen Fehlentwicklungen entgegenzusteuern, ist auf dieser Grundlage nicht möglich. Der PE-Investor ist vielmehr darauf angewiesen, auf monatlicher Basis Soll-Ist-Vergleiche erstellen zu können, mit denen er Abweichungen zwischen den in der Planungsperiode des Investments festgelegten Zielwerten sowie den aktuellen Ist-Werten feststellen und ggf. schnell reagieren kann.[318] Geeignete Kennzahlen für die monatlichen Soll-Ist-Vergleiche sind beispielsweise der *Cashflow* des Unternehmens, der EBIT[319] oder spezifische Kennzahlen wie Auftragseingänge.[320]

2. *Einflussnahme auf konkrete Vorhaben*

Die Rechnungslegung eignet sich für den PE-Investor ferner nicht als Informationsquelle, um Einfluss auf konkrete, noch nicht verwirklichte (wesentliche) Maßnahmen bzw. Vorhaben des Portfolio-Unternehmens zu nehmen. Gerade bei noch nicht verwirklichten Vorhaben hängt die faktische Einflussmöglichkeit des PE-Investors wesentlich davon ab, in welcher Phase er Kenntnis von den Plänen des Managements erlangt; danach entscheidet sich, ob er noch beratend einwirken kann oder vor vollendete Tatsachen gestellt wird.[321]

3. *Fazit*

Die im Rahmen der Rechnungslegung bereitgestellten Informationen tragen insgesamt zu einer besseren Kontrollmöglichkeit zurückliegender Zeiträume bei, wenngleich auch auf ihrer Grundlage ein kurzfristiges Einwirken des PE-Investors auf Fehlentwicklungen im Unternehmen nicht möglich ist. Ebenso wenig ermöglicht die Rechnungslegung eine zukunftsorientierte, mitgestaltende Einflussnahme.

---

317 Siehe Fn. 313.

318 *Theiler*, Jesch/Striegel, Rechtshdb. PE, S. 348.

319 Dies bedeutet: „*Earnings before interest and taxes*“, also zu Deutsch: „*Gewinn vor Zinsen und Steuern*“ (*Theiler*, Jesch/Striegel, Rechtshdb. PE, S. 352).

320 *Theiler*, Jesch/Striegel, Rechtshdb. PE, S. 355.

321 In diese Richtung, jedoch mit Bezug auf die Regelberichterstattung des Vorstands gegenüber dem Aufsichtsrat: *Lutter/Krieger/Verse*, Rechte und Pflichten AR, § 6 Rn. 193 Fn. 3; vgl.: *Osterloh*, AuR 1986, 332, 336.

B. Kapitalmarktrechtliche Publizitätspflichten

Börsennotierte Portfolio-Unternehmen müssen gesteigerte Publizitätspflichten beachten, die im Folgenden kurz dargestellt sowie anschließend dahingehend gewürdigt werden sollen, inwieweit sich diese auf die Informationslage des PE-Investors auswirken.

I. Rechnungslegungsbezogene Publizitätspflichten

1. Erweiterte Finanzberichterstattungspflicht

Für Portfolio-Unternehmen, die Inlandsemittent[322] sind, gelten verschärfte Anforderungen an die Finanzberichterstattung. Inhaltlich umfasst ihr Jahresfinanzbericht unter anderem den geprüften Jahresabschluss (ergänzt um eine Kapitalflussrechnung und einen Eigenkapitalspiegel[323]), den Lagebericht, eine Entsprechenserklärung bezüglich der Einhaltung der Rechnungslegungsvorschriften und ggf. die Konzernrechnungslegung.[324] Darüber hinaus muss das Portfolio-Unternehmen für die ersten sechs Monate eines jeden Geschäftsjahres einen Halbjahresfinanzbericht für die Gesellschaft selbst sowie etwaige in die Konzernrechnungslegung einzubeziehende Tochtergesellschaften veröffentlichen; dieser enthält insbesondere einen den Rechnungslegungsgrundsätzen für den Jahresabschluss entsprechenden verkürzten Abschluss (einschließlich verkürzter Bilanz und verkürzter Gewinn- und Verlustrechnung) und einen Zwischenlagebericht.[325] Nicht von dem Begriff des Inlandsemittenten erfasst sind jedoch solche Unternehmen, die lediglich im deutschen Freiverkehr gelistet sind.[326]

Ferner können dem Portfolio-Unternehmen durch die jeweilige Börse weitere Pflichten zur Berichterstattung auferlegt werden. Emittenten in dem Börsensegment *Prime Standard* der *Frankfurter Wertpapierbörse* sind beispielsweise verpflichtet, im ersten und dritten Quartal eines jeden Geschäftsjahres Quartalsmitteilungen zu veröffentlichen.[327] Darin müssen sie insbesondere *„die wesentlichen Ereignisse*

---

322 § 2 Abs. 14 WpHG.

323 Dies gilt bereits dann, wenn die Zulassung der Aktie zum Handel an einem organisierten Markt beantragt ist: §§ 264 Abs. 1 Satz 2, 264d HGB. Kapitalmarktorientierte Portfolio-Unternehmen können den Jahresabschluss zudem freiwillig um eine Segmentberichterstattung ergänzen (*Winkeljohann/Schellhorn*, Beck'scher Bilanzkommentar, HGB, § 264 Rn. 5; vgl. ferner: Begründung der Bundesregierung zum Entwurf eines Gesetzes zur Modernisierung des Bilanzrechts (Bilanzrechtsmodernisierungsgesetz – BilMoG) vom 30.7.2008, BT-Drucks. 16/10067, S. 63).

324 §§ 114 Abs. 1 Satz 1, Abs. 2, 117 Nr. 1 WpHG; die Ausnahmen des § 118 WpHG kommen vorliegend nicht in Betracht.

325 §§ 115 Abs. 1 Satz 1, Abs. 2, Abs. 3 Satz 1 und 2, 117 Nr. 2 WpHG.

326 *Götze/Wunderlich*, Habersack/Mülbert/Schlitt, Kapitalmarktinformation, § 9 Rn. 8 Fn. 14.

327 § 50 BörsO FWB.

und Geschäfte des Mitteilungszeitraums [...] und ihre Auswirkungen auf die Finanzlage des Emittenten [...] sowie die Finanzlage und das Geschäftsergebnis des Emittenten im Mitteilungszeitraum" beschreiben.[328] Alternativ können die Emittenten Quartalsfinanzberichte entsprechend den Vorgaben der §§ 115 bzw. 117 WpHG veröffentlichen.[329] Darüber hinaus muss das Portfolio-Unternehmen zu Beginn eines jeden Geschäftsjahres einen Unternehmenskalender erstellen, den es fortlaufend aktualisiert und unter anderem auf seiner Website veröffentlicht; diesem sind die wesentlichen Termine des Portfolio-Unternehmens in dem jeweiligen Geschäftsjahr zu entnehmen (insbesondere Hauptversammlungen, Pressekonferenzen und Analystenpräsentationen).[330]

2. Zeitpunkt der Veröffentlichung

Der festgestellte und gebilligte Jahresabschluss muss binnen vier Monaten nach Ablauf des jeweiligen Geschäftsjahres offengelegt werden.[331] Für den ggf. erforderlichen Konzernabschluss und -lagebericht börsennotierter Unternehmen empfiehlt der DCGK sogar, diese binnen 90 Tagen nach Ende des Geschäftsjahres öffentlich zugänglich zu machen, die verpflichtenden unterjährigen Finanzberichte binnen 45 Tagen nach Ende des jeweiligen Betrachtungszeitraums.[332] Die Fristverschärfungen führen in der Praxis üblicherweise dazu, dass börsennotierte Unternehmen die Maximalfrist von acht Monaten[333] zur Abhaltung der Bilanz-Hauptversammlung deutlich unterschreiten.[334]

3. Würdigung

Verglichen mit der bei nicht börsennotierten AGs grundsätzlich angeordneten jährlichen Rechnungslegung erlangt der PE-Investor bei börsennotierten Portfolio-Unternehmen mindestens halbjährlich aktuelle Informationen zu der Vermögens-, Finanz- und Ertragslage des Unternehmens, auf deren Grundlage er dessen unterjährige Geschäftsentwicklung besser überwachen und kontrollieren kann.[335] Doch selbst eine quartalsweise Berichterstattung (wie bei der *Frankfurter Wertpapierbörse*) wird dem PE-Investor in der Regel nicht genügen, wenn er

328 § 50 Abs. 2 Satz 3 BörsO FWB.

329 § 50 Abs. 6 BörsO FWB.

330 § 51 BörsO FWB.

331 § 325 Absatz 4 Satz 1 AktG; die Ausnahme des § 327a AktG dürfte kaum einschlägig sein.

332 Zf. 7.1.2 Satz 3 DCGK.

333 § 175 Abs. 1 Satz 2 AktG.

334 *Hennrichs/Pöschke*, MüKo-AktG, Band 3, § 175 Rn. 15.

335 Vgl. dahingehend zum faktischen Konzern: *Rothweiler*, Der Informationsfluss, S. 25, der für die Zwecke der Erstellung der Halbjahresfinanzberichterstattung sowie der Zwischenmitteilungen jedoch auch von einem Auskunftsanspruch des Mutterunternehmens analog § 294 Abs. 3 HGB ausgeht.

das Portfolio-Unternehmen aktiv begleiten möchte.[336] Der PE-Investor ist darauf bedacht, seine Portfolio-Unternehmen ständig unter Kontrolle zu halten.[337] Doch auch über die Quartalsberichterstattung erlangt der PE-Investor nicht jederzeit Zugang zu den aktuellen Informationen des Portfolio-Unternehmens, sondern erhält diese nur zeitverzögert mit deren Veröffentlichung (wenngleich aufgrund der gemäß DCGK empfohlenen Fristverschärfungen zur Veröffentlichung der unterjährigen Finanzberichte zumeist deutlich vor Ablauf der gesetzlich gesetzten Fristen). Um negativen Entwicklungen kurzfristig entgegensteuern zu können, wird der PE-Investor, wie gezeigt,[338] jedoch vielfach sogar ein monatliches *Reporting* benötigen.[339] Schließlich ist auch auf Grundlage einer Quartalsberichterstattung eine zukunftsorientierte, mitgestaltende Einflussnahme des PE-Investors auf das Unternehmen wegen des überwiegend retrospektiven Charakters der Finanzberichte kaum möglich.[340] Mit den erweiterten kapitalmarktrechtlichen Finanzberichtspflichten des börsennotierten Portfolio-Unternehmens allein ist dem PE-Investor daher nicht gedient.

II. Ad-hoc-Publizität

Art. 17 Abs. 1 MAR verpflichtet Emittenten, Insiderinformationen, die sie unmittelbar betreffen, *unverzüglich*[341] der Öffentlichkeit bekannt zu geben (*Ad-hoc*-Publizität[342]). Seit Inkrafttreten der MAR trifft diese Pflicht neben Portfolio-Unternehmen in geregelten Märkten auch solche, deren Aktien in multilateralen Handelssystemen (sog. *Multilateral Trading Facilities*, kurz: „MTF") gehandelt werden bzw. welche die Zulassung zum Handel in einem MTF beantragt haben.[343] Zu den MTF

336 Vgl.: *Rothweiler*, Der Informationsfluss, S. 25.

337 Vgl. mit Bezug auf VC-Transaktionen: *Weitnauer*, Hdb. VC, Teil F Rn. 168.

338 Siehe hierzu bereits die Ausführungen unter: § 4.A.II.1, S. 67ff.

339 Vgl. mit Bezug auf VC-Transaktionen: *Wennekers/Bank*, Bank/Möllmann, VC Germany, Teil 7 Rn. 45: *„In der Praxis üblich ist ein sog. „Investor Reporting", durch das den Venture Capital-Investoren turnusmäßig Bericht über die monatliche, vierteljährliche und jährliche betriebswirtschaftliche Situation, Entwicklung und Planung der Gesellschaft erstattet wird*"; vgl. mit Bezug auf das Informationsbedürfnis von Banken: *Thum/Timmreck/Keul*, Private Equity, S. 22f.

340 Vgl. hierzu bereits die Ausführungen unter: § 4.A.II.1, S. 67ff.

341 Die deutsche Fassung von Art. 17 Abs. 1 Unterabs. 1 MAR hat den englischen Originaltext *„as soon as possible"* zunächst mit *„so bald wie möglich"* übersetzt; nach Berichtigung der MAR lautet der Wortlaut nunmehr *„unverzüglich"* (*Hopt/Kumpan*, ZGR 2017, 765, 781 Fn. 91).

342 Der Terminus *Ad-hoc-Publizität* kann auch bei Art. 17 MAR verwendet werden, da dieser wie die Vorgängervorschriften *„eine anlassbezogene, also ad hoc einsetzende, Emittentenpublizität schafft"* (*Klöhn*, AG 2016, 423, 429).

343 Siehe: Art. 17 Abs. 1 Unterabs. 3 i.V.m. Art. 2 Abs. 1 Unterabs. 1 lit. b), Art. 3 Abs. 1 Nr. 7 MAR i.V.m. Art. 4 Abs. 1 Nr. 22 der Richtlinie 2014/65/EU des Europäischen Parlaments und des Rates vom 15.5.2014 über Märkte für Finanzinstrumente sowie

zählen auch die deutschen Freiverkehre[344], wobei die Portfolio-Unternehmen nur dann zur *Ad-hoc*-Publizität verpflichtet sind, wenn sie die Einbeziehung der Aktien in den Freiverkehr selbst veranlasst[345], sie der Einbeziehung also zumindest zugestimmt[346] haben.[347]

Inlandsemittenten und MTF-Emittenten müssen die zu veröffentlichenden Insiderinformationen vorab der BaFin und den Geschäftsführern der Handelsplätze, an denen die Finanzinstrumente zum Handel zugelassen bzw. in den Handel einbezogen sind, mitteilen sowie unverzüglich nach ihrer Veröffentlichung dem Unternehmensregister zur Speicherung übermitteln.[348] Emittenten müssen die Insiderinformationen ferner zur Veröffentlichung entweder selbst oder mittels von ihnen beauftragter Dienstleister elektronisch an ein Bündel von Medien

---

zur Änderung der Richtlinien 2002/92/EG und 2011/61/EU. Ebenfalls von der *Ad-hoc*-Publizitätspflicht umfasst sind Emittenten, deren Finanzinstrumente in organisierten Handelssystemen im Sinne von Art. 3 Abs. 1 Nr. 8 MAR i.V.m. Art. 4 Abs. 1 Nr. 23 der Richtlinie 2014/65/EU (sog. *Organised Trading Facilities*, kurz: „OTF") gehandelt werden; auf OTF soll im Rahmen dieser Untersuchung nicht weiter eingegangen werden.

344 Siehe eine Liste mit den zugelassenen MTFs auf der Website der ESMA, abrufbar unter: https://registers.esma.europa.eu/publication/searchRegister?core=esma_registers_mifid_mtf, zuletzt abgerufen am: 1.7.2017; BaFin, „Art. 17 MAR – Veröffentlichung von Insiderinformationen (FAQs)", Stand: 22.12.2016, abrufbar unter: https://www.bafin.de/SharedDocs/Downloads/DE/FAQ/dl_faq_mar_art_17_Ad-hoc.pdf?__blob=publicationFile&v=3, zuletzt abgerufen am: 1.7.2017, S. 4.

345 *v.d.Linden*, DStR 2016, 1036, 1037; *Seibt/Wollenschläger*, AG 2014, 593, 595f.

346 *Klöhn*, AG 2016, 423, 426; *Kiesewetter/Parmentier*, BB 2013, 2371, 2375.

347 Dies geht aus dem Wortlaut des Art. 17 Abs. 1 Unterabs. 3 MAR nicht klar hervor, wonach die *Ad-hoc*-Publizitätspflicht für solche Emittenten gilt, die *„eine Zulassung zum Handel auf einem multilateralen [...] Handelssystem [...] erhalten haben"*; allerdings folgt dies aus Erwägungsgrund 49 zur MAR, wonach die *Ad-hoc*-Pflicht bestehen soll, wenn der Emittent *„die Zulassung des Finanzinstruments zum Handel beantragt oder genehmigt hat"*, sowie aus der deutlich klarer formulierten englischen Fassung, die auf *„issuers who have approved trading of their financial instruments on an MTF"* abstellt (so zur Abweichung zwischen dem deutschen und dem englischen Wortlaut des insoweit mit Art. 17 Abs. 1 Unterabs. 3 MAR in beiden Fassungen wortgleichen Art. 18 Abs. 7 MAR: *Simons*, CCZ 2016, 221; vgl. auch: ESMA, „Final Report – Draft technical standards on the Market Abuse Regulation" vom 28.9.2015, ESMA/2015/1455, abrufbar unter: https://www.esma.europa.eu/sites/default/files/library/2015/11/2015-esma-1455_-_final_report_mar_ts.pdf, zuletzt abgerufen am: 11.1.2017, S. 41, Zf. 7.1 Rn. 173.); da die Verhandlungen zur MAR in englischer Sprache geführt wurden, kann dem englischen Verordnungstext bei der Wortauslegung eine besondere Bedeutung beigemessen werden (so allgemein zur Wortlautauslegung bei der MAR: *Veil*, ZBB/JBB 2014, 85, 88).

348 § 26 Abs. 1 WpHG n. F.; § 8b HGB; *Schlitt*, Habersack/Mülbert/Schlitt, Unternehmensfinanzierung, § 38 Rn. 89; *Assmann*, Assmann/Schneider, WpHR, § 17 WpHG Rn. 175.

weiterleiten.[349] Als geeignete Medien kommen insbesondere elektronisch betriebene Informationsverbreitungssysteme, *News Provider*, Nachrichtenagenturen sowie bedeutende nationale und europäische Zeitungen und Finanzwebseiten in Betracht.[350] Darüber hinaus müssen alle Emittenten die Insiderinformationen auf ihrer Website veröffentlichen und dort für mindestens fünf Jahre anzeigen.[351]

Fraglich ist, ob und inwieweit *Ad-hoc*-Mitteilungen ein geeignetes Informationsmittel für den PE-Investor darstellen, um ihre Portfolio-Unternehmen besser kontrollieren und (beratenden) Einfluss auf diese nehmen zu können.

1. Veröffentlichungspflichtige Informationen

Insiderinformationen sind insbesondere *„nicht öffentlich bekannte präzise Informationen, die direkt oder indirekt einen oder mehrere Emittenten [...] betreffen und die, wenn sie öffentlich bekannt würden, geeignet wären, den Kurs dieser Finanzinstrumente [...] erheblich zu beeinflussen“*.[352] Kurserheblich ist eine Information, wenn ein verständiger Anleger sie bei seiner Anlageentscheidung wahrscheinlich berücksichtigen würde.[353] Insiderinformationen können etwa sein: die betriebswirtschaftlichen Daten des Portfolio-Unternehmens (z.B. dessen Umsätze oder Erträge),[354] aber auch wesentliche Abweichungen des Jahresabschlusses gegenüber früheren Marktprognosen, der Ausfall wesentlicher Schuldner, der Abschluss oder die Kündigung besonders bedeutender Verträge, maßgebliche Produkthaftungs- oder Umweltschadensfälle, Rechtsstreitigkeiten von besonderer Bedeutung sowie personelle Veränderungen in Schlüsselpositionen des Unternehmens (z.B. ein Wechsel im Amt des Vorstandsvorsitzenden)[355]. Auch zukünftige Ereignisse oder Umstände können Insiderinformationen sein, sofern mit deren Eintritt

---

349 *Assmann*, Assmann/Schneider, WpHR, § 17 WpHG Rn. 185.

350 *Assmann*, Assmann/Schneider, WpHR, § 17 WpHG Rn. 188; geeignete Medien bzw. Informationsverbreitungssystemen sind etwa *Bloomberg*, *Reuters* und *DGAP* (*Söhner*, BB 2017, 259).

351 Art. 17 Abs. 1 Unterabs. 2 Satz 3 MAR; Insiderinformationen von kleineren und mittleren Unternehmen („KMU“) an speziellen registrierten „KMU-Wachstumsmärkten“ können stattdessen auch auf der Website des Handelsplatzes angezeigt werden (Art. 17 Abs. 9 MAR).

352 Siehe: Art. 7 Abs. 1 lit. a) MAR, der im Wesentlichen mit dem Begriff der Insiderinformation des mittlerweile aufgehobenen § 13 Abs. 1 Satz 1 WpHG a.F. übereinstimmt (*v.d.Linden*, DStR 2016, 1036, 1037; *Linnarz*, AG 2015, R187; *Graßl*, DB 2015, 2066, 2067; *Krause*, CCZ 2014, 248, 250).

353 Art. 7 Abs. 4 Unterabs. 1 MAR.

354 Mit Bezug auf § 15 WpHG a.F.: *Franke/Grenzebach*, Hauschka u.a., CorpCompl., § 17 Rn. 43.

355 Mit Bezug auf § 15 WpHG a.F.: BaFin, Emittentenleitfaden (siehe Fn. 360), S. 53; *Franke/Schulenburg*, Umnuß, CorpCompl., Kapitel 3, Rn. 86 m.w.N.; siehe weitere Beispiele zu veröffentlichungspflichtigen Informationen: *v.d.Linden*, DStR 2016, 1036, 1037; *Graßl*, DB 2015, 2066, 2067.

vernünftigerweise gerechnet werden kann[356], ihr Eintritt also überwiegend wahrscheinlich ist (über 50 Prozent)[357]. Bei gestreckten Vorgängen mit mehreren Zwischenschritten muss das Portfolio-Unternehmen grundsätzlich nicht nur das Ereignis als solches (etwa eine Unternehmensübernahme oder eine Kapitalerhöhung)[358] veröffentlichen, sondern auch jeden einzelnen Zwischenschritt des mehrstufigen Verfahrens, sofern dieser für sich genommen bereits die Kriterien einer Insiderinformation erfüllt.[359]

2. *Würdigung*

a) Stärkung der Überwachungsmöglichkeiten

Die *Ad-hoc*-Publizität dient primär dem Zweck, durch eine schnelle und gleichmäßige Unterrichtung des Marktes einen gleichen Informationsstand der Marktteilnehmer zu erreichen, um die Bildung unangemessener Börsen- oder Marktpreise aufgrund fehlerhafter oder unvollständiger Unterrichtung des Marktes zu vermeiden; sie trägt so zur Funktionsfähigkeit des Kapitalmarktes bei und fördert durch Transparenz die Chancengleichheit am Kapitalmarkt.[360] Reflexartig fördert die *Ad-hoc*-Publizität auch den individuellen Anlegerschutz.[361] Die *Ad-hoc*-Publizität trägt damit auch insgesamt zu einer besseren Informationslage des PE-Investors über die wesentlichen Angelegenheiten der Gesellschaft bei und erleichtert dessen Überwachungstätigkeit. Insbesondere wird der PE-Investor über die wesentlichen Ereignisse und Vorgänge im Unternehmen nicht nur periodisch (etwa zur

---

356 *v.d.Linden*, DStR 2016, 1036, 1037; *Kiesewetter/Parmentier*, BB 2013, 2371, 2372; siehe: Art. 7 Abs. 2 Satz 1 MAR.

357 BGH, Urt. v. 25.02.2008 – II ZB 9/07, AG 2008, 380; *Hopt/Kumpan*, ZGR 2017, 765, 774f.; *Klöhn*, AG 2016, 423, 428 m.w.N.; *Giering*, CCZ 2016, 214, 215; *Bingel*, AG 2012, 685, 689; *Hitzer*, NZG 2012, 860, 862; *Kocher/Widder*, BB 2012, 1817, 1821; *dies.*, BB 2012, 2837, 2838f.; *Schall*, ZIP 2012, 1286, 1288; *Wilsing/Goslar*, DStR 2012, 1709, 1712; vgl. ferner: EuGH, Urt. v. 28.06.2012 – Rs C-19/11, ZIP 2012, 1282, 1285; a.A.: *Möllers/Seidenschwamm*, NJW 2012, 2762, 2763.

358 *Renz/Leibold*, CCZ 2016, 157, 159.

359 Art. 7 Abs. 2 Satz 2, Abs. 3 MAR; vgl. ferner Erwägungsgrund 16 zur MAR; Art. 7 Abs. 3 MAR greift insoweit im Wesentlichen die Rechtsprechung des EuGH in Sachen Markus Geltl/Daimler AG, Urt. v. 28.6.2012 – C-19/11, NJW 2012, 2787 auf (so: *Rubner/Pospiech*, GWR 2016, 228; *Poelzig*, NZG 2016, 528, 531; *Giering*, CCZ 2016, 214, 215; *Klöhn*, AG 2016, 423, 428f.; *Graßl*, DB 2015, 2066, 2067; *Krause*, CCZ 2014, 248, 250; *Langenbucher*, NZG 2013, 1401, 1404).

360 So vor Inkrafttreten der MAR zu § 15 WpHG a.F.: Bundesanstalt für Finanzdienstleistungsaufsicht („BaFin“), Emittentenleitfaden, 4. Auflage, abrufbar unter: http://www.bafin.de/SharedDocs/Downloads/DE/Leitfaden/WA/dl_emittentenleitfaden_2013.pdf?__blob=publicationFile&v=1, zuletzt abgerufen am: 21.6.2017, S. 45; siehe ausführlich hierzu: *Seibt*, ZHR 177 (2013), 388, 392ff.

361 *Klöhn*, KK-WpHG, Vor § 15 Rn. 35ff., § 15 Rn. 4.

Vorbereitung der Hauptversammlung oder im Rahmen der Rechnungslegung), sondern unverzüglich und anlassbezogen informiert.

b) Einwirkungsmöglichkeit auf laufende (M & A-)Prozesse

Fraglich ist, ob die *Ad-hoc*-Publizität für den PE-Investor auch als Informationsmittel geeignet ist, um (beratend) Einfluss auf nicht abgeschlossene, noch im Fluss befindliche Vorgänge nehmen zu können. Dies soll konkret am Beispiel laufender oder geplanter *M & A*-Transaktionen des Portfolio-Unternehmens untersucht werden.

1) Bedeutung von M & A bei PE-Investments

M & A-Transaktionen können für die strategische und operative (Neu-)Ausrichtung des Portfolio-Unternehmens prägend sein und nicht zuletzt über den Erfolg bzw. Misserfolg eines PE-Investments mitentscheiden. Um das Wachstum ihrer Portfolio-Unternehmen voranzutreiben, streben PE-Investoren etwa häufig sog. „*Buy-and-Build*“-Strategien an,[362] also den Zukauf und die Eingliederung weiterer Unternehmen[363]. In Betracht kommt vor allem die Zusammenführung des Portfolio-Unternehmens mit einem Wettbewerber, um das Unternehmen national, europaweit oder international besser am Markt positionieren zu können.[364] Über externen Zuwachs durch *M & A*-Transaktionen können PE-Investoren ferner die operative Performance ihrer Unternehmen steigern, z.B. mithilfe des Erreichens von Umsatz- und Kostensynergien.[365] Unternehmenszukäufe sind daher von besonderer Bedeutung für PE-Investoren, sodass sie frühzeitig in den Prozess eingebunden werden möchten. Eine enge Zusammenarbeit zwischen dem Management des Portfolio-Unternehmens und dem PE-Investor entspricht gerade bei *Buy-and-Build*-Strategien auch der gängigen Praxis.[366] Im Folgenden soll untersucht werden, ob und inwieweit PE-Investoren mithilfe der *Ad-hoc*-Publizitätspflicht Informationen über *M & A*-Prozesse des Portfolio-Unternehmens (einschließlich deren Anbahnung, Verhandlung und Durchführung) gewinnen und auf deren Grundlage Einfluss auf die *M & A*-Prozesse nehmen können, wenn ein direkter Informationsaustausch zwischen PE-Investor und Management nicht gewährleistet ist.

362 *Land*, BB 2013, 2697; *Wagner*, BKR 2002, 17, 19.
363 *Theiler*, Jesch/Striegel, Rechtshdb. PE, S. 345.
364 *Wagner*, BKR 2002, 17, 19; vgl. die Definition von *Buy and Build Strategy* in: *Weitnauer*, Hdb. VC, Anhang, Teil XIII: „*Zukauf von mehreren Unternehmen zwecks Aufbau einer größeren Gruppe/Holding*“; *Thum/Timmreck/Keul*, Private Equity, S. 104.
365 *Thum/Timmreck/Keul*, Private Equity, S. 104.
366 Diese Ausführungen basieren auf praktischen Erfahrungen des Verfassers.

2) Veröffentlichungspflicht bei M & A-Transaktionen

M & A-Transaktionen unterliegen nur dann der *Ad-hoc*-Mitteilungspflicht, wenn ihre Realisierung *hinreichend wahrscheinlich* ist.[367] Dies hängt maßgeblich von dem Stadium der Verhandlungen ab.[368] Die Beauftragung externer Berater durch das Portfolio-Unternehmen (etwa Investmentbanken oder Rechtsanwälte), die Abgabe eines unverbindlichen Angebots (sog. „*non-binding indicative offer letter*") und die Unterzeichnung einer Geheimhaltungsvereinbarung reichen für die *hinreichende Wahrscheinlichkeit* der Abgabe eines Übernahmeangebots oder des privaten Unternehmenszukaufs üblicherweise nicht aus.[369] Eine Kenntniserlangung durch den PE-Investor im Wege der *Ad-hoc*-Mitteilung ist in diesem Stadium somit unwahrscheinlich. Auch die bloße Durchführung einer *Due Diligence* reicht nur bei Hinzutreten besonderer Umstände für eine Betrachtung der Transaktion als *hinreichend wahrscheinlich* aus.[370] Eine grundsätzliche *Ad-hoc*-Publizitätspflicht wird in der Regel jedoch mit dem erfolgreichen Abschluss der *Due Diligence*[371], der Unterzeichnung einer nicht nur unverbindlichen Absichtserklärung (sog. *Letter of Intent*) mit den Eckpunkten des Vertrages bzw. Angebots[372] und spätestens mit der Abgabe des Angebots oder dem Abschluss des Unternehmenskaufvertrages gegeben sein (selbst wenn dieser verschiedene Rücktrittmöglichkeiten vorsieht oder den Vollzug des Unternehmenskaufs unter aufschiebende Bedingungen stellt)[373]. Eine Einflussnahme des PE-Investors auf den Transaktionsprozess und das Verhandlungsergebnis dürfte in diesem Stadium praktisch jedoch kaum noch möglich sein. Hinzu kommt, dass das Portfolio-Unternehmen bei laufenden *M & A*-Prozessen

367 *Hölters*, Hölters, AktG, § 93 Rn. 210; vgl. zur hinreichenden Wahrscheinlichkeit bereits die Ausführungen unter: § 4.B.II.1, S. 73f.

368 BaFin, Emittentenleitfaden (siehe Fn. 360), S. 58; *Frowein*, Habersack/Mülbert/Schlitt, Kapitalmarktinformation, § 10 Rn. 37.

369 *Hopt/Kumpan*, Schimansky/Bunte/Lwowski, BankR-Hdb., § 107 Rn. 146f.; *dies.*, ZGR 2017, 765, 787, 794; *Bingel*, AG 2012, 685, 694; so mit Bezug auf öffentliche Übernahmen: BaFin, Emittentenleitfaden (siehe Fn. 360), S. 58; so mit Bezug auf private Unternehmenskäufe: *Frowein*, Habersack/Mülbert/Schlitt, Kapitalmarktinformation, § 10 Rn. 37f.

370 *Frowein*, Habersack/Mülbert/Schlitt, Kapitalmarktinformation, § 10 Rn. 41 m.w.N., zumindest „*wenn die Parteien sich auf die Grundzüge der Transaktion geeinigt haben und deren Durchführung nur noch von einer Confirmatory Due Diligence abhängig machen wollen*" oder dem Kaufinteressenten Exklusivität eingeräumt worden ist; *Hopt/Kumpan*, Schimansky/Bunte/Lwowski, BankR-Hdb., § 107 Rn. 146.

371 *Hopt/Kumpan*, Schimansky/Bunte/Lwowski, BankR-Hdb., § 107 Rn. 146.

372 *Frowein*, Habersack/Mülbert/Schlitt, Kapitalmarktinformation, § 10 Rn. 42; *Hopt/Kumpan*, Schimansky/Bunte/Lwowski, BankR-Hdb., § 107 Rn. 146, insbesondere wenn diese eine Preisspanne oder ähnliche, den ernsthaften Einigungswillen der Parteien dokumentierende Regelungsgegenstände vorsieht; *Bingel*, AG 2012, 685, 695.

373 *Hölters*, Hölters, AktG, § 93 Rn. 211.

(selbst bei grundsätzlichem Bestehen einer Mitteilungspflicht) regelmäßig von der Möglichkeit des Aufschubs der Veröffentlichung Gebrauch machen wird.[374] Bei gestreckten Vorgängen ist ein solcher Aufschub der Offenlegung möglich, wenn (a) die unverzügliche Offenlegung geeignet wäre, die berechtigten Interessen des Unternehmens zu beeinträchtigen, (b) die Aufschiebung der Offenlegung nicht geeignet ist, die Öffentlichkeit irrezuführen, und (c) der Emittent die Geheimhaltung der betreffenden Information sicherstellen kann.[375] Maßgeblich für die Zulässigkeit des Aufschubs ist nicht, ob ein berechtigtes Interesse des Portfolio-Unternehmens das Interesse des Kapitalmarktes an der Information überwiegt,[376] sondern ob die Veröffentlichung voraussichtlich das Ergebnis oder den normalen Ablauf der Verhandlungen beeinträchtigen würde[377]. Durch die Veröffentlichung eines beabsichtigten Unternehmenskaufs könnten jedoch Geschäftschancen des Portfolio-Unternehmens vereitelt bzw. beeinträchtigt und dessen Verhandlungsposition gegenüber einem Dritten geschwächt werden; dies wiederum kann das Interesse der Aktionäre an einer Maximierung des *Shareholder Value* gefährden.[378] Selbst nach Abschluss der Transaktion kann ein Aufschubinteresse des Portfolio-Unternehmens gegebenen sein, wenn etwa der Vollzug der Transaktion unter dem Vorbehalt einer (kartell-)behördlichen Entscheidung steht und es unklar ist, ob und unter welchen Auflagen die Behörde zustimmt.[379] Ein Aufschub kommt nicht nur bei Unternehmenskäufen, sondern bei *M & A*-Transaktionen jeglicher Art in Betracht, insbesondere auch bei Fusionen, Umstrukturierungen, Reorganisationen oder dem Erwerb bzw. Verkauf von wesentlichen Vermögenswerten oder Unternehmenszweigen.[380]

---

374 Zur Möglichkeit des Aufschubs der Veröffentlichung bei laufenden Verhandlungen: *v.d.Linden*, DStR 2016, 1036, 1038; vgl. ferner: *Söhner*, BB 2017, 259, 260; vgl.: *Renz/Leibold*, CCZ 2016, 157, 160; siehe auch: Art. 17 Abs. 4 Unterabs. 2 MAR.

375 Art. 17 Abs. 4 Unterabs. 1 MAR. Handelt es sich bei einem Emittenten um ein Kredit- oder Finanzinstitut, ist ein Aufschub ferner dann möglich, wenn die Veröffentlichung die finanzielle Stabilität des Emittenten und des Finanzsystems zu untergraben drohen würde, Art. 17 Abs. 5 MAR.

376 *Hopt/Kumpan*, ZGR 2017, 765, 783; *Klöhn*, AG 2016, 423, 430f.; *Poelzig*, NZG 2016, 761, 764.

377 *Hopt/Kumpan*, Schimansky/Bunte/Lwowski, BankR-Hdb., § 107 Rn. 153; *dies.*, ZGR 2017, 765, 783.

378 Vgl.: *Söhner*, BB 2017, 259, 260. Zur Gefährdung von Unternehmenskäufen durch die verfrühte öffentliche Mitteilung allgemein: *Hölters*, Hölters, AktG, § 93 Rn. 214; *Hopt/Kumpan*, ZGR 2017, 765, 780; *Cahn*, AG 2014, 525, 525f. m.w.N., der auch auf die Gefahr der „Verteuerung" hinweist.

379 ESMA, „Final Report – Guidelines on the Market Abuse Regulation – market soundings and delay of disclosure of inside information" vom 13.7.2016, ESMA/2016/1130, abrufbar unter: https://www.esma.europa.eu/sites/default/files/library/2016-1130_final_report_on_mar_guidelines.pdf, zuletzt abgerufen am: 22.6.2017, S. 17f. Rn. 77ff.

380 ESMA, ESMA/2016/1130 (siehe Fn. 379), S. 14 Rn. 56; *dies.*, „MAR Guidelines – Delay in the disclosure of inside information" vom 20.10.2016, ESMA/2016/1478 EN, S. 4f.

c) Resümee

Das Portfolio-Unternehmen wird bei strategisch oder unternehmerisch bedeutsamen Entscheidungsprozessen und insbesondere Vertragsverhandlungen in der Regel ein Interesse daran haben, diese nicht durch deren Offenlegung zu beeinträchtigen und, sofern zulässig, deren Veröffentlichung aufschieben. Gerade bei solchen Vorgängen wird dem PE-Investor jedoch daran gelegen sein, frühzeitig in den Entscheidungsprozess eingebunden zu werden. Dies betrifft insbesondere die für PE-Investoren strategisch besonders wichtigen Unternehmenszukäufe sowie sonstige *M & A*-Transaktionen. Zum Zeitpunkt der Veröffentlichung wird eine Einflussnahme des PE-Investors nicht mehr möglich sein. Somit stellt die *Ad-hoc*-Publizität keine geeignete Informationsquelle für den PE-Investor dar, um (beratenden) Einfluss auf strategisch und/oder operativ gewichtige Prozesse des Portfolio-Unternehmens nehmen zu können.

III. Zusammenfassung

Portfolio-Unternehmen, deren Aktien zu regulierten Märkten zugelassen sind, sind verglichen mit nicht börsennotierten AGs zu einer umfassenderen und regelmäßigeren Finanzberichterstattung verpflichtet. Die erweiterten Publizitätspflichten ermöglichen dem PE-Investor eine zeitnähere und umfassendere Überwachung des Portfolio-Unternehmens. Allerdings genügen auch die erweiterten kapitalmarktrechtlichen Publizitätspflichten des börsennotierten Portfolio-Unternehmens nicht dem Informationsbedürfnis des PE-Investors. Auch hier sind die der erweiterten Finanzberichterstattung unterliegenden Gegenstände vorwiegend retrospektiv geprägt und erreichen den PE-Investor nur zeitverzögert mit deren Veröffentlichung. Der PE-Investor wird in der Regel ferner auf eine monatliche Berichterstattung angewiesen sein, um negativen Entwicklungen kurzfristig entgegenwirken zu können.

Emittenten, deren Aktien zu regulierten Märkten zugelassen sind, aber auch Emittenten, deren Aktien in MTF (einschließlich der deutschen Freiverkehre) gehandelt werden und welche die Einbeziehung in den MTF selbst veranlasst haben, müssen Insiderinformationen grundsätzlich unverzüglich der Öffentlichkeit bekanntgeben (*Ad-hoc*-Publizität). Die *Ad-hoc*-Publizität trägt zu einer besseren Überwachung des Portfolio-Unternehmens durch den PE-Investor bei. Sie eignet sich hingegen nicht als Informationsmittel, um (beratenden) Einfluss auf laufende, strategisch und/oder operativ gewichtige Prozesse des Portfolio-Unternehmens nehmen zu können. Bei gestreckten Vorgängen, insbesondere laufenden

---

Rn. 8a. und 8e.; vgl. ferner: *Hopt/Kumpan*, Schimansky/Bunte/Lwowski, BankR-Hdb., § 107 Rn. 153; *Söhner*, BB 2017, 259, 260. Der Tatbestand umfasst zudem auch gänzlich anders gelagerte Verhandlungssituationen, etwa die Verlängerung von Verträgen mit Vorstandsmitgliedern (*Söhner*, BB 2017, 259, 260) oder die Sanierung des Emittenten (*Retsch*, in: NZG 2016, 1201, 1202).

Verhandlungen über *M & A*-Transaktionen, wird das Portfolio-Unternehmen (soweit zulässig) regelmäßig von der Möglichkeit des Aufschubs der Offenlegung Gebrauch machen. Gerade bei solchen Vorgängen hat der PE-Investor jedoch typischerweise ein gesteigertes Interesse daran, frühzeitig in den Prozess einbezogen und beratend tätig zu werden.

§ 5. Allgemeine Informationsrechte des Aktionärs

Die Erwerbsgesellschaft als Aktionärin des Portfolio-Unternehmens kann die gewöhnlichen Aktionärsrechte, einschließlich der Informations- und Auskunftsrechte, gegenüber dem Portfolio-Unternehmen geltend machen.[381] Das Aktiengesetz regelt zwei Arten von Informationsrechten der Aktionäre: zum einen die Informationsrechte aller Aktionäre im Vorfeld der Hauptversammlung (kollektive Informationsrechte) und zum anderen die Informationsrechte der Aktionäre, die an der Hauptversammlung teilnehmen (individuelles Auskunftsrecht).[382] Die Informationsrechte der Aktionäre sind grundsätzlich als Hilfsrechte ausgestaltet.[383] Sie dienen primär der sachgerechten Stimmrechtsausübung der Aktionäre in der Hauptversammlung.[384] Im Folgenden sollen die gesetzlichen Informationsrechte des PE-Investors dargestellt und anschließend überprüft werden, ob diese dem Informationsbedürfnis des PE-Investors genügen.

A. Kollektive Informationsrechte

Kollektive Informationsrechte bestehen insbesondere in Zusammenhang mit der Einberufung der Hauptversammlung.[385] Um eine sachgerechte Ausübung des Stimmrechts in der Hauptversammlung durch die Aktionäre zu ermöglichen, muss der Vorstand sämtliche Gegenstände der Tagesordnung so konkret wie möglich benennen, damit die Aktionäre erkennen können, worüber verhandelt und beschlossen werden soll.[386] Sind im Vorfeld von Hauptversammlungsbeschlüssen bestimmte Informationen wesentlich für die Mitwirkung der Aktionäre an der Beschlussfassung, dürfen sie ihnen nicht vorenthalten werden.[387]

---

381 *Thum/Timmreck/Keul*, Private Equity, S. 62; vgl.: *Schewe u.a.*, Arbeitspapier Nr. 56, S. 9.

382 *Marsch-Barner*, Marsch-Barner/Schäfer, Hdb. börs. AG, § 34 Rn. 25.

383 OLG Stuttgart, Urt. v. 21.12.1993 – 10 U 48/93, ZIP 1995, 1515, 1522; *Drygala*, KK-AktG, § 53a Rn. 26; *Bungeroth*, MüKo-AktG, Band 1, § 53a Rn. 13; *Verse*, Gleichbehandlungsgrundsatz, S. 228f. m.w.N.; *Groß*, AG 1997, 97, 99f. m.w.N.

384 Siehe Fundstellen in Fn. 294.

385 *Marsch-Barner*, Marsch-Barner/Schäfer, Hdb. börs. AG, § 34 Rn. 25; siehe: §§ 121ff. AktG.

386 *Wilde*, ZGR 1998 423, 436.

387 BGH, Urt. v. 12.11.2001 – II ZR 225/99, NZG 2002, 130, 131f.; *Teichmann*, NZG 2014, 401, 402.

Für einzelne Tagesordnungspunkte muss der Vorstand ergänzend Unterlagen vorlegen, die entweder der Rechenschaftslegung allgemein (insbesondere Jahres- und Konzernabschluss) oder der Vorbereitung von bestimmten Beschlüssen dienen können.[388] Über die den Informations- und Vorlagepflichten zugrunde liegenden konkreten Beschlussgegenstände hinaus werden dem PE-Investor hierdurch indes keine fortlaufenden Kontroll- bzw. Einflussmöglichkeiten eröffnet. Die Rechnungslegung des Portfolio-Unternehmens, die dem PE-Investor ohnehin keinen Überblick über die aktuelle Geschäftslage zu vermitteln vermag, ist zudem bereits nach dem Gesetz zu veröffentlichen und auch im Rahmen des kollektiven Informationsrechts der Aktionäre nicht etwa um unternehmensinterne Investitions-, Finanz- und Kostenrechnungen oder dergleichen zu ergänzen.[389]

B. Individuelle Auskunftsrechte

I. Auskunftsrecht in der Hauptversammlung

1. Auskünfte zur Tagesordnung

Dem PE-Investor steht wie jedem Aktionär das Auskunftsrecht in der Hauptversammlung nach § 131 Abs. 1 Satz 1 AktG zu. Danach kann jeder Aktionär, der berechtigterweise an der Hauptversammlung teilnimmt, vom Vorstand Auskunft über Angelegenheiten der Gesellschaft verlangen.[390] Das Tatbestandsmerkmal *Angelegenheiten der Gesellschaft* ist weit auszulegen und umfasst alles, was sich auf die Gesellschaft und ihre Tätigkeit bezieht,[391] einschließlich ihrer Vermögens-, Finanz- und Ertragslage, ihrer Geschäftspolitik und ihrer Beziehungen zu Dritten.[392]

---

388 *Marsch-Barner*, Marsch-Barner/Schäfer, Hdb. börs. AG, § 34 Rn. 25. Auf die Sondervorschriften der §§ 293g Abs. 3, 295 Abs. 2 Satz 3, 319 Abs. 3 Satz 4, 320 Abs. 4 Satz 3, 326 AktG soll im Rahmen der Untersuchung nicht näher eingegangen werden.

389 Vgl.: *Rothweiler*, Der Informationsfluss, S. 33f.; vgl. zur fehlenden Eignung der Finanzberichterstattung als Informationsquelle die Ausführungen unter: § 4.A.II, S. 67ff.; § 4.B.I.3, S. 70f.

390 *Siems*, Spindler/Stilz, AktG, Band 1, § 131 Rn. 12; *Drinhausen*, Hölters, AktG, Band 1, § 131 Rn. 3; vgl.: *Heidel*, Heidel, AktG, § 131 Rn. 7. Dies gilt unabhängig davon, ob er berechtigt (*Koch*, Hüffer/Koch, AktG, § 131 Rn. 3; *Meilicke/Heidel*, DStR 1992, 72, 73) oder gewillt ist abzustimmen (*Geißler*, NZG 2001, 539, 540).

391 OLG Düsseldorf, Beschl. v. 5.11.1987 – 19 W 6/87, NJW 1988, 1033, 1034; BayObLG, Beschl. v. 20.3.1996 – 3Z BR 324/95, NJW-RR 1996, 994, 995; BayObLG, Beschl. v. 23.8.1996 – 3Z BR 130/96, DStR 1997, 832, 833; BayObLG, Beschl. v. 22.3.1999 – 3Z BR 250/98, NJW-RR 1999, 978; *Kersting*, KK-AktG, § 131 Rn. 91; *Siems*, Spindler/Stilz, AktG, Band 1, § 131 Rn. 23; *Drinhausen*, Hölters, AktG, § 131 Rn. 8; *Fabritius*, FS Huber, 705, 706.

392 *Kubis*, MüKo-AktG, Band 3, § 131 Rn. 36; *Decher*, GroßKomm-AktG, § 131 Rn. 114; *Kersting*, KK-AktG, Band 3, § 131 Rn. 91.

Das Auskunftsrecht in der Hauptversammlung stellt gleichwohl kein geeignetes Mittel zur Informationsgewinnung dar, um dauerhaft sinnvoll Einfluss auf die Unternehmensgestaltung des Portfolio-Unternehmens nehmen zu können.[393] Zunächst ist das Auskunftsrecht in gegenständlicher Hinsicht auf solche Fragen beschränkt, die mit einem Gegenstand der Tagesordnung zusammenhängen.[394] Die begehrte Auskunft muss dabei *erforderlich*[395] sein, um den Gegenstand der Tagesordnung beurteilen zu können. Ferner kann das Auskunftsrecht in zeitlicher Hinsicht nur im Rahmen der Hauptversammlung geltend gemacht werden.[396] Ein kontinuierlicher Informationsfluss vom Vorstand des Portfolio-Unternehmens zum PE-Investor kann hiermit also nicht sichergestellt werden.[397] Eine laufende Interessenwahrnehmung und Einflussnahme auf das Portfolio-Unternehmen setzen jedoch eine umfassende Informationsgrundlage voraus.[398] Insbesondere eine Beratung des Managements ist nur auf Grundlage regelmäßiger und umfassender Auskünfte über die Unternehmensentwicklung und die wirtschaftliche Lage des Unternehmens möglich.[399] Zudem dürfte dem PE-Investor oftmals daran gelegen sein, sensible oder vertrauliche Informationen exklusiv zu erhalten, sie also nicht öffentlich zu machen: Auskünfte in der Hauptversammlung erfolgen jedoch gegenüber allen in der Hauptversammlung anwesenden Aktionären.[400] Das

---

393 *Zetzsche*, NZG 2002, 942.

394 BVerfG, Beschl. v. 20.9.1999 – 1 BvR 636/95, AG 2000, 74; *Wachter*, Wachter, AktG, § 131 Rn. 1; *Fabritius*, FS Huber, 705, 706f.

395 Das Kriterium der *Erforderlichkeit* verstößt nach zutreffender Ansicht nicht gegen Art. 9 Abs. 1 der Richtlinie 2007/36/EG des Europäischen Parlaments und des Rates vom 11.7.2007 über die Ausübung bestimmter Rechte von Aktionären in börsennotierten Gesellschaften; auch wenn die Richtlinie dieses Kriterium nicht vorsieht, stellt dies eine zulässige Beschränkung des Auskunftsrechts zur Gewährleistung eines ordnungsgemäßen Ablaufs der Hauptversammlung und zum Schutz der Vertraulichkeit und der Geschäftsinteressen der Gesellschaft gemäß Art. 9 Abs. 2 Satz 1 der Richtlinie 2007/36/EG dar (so: BGH, Beschl. v. 14.1.2014 – II ZB 5/12, MittBayNot 2014, 357, 358; BGH, Beschl. v. 5.11.2013 – II ZB 28/12, NZG 2014, 27, 28; OLG Düsseldorf, Beschl. v. 13.7.2015 – I-26 W 16/14, NZG 2015, 1115, 1116; a.A.: *Kersting*, KK-AktG, § 131 Rn. 117; *ders.*, FS Hoffmann-Becking, 651, 657ff.).

396 BVerfG, Beschl. v. 20.9.1999 – 1 BvR 636/95, AG 2000, 74; *Wachter*, Wachter, AktG, § 131 Rn. 1; *Rothweiler*, Der Informationsfluss, S. 30 m.w.N.

397 Vgl. zur fehlenden Eignung als fortlaufende Informationsquelle für die Zwecke der einheitlichen Konzernführung: *Rothweiler*, Der Informationsfluss, S. 30.

398 Vgl. hierzu mit Bezug zum *Shareholder Activism*: *Thaeter/Guski*, AG 2007, 301, 302: *„Laufende Interessenwahrnehmung erfordert umfassende Information als Handlungsgrundlage“*; vgl. mit Bezug auf VC-Investoren: *Kuntz*, Gestaltung von Kapitalgesellschaften, 587.

399 Vgl. mit Bezug auf VC-Investoren: *Kuntz*, Gestaltung von Kapitalgesellschaften, 587.

400 Vgl. zum faktischen Konzern: *Rothweiler*, Der Informationsfluss, S. 31.

Auskunftsrecht in der Hauptversammlung genügt den unternehmerischen Interessen des PE-Investors daher nicht.[401]

2. *Erweiterte Auskunftspflicht*

Jedem Aktionär müssen auf dessen Verlangen sämtliche Auskünfte gegeben werden, die einem anderen Aktionär in seiner Aktionärseigenschaft außerhalb der Hauptversammlung erteilt worden sind; dabei ist unbeachtlich, ob die Auskunft zur sachgemäßen Beurteilung eines Gegenstands der Tagesordnung erforderlich ist (§ 131 Abs. 4 Satz 1 AktG). Dieser Auskunftsanspruch könnte für den PE-Investor allenfalls relevant sein, wenn er Informationsdefizite gegenüber einem anderen Aktionär, der eine engere Anbindung an das Management hat, auszugleichen versucht (etwa gegenüber dem Familiengesellschafter). In der Praxis weist der erweiterte Auskunftsanspruch äußerst geringe Relevanz auf.[402] Dies ist vor allem darauf zurückzuführen, dass der Anspruchsteller nicht lediglich pauschal nachfragen kann, ob und, wenn ja, welche Auskünfte anderen Aktionären außerhalb der Hauptversammlung erteilt worden sind (sog. „*Ausforschungsfragen*").[403] Der nachfragende Aktionär muss für den Auskunftsanspruch zumindest greifbar darlegen, dass und mit welchem ungefähren Inhalt einem anderen Aktionär außerhalb der Hauptversammlung Informationen erteilt worden sind.[404] Anders verhält es sich nur dann, wenn die Fragen Bezug zur Tagesordnung aufweisen.[405] Andernfalls würde dies im Ergebnis dazu führen, dass der Vorstand *de facto* unaufgefordert sämtliche außerhalb der Hauptversammlung erteilten Auskünfte nachholen müsste (es bedürfte lediglich der vorgeschalteten pauschalen Nachfrage seitens eines Aktionärs).[406] In der Praxis dürfte der Nachauskunftsanspruch zumeist bereits daran scheitern, dass der anspruchsberechtigte Aktionär schon keine Kenntnis von

---

401 Siehe Fundstelle in Fn. 400.

402 *Decher*, GroßKomm-Akt, § 131 Rn. 335; *ders.*, ZHR 158 (1994), 473, 474.; *Spindler*, Schmidt, K./Lutter, AktG, § 131 Rn. 95; *Kersting*, KK-AktG, Band 3, § 131 Rn. 428; *Hirt/Hopt/Mattheus*, AG 2016, 725, 738f.

403 OLG Dresden, Beschl. v. 1.12.1998 – 7 W 426/98, AG 1999, 274, 275f.; LG Düsseldorf, Beschl. v. 25.3.1992 – 34 AktE 6/91, AG 1992, 461, 462; *Drinhausen*, Hölters, AktG, § 131 Rn. 41; *Kersting*, KK-AktG, § 131 Rn. 460; *Decher*, GroßKomm-AktG, § 131 Rn. 360; *Siems*, Spindler/Stilz, AktG, Band 1, § 131 Rn. 80; *Bachmann*, VGR, Bd. 22 (2016), 135, 169; *Leuering/Simon*, NJW-Spezial 2006, 507, 508; *Wilde*, ZGR 1998, 423, 462; *ders.*, ZHR 158 (1994), 473, 474; *Hoffmann-Becking*, FS Rowedder, S. 155, 160ff.; vgl. auch: *Koch* Hüffer/Koch, AktG, § 131 Rn. 41.

404 Vgl.: OLG Dresden, Beschl. v. 1.12.1998 – 7 W 426/98, AG 1999, 274, 275f.; vgl. auch: *Spindler*, K. Schmidt/Lutter, § 131 Rn. 103 m.w.N.; *Kubis*, MüKo-AktG, Band 3, § 131 Rn. 158; *Kersting*, KK-AktG, § 131 Rn. 460; *Decher*, GroßKomm-AktG, § 131 Rn. 361f.; *Siems*, Spindler/Stilz, AktG, Band 1, § 131 Rn. 80.

405 *Kubis*, MüKo-AktG, Band 3, § 131 Rn. 158; *Spindler*, K. Schmidt/Lutter, § 131 Rn. 103; *Hoffmann-Becking*, FS Rowedder, 1994, 155, 161.

406 *Kubis*, MüKo-AktG, Band 3, § 131 Rn. 158.

diesen Informationsvorgängen außerhalb der Hauptversammlung haben wird.[407] Der Nachauskunftsanspruch wird selbst im Falle bestehender Informationsdefizite gegenüber weiteren Aktionären daher nur im Ausnahmefall als Informationsquelle für den PE-Investor in Betracht kommen. Und selbst dann ist die Auskunft des PE-Investors zum einen inhaltlich auf die Informationen beschränkt, die dem anderen Aktionär erteilt worden sind (und sich nicht zwingend mit den vom PE-Investor benötigten decken); zum anderen kann der Anspruch in räumlich-zeitlicher Hinsicht nur im Rahmen der Hauptversammlung geltend gemacht werden.[408] Zu diesem Zeitpunkt wird das Interesse des PE-Investors an der Information wegen Zeitablaufs häufig bereits entfallen oder stark gemindert sein.[409]

II. Unterjährige Informationsrechte

1. Auskunftsrechte

Der Vorstand einer AG ist grundsätzlich nicht verpflichtet, den Aktionären außerhalb der Hauptversammlung Informationen über die Angelegenheiten der Gesellschaft zur Verfügung zu stellen und Auskünfte zu erteilen.[410] Ob und inwieweit dies auch gilt, wenn der PE-Investor herrschendes Unternehmen im faktischen oder Vertragskonzern ist, wird weiter unten gesondert zu prüfen sein.[411]

2. Vorlageansprüche und Einsichtsrechte

Die Aktionäre einer AG haben grundsätzlich keinen Anspruch auf die Vorlage bestimmter Unterlagen oder die Einsichtnahme der Bücher der Gesellschaft.[412] Ein solcher Anspruch kann auch nicht daraus gefolgert werden, dass es dem Vorstand grundsätzlich freisteht, den Aktionären Unterlagen zur Einsichtnahme

---

407 *Kersting*, KK-AktG, Band 3, § 131 Rn. 461; dahingehend auch: *Decher*, ZHR 158 (1994), 473, 474.

408 Vgl.: *Fabritius*, FS Huber, 705, 707f.

409 Vgl.: *Spindler*, in: Schmidt, K./Lutter, AktG, § 131 Rn. 95; *Siems*, Spindler/Stilz, AktG, Band 1, § 131 Rn. 73; *Wennekers/Bank*, Bank/Möllmann, VC Germany, Teil 7 Rn. 49; vgl. ferner: *Kubis*, MüKo-AktG, Band 3, § 131 Rn. 157; *Wilde*, ZGR 1998, 423, 462.

410 *Bruse/Keinath*, FS Pöllath + Partners, 2008, 363, 364; *Borsch*, DB 2005, 2175, 2176; *Mellert*, NZG 2003, 1096, 1099; *Ziegler*, DStR 2000, 249, 252; *Lutter*, ZIP 1997, 613, 616; *ders.*, FS Schippel, 1996, 455, 463; *Menke*, NZG 2004, 697; *Schneider/Singhof*, FS Kraft, S. 585, 598; a.A.: *Krömker*, NZG 2003, 418, 419, der von einem verbandsrechtlichen Prinzip ausgeht, „*dass ein Verbandsmitglied einen Anspruch auf all jene Informationen haben soll, die es zur Ausübung seiner mitgliedschaftlichen Rechte benötigt*".

411 Siehe hierzu die Ausführungen unter: § 9.B.I, S. 197ff.; § 15.A.I262, S. 231ff.

412 BGH, Beschl. v. 6.3.1997 – II ZB 4/96, DStR 1997, 829, 831; BGH, Urt. v. 5.4.1993 – II ZR 238/91, NJW 1993, 1976, 1982; LG München, Urt. v. 20.1.2011 – 5HK O 18800/09, AG 2011, 211, 219; LG München, Urt. v. 28.8.2008 – 5HK O 2522/08, NZG 2009, 143, 146; *Koch*, Hüffer/Koch, AktG § 131 Rn. 22; *Bruse/Keinath*, FS Pöllath + Partners, 2008, 363, 364; *Lutter*, ZIP 1997, 613, 616.

vorzulegen.[413] Das Gesetz regelt nur wenige Ausnahmen hierzu, etwa die Pflicht zur Auslegung des Jahresabschlusses in den Geschäftsräumen der Gesellschaft im Vorfeld der Bilanz-Hauptversammlung.[414] Ein Anspruch auf Vorlage bestimmter Urkunden im Vorfeld der Hauptversammlung kann ferner bestehen, wenn den Aktionären nur dadurch ausreichende Informationen an die Hand gegeben werden, die zur sachgerechten Willensbildung erforderlich sind.[415] Ein für die Zwecke einer fortlaufenden Überwachung und Einflussnahme erforderlicher Zugang zu den wesentlichen Dokumenten des Portfolio-Unternehmens ist hierdurch keinesfalls gewährleistet.

C. Zusammenfassung

Die Auskunftsrechte des Aktionärs beschränken sich in zeitlicher und inhaltlicher Sicht in erster Linie auf die Hauptversammlung. Weder die kollektiven noch die individuellen Informationsrechte ermöglichen dem PE-Investor eine fortlaufende Information über das Portfolio-Unternehmen.

---

413 BGH, Urt. v. 5.4.1993 – II ZR 238/91, NJW 1993, 1976, 1982; LG München, Urt. v. 20.1.2011 – 5HK O 18800/09, AG 2011, 211, 219; LG München, Urt. v. 28.8.2008 – 5HK O 2522/08, NZG 2009, 143, 146.

414 § 175 Abs. 2 Satz 1 AktG.

415 OLG Schleswig, Urt. v. 8.12.2005 – 5 U 57/04, AG 2006, 120, 125 Rn. 162; *Heidel*, Heidel, AktG, § 131 Rn. 25.

3. Teil: Überobligatorischer Vorstandsdialog

Die in § 4 und § 5 aufgezeigten gesetzlichen Auskunfts- und Informationsrechte, die sämtlichen Aktionären des Portfolio-Unternehmens zustehen, werden dem Interesse des PE-Investors an Mitsprache, Information und Kontrolle nicht gerecht.[416] Zwischen dem PE-Investor und dem Portfolio-Unternehmen bzw. dessen Management entsteht hierdurch ein strukturelles Informationsdefizit, das nur durch besondere Informations- und Kontrollrechte ausgeglichen werden kann.[417] Von den Informations- und Auskunftspflichten des Vorstands des Portfolio-Unternehmens zu unterscheiden ist die Frage nach seiner grundsätzlichen Befugnis, Informationen an die Aktionäre weiterzugeben.[418] Der PE-Investor begehrt in der Regel einen partnerschaftlichen, ungestörten Dialog mit dem Management seiner Portfolio-Unternehmen.[419] Im Folgenden soll untersucht werden, ob und inwieweit der Vorstand des Portfolio-Unternehmens den PE-Investor über dessen gesetzliche Informationsrechte hinaus (auch fortlaufend) mit Informationen versorgen darf, ganz gleich, ob über informelle Treffen und Gespräche außerhalb der Hauptversammlung oder über ein beteiligungsvertraglich zugesichertes periodisches *Financial Reporting*.

§ 6. Organschaftliche Verschwiegenheitspflicht

Aus gesellschaftsrechtlicher Sicht könnte dem erweiterten Informationsaustausch mit dem PE-Investor die Pflicht des Vorstands zur Verschwiegenheit entgegenstehen.[420]

---

416 Vgl. mit Bezug auf das Informationsbedürfnis von VC-Investoren: *Weitnauer*, Hdb. VC, Teil F Rn. 168; *ders.*, NZG 2001, 1065, 1070; *Kuntz*, Gestaltung von Kapitalgesellschaften, 567; *Winkler*, Rechtsfragen VC-Finanzierung, S. 117.

417 So mit Bezug auf VC-Investoren: *Weitnauer*, Hdb. VC, Teil F Rn. 168.

418 *Stoffels*, ZHR 165 (2001), 362, 371; *Lutter*, ZIP 1997, 613, 617; *Wilde*, ZGR 1998, 423, 460.

419 Vgl.: Beitrag vom 9.5.2005 aus der Online-Ausgabe des *manager magazin* über ein Gespräch mit *Stephan Illenberger*, „Hegen, pflegen, Geld bewegen", online abrufbar unter: http://www.manager-magazin.de/unternehmen/artikel/a-354534.html, zuletzt abgerufen am: 22.6.2017, S. 2.

420 § 93 Abs. 1 Satz 3 AktG.

A. Tatbestand der Verschwiegenheitspflicht

Vorstandsmitglieder sind verpflichtet, über vertrauliche Angaben und Geheimnisse der Gesellschaft Stillschweigen zu bewahren.[421] Die Pflicht besteht nicht nur gegenüber Dritten, sondern auch gegenüber Aktionären, ja sogar Groß-[422] und Mehrheitsaktionären[423]. Da § 93 Abs. 1 Satz 3 AktG eine abschließende Regelung im Sinne von § 23 Abs. 5 Satz 1 AktG ist, kann die Verschwiegenheitspflicht weder durch die Satzung noch die Geschäftsordnung abgemildert werden.[424]

I. Geheimnisse

Geheimnisse sind Tatsachen, die nicht offenkundig sind sowie nach dem geäußerten oder mutmaßlichen Willen der Gesellschaft auch nicht offenkundig werden sollen und hinsichtlich derer ein objektives Geheimhaltungsinteresse der Gesellschaft besteht.[425] Tatsachen sind dann nicht offenkundig, wenn sie nur einem begrenzten Personenkreis bekannt sind.[426] Mit ihrer Bekanntgabe, etwa im Wege der *Ad-hoc*-Mitteilung[427], verliert eine Information ihren Geheimnischarakter.[428] Dem Geheimnisbegriff unterfallen typischerweise

---

421 § 93 Abs. 1 Satz 3 AktG; Die Verschwiegenheitspflicht des Vorstands folgt nach zutreffender Ansicht bereits aus seiner organschaftlichen Treuepflicht: *Koch*, Hüffer/Koch, AktG, § 93 Rn. 29; *Hopt/Roth*, GroßKomm-AktG, § 93 Rn. 279; *Hirt/Hopt/Mattheus*, AG 2016, 725, 736; *Stoffels*, ZHR 165 (2001), 362, 372f.; *Schwintowski*, NJW 1990, 1009, 1011 m.w.N.; *Säcker*, NJW 1986, 803; *Hengeler*, FS Schilling, 175.

422 *U.Schmidt*, Heidel, AktG, § 93 Rn. 65; *Wiesner*, MünchHdb. GesR, Band 4, § 25 Rn. 52; *Müller*, Aktionärspool, S. 56; *Menke*, NZG 2004, 697; *Hefermehl*, Geßler/Hefermehl, Band 2, § 93 Rn. 18.

423 *Spindler*, MüKo-AktG, Band 2, § 93 Rn. 125; *Kuntz*, Gestaltung von Kapitalgesellschaften, 582; *Fleischer*, ZGR 2009, 505, 534 m.w.N.; *Menke*, NZG 2004, 697.

424 BGH, Urt. v. 5.6.1975 – II ZR 156/73, NJW 1975, 1412; OLG Düsseldorf, Urt. v. 15.10.1973 – 6 U 131/72, AG 1974, 51, 52, bestätigt durch BGH, Urt. v. 5.6.1975 – II ZR 156/73, NJW 1975, 1412; *U.Schmidt*, Heidel, AktG, § 93 Rn. 62; *Hefermehl*, Geßler/Hefermehl, Band 2, § 93 Rn. 23; *Vetter*, Marsch-Barner/Schäfer, Hdb. börs. AG, § 29 Rn. 20; *Meincke*, WM 1998, 749, 750.

425 BGH, Urt. v. 5.6.1975 – II ZR 156/73, NJW 1975, 1412, 1413; OLG Stuttgart, Hinweisbeschl. vom 28.5.2013 – 20 U 5/12, BeckRS 2013, 12075; OLG Stuttgart, Beschl. v. 7.11.2006 – 8 W 388/06, NZG 2007, 72, 74; *Fleischer*, Spindler/Stilz, AktG, Band 1, § 93 Rn. 164; *Spindler*, MüKo-AktG, Band 2, § 93 Rn. 117; *Dauner-Lieb*, Henssler/Strohn, GesR, AktG, § 93 Rn. 12; *Bürgers*, Bürgers/Körber, AktG, § 93 Rn. 48; *Koch*, Hüffer/Koch, AktG, § 93 Rn. 30; *Dittmar*, AG 2013, 498, 499; *Roschmann/Frey*, AG 1996, 449, 450 m.w.N.

426 *Ziemons*, AG 1999, 492, 493.

427 Siehe hierzu die Ausführungen unter: § 4.B.II, S. 71ff.

428 *Mertens/Cahn*, KK-AktG, § 116 Rn. 38.

- die technischen Daten des Unternehmens[429], Herstellungsverfahren[430], Produktionsvorhaben[431], Forschungsergebnisse und sonstiges technisches Know-how[432];
- Informationen zur Unternehmensplanung[433] einschließlich der Investitionsplanung (insbesondere zu bestimmten Investitions- und Desinvestitionsvorhaben[434]), Finanzplänen[435] sowie Marketing- und Absatzplänen[436];
- sonstige kaufmännisch-betriebswirtschaftliche Informationen[437], etwa zum Kundenstamm[438], den Geschäftspartnern[439], den unternehmerischen und finanziellen Kennzahlen (beispielsweise dem *Cashflow*, der Kostenstruktur, dem Umsatz in Relation zu bestimmten Kennziffern[440] oder dem Umsatz pro Mitarbeiter[441]) sowie Verhandlungen zu *M & A*-Transaktionen[442]; und
- innergesellschaftliche Vorgänge wie Protokolle von Vorstandssitzungen[443] oder wichtige Personalentscheidungen[444].

---

429 *Seyfarth*, Vorstandsrecht, § 8 Rn. 88.

430 *Spindler*, MüKo-AktG, Band 2, § 93 Rn. 117; *Koch*, Hüffer/Koch, § 93 Rn. 30; *Hefermehl*, Geßler/Hefermehl, Band 2, § 93 Rn. 16; *v.Schenck*, Semler/v.Schenck, Der Aufsichtsrat, AktG, § 116 Rn. 434; *Dittmar*, AG 2013, 498, 499; *Traugott*, BB 2001, 2277, 2278.

431 *Spindler*, MüKo-AktG, Band 2, § 93 Rn. 117; *Koch*, Hüffer/Koch, § 93 Rn. 30; *v.Schenck*, Semler/v.Schenck, Der Aufsichtsrat, AktG, § 116 Rn. 434; *Hefermehl*, Geßler/Hefermehl, Band 2, § 93 Rn. 16; *Drygala*, Schmidt, K./Lutter, AktG, § 116 Rn. 36; *Dittmar*, AG 2013, 498, 499; *Traugott*, BB 2001, 2277, 2278.

432 *Drygala*, Schmidt, K./Lutter, AktG, § 116 Rn. 36.

433 *Fleischer*, Spindler/Stilz, AktG, Band 1, § 93 Rn. 164; *v.Schenck*, Semler/v.Schenck, Der Aufsichtsrat, AktG, § 116 Rn. 435; *Mertens/Cahn*, KK-AktG, § 116 Rn. 48; *Dittmar*, AG 2013, 498, 499; *Traugott*, BB 2001, 2277, 2278.

434 *Mertens/Cahn*, KK-AktG, § 116 Rn. 48.

435 *Spindler*, MüKo-AktG, Band 2, § 93 Rn. 117; *Koch*, Hüffer/Koch, § 93 Rn. 30; *Hefermehl*, Geßler/Hefermehl, Band 2, § 93 Rn. 16; *Fleischer*, Spindler/Stilz, AktG, Band 1, § 93 Rn. 164; *Dittmar*, AG 2013, 498, 499; *Traugott*, BB 2001, 2277, 2278.

436 *v.Schenck*, Semler/v.Schenck, Der Aufsichtsrat, AktG, § 116 Rn. 435.

437 *Seyfarth*, Vorstandsrecht, § 8 Rn. 88; *v.Schenck*, Semler/v.Schenck, Der Aufsichtsrat, AktG, § 116 Rn. 435.

438 *Koch*, Hüffer/Koch, § 93 Rn. 30; *Spindler*, MüKo-AktG, Band 2, § 93 Rn. 117; *Fleischer*, Spindler/Stilz, AktG, Band 1, § 93 Rn. 164; *v.Schenck*, Semler/v.Schenck, Der Aufsichtsrat, AktG, § 116 Rn. 435.

439 *Dittmar*, AG 2013, 498, 499 („*Lieferanten, Kunden und Banken*"); *Traugott*, BB 2001, 2277, 2278; vgl. ferner: *Bauer/Schmidt-Bendun*, FS Wegen, 2015, S. 105, 106 („*Zulieferer*").

440 *Drygala*, Schmidt, K./Lutter, AktG, § 116 Rn. 36.

441 *Lutter/Krieger/Verse*, Rechte und Pflichten AR, § 6 Rn. 269.

442 *Spindler*, MüKo-AktG, Band 2, § 93 Rn. 117.

443 *Seyfarth*, Vorstandsrecht, § 8 Rn. 88.

444 *Koch*, Hüffer/Koch, § 93 Rn. 30; *Fleischer*, Spindler/Stilz, AktG, Band 1, § 93 Rn. 164; *Wilsing/v.d.Linden*, ZHR 178 (2014), 419, 429; *Dittmar*, AG 2013, 498, 499; *Traugott*, BB 2001, 2277, 2278.

II. Geheimhaltungsinteresse und -wille

Das objektive Geheimhaltungsinteresse der Gesellschaft ist zu bejahen, wenn dieser durch die Offenbarung von Tatsachen ein materieller oder immaterieller Schaden oder Nachteil entstehen könnte.[445] Es ist umstritten, ob darüber hinaus noch ein subjektiver Geheimhaltungswille der Gesellschaft gegeben sein muss.[446] Sofern man dies bejaht, wäre der subjektive Geheimhaltungswille durch den Vorstand als Exekutivorgan der Gesellschaft zu bestimmen.[447] Selbst dann müsste die Dispositionsbefugnis des Vorstands ihre Grenze jedoch jedenfalls im objektiven Gesellschaftsinteresse finden; andernfalls könnte der Vorstand seine Geheimhaltungspflicht dadurch unterlaufen, dass er trotz eines objektiv gegebenen Geheimhaltungsbedürfnisses der Gesellschaft die Bekanntgabe beschließt und damit den subjektiven Geheimhaltungswillen aufhebt.[448] Der Meinungsstreit weist daher nur geringe praktische Relevanz auf und soll im Rahmen der Untersuchung nicht vertieft bzw. entschieden werden.

III. Vertrauliche Angaben

Vertrauliche Angaben sind jegliche Informationen, deren Nichterörterung im schützenswerten Interesse der Gesellschaft liegt.[449] Die Information muss nicht explizit als *vertraulich* gekennzeichnet sein.[450] Maßgeblich ist vielmehr eine am

445 *Lutter*, Information und Vertraulichkeit, Rn. 417; *Bauer/Schmidt-Bendun*, FS Wegen, 105, 106; *Wilsing/v.d.Linden*, ZHR 178 (2014), 419, 429; vgl.: *Ziemons*, AG 1999, 492, 493; *Säcker*, NJW 1986, 803 m.w.N.

446 Dies verneinend: *Mertens/Cahn*, KK-AktG, § 116 Rn. 47; *Habersack*, MüKo-AktG, Band 2, § 116 Rn. 52; *Drygala*, Schmidt, K./Lutter, AktG, § 116 Rn. 30; *Lutter/Krieger/Verse*, Rechte und Pflichten AR, § 6 Rn. 262; *Lutter*, Information und Vertraulichkeit, Rn. 434ff.; *Wilsing/v.d.Linden*, ZHR 178 (2014), 419, 429; *Dittmar*, AG 2013, 498, 499; *Ziemons*, AG 1999, 492, 493 m.w.N.; a.A.: BGH, Urt. v. 5.6.1975 – II ZR 156/73, NJW 1975, 1412, 1413, der die Bedeutung des subjektiven Elements jedoch zugleich relativiert; *Krieger/Sailer-Coceani*, Schmidt, K./Lutter, AktG, § 93 Rn. 23; *Hengeler*, FS Schilling, 1973, 175, 177.

447 Vgl.: *Ziemons*, AG 1999, 492, 493, die jedoch im Ergebnis das Erfordernis eines subjektiven Geheimhaltungswillens ablehnt.

448 *Seyfarth*, Vorstandsrecht, § 8 Rn. 88; vgl. *Menke*, NZG 2004, 697, 698, nach dem die Dispositionsbefugnis des Vorstands „*durch die objektiven Belange des Unternehmens begrenzt*" ist.

449 *Mertens/Cahn*, KK-AktG, § 116 Rn. 49; *Lutter/Krieger/Verse*, Rechte und Pflichten AR, § 6 Rn. 264.

450 *Kropff*, Textausgabe des Aktiengesetzes vom 6.9.1965, Begründung RegE zu § 93, S. 122f.; *Krieger/Sailer-Coceani*, Schmidt, K./Lutter, AktG, § 93 Rn. 24; *Dauner-Lieb*, Henssler/Strohn, GesR, AktG, § 93 Rn. 13; *Koch*, Hüffer/Koch, AktG, § 93 Rn. 30; *Spindler*, MüKo-AktG, Band 2, § 93 Rn. 122.

objektiven Interesse der AG ausgerichtete Beurteilung, ob die Weitergabe der Information nachteilig für die Gesellschaft sein kann, auch wenn es sich bei ihr nicht (mehr) um ein Geheimnis handelt.[451] Typischerweise umfasst sind Meinungsäußerungen oder die Stimmabgabe einzelner Organmitglieder in Organsitzungen.[452] Eine genaue Abgrenzung zu den Betriebs- und Geschäftsgeheimnissen ist im Einzelfall kaum möglich, für die Zwecke des § 93 Abs. 1 Satz 3 AktG aber auch nicht erforderlich.[453]

B. Schranken der Verschwiegenheitspflicht

Nahezu alle für den PE-Investor relevanten Informationen des Portfolio-Unternehmens unterliegen der Verschwiegenheitspflicht des Vorstands.[454] Diese gilt jedoch nicht schrankenlos.[455] Sie greift zunächst nicht, wo ein Organ kraft Gesetzes zur Erteilung einer Information verpflichtet ist.[456] Die Verschwiegenheitspflicht erfüllt aber auch darüber hinaus keinen Selbstzweck[457], sondern dient einem übergeordneten Interesse, wobei in Literatur und Rechtsprechung uneinheitlich auf das *Unternehmens*-[458] und das

---

451 OLG Stuttgart, Beschl. v. 7.11.2006 – 8 W 388/06, AG 2007, 218, 219; *Spindler*, MüKo-AktG, Band 2, § 93 Rn. 120; *Koch*, Hüffer/Koch, AktG, § 93 Rn. 30; *Bauer/Schmidt-Bendun*, FS Wegen, 2015, S. 105, 106; *Wilsing/v.d.Linden*, ZHR 178 (2014), 419, 429; *Dittmar*, AG 2013, 498, 499.

452 *Koch*, Hüffer/Koch, AktG, § 93 Rn. 30; *Spindler*, MüKo-AktG, Band 2, § 93 Rn. 120; vgl.: BGH, Urt. v. 5.6.1975 – II ZR 156/73, NJW 1975, 1412, 1413.

453 *Bürgers*, Bürgers/Körber, AktG, § 93 Rn. 49; *Körber*, Fleischer, Hdb. VorstandsR, § 10 Rn. 9; *Dittmar*, AG 2013, 498, 499. Relevanz hat die Differenzierung jedoch in Hinblick auf die Strafvorschrift des § 404 Abs. 1 AktG, der nur im Falle der unbefugten Offenbarung von Gesellschaftsgeheimnissen greift (*Bürgers*, Bürgers/Körber, AktG, § 93 Rn. 49; *Körber*, Fleischer, Hdb. VorstandsR, § 10 Rn. 9; *Fleischer*, Spindler/Stilz, AktG, Band 1, § 93 Rn. 166).

454 *Traugott*, BB 2001, 2277, 2278; vgl. zum faktischen Konzern: *Bauer/Schmidt-Bendun*, FS Wegen, 2015, S. 105, 106, nach denen „*typischerweise all diejenigen Informationen, welche die Muttergesellschaft besonders interessieren*“, der Vertraulichkeit unterfallen.

455 *Stoffels*, ZHR 165 (2001), 362, 372f.; *Ziemons*, AG 1999, 492, 493.

456 *Fleischer*, Spindler/Stilz, AktG, Band 1, § 93 Rn. 167; *Bauer/Schmidt-Bendun*, FS Wegen, 2015, S. 105, 107; *Bank*, in; NZG 2013, 801, 802; siehe eine Auflistung gesetzlicher Ausnahmen von der Verschwiegenheitspflicht bei: *Wilsing/v.d.Linden*, ZHR 178 (2014), 419, 430.

457 *Fleischer*, Spindler/Stilz, AktG, Band 1, § 93 Rn. 169; *Müller*, Aktionärspool, S. 56; *Körber*, NZG 2002, 263, 269; *K.J.Müller*, NJW 2000, 3452, 3454.

458 So: BGH, Urt. v. 5.6.1975 – II ZR 156/73, NJW 1975, 1412, 1413; *Hopt/Roth*, Groß-Komm-AktG, § 93 Rn. 300; *Bruse/Keinath*, FS Pöllath + Partners, 2008, 363, 367;

Gesellschaftsinteresse[459] abgestellt wird. Die Verschwiegenheitspflicht greift demnach nicht, wenn die Aufhebung der Geheimhaltungspflicht gerade im Interesse des Unternehmens[460] bzw. der Gesellschaft[461] liegt, die Verschwiegenheitspflicht tritt dann zurück[462]. Um die Kriterien für die Prüfung der Zulässigkeit des überobligatorischen Informationsaustauschs des Vorstands mit dem PE-Investor ermitteln zu können, müssen im Folgenden zunächst die Begriffe *Unternehmensinteresse* und *Gesellschaftsinteresse* definiert und anschließend untersucht werden, welches dieser Interessen maßgeblich ist.

I. Leitungsmaxime des Vorstandshandelns

Die Befugnis des Vorstands, über die Herausgabe von Unternehmensinformationen zu entscheiden, folgt aus seiner Leitungs- und Geschäftsführungsfunktion.[463] Bereits seit Jahrzehnten schwelt ein im steten Wandel befindlicher Meinungsstreit darüber, welches die oberste Leitungsmaxime des Vorstandhandelns ist und welchen Interessen der Vorstand im Rahmen seiner Unternehmensleitung zu dienen verpflichtet ist: dem Unternehmensinteresse oder dem Gesellschaftsinteresse.[464] Aus diesem Meinungsstreit resultiert auch die Unstimmigkeit über das

---

Veil, ZHR 172 (2008), 239, 244; *Loges/Distler*, ZIP 2002, 467, 471; *Mertens*, AG 1997, 541, 542. Der Konstruktion eines Unternehmensinteresses kritisch gegenüberstehend: *Paefgen*, Unternehmerische Entscheidungen, S. 42ff.; *Zöllner*, AG 2003, 2, 7f.; *Fleischer*, Hommelhoff u.a., Hdb. Corp. Gov., 185, 190; *Spindler*, MüKo-AktG, Band 2, § 76 Rn. 66; *Köstler/Zachert/Müller*, Aufsichtsratspraxis, Rn. 546ff.; *Mülbert*, ZGR 1997, 129, 147ff.; *ders.* spricht der Figur des Unternehmensinteresses in AG 2009, 766, 770ff. gar jegliche rechtliche Legitimation ab.

459 So: *Krieger/Sailer-Coceani*, Schmidt, K./Lutter, AktG, § 93 Rn. 27; *Seyfarth*, Vorstandsrecht, § 8 Rn. 93; *Bank*, NZG 2013, 801, 802; *Bachmann*, ZHR 172 (2008), 597, 624; *Körber*, NZG 2002, 263, 269; *Ziemons*, AG 1999, 492, 493; *Wilde*, ZGR 1998, 423, 460; *Hefermehl*, Geßler/Hefermehl, Band 2, § 93 Rn. 21; *Müller*, Aktionärspool, S. 56; *Fabritius*, FS Huber, 705, 711; *Winkler*, Rechtsfragen VC-Finanzierung, S. 119; beide Begriffe verwendend, aber mit Empfehlung für den Begriff des Gesellschaftsinteresses: *Fleischer*, Spindler/Stilz, AktG, Band 1, § 93 Rn. 160, Rn. 164.

460 *Mertens/Cahn* KK-AktG, § 93 Rn. 120; zur Verschwiegenheitspflicht des Aufsichtsrats aus §§ 93 Abs. 1 Satz 3, 116 Satz 1 AktG: BGH, Urt. v. 5.6.1975 – II ZR 156/73, NJW 1975, 1412, 1413.

461 *Spindler*, MüKo-AktG, Band 2, § 93 Rn. 133; *Ziemons*, AG 1999, 492, 493; *Müller*, Aktionärspool, S. 56; *Bank*, NZG 2013, 801, 802f.; *Rubner*, KSzW 2011, 412; *Fabritius*, FS Huber, 705, 711; *Wilde*, ZGR 1998, 423, 460.

462 *Spindler*, MüKo-AktG, Band 2, § 93 Rn. 133; *Bank*, NZG 2013, 801, 803; *Wilde*, ZGR 1998, 423, 460.

463 Siehe Fundstellen in Fn. 262.

464 Vgl. nur: *Ulmer*, AcP 202 (2002), 143, 155ff.; siehe ferner den Rückblick über den steten Orientierungswandel im deutschen Aktienrecht von: *Groh*, DB 2000, 2153, 2154ff.

der Verschwiegenheitspflicht übergeordnete Interesse. Die Auflösung dieses Meinungsstreits wird dadurch erschwert, dass beide Begriffe nicht einheitlich definiert sind und in der Literatur mitunter sogar synonym[465] verwendet werden. Auch in der Rechtsprechung hat sich bislang keine klare Linie für deren Verwendung abgezeichnet.[466] Im Folgenden sollen beide Begriffe näher definiert werden.

II. Unternehmensinteresse

Zunächst ist festzuhalten, dass es kein eigenständiges Interesse des Unternehmens als eines solchen gibt: der Organisation *Unternehmen* fehlt bereits die Rechtsfähigkeit und damit die Eignung zur Trägerschaft eigener Interessen.[467] Gemeint ist mit dem Begriff vielmehr eine Verpflichtung des Vorstandshandelns auf ein verselbstständigtes, von den Aktionärsinteressen abgehobenes Interesse der AG, in das neben den Interessen der Aktionäre auch die Interessen der weiteren Bezugsgruppen der AG einfließen.[468] Nach dieser wohl herrschenden Meinung muss der Vorstand bei der Ausübung seiner Leitungsfunktion also nicht bloß die Interessen der Aktionäre, sondern auch die der anderen Bezugsgruppen wahren; dies umfasst jedenfalls die Interessen der Arbeitnehmer und der Öffentlichkeit[469], nach einigen Stimmen auch die der Gläubiger der Gesellschaft[470]. Nach den Vertretern

465 So: *Weber*, Hölters, AktG, § 76 Rn. 23; siehe nur: *Flume*, AT des Bürgerlichen Rechts, Bd. I/2, S. 59 („*Unternehmensinteresse = Gesellschaftsinteresse*"); *Kort*, AG 2012, 605, 607, der die Termini „*Unternehmensinteresse*" und „*Interesse der AG*" sogar in einem Satz einheitlich verwendet; *Oetker*, Hommelhoff u.a., Hdb. Corp. Gov., 277, 279; so wohl auch: *Veil*, ZHR 172 (2008), 239, 243f.

466 So: *Weber*, Hölters, AktG, § 76 Rn. 23; *Fleischer*, Spindler/Stilz, AktG, Band 1, § 76 Rn. 27; *Wiedemann*, ZGR 2011, 183, 195 Fn. 38; *Henze*, BB 2000, 209, 212.; siehe nur: BGH, Urt. v. 5.6.1975 – II ZR 156/73, NJW 1975, 1412, 1413 („*Interesse des Unternehmens*"); BGH, Urt. v. 13.3.1978 – II ZR 142/76, NJW 1978, 1316, 1317 („*Gesellschaftsinteresse*"); BGH, Urt. v. 7.3.1994 – II ZR 52/93, BB 1994, 955, 955f. („*sachliches unternehmerisches Interesse*" sowie „*Gesellschaftsinteresse*"); BGH, Urt. v. 23.6.1997 – II ZR 132/93, NJW 1997, 2815 („*Interesse der Gesellschaft*"); BGH, Urt. v. 21.12.2005 – 3 StR 470/04, DStR 2006, 284, 285 („*Unternehmensinteresse*").

467 *Zöllner*, AG 2003, 2, 8; *Kort*, AG 2012, 605.

468 *Kort*, AG 2012, 605, 607ff.; etwas vorsichtiger noch: *ders.*, FS Hopt, 983, 992 („*dürfte klar sein, dass die Interessen der Stakeholder zumindest in gewissem Maße Berücksichtigung bei der Verfolgung des Unternehmensinteresses finden müssen*").

469 OLG Hamm, Urt. v. 10.5.1995 – 8 U 59/94, AG 1995, 512, 514; *Koch*, Hüffer/Koch, AktG, § 76 Rn. 28; *Stoffels*, ZHR 165 (2001), 326, 372 Fn. 42; *Mertens*, KK-AktG, § 76 Rn. 15; *van Kann*, van Kann, Vorstand der AG, Kapitel II Rn. 160; *Hopt*, Hopt/Wohlmannstetter, S. 5; *Wilsing/v.d.Linden*, ZHR 178 (2014), 419, 430; so wohl auch: OLG Frankfurt, Urt. v. 17.08.2011 – 13 U 100/10, AG 2011, 918, 919; mit Bezugnahme auf die Allgemeinheit anstelle der Öffentlichkeit: *Hopt*; ZGR 2002, 333, 360.

470 *Mertens*, KK-AktG, § 76 Rn. 15; *Ziemons*, Ziemons/Binnewies, Hdb. AG, Teil I Rn. 8.494; *Bürgers*, Bürgers/Körber, AktG, § 76 Rn. 13; *Goette*, FS 50 Jahre BGH, 123, 127; *Kort*, AG 2012, 605, 610; a.A.: *Koch*, Hüffer/Koch, AktG, § 76 Rn. 28.

des interessenpluralistischen Ansatzes stehen die Interessen der unterschiedlichen Bezugsgruppen in keiner bestimmten Rangordnung.[471] Es sei ebenso Aufgabe wie auch Recht des Vorstands, die Interessen der jeweiligen Bezugsgruppen im Wege der praktischen Konkordanz[472] gegeneinander abzuwägen und auf Grundlage dieser Abwägung eine Entscheidung zu treffen.[473] Beabsichtigt etwa ein PE-Investor bei einem Portfolio-Unternehmen den Abbau von Arbeitsplätzen mit dem Ziel, die Profitabilität und damit die Werthaltigkeit der Unternehmensbeteiligung zu steigern, konfligiert dies mit dem Interesse der (betroffenen) Arbeitnehmer. Käme der Vorstand im Rahmen einer Interessenabwägung nun zu dem Ergebnis, dass das Arbeitnehmerinteresse überwiegt, müsste er die Interessen des PE-Investors hiernach hintanstellen.

III. Gesellschaftsinteresse

Weiterhin wird vertreten, der Vorstand müsse bei der Leitung des Unternehmens in erster Linie die Interessen der Aktionäre im Blick haben.[474] Ein von den Interessen der Aktionäre losgelöstes Interesse der AG als juristische Person existiere nicht.[475] Gesellschaftsrechtlich betrachtet sei die AG als ein Verband der Aktionäre in ihrer Rolle als Kapitalgeber der AG anzusehen, bei der es letztlich auch um die Verwirklichung ihrer Interessen gehe.[476] In einer AG mit erwerbswirtschaftlicher Zielsetzung seien daher auch primär erwerbswirtschaftliche Interessen zu verfolgen.[477] Als Zielgröße für das Erreichen des Aktionärsinteresses wird zum Teil auf eine (langfristige) Gewinnmaximierung abgestellt.[478] Nach anderen Stimmen muss sich die Leitung der AG an einer Steigerung des Marktwertes des Unternehmens

---

471 *Koch*, Hüffer/Koch, AktG, § 76 Rn. 31; *van Kann*, van Kann, Vorstand der AG, Kapitel II Rn. 162; *Köstler/Zachert/Müller*, Aufsichtsratspraxis, Rn. 550.

472 *Kort*, GroßKomm-AktG, § 76 Rn. 123; *Hopt*; ZGR 2002, 333, 360; vgl. *Bürgers*, Bürgers/Körber, AktG, § 76 Rn. 13, der in der Praxis jedoch von einem Gewichtungsvorsprung zugunsten der Aktionäre ausgeht.

473 *Koch*, Hüffer/Koch, AktG, § 76 Rn. 33.

474 *Weber*, Hölters, AktG, § 76 Rn. 19; *Fleischer*, Spindler/Stilz, AktG, Band 1, § 76 Rn. 37; *Seibt*, Schmidt, K./Lutter, AktG, § 76 Rn. 23; m.w.N.; *Wiedemann*, ZGR 2011, 183, 195; *Zöllner*, AG 2003, 2, 8; *Groh*, DB 2000, 2153, 2158; vgl. zur zunehmenden Anlehnung an die angelsächsische *Shareholder Primacy Norm*: OLG Frankfurt, Urt. v. 17.8.2011 – 13 U 100/10, ZIP 2011, 2008, 2010.

475 *Weber*, Hölters, AktG, § 76 Rn. 19 („*Gesellschaftsinteresse identisch mit den (gebündelten) Interessen der Aktionäre*").

476 *Weber*, Hölters, AktG, § 76 Rn. 19; *Fleischer*, Spindler/Stilz, AktG, Band 1, § 76 Rn. 37; *Groh*, DB 2000, 2153, 2158.

477 *Bürgers*, Bürgers/Körber, AktG § 76 Rn. 11; *Groh*, DB 2000, 2153, 2158; *Mülbert*, ZGR 1997, 129, 141; *Paefgen*, Unternehmerische Entscheidungen, S. 41f.

478 *Mülbert*, ZGR 1997, 129, 141.

orientieren, dem sog. *Shareholder Value*.[479] In Anbetracht des Primärziels des PE-Investors, den Wert seiner Unternehmensbeteiligung über die Haltedauer zu steigern und diese Wertsteigerung im *Exit* zu realisieren,[480] wären seine Interessen und die der Gesellschaft nach dieser Ansicht im Wesentlichen kongruent. Dies wiederum würde bedeuten, dass ein Informationsaustausch mit dem PE-Investor zumeist im Gesellschaftsinteresse liegen und die Verschwiegenheitspflicht zurücktreten dürfte, wenn der Informationsaustausch letztlich dem Ziel der Wertsteigerung der Unternehmensbeteiligung dient.

Nach der innerhalb der interessenmonistischen Ansätze vorherrschenden Meinung darf der Vorstand neben den Interessen der Aktionäre jedoch *auch* die Interessen der *Stakeholder* berücksichtigen.[481] Allerdings soll den Interessen der Aktionäre innerhalb der Einzelinteressen der unterschiedlichen Bezugsgruppen ein besonderer Stellenwert zukommen[482], sodass ihre Interessen im Konfliktfall vorrangig zu berücksichtigen seien[483]. Der Vorstand dürfe Erwägungen zugunsten der anderen *Stakeholder* (etwa die Weiterführung eines verlustbringenden Betriebs zur Erhaltung der Arbeitsplätze) nur dann in seine Entscheidungsfindung einbeziehen, wenn er vorrangig die Ertragslage und den Marktwert des Unternehmens berücksichtige.[484] Trotz des Gewichtungsvorsprungs zugunsten der Aktionärsinteressen dürfe er den *Stakeholder*-Interessen im Einzelfall jedoch auch über den gesetzlich zwingenden Rahmen hinaus Rechnung tragen, etwa wenn die AG dadurch einer gesellschaftlichen Erwartung entspreche und den Ruf als *„Good Corporate Citizen“* pflege, da dies wiederum im Interesse der Aktionäre sei.[485]

---

479 *Weber*, Hölters, AktG, § 76 Rn. 20ff.; *Fleischer*, Spindler/Stilz, AktG, Band 1, § 76 Rn. 29ff.; *Schilling*, BB 1997, 373ff.; konkret auf den Ertragswert abstellend: *Spindler*, MüKo-AktG, Band 2, § 76 Rn. 71 m.w.N.; *Zöllner*, AG 2003, 2, 8 Fn. 63; vgl. ferner zum Zielsystem von *Investor Relations*-Maßnahmen bei börsennotierten Gesellschaften: *Serfling/Großkopff/Röder*, AG 1998, 272, 273: *„Ein mit den Interessen der Eigentümer konsistentes Zielsystem von Investor Relations sollte sich an der Wertschöpfung für die Eigentümer der Gesellschaft ausrichten. Als Oberziel der Investor Relations kann dabei die dauerhafte Annäherung an einen angemessenen Aktienkurs angesehen werden“*.

480 Siehe Fn. 13.

481 Daher von einem *„moderaten Shareholder Value-Konzept“* sprechend: *Fleischer*, Spindler/Stilz, AktG, Band 1, § 76 Rn. 38; *Weber*, Hölters, AktG, § 76 Rn. 22.

482 *v.Werder/Wieczorek*, DB 2007, 297.

483 *Weber*, Hölters, AktG, § 76 Rn. 22; *Fleischer*, Spindler/Stilz, AktG, Band 1, § 76 Rn. 37; *Kort*, ZIP 2008, 717.

484 *Wiedemann*, ZGR 2011, 183, 195; in diese Richtung wohl auch: *Kuhner*, ZGR 2004, 254f.

485 *Weber*, Hölters, AktG, § 76 Rn. 22; *Fleischer*, Spindler/Stilz, AktG, Band 1, § 76 Rn. 38; *ders.*, Hommelhoff u.a., Hdb. Corp. Gov., 185, 196; *ders.*, Fleischer, Hdb. VorstandsR, § 1 Rn. 30f.; vgl. ferner: *Zöllner*, AG 2003, 2, 8.

IV. Stellungnahme

Vereinfacht gesprochen lassen sich die grundsätzlichen Primärinteressen der Bezugsgruppen eines Unternehmens wie folgt zusammenfassen: Die Aktionäre begehren die Erhaltung und ertragreiche Verwendung ihres Kapitaleinsatzes[486], die Gläubiger die fällige Befriedigung ihrer Forderungen[487], die Arbeitnehmer den Erhalt ihrer Arbeitsplätze[488] und die Öffentlichkeit eine Förderung der Belange des Gemeinwohls[489]. In der Praxis werden die Interessen der *Stakeholder* (außer den Aktionären) einerseits und die der nachhaltig orientierten Aktionäre andererseits häufig deckungsgleich sein.[490] Mitunter können die Interessen der einzelnen Bezugsgruppen einer AG jedoch auseinanderfallen oder miteinander konfligieren.[491] Im Folgenden ist daher zu prüfen, welchen Interessen der Vorstand Vorrang einräumen muss, wenn es beispielsweise zu einem Interessenkonflikt zwischen dem PE-Investor als Aktionär des Portfolio-Unternehmens und weiteren Bezugsgruppen kommt.

1. Dauerhafte Rentabilität und Bestandswahrung

Nach allen Ansichten ist unstreitig, dass der Vorstand im Rahmen der Unternehmensleitung stets die dauerhafte Rentabilität und damit den Bestand des Unternehmens sicherstellen muss.[492] Gemeint ist hiermit indes keine kurzfristige Gewinnmaximierung[493], schon gar nicht um jeden Preis. Allerdings werden sich Konflikte zwischen den Interessen der jeweiligen Bezugsgruppen nur in seltenen Ausnahmefällen allein anhand dieses Kriteriums auflösen lassen. Dies gilt auch für den Interessenkonflikt zwischen Arbeitnehmern und dem PE-Investor, der entsteht, wenn Letzterer zur Steigerung der Profitabilität Arbeitsplätze abbauen

---

486 *Köstler/Zachert/Müller*, Aufsichtsratspraxis, Rn. 603.

487 *Raisch*, FS Hefermehl, 1976, 347, 350; *Schilling*, BB 1997, 373, 379.

488 Vgl.: *Koch*, Hüffer/Koch, AktG, § 76 Rn. 28; *Stoffels*, ZHR 165 (2001), 326, 372 Fn. 42; *Köstler/Zachert/Müller*, Aufsichtsratspraxis, Rn. 603.

489 Vgl.: *Koch*, Hüffer/Koch, AktG, § 76 Rn. 28; *Stoffels*, ZHR 165 (2001), 326, 372 Fn. 42.

490 *Ziemons*, Ziemons/Binnewies, Hdb. AG, Teil I Rn. 8.495.

491 *v.Werder*, ZGR 1998, 69, 74.

492 OLG Hamm, Urt. v. 10.5.1995 – 8 U 59/94, AG 1995, 512, 514, *Mertens*, KK-AktG, § 76 Rn. 21; *Weber*, Hölters, AktG, § 76 Rn. 19; *Ziemons*, Ziemons/Binnewies, Hdb. AG, Teil I Rn. 8.494; *Goette*, FS 50 Jahre BGH, 123, 127; *Kort*, GroßKomm-AktG, § 76 Rn. 53; *ders.*, AG 2012, 605, 609; so wohl auch: OLG Frankfurt, Urt. v. 17.08.2011 – 13 U 100/10, AG 2011, 918, 919; die Zielvorgabe der Sicherung der Rentabilität als Schranke der Ermessensausübung erachtend: *van Kann*, van Kann, Vorstand der AG, Kapitel II Rn. 161; *Koch*, Hüffer/Koch, AktG, § 76 Rn. 34; *Bürgers*, Bürgers/Körber, AktG § 76 Rn. 11.

493 *Koch*, Hüffer/Koch, AktG, § 76 Rn. 35; *Mülbert*, ZGR 1997, 129, 141; vgl.: *Kort*, GroßKomm-AktG, § 76 Rn. 53 („*wertorientierte Unternehmensführung*"); *Weber*, Hölters, AktG, § 76 Rn. 19.

möchte; der Konflikt ließe sich anhand dieses Kriteriums nur dann lösen, wenn die Aufrechterhaltung einer unangemessenen Beschäftigungszahl die dauerhafte Rentabilität und damit den Bestand des Portfolio-Unternehmens gefährden würde.

2. Rechtsdogmatische Erwägungen

Fraglich ist, ob zwingende rechtsdogmatische Erwägungen entweder das Unternehmensinteresse oder das Gesellschaftsinteresse zur obersten Leitungsmaxime des Vorstandshandelns erheben.

a) Gesetzeswortlaut und -historie

§ 76 Abs. 1 AktG enthält, anders als seine Vorgängervorschrift (§ 70 Abs. 1 AktG 1937[494]), keine explizite Richtlinie an den Vorstand, wonach dieser zur Berücksichtigung der *Stakeholder*-Interessen angehalten ist.[495] Zwar sah der Referentenentwurf von 1958 noch eine sinngemäße Regelung vor[496]; diese wurde jedoch nicht in den Regierungsentwurf zu § 76 Abs. 1 AktG 1965 übernommen.[497] In der Begründung zum Regierungsentwurf wurde hierzu ausgeführt, es verstehe sich von selbst, dass der Vorstand *„bei seinen Maßnahmen die Belange der Aktionäre und der Arbeitnehmer zu berücksichtigen"* habe und dass daher keine ausdrückliche Klarstellung im Gesetz erfolgen müsse.[498] Seither herrscht Uneinigkeit darüber, ob nach alledem die interessenpluralistische Konzeption des § 70 Abs. 1 AktG 1937 im Aktiengesetz fortgilt oder nicht.[499] Richtigerweise kann der Meinungsstreit über die Fortwirkung des gesetzgeberischen Willens des Gesetzgebers des AktG 1937 für die Bestimmung der aktuellen Rechtslage nicht mehr herangezogen werden.[500] Der ursprüngliche Wille des historischen Gesetzgebers ist im Zeitablauf verblasst, und durch Reformen haben sukzessive neue Wertungen Eingang in das Aktiengesetz gefunden.[501] Der Begründung der Bundesregierung zum Entwurf des am 27. April

---

494 Nach der Formulierung sollte der Vorstand die Gesellschaft so leiten *„wie das Wohl des Betriebes und seiner Gefolgschaft und der gemeine Nutzen von Volk und Reich es fordern"*.

495 *Fleischer*, Spindler/Stilz, AktG, Band 1, § 76 Rn. 22f.; *Spindler*, MüKo-AktG, Band 2, § 76 Rn. 60.

496 Wortlaut dort: *„Wohl des Unternehmens, seiner Arbeitnehmer und der Aktionäre sowie das Wohl der Allgemeinheit"*.

497 *Fleischer*, Spindler/Stilz, AktG, Band 1, § 76 Rn. 22f.; *Spindler*, MüKo-AktG, Band 2, § 76 Rn. 60.

498 *Kropff*, Textausgabe des Aktiengesetzes vom 6.9.1965, Begründung RegE zu § 76, S. 97.

499 Vgl.: *Fleischer*, Spindler/Stilz, AktG, Band 1, § 76 Rn. 23; *Spindler*, MüKo-AktG, Band 2, § 76 Rn. 60.

500 *Fleischer*, Spindler/Stilz, AktG, Band 1, § 76 Rn. 23; *ders.*, AG 2001, 171, 175; *ders.*, Hommelhoff u.a., Hdb. Corp. Gov., 185, 188; *Ulmer*, AcP 202 (2002), 143, 158f.

501 *Fleischer*, Spindler/Stilz, AktG, Band 1, § 76 Rn. 23; *ders.*, Hommelhoff u.a., Hdb. Corp. Gov., 185, 188; a.A.: *Koch*, Hüffer/Koch, AktG, § 76 Rn. 30.

1998 vom Bundestag beschlossenen KonTraG[502] kann hingegen eine schwache Tendenz zugunsten einer anlegerbezogenen Leitungsmaxime entnommen werden. Darin wird festgestellt, *„die Unternehmensstrategie deutscher Unternehmen [richte sich] zunehmend auf den Anleger aus“*, was wiederum eine *„stärkere Orientierung an einer langfristigen Wertsteigerung für die Anteilseigner“* bedinge; ferner sei die *„Öffnung und Neuausrichtung auf die Kapitalmärkte [...] unausweichlich“* und zwinge *„zur Stärkung der Ertragskraft unserer Unternehmen“*, beschleunige *„notwendige Anpassungsprozesse“* und trage *„damit zur Steigerung ihrer Wettbewerbsfähigkeit und im Ergebnis zur Sicherung der Arbeitsplätze bei“*.[503] Ein klares Bekenntnis zum *Shareholder Value*-Gedanken ist dies indes nicht.

b) Systematik des Gesetzes

Auch in gesetzessystematischer Hinsicht gibt das Aktiengesetz weder eine interessenpluralistische noch eine (moderat) aktionärsbezogene Konzeption zwingend vor. Für eine interessenpluralistische Konzeption wird die in § 76 Abs. 1 AktG hervorgehobene Leitungsverantwortung des Vorstands *unter eigener Verantwortung* und die darin implizierte Ablehnung eines auftragsähnlichen Verhältnisses zwischen Vorstand und Aktionären bzw. der Hauptversammlung angeführt.[504] Zudem wird auf die Existenz des § 311 AktG abgestellt, der Ausdruck der Grundannahme des Gesetzgebers sei, dass das Aktionärsinteresse und das Interesse des *Unternehmens* selbst dann auseinanderfallen könnten, wenn sich die AG in der Hand eines einzigen Aktionärs befinde.[505]

Allerdings hat auch der *Shareholder Value*-Gedanke durch das KonTraG[506] eine stärkere Berücksichtigung im Aktiengesetz erfahren[507], so etwa in den Regelungen zum erleichterten Rückerwerb eigener Aktien[508] als einem indirekten Mittel zur Desinvestition von Eigenkapital und zur Börsenkurssteigerung sowie zur erleichterten Gewährung von Aktienoptionen[509] als Anreiz für Führungskräfte, ihr Handeln an der Steigerung des Unternehmenswertes zu orientieren.[510] Dies allein

---

502 Gesetz zur Kontrolle und Transparenz im Unternehmensbereich (KonTraG) vom 27.4.1998, BGBl. I 1998, S. 786ff.

503 Begründung zum Regierungsentwurf des KonTraG: BT-Drucks. 13/9712, S. 11.

504 *Koch*, Hüffer/Koch, AktG, § 76 Rn. 30.

505 *Mertens/Cahn*, KK-AktG, § 76 Rn. 17; *Kort*, GroßKomm-AktG, § 76 Rn. 64; *ders.*, AG 2012, 605, 607.

506 Siehe Fn. 502.

507 *Ulmer*, AcP 202 (2002), 143, 158f. Hierzu ausführlich: *Mülbert*, FS Röhricht, S. 421, 433ff.

508 § 71 Abs. 1 Nr. 8 AktG.

509 § 192 Abs. 2 Nr. 3 AktG.

510 *Fleischer*, Spindler/Stilz, AktG, Band 1, § 76 Rn. 36; *Ulmer*, AcP 202 (2002), 143, 158f.; *Weber*, Hölters, AktG, § 76 Rn. 20; *Groh*, DB 2000, 2153, 2157; *Schilling*, BB 1997, 373, 375; vgl. Begründung zum Regierungsentwurf: BT-Drucks. 13/9712, S. 13, 23.

reicht jedoch nicht aus, um daraus auf eine im AktG angelegte vorrangige bzw. ausschließliche Ausrichtung am *Shareholder Value* zu schließen.[511]

c) Deutscher Corporate Governance Kodex

Nach Zf. 4.1.1. DCGK ist der Vorstand zur eigenverantwortlichen Leitung des Unternehmens *„im Unternehmensinteresse, also unter Berücksichtigung der Belange der Aktionäre, seiner Arbeitnehmer und der sonstigen dem Unternehmen verbundenen Gruppen (Stakeholder) mit dem Ziel nachhaltiger Wertschöpfung"* angehalten.[512] Dem DCGK liegt folglich ein interessenpluralistisches Verständnis vom Unternehmensinteresse ohne bestimmte Rangordnung innerhalb der unterschiedlichen Bezugsgruppen zugrunde.[513] Hierin kommt jedoch lediglich die Rechtsauffassung der Regierungskommission von der derzeitigen Rechtslage zum Ausdruck; eine normative Aussage war (vermutlich) weder intendiert noch wäre die Kommission hierzu demokratisch legitimiert.[514]

d) Zwischenergebnis

Es bleibt festzuhalten, dass weder die interessenpluralistische noch die interessenmonistische Zielkonzeption rechtsdogmatisch zwingend vorgegeben ist.

3. Rechtsökonomische Erwägungen

Im Folgenden soll untersucht werden, ob der Meinungsstreit mithilfe von rechtsökonomischen Erwägungen aufgelöst werden kann. Ein Rückgriff auf rechtsökonomische Erwägungen ist vorliegend auch rechtlich zulässig, da legislatorische Vorprägungen zur Auslegung des Gesetzes fehlen.[515]

a) Konkretisierung des Vorstandshandelns

Legt man eine interessenmonistische Zielkonzeption zugrunde, wird im Konfliktfall zwischen den Interessen einzelner Bezugsgruppen das potenzielle

511 *Ulmer*, AcP 202 (2002), 143, 158.

512 Diese Definition des *Unternehmensinteresses* tauchte erstmals in der Fassung des DCGK vom 18.6.2009 auf. Die Zf. 4.1.1 wurde in der Fassung vom 26.5.2010 noch leicht modifiziert, was sich jedoch nicht auf die Definition des Unternehmensinteresses auswirkte. Die Zf. 4.1.1 in der Fassung vom 26.5.2010 hat in dieser Form noch immer Bestand.

513 *Mertens/Cahn*, KK-AktG, § 76 Rn. 15; *Spindler*, MüKo-AktG, Band 2, § 76 Rn. 67.

514 *Spindler*, MüKo-AktG, Band 2, § 76 Rn. 67; in diesem Sinne allgemein mit Bezug auf die Aussagekraft der Präambel des DCGK: *Mülbert*, AG 2009, 766, 771. Siehe hierzu bereits die Ausführungen unter: § 3.A.III, S. 55ff.

515 *Fleischer*, Hommelhoff u.a., Hdb. Corp. Gov., 185, 196.

Handlungsspektrum des Vorstands eingeschränkt[516] und die Messbarkeit des Erfolgs des Vorstandshandelns erleichtert[517]. Zwar sind – wie einige Anhänger der interessenmonistischen Ansätze einräumen müssen[518] – auch Interessenkonflikte innerhalb der Gruppe der Aktionäre denkbar[519] (etwa zwischen Mehrheits- und Minderheitsaktionären[520] oder auch strategischen und Finanzinvestoren[521]). Stellt man jedoch auf einen mittel- bis langfristig orientierten Aktionär ab und blendet kurzfristige Interessen (beispielsweise von Hedgefonds oder kurzfristig orientierten aktivistischen Aktionären) aus, dürften derartige Konflikte in der Praxis die Ausnahme sein. Dem *Stakeholder*-Ansatz hingegen fehlt eine klare Zielfunktion.[522] Der Vorstand sieht sich nur schwer lösbaren Interessenkonflikten ausgesetzt, wenn eine Entscheidung zugunsten der einen Bezugsgruppe nur zulasten der anderen erfolgen kann.[523] Daraus resultiert angesichts der teils diametralen Interessen der Bezugsgruppen die Gefahr, dass der Vorstand vor unternehmerischen Risiken zurückschreckt und Geschäftschancen liegen lässt.[524] Darüber hinaus birgt dieser Ansatz das Risiko, dass sich der Vorstand angesichts der Vielzahl der unterschiedlichen Bezugsgruppen letztlich gegenüber keiner Bezugsgruppe mehr rechenschaftspflichtig fühlt und opportunistische Entscheidungen im Eigeninteresse fällt.[525]

---

516 *Fleischer*, Spindler/Stilz, AktG, Band 1, § 76 Rn. 34; *ders.*, Hommelhoff u.a., Hdb. Corp. Gov., 185, 193; *Arnold*, Die Steuerung des Vorstandshandelns, S. 31; *Kuhner*, ZGR 2004, 244, 254f.

517 *Fleischer*, Spindler/Stilz, AktG, Band 1, § 76 Rn. 34; *Birke*, Das Formalziel der Aktiengesellschaft, S. 130; *Forstmoser*, FS Simon, 2005, 207, 213.

518 So beispielsweise: *Weber*, Hölters, AktG, § 76 Rn. 19; *v.Werder/Wieczorek*, DB 2007, 297.

519 Hierzu: *Bürgers*, Bürgers/Körber, AktG, § 76 Rn. 12; *Kort*, GroßKomm-AktG, § 76 Rn. 59; vgl.: *Koch*, Hüffer/Koch, AktG, § 76 Rn. 31; vgl. in anderem Zusammenhang: *Hengeler*, FS Schilling, 1973, 175, 191; vgl. ferner: *Spindler*, MüKo-AktG, Band 2, Vorb. § 76 Rn. 3 m.w.N., der die Aktionäre in die Kategorien der Kapitalanleger, Spekulanten und unternehmerischen Aktionäre unterteilt.

520 *Spindler*, MüKo-AktG, Band 2, Vorb. § 76 Rn. 3; *Bürgers*, Bürgers/Körber, AktG, § 76 Rn. 12.

521 *Bürgers*, Bürgers/Körber, AktG, § 76 Rn. 12.

522 *Fleischer*, Hommelhoff u.a., Hdb. Corp. Gov., 185, 193; *Bühner/Tuschke*, BFuP 1997, 499, 502; vgl.: *Forstmoser*, FS Simon, 2005, S 207, 218.

523 So zum Spannungsverhältnis zwischen Aktionärs- und Gläubigerinteressen: *Klöhn*, ZGR 2008, 110, 147; in diese Richtung auch: *Tung*, Gap Filling in the Zone of Insolvency, Journal of Business and Technology Law, 2007, Emory Public Law Research Paper No. 07–2; Emory Law and Economics Research Paper No. 07–3, abrufbar unter: http://ssrn.com/abstract=957635, S. 1218.

524 *Klöhn*, ZGR 2008, 110, 147.

525 *Klöhn*, ZGR 2008, 110, 146f.; *Bainbridge*, Much Ado about Little? Directors' Fiduciary Duties in the Vicinity of Insolvency, Journal of Business and Technology Law, Forthcoming, UCLA School of Law, Law-Econ Research Paper No. 05–26, abrufbar unter: http://ssrn.com/abstract=832504, S. 24.

b) Schutzbedürftigkeit der Bezugsgruppen

Vielfach wird vorgebracht, die Interessen der Aktionäre seien vorrangig zu berücksichtigen, da sie den unternehmerischen Risiken aufgrund des eingebrachten Eigenkapitals stärker ausgesetzt seien als die übrigen *Stakeholder*.[526] Dieser Schluss ist nicht zwingend: Die Portfolien von Aktionären sind üblicherweise diversifiziert, ihre Risiken daher gestreut.[527] Hingegen sind Arbeitnehmer, unter Umständen aber auch Gläubiger, nicht selten umso stärker vom Erfolg des Unternehmens abhängig.[528] Für Gläubiger trifft dies insbesondere dann zu, wenn sie ihrerseits erhebliche unternehmensspezifische Investitionen erbracht haben.[529]

Allerdings sind die Interessen der übrigen *Stakeholder* bereits vertraglich oder sogar gesetzlich wesentlich probater und spezifischer abgesichert als die Interessen der Aktionäre.[530] Der Schutz der unterschiedlichen *Stakeholder* wird etwa durch arbeits- und sozialrechtliche Bestimmungen, Kapitalaufbringungs- und -erhaltungsregelungen, Verbraucherschutzgesetze oder Umweltschutzvorschriften sichergestellt.[531] Zudem werden die Arbeitnehmer und die übrigen *Stakeholder*-Gruppen zusätzlich durch Reputationseffekte geschützt: beutet beispielsweise ein Unternehmen seine Arbeitnehmer bekanntermaßen aus, wird es Schwierigkeiten haben, neue Mitarbeiter zu adäquaten Konditionen einzustellen.[532] Dies wiederum kann nicht im Interesse der Aktionäre liegen.[533] Ebenso läuft es deren Interesse zuwider, wenn die AG aus unangemessenem eigenem Profitinteresse Geschäftsbeziehungen zu Lieferanten oder Kunden gefährdet. Die *Stakeholder* sind somit bereits hinreichend geschützt, sodass es einer gleichwertigen Berücksichtigung ihrer Interessen neben den Interessen der Aktionäre durch den Vorstand im Rahmen der Unternehmensleitung nicht bedarf.

---

526 So: *Fleischer*, Spindler/Stilz, AktG, Band 1, § 76 Rn. 33; *ders.*, Hommelhoff u.a., Hdb. Corp. Gov., 185, 192; vgl.: *Bühner/Tuschke*, BFuP 1997, 499, 501f.

527 *Mertens/Cahn*, KK-AktG, § 76 Rn. 16 m.w.N.; *Kort*, GroßKomm-AktG, § 76 Rn. 61; *ders.*, AG 2012, 605, 609.

528 *Mertens/Cahn*, KK-AktG, § 76 Rn. 16 m.w.N.; *Kort*, GroßKomm-AktG, § 76 Rn. 61; *ders.*, AG 2012, 605, 609.

529 *Mertens/Cahn*, KK-AktG, § 76 Rn. 16 m.w.N.

530 *Zöllner*, AG 2003, 2, 8; *Schilling*, BB 1997, 373, 381; vgl: *Wiedemann*, ZGR 2011, 183, 195f.

531 *Fleischer*, Spindler/Stilz, AktG, Band 1, § 76 Rn. 33 m.w.N.; *ders.*, Hommelhoff u.a., Hdb. Corp. Gov., 185, 192.

532 *Fleischer*, Spindler/Stilz, AktG, Band 1, § 76 Rn. 31.

533 Vgl. zum Interesse der Aktionäre an einem „*beständigen und gut ausgebildeten Mitarbeiterstab*“: *Kort*, FS Hopt, 983, 992f.

c) Zwischenergebnis

Der Vorstand muss sein Handeln aus rechtsökonomischen Erwägungen primär an dem Interesse der Aktionäre ausrichten, das gegenüber den Interessen der übrigen *Stakeholder* den Vorrang einnimmt.

4. Wirtschaftliche Zielgröße des Vorstandshandelns

Wie gezeigt, besteht Uneinigkeit dahingehend, ob sich der Vorstand bei der Verfolgung des erwerbswirtschaftlichen Interesses der Aktionäre an einer (langfristigen) Gewinnmaximierung[534] oder der Steigerung des Marktwertes des Unternehmens (*Shareholder Value*)[535] orientieren muss. Andere wiederum vertreten die Ansicht, dass der Vorstand kumulativ an eine Steigerung beider Bezugsgrößen gebunden sei, genauer an eine Steigerung des Jahresüberschusses einerseits und des Unternehmenswertes andererseits.[536] Richtigerweise muss es vorbehaltlich abweichender Satzungsregelungen dem unternehmerischen Ermessen des Vorstands überlassen sein, inwieweit er seine Unternehmenspolitik an einer Maximierung des Gewinns oder des Marktwertes des Unternehmens orientiert.[537] Demnach wird bei der normtypischen AG auch von einem *„zweipoligen Formalziel"*[538] gesprochen, bei der die Gewinn- und die Marktwertmaximierung gleichberechtigt nebeneinander stehen[539]. Dem PE-Investor wird, wie eingangs geschildert,[540] daran gelegen sein, primär den Wert seiner Beteiligung, also den Marktwert des Unternehmens zu steigeRn. Er wird folglich bestrebt sein, beim Vorstand ein übereinstimmendes Verständnis und ggf. einen Interessengleichlauf sicherzustellen, etwa durch (Rück-)Beteiligungen des Managements an dem Portfolio-Unternehmen.[541]

V. Zwischenergebnis

Die Entscheidung über die Weitergabe von Geheimnissen der Gesellschaft und vertraulichen Angaben fällt in den Zuständigkeitsbereich des Vorstands als geschäftsführendem Leitungsorgan. Bei der Ausübung seiner Leitungstätigkeit allgemein sowie der Entscheidung über die Weitergabe von vertraulichen Informationen ist er in erster Linie verpflichtet, die dauerhafte Rentabilität des Unternehmens und dessen Bestand sicherzustellen. Darüber hinaus muss er primär die

---

534 Siehe Fundstellen in Fn. 478.
535 Siehe Fundstellen in Fn. 479.
536 *Servatius*, Strukturmaßnahmen als Unternehmensleitung, S. 112ff.
537 *Verse*, Gleichbehandlungsgrundsatz, S. 258f.; *Mülbert*, FS Röhricht, S. 421, 438; noch weitergehend: *Paefgen*, Unternehmerische Entscheidungen, S. 64f., der ablehnt, dass die Satzung dem Vorstand überhaupt ein verbindliches Formalziel vorgeben darf.
538 *Verse*, Gleichbehandlungsgrundsatz, S. 259.
539 *Mülbert*, FS Röhricht, S. 421, 438; *Verse*, Gleichbehandlungsgrundsatz, S. 259.
540 Siehe hierzu die Ausführungen unter: § 1.A.II, S 27ff.
541 Siehe hierzu bereits die Ausführungen unter: § 2.A.I.1.c), S 42f.

erwerbswirtschaftlichen Interessen der Aktionäre im Blick haben. Dabei bleibt es seinem unternehmerischen Ermessen überlassen, inwieweit er sich an einer Gewinnmaximierung oder an einer Steigerung des *Shareholder Value* orientiert.

C. Konkretisierung des Gesellschaftsinteresses

Im Folgenden ist zu untersuchen, ob und inwieweit ein exklusiver Informationsaustausch des Vorstands des Portfolio-Unternehmens mit dem PE-Investor im Gesellschaftsinteresse liegen und somit vor dem Hintergrund der organschaftlichen Verschwiegenheitspflicht als zulässig erachtet werden kann. Die Entscheidung über die Weitergabe von Informationen liegt im pflichtgemäßen Ermessen des Vorstands.[542] Der Vorstand hat somit eine Einschätzungsprärogative (*business judgement*), ob die Weitergabe der fraglichen Information unter Berücksichtigung des Geheimhaltungsbedürfnisses der Gesellschaft im Gesellschaftsinteresse liegt.[543] Seine Ermessensausübung ist gerichtlich nur beschränkt überprüfbar.[544] Ferner kann er sein Ermessen bezüglich der sachlichen und verfahrensmäßigen Handhabung für den konkreten Einzelfall oder auch als generelle Richtlinie ausüben.[545] Der Vorstand ist jedoch angehalten, die Chancen und Risiken der Informationsweitergabe sorgfältig gegeneinander abzuwägen.[546] Im Folgenden sind die Kriterien zu untersuchen, die der Vorstand bei der Abwägung *in concreto* berücksichtigen

---

542 BGH, Urt. v. 5.6.1975 – II ZR 156/73, NJW 1975, 1412, 1413; *Beisel*, Beisel/Klumpp, 2. Kapitel Rn. 24; *Bürgers*, Bürgers/Körber, AktG, § 93 Rn. 52; *Fleischer*, Spindler/Stilz, AktG, Band 1, § 93 Rn. 169; *Dauner-Lieb*, Henssler/Strohn, GesR, AktG, § 93 Rn. 15; *Wiesner*, MünchHdb. GesR, Band 4, § 25 Rn. 48; *Mertens/Cahn*, KK-AktG, § 93 Rn. 115; *Hopt/Roth*, GroßKomm-AktG, § 93 Rn. 310; *Lutter/Krieger/Verse*, Rechte und Pflichten AR, § 6 Rn. 263; *Seyfarth*, Vorstandsrecht, § 8 Rn. 93; *Körber*, NZG 2002, 263, 269; *Bauer/Schmidt-Bendun*, FS Wegen, S. 105, 110f.; *Wilsing/v.d.Linden*, ZHR 178 (2014), 419, 431; *Menke*, NZG 2004, 697, 698; *Fleischer*, ZIP 2002, 651, 652; *Ziegler*, DStR 2000, 249, 253; *Wilde*, ZGR 1998, 423, 461; *Mertens*, AG 1997, 541, 546; *Schroeder*, DB 1997, 2161, 2162; *Hemeling*, ZHR 169 (2005), 274, 278f.; a.A.: *Möllers*, Hommelhoff u.a., Hdb. Corp. Gov., 423, 438; *Goette*, ebenda, 713, 726.

543 *Merkelbach/Herb*, GWR 2016, 314; *Bruse/Keinath*, FS Pöllath + Partners, 2008, 363, 368; so auch, allerdings mit Bezugnahme auf das *Unternehmensinteresse*: *Wilsing/v.d.Linden*, ZHR 178 (2014), 419, 431; *Körber*, Fleischer, Hdb. VorstandsR, § 10 Rn. 21; *Hemeling*, ZHR 169 (2005), 274, 279f.; *Mertens*, AG 1997, 541, 546.

544 *Hopt/Roth*, GroßKomm-AktG, § 93 Rn. 310; *Fleischer*, Spindler/Stilz, AktG, Band 1, § 93 Rn. 169; *Wiesner*, MünchHdb. GesR, Band 4, § 25 Rn. 48; *Seyfarth*, Vorstandsrecht, § 8 Rn. 93; *Wilsing/v.d.Linden*, ZHR 178 (2014), 419, 431; *Bank*, NZG 2013, 801, 802.

545 *Hopt/Roth*, GroßKomm-AktG, § 93 Rn. 310. Im Rahmen seiner Ermessensausübung kann sich der Vorstand beispielsweise auf eine großzügige Informationspolitik zugunsten der Aktionäre verständigen (*Mertens/Cahn*, KK-AktG, § 76 Rn. 31).

546 *Linker/Zinger*, NZG 2002, 497, 499; *Stoffels*, ZHR 165 (2001), 362, 374; *Mertens*, AG 1997, 541, 546; *Körber*, NZG 2002, 263, 269f., 272; dahingehend: *Ziegler*, DStR 2000, 249, 253; *Seyfarth*, Vorstandsrecht, § 8 Rn. 93 („*Vor- und Nachteile*").

kann und muss. Um die Weitergabe vertraulicher Informationen zu rechtfertigen, müssen aus Sicht der Gesellschaft die damit verbundenen Vorteile die Nachteile überwiegen.[547]

I. Risiko der Offenlegung sensibler Informationen

1. Schützenswerte Belange des Unternehmens

Die Verschwiegenheitspflicht dient dazu, die Gesellschaft vor Schäden zu bewahren, die mit der Weitergabe sensibler Informationen verbunden sein können.[548] Neben dem Schutz wirtschaftlicher Belange (etwa der Wettbewerbsfähigkeit[549]) kann das Geheimhaltungsinteresse auch den Schutz des Ansehens der Gesellschaft[550] oder der sie repräsentierenden Personen bezwecken.[551] Weitere schützenswerte Belange können die Ordnung und der Frieden im Unternehmen sein.[552] Schließlich ist ein gewisses Maß an Geheimhaltung erforderlich, damit die internen Willensbildungsprozesse in den Organen der Gesellschaft ordnungsgemäß und reibungslos funktionieren können[553], insbesondere die in den Organen geführten Diskussionen, vertraulichen Beratungen und Abstimmungsprozesse.[554] Wie gezeigt,[555] findet zwischen dem Portfolio-Unternehmen und dem PE-Investor in der Praxis primär ein Austausch hinsichtlich der Informationen und Daten zur wirtschaftlichen und finanziellen Lage sowie zum operativen Geschäft statt.[556] Daher kommt vorliegend insbesondere eine Gefährdung der wirtschaftlichen Belange des Portfolio-Unternehmens in Betracht. Insoweit gilt jedoch, zu berücksichtigen, dass der PE-Investor angesichts des eingesetzten Eigenkapitals ein eigenes, mitunter erhebliches Verlustrisiko trägt und somit ein handfestes Eigeninteresse an der Wahrung der Gesellschaftsgeheimnisse sowie der wirtschaftlichen Belange des

---

547 *Seyfarth*, Vorstandsrecht, § 8 Rn. 93.

548 Siehe Fundstellen in Fn. 445.

549 *Fleischer*, Spindler/Stilz, AktG, Band 1, § 93 Rn. 160; *Hopt/Roth*, GroßKomm-AktG, § 93 Rn. 280; *Kuntz*, Gestaltung von Kapitalgesellschaften, 583; *Bank*, NZG 2013, 801, 802.

550 *Fleischer*, Spindler/Stilz, AktG, Band 1, § 93 Rn. 160; *Hopt/Roth*, GroßKomm-AktG, § 93 Rn. 280; *Kuntz*, Gestaltung von Kapitalgesellschaften, 583; *Wilsing/v.d.Linden*, ZHR 178 (2014), 419, 429; *Bank*, NZG 2013, 801, 802.

551 *Hölters*, Hölters, AktG, § 93 Rn. 135; *Wessing/Hölters*, DB 1976, 1671, 1674.

552 *Hölters*, Hölters, AktG, § 93 Rn. 135; *Wessing/Hölters*, DB 1976, 1671, 1674.

553 *Hopt/Roth*, GroßKomm-AktG, § 93 Rn. 280.

554 BGH, Urt. v. 5.6.1975 – II ZR 156/73, NJW 1975, 1412, 1413; *Fleischer*, Spindler/Stilz, AktG, Band 1, § 93 Rn. 160 („*der gesellschaftsinterne Willensbildungsprozess*"); *Bank*, NZG 2013, 801, 802.

555 Siehe hierzu die Ausführungen unter: § 1.C, S. 36ff.

556 Siehe hierzu die Ausführungen unter: § 1.C, S. 36ff.

Portfolio-Unternehmens hat.[557] Da sich der PE-Investor selbst nicht operativ betätigt, besteht ein Risiko der schädigenden Verwendung bzw. Weitergabe der erlangten Unternehmensinformationen vornehmlich dann, wenn sich in dem Portfolio des PE-Investors Wettbewerber des Portfolio-Unternehmens befinden.

2. *Wettbewerber im Portfolio des PE-Investors*

Hält der PE-Investor in seinem Portfolio auch Beteiligungen an Wettbewerbern des Portfolio-Unternehmens, besteht zumindest eine abstrakte Gefahr, dass er sensible Informationen an die Wettbewerber weiterreicht[558], etwa betriebswirtschaftliche Rechnungen, Kundendaten oder Informationen zu konkreten Produktionsvorhaben. Der Vorstand des Portfolio-Unternehmens ist dann zu besonderer Vorsicht angehalten.[559] Allerdings ist es nicht so, dass er die grundsätzliche Gefahr, dass Wettbewerber Informationen über das Unternehmen beziehen können, schlechthin scheuen müsste; in den Grenzen der Verschwiegenheitspflicht darf er dieses Risiko bei seiner Informationspolitik durchaus eingehen.[560] Schließlich kann die beiderseitige Öffnung der Informationsbarrieren zwischen den Wettbewerbern auch dazu dienen, Synergien auf beiden Seiten zu heben oder eine unternehmensstrategisch wünschenswerte Integration oder Kooperation vorzubereiten. Ferner ist es angesichts des eingesetzten Eigenkapitals und des damit einhergehenden Verlustrisikos anders als bei der Informationsoffenlegung im Rahmen einer *Due Diligence* wohl nahezu ausgeschlossen, dass der PE-Investor das Portfolio-Unternehmen lediglich zu konkurrierenden Zwecken ausforschen will (etwa um Know-how für den Wettbewerber zu erlangen).[561] Dem verbleibenden Restrisiko wird man versuchen, über entsprechend strenge Vertraulichkeitsverpflichtungen des PE-Investors zu begegnen.[562] Gleichwohl wird der Vorstand hier im Einzelfall genau abwägen müssen, welche Informationen er weitergibt.[563]

---

557 Vgl. dahingehend mit Bezug auf wesentlich beteiligte Aktionäre allgemein: *Schneider/Singhof*, FS Kraft, S. 585, 602 („*Aktionäre mit wesentlicher Beteiligung haben ein eigenes handfestes Interesse, die Gesellschaftsgeheimnisse zu wahren*“).

558 *Mellert*, NZG 2003, 1096, 1099; so wohl auch allgemein in Hinblick auf Finanzinvestoren: *Zumbansen/Lachner*, BB 2006, 613, 617.

559 *Mellert*, NZG 2003, 1096, 1099.

560 Vgl.: *Mertens/Cahn*, KK-AktG, § 76 Rn. 31.

561 Vgl. zu dem Risiko des Vertraulichkeitsbruchs durch „*als ernsthafte Interessenten getarnte Wettbewerber*“ im Rahmen einer *Due Diligence*: *Stoffels*, ZHR 165 (2001), 362, 378.

562 Siehe zum Abschluss einer Vertraulichkeitsvereinbarung die Ausführungen unter: § 6.C.IV.2, S. 121f.

563 *Mellert*, NZG 2003, 1096, 1099.

II. Überwachung und Beratung durch den Investor

PE-Investoren verwenden, wie oben dargestellt, einen Großteil ihres Arbeitseinsatzes auf das Beteiligungs-Controlling und das damit einhergehende *Mentoring.*[564] Beides setzt eine umfassende Informationsgrundlage des PE-Investors voraus. Im Folgenden ist zu untersuchen, welche Chancen mit der Überwachungs- und Beratungstätigkeit des PE-Investors für das Portfolio-Unternehmen einhergehen und ob diese die Weitergabe vertraulicher Informationen rechtfertigen können.

1. Beteiligungs-Controlling bzw. Monitoring

Der Begriff *Monitoring* umfasst sämtliche Maßnahmen zur laufenden Überwachung des Portfolio-Unternehmens durch den PE-Investor.[565] Dieser überprüft die Performance seines Investments und nimmt dadurch die Rolle eines externen Controllings ein.[566] Hiermit bezweckt er insbesondere eine Minimierung seiner mit dem Investment verbundenen Risiken.[567] Typischerweise überprüft er dabei die Performance des Portfolio-Unternehmens fortlaufend mithilfe periodischer (üblicherweise monatlicher) Soll-Ist-Vergleiche, anhand derer sich die tatsächliche Entwicklung des Unternehmens gegenüber den zuvor festgelegten Zielwerten nachvollziehen lässt.[568] Der PE-Investor will dadurch frühzeitig Abweichungen von dem für das Portfolio-Unternehmen festgelegten Business-Plan erkennen und kurzfristig auf die veränderten Umstände reagieren können.[569] Die Überwachung des Risikos der Unternehmung kommt auch den anderen Aktionären und Gläubigern des Portfolio-Unternehmens zugute.[570] Wird bedeutenden Aktionären die Möglichkeit gegeben, auch über informelle Wege Kontrolle über das Management auszuüben, verspricht dies häufig sogar eine effektivere Überwachung als durch den Aufsichtsrat.[571] Die Durchführung des *Monitoring* und die damit einhergehende zeitnahe und effektive Erkennung von Fehlentwicklungen im Portfolio-Unternehmen (sowie deren anschließende Korrektur) dürften daher in der Regel im Interesse aller Aktionäre des Portfolio-Unternehmens und damit im Gesellschaftsinteresse liegen. Für die Durchführung der Unternehmensüberwachung erhält der PE-Investor oftmals von den Fondsinvestoren, ggf. aber auch vom Portfolio-Unternehmen selbst, eine Vergütung in Form einer *Monitoring Fee.*[572]

---

564 Siehe hierzu bereits die Ausführungen unter: § 1.B.II, 9f.

565 *Brettel/Kauffmann u.a., PE-Investoren,* S. 96; *Schewe u.a.,* Arbeitspapier Nr. 56, S. 4.

566 *Brettel/Kauffmann u.a., PE-Investoren,* S. 94f.

567 *Brettel/Kauffmann u.a., PE-Investoren,* S. 96.

568 *Theiler,* Jesch/Striegel, Rechtshdb. PE, S. 348; vgl.: *Brettel/Kauffmann u.a., PE-Investoren,* S. 97.

569 *Theiler,* Jesch/Striegel, Rechtshdb. PE, S. 348; *Brettel/Kauffmann u.a., PE-Investoren,* S. 98.

570 *Brettel/Kauffmann u.a., PE-Investoren,* S. 96.

571 *Roth,* ZGR 2012, 343, 367.

572 Vgl. hierzu bereits die Ausführungen unter: § 2.A.I.4, S. 44f.

2. *Mentoring*

Sofern der PE-Investor nicht ausnahmsweise einen strikten *Hands-off*-Ansatz verfolgt, bei dem er seine Tätigkeit auf das *Monitoring* des Portfolio-Unternehmens beschränkt[573], führt er auf Ebene des Unternehmens typischerweise auch ein *Mentoring* durch. Darunter werden jene Maßnahmen des PE-Investors zusammengefasst, die auf eine Erhöhung der Wertschöpfung des Portfolio-Unternehmens abzielen.[574] Einen wesentlichen Bestandteil des *Mentoring* bilden Maßnahmen zur Beratung und Betreuung des Managements.[575] Der PE-Investor bringt sein Know-how in Managementfragen jeglicher Art ein und steht dem Management des Portfolio-Unternehmens als Ansprechpartner für sämtliche betriebswirtschaftlichen Fachfragen (strategischer wie operativer Natur) zur Verfügung.[576] Diese Beratungstätigkeit betrifft selbstverständlich insbesondere sämtliche Fragen rund um die Kernkompetenzen des PE-Investors, also insbesondere die Beratung bei anstehenden Finanzierungen oder der Beschaffung von Finanzmitteln.[577] Der PE-Investor verfügt oftmals aber auch über umfassende Erfahrungen in finanzierungsfremden Bereichen der Unternehmensführung, etwa aus den Bereichen Strategie, Planung, Personal, Produktentwicklung, Marketing und Vertrieb.[578] Daher wird der PE-Investor typischerweise bei der Bestimmung der Unternehmensstrategie, der Festlegung der Marketingstrategie und der Personalrekrutierung eingebunden werden.[579] Im Vergleich zum Management des Portfolio-Unternehmens hat der PE-Investor einen objektiven, unvoreingenommenen Blick auf den Geschäftsverlauf und kann den Handlungsbedarf des Portfolio-Unternehmens, auch aufgrund seiner Erfahrung, oftmals besser analysieren.[580] Die Beteiligung von PE-Investoren führt (insbesondere bei Familienunternehmen) in der Regel dazu, dass unternehmerische Entscheidungen auf eine objektivere Basis gestellt und wichtige unternehmerische Bereiche wie Rechnungswesen und Controlling ausgebaut werden.[581] Die starke Einbindung in die strategische Entscheidungsfindung des Portfolio-Unternehmens erleichtert dem PE-Investor zudem das *Monitoring* des Portfolio-Unternehmens.[582]

---

573 Vgl. hierzu: *Brettel/Kauffmann u.a., PE-Investoren*, S. 100.

574 Siehe Fn. 55.

575 *Brettel/Kauffmann u.a., PE-Investoren*, S. 99; vgl.: *Rudolph*, ZGR 2008, 161, 163; *Eidenmüller*, ZHR 171 (2007), 644, 650; *Schewe u.a.*, Arbeitspapier Nr. 56, S. 4.

576 *Brettel/Kauffmann u.a., PE-Investoren*, S. 101.

577 *Brettel/Kauffmann u.a., PE-Investoren*, S. 101.

578 *Brettel/Kauffmann u.a., PE-Investoren*, S. 101; vgl.: *Feldhaus*, Feldhaus/Veith, FK PE, Kap. 1, Rn. 280.

579 *Brettel/Kauffmann u.a., PE-Investoren*, S. 101.

580 *Feldhaus*, Feldhaus/Veith, FK PE, Kap. 1, Rn. 280; *Brettel/Kauffmann u.a., PE-Investoren*, S. 101.

581 *Völker*, FuS 2014, 19, 22.

582 *Brettel/Kauffmann u.a., PE-Investoren*, S. 100. Siehe zum *Monitoring* ausführlich die Ausführungen unter: § 6.C.II.1, S. 104ff.

Zum *Mentoring* zählen ferner Maßnahmen zur Qualifizierung des Führungspersonals, etwa durch systematische Hilfestellungen in Bereichen und Funktionen der Tätigkeit, in denen der PE-Investor Defizite identifiziert hat.[583] Ebenso kann der PE-Investor (sofern notwendig) zu einer Professionalisierung des Managements beitragen.[584] Im schlimmsten Fall kommt auch ein Austausch des Managements als Maßnahme des *Mentoring* in Betracht.[585]

3. *Schlussfolgerung*

Wie gezeigt, verfügen PE-Investoren regelmäßig über ein Service- und Know-how-Spektrum, das die traditionellen Leistungen finanzierender Banken weitaus übersteigt.[586] Gelingt es ihnen, dieses Know-how gezielt in das Portfolio-Unternehmen einfließen zu lassen, dürfte sich dies regelmäßig positiv auf die Ertragslage und den Marktwert des Unternehmens auswirken. PE-Investoren können ihr branchenspezifisches Know-how und ihre Managementerfahrungen jedoch nur dann sinnvoll bei dem Portfolio-Unternehmen einbringen, wenn sie mit entsprechenden Informations-, Kontroll- und Einflussrechten ausgestattet werden.[587] Vor diesem Hintergrund dürfte die Weitergabe von vertraulichen Unternehmensinformationen an den PE-Investor oftmals im Gesellschaftsinteresse liegen.

III. Strategische Bewertung der Beteiligung

PE-Investoren lassen sich in der Praxis regelmäßig nur dann auf eine Beteiligung an einer AG ein, wenn sich diese zu einer umfassenden Berichterstattung verpflichtet.[588] Oftmals machen PE-Investoren entsprechende Informationsrechte daher zur Bedingung für ihre Beteiligung an der Gesellschaft.[589] Der Vorstand muss dann eine Abwägung zwischen dem grundsätzlich schützenswerten Geheimhaltungsinteresse der AG einerseits und dem Interesse der Gesellschaft an dem

583 *Brettel/Kauffmann u.a., PE-Investoren*, S. 100.
584 *Jaques*, Ettinger/Jaques, Beck'sches Hdb. Unternehmenskauf, E. Rn. 12; *Völker*, FuS 2014, 19, 22.
585 *Schewe u.a.*, Arbeitspapier Nr. 57, S. 5. Die Ablösung des Managements durch den PE-Investor wird auch als *Intervening* bezeichnet: *Brettel/Kauffmann u.a.*, PE-Investoren, S. 102; *Schewe u.a.*, Arbeitspapier Nr. 56, S. 4.
586 *Eilers*, AG 2006, 792.
587 So mit Bezug auf VC-Investoren: *Pfeifer*, BB 1999, 1665, 1668; vgl. zum gesteigerten Interesse von PE-Investoren an Informations-, Kontroll- und Mitspracherechten allgemein: *Jaques*, Ettinger/Jaques, Beck'sches Hdb. Unternehmenskauf, E. Rn. 9.
588 So mit Bezug auf VC-Investoren: *Mellert*, NZG 2003, 1096, 1099; *Traugott*, BB 2001, 2277, 2280.
589 So zur Beteiligung von Finanzinvestoren an einer GmbH: *Seibt*, Römermann, MAH GmbH-Recht, § 2 Rn. 138; ferner mit Bezug auf VC-Investoren: *Mellert*, NZG 2003, 1096, 1099; *Weitnauer*, NZG 2001, 1065, 1071; *Winkler*, Rechtsfragen VC-Finanzierung, S. 119; *Geigenberger*, Risikokapital für Unternehmensgründer, S. 135.

Zustandekommen der Transaktion andererseits vornehmen.[590] Bei der Abwägung des grundsätzlichen Interesses der Gesellschaft an der Offenlegung von geheimen Informationen gegenüber dem PE-Investor darf er sich also auch an der Frage orientieren, ob die Transaktion als solche insgesamt unternehmensstrategisch wünschenswert ist.[591]

1. *Unternehmensstrategische Chancen*

a) Operative Verbesserungen als stärkster Renditetreiber

Das starke Interesse von Finanzinvestoren an der Steigerung des Unternehmenswertes kann Anreize schaffen, sowohl durch eine Optimierung der Finanzierungsstruktur als auch durch gezielte operative Optimierungen die Ertragskraft des Unternehmens nachhaltig zu steigern.[592] Eine Studie des *Center for Entrepreneurial and Financial Studies* („CEFS") der Technischen Universität München hat 332 mittelgroße, europäische *Buy-out*-Transaktionen zwischen 1990 und 2011 auf deren größten Renditetreiber untersucht: Danach erzielten Investoren ihre Rendite zu mindestens zwei Dritteln aus Ergebnissteigerungsmaßnahmen und allenfalls zu einem Drittel durch Ausnutzung des *Leverage*-Effekts; eine simple Erhöhung des Bewertungsmultiples im Rahmen des *Exits* hat keine bzw. eine zu vernachlässigende Rolle gespielt.[593] Eine ähnliche Tendenz, jedoch in abgeschwächter Form, zeigt eine Befragung von 100 PE-Managern aus ganz Europa durch PricewaterhouseCoopers („PwC") aus dem Jahre 2015. Auch danach verlassen sich PE-Investoren

590 So zur Berücksichtigung des Finanzierungsinteresses des Unternehmens an einer Kapitalerhöhung bei der Abwägung der Zulässigkeit von erweiterten Informationsrechten des VC-Investors: *Winkler*, Rechtsfragen VC-Finanzierung, S. 119; vgl. ferner: *Wennekers/Bank*, Bank/Möllmann, VC Germany, Teil 7 Rn. 48 m.w.N.; vgl. zu der etwas anders gelagerten Abwägung bei der Frage der Weitergabe von Informationen im Rahmen einer *Due Diligence*: *Rubner*, KSzW 2011, 412, 413; *K.J.Müller*, NJW 2000, 3452, 3453.

591 Zur Zulässigkeit der Weitergabe von Geschäftsgeheimnissen wegen des Interesses der Gesellschaft an dem Zustandekommen eines Geschäfts: *Seyfarth*, Vorstandsrecht, § 8 Rn. 93; mit Bezug auf VC-Investoren: *Mellert*, NZG 2003, 1096, 1099; vgl. die Fundstellen in Fn. 590; vgl. zu der etwas anders gelagerten Abwägung bei der Frage der Weitergabe von Informationen im Rahmen einer *Due Diligence*: *Mertens*, AG 1997, 541, 546; *Hemeling*, ZHR 169 (2005), 274, 280.

592 Deutsche Bundesbank, Monatsbericht April 2007 (siehe Fn. 67), S. 17; vgl.: *Weinheimer*, Hölters, Hdb. Unternehmenskauf, Rn. 12.13; *Thum/Timmreck/Keul*, Private Equity, S. 98.

593 CEFS, Return Attribution in Mid-Market Buy-Out Transactions – New Evidence from Europe, Research report No 2011-01, abrufbar unter: http://www.hvca.hu/wp-content/uploads/2012/01/Return.Atribution.PE_.kaserer.pdf, S. 3, 5f., 11, zuletzt abgerufen am: 4.6.2017.

keineswegs mehr allein auf den *Leverage*-Effekt oder den *Arbitrage*-Effekt (also den günstigen Einkauf und teuren Verkauf von Unternehmen), um eine Rendite auf das eingesetzte Kapital zu erzielen: Während die PE-Manager angaben, ihre Rendite aus PE-Transaktionen ursprünglich zu 70 Prozent durch den *Leverage*-Effekt und den *Arbitrage*-Effekt erzielt zu haben, sehen 45 Prozent der Befragten operative Verbesserungen bereits heute und auch in Zukunft als den größten Renditetreiber an.[594] Aufgrund des hart umkämpften Marktumfelds und der gestiegenen Akquisitionskosten sei es schwieriger geworden, auf das eingesetzte Kapital eine Rendite zu erzielen; 78 Prozent der befragten PE-Manager gehen daher davon aus, dass die Bedeutung von operativen Verbesserungen der Portfolio-Unternehmen in den kommenden fünf Jahren weiter zunehmen wird.[595] Gemeint sind beispielsweise Maßnahmen wie die Senkung operativer Kosten, die Verbesserung des Betriebskapital-Managements (*working capital management*), Effizienzsteigerungen im Verkauf, eine Verschlankung der Organisationsstrukturen hinter dem Kerngeschäft der Unternehmen (den sog. *back offices*) und die Förderung in den Bereichen Forschung und Entwicklung.[596] Auch andere in- wie ausländische Studien kommen zu dem Ergebnis, dass sich PE-Investments in der Regel positiv auf die operative Effizienz ihrer Portfolio-Unternehmen auswirken und zu nachhaltigen Steigerungen von Umsatz und Ertragskraft führen.[597] Insgesamt dürfte der aktive Einfluss des PE-Investors auf die Unternehmensführung des Portfolio-Unternehmens aus betriebswirtschaftlicher Sicht regelmäßig positiv zu bewerten sein.[598]

b) Finanzierungsinteresse der Portfolio-Unternehmen

In Zusammenhang mit dem Erwerb der Beteiligung an dem Portfolio-Unternehmen verpflichtet sich der PE-Investor, wie gezeigt,[599] häufig, dem Portfolio-Unternehmen zusätzliches Kapital zur Verfügung zu stellen, etwa in Form von Gesellschafterdarlehen oder Eigenkapital (Letzteres z.B. zum Abbau von Fremdverbindlichkeiten). Besteht auf Seiten des Portfolio-Unternehmens ein gesteigertes

594 *PwC*, Pushing further in search of return: The new private equity model, 2015, S. 11f.

595 *PwC*, Pushing further in search of return: The new private equity model, 2015, S. 23.

596 *PwC*, Pushing further in search of return: The new private equity model, 2015, S. 25f.; vgl. zur Steigerung der Ausgaben in dem Bereich Forschung und Entwicklung: *Schewe u.a.*, Arbeitspapier Nr. 57, 2009, S. 8f., die die Übernahmen der Grohe AG durch ein Konsortium aus dem amerikanischen PE-Investor *Texas Pacific Group* und *Credit Suisse First Boston Private Equity* von dem britischen PE-Investor *BC Partners* untersucht und dabei unter anderem herausgestellt haben, dass *TPG* und *CSFB* die Forschungs- und Entwicklungsausgaben um 16% gesteigert haben.

597 *Otto*, AG 2013, 357, 361ff. m.w.N.; siehe ferner zu empirischen Studien: *Eidenmüller*, DStR 2007, 2116, 2117; vgl. in diesem Zusammenhang ferner: *Eidenmüller*, ZHR 171 (2007), 644, 653 m.w.N.

598 Deutsche Bundesbank, Monatsbericht April 2007 (siehe Fn. 67), S. 17f.

599 Siehe hierzu bereits die Ausführungen unter: § 1.A.IV, S. 31f.

Finanzierungsinteresse,[600] so muss der Vorstand des Portfolio-Unternehmens eine Abwägung zwischen dem grundsätzlich schützenswerten Geheimhaltungsinteresse der AG einerseits und ihrem Finanzierungsinteresse andererseits vornehmen.[601] Je nach Einzelfall kann das Finanzierungsinteresse *per se* eine Einschränkung der Verschwiegenheitspflicht rechtfertigen.

c) Netzwerkkontakte, Synergien und Added Value

PE-Investoren verfügen regelmäßig über weltweite Kontakte und Netzwerke.[602] Diese Netzwerkkontakte können sie auch ihren Portfolio-Unternehmen zur Verfügung stellen.[603] Die PE-Investoren filtern aus ihren Beziehungsnetzwerken geeignete Ansprechpartner für die jeweilige Funktion heraus und vermitteln diese an die Portfolio-Unternehmen.[604] Sie können dabei auf ihre Erfahrungen mit den jeweiligen Spezialisten aus vorhergehenden Kooperationen zurückgreifen und umfassend Auskunft über Qualität und Niveau ihrer Arbeit geben; die Portfolio-Unternehmen können so vor kostspieligen Fehlinvestitionen bewahrt werden.[605] Des Weiteren ist der PE-Investor bei der Anbahnung neuer Geschäftsbeziehungen[606] und der Beschaffung von Marktinformationen[607] behilflich. Ein unternehmensstrategisches Interesse des Portfolio-Unternehmens an der Beteiligung des PE-Investors kann ferner anzunehmen sein, wenn das Unternehmen durch die Beteiligung des PE-Investors Teil eines größeren Unternehmensverbunds wird und hierdurch Synergieeffekte generiert werden können.[608] Mögliche Synergieeffekte sind etwa verbesserte Einkaufskonditionen und die Erschließung neuer Märkte oder zusätzlichen Know-hows.[609]

---

600 Siehe zu möglichen Gründen für das Finanzierungsinteresse des Portfolio-Unternehmens bereits die Ausführungen unter: § 2.A.II, S. 46f.

601 Siehe Fn. 590.

602 *Eilers*, AG 2006, 792; vgl.: BMF Schreiben vom 16.12.2003, BStBl. 2004, Teil I, S. 40 Rn. 2.

603 *Brettel/Kauffmann u.a., PE-Investoren*, S. 101; *Göppert/Müller*, Schlitt, Finanzierungen im Mittelstand, S. 194; *Schewe u.a.*, Arbeitspapier Nr. 56, S. 3f.; vgl. ferner zu Synergieeffekten durch die Bereitstellung von Kontakten: *Jaques*, Ettinger/Jaques, Beck'sches Hdb. Unternehmenskauf, E. Rn. 12.

604 *Brettel/Kauffmann u.a., PE-Investoren*, S. 101.

605 *Brettel/Kauffmann u.a., PE-Investoren*, S. 101.

606 *Rudolph*, ZGR 2008, 161, 163.

607 *Brettel/Kauffmann u.a., PE-Investoren*, S. 101.

608 So mit Bezug auf die Informationserteilung im Vorfeld einer *Due Diligence*: *Bruse/Keinath*, FS Pöllath + Partners, 2008, 363, 368; *Hemeling*, ZHR 2005, 275, 280.

609 So mit Bezug auf die Informationserteilung im Vorfeld einer *Due Diligence*: *Bruse/Keinath*, FS Pöllath + Partners, 2008, 363, 368; *Hemeling*, ZHR 2005, 275, 280; *Rittmeister*, NZG 2004, 1032, 1034; *Körber*, NZG 2002, 263, 269; vgl. zur Beseitigung von Ineffizienzen *„durch das Einbringen besonderen Management-Know-hows"*: *Müller*,

2. Debt Push Down und Rekapitalisierungen

PE-Investoren sehen sich oftmals dem Vorwurf ausgesetzt, ihr Geschäftsmodell sei nicht auf eine langfristige Ertragssteigerung und Sicherung ihrer Portfolio-Unternehmen, sondern auf kurzfristige Renditen zulasten ihrer Portfolio-Unternehmen ausgerichtet.[610] Im Folgenden sollen die konkreten Maßnahmen der PE-Investoren, die im Fokus der Kritik stehen, näher erläutert sowie deren Zulässigkeit und Risiken für das Portfolio-Unternehmen gewürdigt werden.

a) Stellung von Up-stream-Sicherheiten

Bei *Leveraged Buy-out*-Transaktionen wird die Akquisitionsfinanzierung zum Erwerb des Portfolio-Unternehmens nicht selten mit Vermögensgegenständen und Rechten des Portfolio-Unternehmens besichert.[611] Beim Erwerb von Aktien sind Rechtsgeschäfte, wonach die zu erwerbende AG die Verbindlichkeiten des Erwerbers gegenüber Fremdkapitalgebern absichert, jedoch nicht mit § 71a Abs. 1 Satz 1 AktG vereinbar.[612] Danach ist ein Rechtsgeschäft, das die Leistung einer Sicherheit durch die zu erwerbende AG an einen anderen zum Zwecke des Erwerbs der Aktien zum Gegenstand hat, nichtig. Dies erfasst auch Sicherheiten, die dem Aktienerwerb zeitlich nachfolgen.[613] Eine Bestellung von Sicherheiten durch das Portfolio-Unternehmen im Rahmen des Beteiligungserwerbs kommt vorliegend also nicht in Betracht.[614]

b) Rekapitalisierungen und Superdividenden

PE-Investoren wird mitunter vorgeworfen, sie würden das Eigenkapital ihrer Portfolio-Unternehmen durch gezielte Umbau- und Rekapitalisierungsmaßnahmen aufzehren und beispielsweise in Form von sog. „Superdividenden" an sich ausschütten.[615] Sie würden durch derlei Maßnahmen lediglich eigenes Vermögen

---

BKR 2008, 351, der berichtet über einen Vortrag von Herrn Dr. Norbert Walter von der Deutschen Bank-Gruppe zu den Vorteilen und Risiken u.a. von Private Equity.

610 Vgl. nur: *Schneider*, NZG 2007, 888; *ders.*, AG 2006, 577; *Müller*, BKR 2008, 351, 352 (siehe Anm. in Fn. 609); vgl. ferner mit Ausführungen zu der Kritik gegenüber PE-Investoren: *Weitnauer*, AG 2013, 672, 673.

611 *Thiermann*, NZG 2016, 335, 338; *Knapp*, DStR 2008, 2371, 2374; *Kußmaul/Pfirmann/Tcherveniachki*, DB 2005, 2533; *Becker*, DStR 1998, 1429; *Fleischer*, AG 1996, 494, 497.

612 *Riegger*, ZGR 2008, 233, 237; *Nuyken*, ZIP 2004, 1893, 1895; *Becker*, DStR 1998, 1429, 1431.

613 *Cahn*, Spindler/Stilz, AktG, Band 1, § 71a Rn. 37, 44; *Riegger*, ZGR 2008, 233, 237 m.w.N.; *Nuyken*, ZIP 2004, 1893, 1895; *Fleischer*, AG 1996, 494, 501.

614 Folglich kann für die Zwecke dieser Untersuchung offen bleiben, ob die Gewährung von *Up-stream*-Sicherheiten in den Anwendungsbereich des § 292 KAGB fällt (dies bejahend: *Thiermann*, NZG 2016, 335, 338; *Söhner*, WM 2014, 2110, 2115; a.A.: *Längsfeld*, NZG 2016, 1096, 1097ff.; *Schröder/Rahn*, GWR 2014, 49, 52f.; *Weitnauer*, AG 2013, 672, 676f.; *van Kann/Redeker/Keiluweit*, DStR 2013, 1483, 1487).

615 So: *Schneider*, NZG 2007, 888; *ders.*, AG 2006, 577, 579.

kreieren und im Ergebnis hoch verschuldete, unternehmerisch geschwächte und für die Zukunft gefährdete Unternehmen zurücklassen.[616] Zunächst soll die Funktionsweise und Zulässigkeit von Superdividenden untersucht werden, wobei hinsichtlich der Besonderheiten bei deren Einsatz zur Durchführung eines *Debt Push Down* auf die Ausführungen weiter unten verwiesen wird.[617]

1) Funktionsweise und Zulässigkeit von Superdividenden

Vor Auflösung der AG darf unter den Aktionären nur der Bilanzgewinn ausgeschüttet werden.[618] Ausschüttungen, die zu einer Unterbilanz führen, sind rechtswidrig.[619] Der Bilanzgewinn kann jedoch durch interne gestalterische Maßnahmen auf Veranlassung des PE-Investors (etwa die Auflösung von Rücklagen oder das Heben stiller Reserven) erhöht werden.[620] Der Begriff Superdividenden steht dabei für Dividendenzahlungen, die nicht nur auf dem gewöhnlichen operativen Gewinn des vorausgegangenen Geschäftsjahres, sondern zumindest auch auf solchen außerordentlichen Erträgen basieren.[621] Zwar wird durch die oben geschilderten Maßnahmen zunächst noch keine ausschüttungsfähige Liquidität geschaffen, sondern lediglich ein Buchgewinn.[622] Die erforderliche Liquidität wird jedoch erreicht, indem das Portfolio-Unternehmen einzelne Vermögensgegenstände, z.B. Grundstücke, Teilbetriebe oder Tochtergesellschaften, veräußert (sog. *Asset Stripping*) oder Fremdkapital aufnimmt.[623]

2) Praktische Relevanz und ökonomische Würdigung

Regelmäßige Ausschüttungen spielen für PE-Investoren eine eher untergeordnete Rolle.[624] Aus ihrer Sicht verlaufen Investments üblicherweise nur dann wirtschaftlich erfolgreich, wenn es ihnen gelingt, den Wert ihrer Unternehmen zu steigern, etwa durch zusätzliche Investitionen.[625] Fremdfinanzierte Ausschüttungen

---

616 So: *Schneider*, NZG 2007, 888f.; *ders.*, AG 2006, 577, 578.

617 Siehe zum Einsatz von Superdividenden zur Durchführung eines *Debt Push Down* die Ausführungen unter: § 6.C.III.2.c), S. 113ff.

618 §§ 57 Abs. 3, 58 Abs. 4 AktG.

619 *Boxberger*, Dornseifer u.a., AIFM, Art. 30 Rn. 12.

620 *Boxberger*, Dornseifer u.a., AIFM, Art. 30 Rn. 5; *Habersack*, FS Schmidt, 2009, S. 523, 525; vgl. ferner: *Weitnauer*, AG 2013, 672, 673.

621 *Habersack*, FS Schmidt, 2009, S. 523, 525.

622 *Habersack*, FS Schmidt, 2009, S. 523, 525.

623 *Boxberger*, Dornseifer u.a., AIFM, Art. 30 Rn. 5; *Schneider*, NZG 2007, 888.

624 *Cichy/Jander-McAlister*, BB 2012, 723, 725; vgl. ferner: *v.Beauvais/Hellich*, Jesch/Striegel, Rechtshdb. PE, S. 364.

625 Vgl. hierzu das Interview mit Dr. Martin Weckwerth zur Übernahme der *Hugo Boss AG* durch den britischen PE-Investor *Permira* in der Zeitschrift TextilWirtschaft vom 3.4.2008 (Nr. 14), „Wir lassen Hugo Boss nicht ausbluten", S. 25.

hingegen werden üblicherweise nur dann als Maßnahme zur Eigenkapitalverzinsung in Betracht gezogen, wenn geringe Aussichten auf eine rentable Veräußerung des Portfolio-Unternehmens bestehen.[626] Fremdfinanzierte Sonderdividenden können jedoch durchaus auch zu einer Optimierung der Kapitalstruktur eingesetzt werden und dem Portfolio-Unternehmen durch die Aufnahme neuer Schulden steuerliche Vorteile sichern.[627] Mit der Aufnahme zusätzlichen Fremdkapitals kann zudem eine Verbesserung der Eigenkapitalrentabilität und Steigerung der Attraktivität der Aktie insgesamt erreicht werden.[628]

Maßnahmen wie das *Asset Stripping* hingegen gehören nur sehr selten zur Anlagestrategie von PE-Investoren.[629] Es kann nicht im Interesse des PE-Investors liegen, wenn am Ende der Schuldentilgungsphase ein wirtschaftlich geschwächtes, kaum wettbewerbsfähiges Unternehmen zurückbleibt.[630] Schließlich ist es ökonomisch nahezu ausgeschlossen, dass ein PE-Investor sein Unternehmen systematisch zerlegt und seine Beteiligung beim *Exit* trotzdem mit Gewinn veräußert; vielmehr ist anzunehmen, dass die Wertminderung durch die Zerschlagung des Unternehmens schon vor dem Verkauf zu einer niedrigeren Unternehmensbewertung führt und der PE-Investor mit Verlust verkaufen muss.[631] Auch wenn es im Einzelfall für PE-Investoren durchaus rentabel sein mag, ein Portfolio-Unternehmen „*auszulutschen*", dürfte der Ruf in der Branche ruiniert und der Weg zu Folgetransaktionen erschwert oder gar versperrt sein.[632] In besonderen Härtefällen käme sogar eine Haftung des PE-Investors auf Schadensersatz wegen *existenzvernichtenden Eingriffs* als besonderen Fall des § 826 BGB in Betracht.[633] Doch auch hier darf nicht außer Acht gelassen werden, dass selbst Maßnahmen wie das *Asset Stripping* einer ökonomisch sinnvollen Anpassung der Kapitalstruktur dienen können.[634]

---

626 *Ellrott*, Eilers/Koffka u.a., Private Equity, VIII.1 Rn. 1 Fn. 1.

627 *Schewe u.a.*, Arbeitspapier Nr. 56, S. 9; siehe ferner TextilWirtschaft vom 3.4.2008 (Fn. 625), S. 25.

628 Siehe ferner TextilWirtschaft vom 3.4.2008 (Fn. 625), S. 25.

629 *Söhner*, WM 2014, 2110, 2111 m.w.N. zu US-amerikanischen Erfahrungen mit PE.

630 Vgl.: *Otto*, AG 2013, 357, 364; *Kußmaul/Pfirmann/Tcherveniachki*, DB 2005, 2533, 2540.

631 Sachverständigenrat zur Begutachtung der gesamtwirtschaftlichen Entwicklung, Die Chance nutzen – Reformen mutig voranbringen, Jahresgutachten 2005/06, abrufbar unter: http://www.sachverstaendigenrat-wirtschaft.de/fileadmin/dateiablage/download/gutachten/ga05_ges.pdf, zuletzt abgerufen: 4.6.2017, S. 466; vgl.: *Otto*, AG 2013, 357, 364.

632 So: Beitrag vom 9.5.2005 aus der Online-Ausgabe des manager magazin (siehe Fn. 419), S. 6f.

633 Vgl.: *Jaques*, Ettinger/Jaques, Beck'sches Hdb. Unternehmenskauf, E. Rn. 44.

634 *Möllers/Harrer/Krüger*, WM 2011, 1537, 1542; vgl.: *Holzner*, Private Equity, S. 330.

3) Schlussfolgerungen

Wie erörtert, lässt sich die Durchführung eines *Asset Strippings* kaum mit dem Geschäftsmodell von PE-Investoren, die üblicherweise *Exit*-getrieben agieren, vereinbaren. Fremdfinanzierte Ausschüttungen spielen ebenfalls eine untergeordnete Rolle, können im Einzelfall aber auch aus Sicht des Portfolio-Unternehmens durchaus ökonomisch sinnvoll eingesetzt werden. Die gegenüber PE-Investoren erhobenen Vorwürfe, sie würden ihre Unternehmen über das Mittel der Superdividende hoch verschulden und deren Fortbestand in der Zukunft gefährden, lassen sich somit nicht bestätigen.

c) Debt Push Down

Im Fokus der Kritik an PE-Investoren stehen ferner Maßnahmen zur Erreichung eines *Debt Push Down.*[635] Darunter versteht man die Belastung des Portfolio-Unternehmens mit der vom PE-Investor zusätzlich zum investierten Eigenkapital aufgenommenen Fremdfinanzierung zum Erwerb des Unternehmens.[636] Der Zinsaufwand, der auf der Ebene der Erwerbsgesellschaft entsteht, wird hierzu mit den künftigen operativen Erträgen des Portfolio-Unternehmens zusammengeführt.[637] Dieses Ziel erreicht man insbesondere durch die Begründung einer steuerlichen Organschaft zwischen der Erwerbsgesellschaft und dem Portfolio-Unternehmen, fremdfinanzierte Dividendenausschüttungen[638] oder die Verschmelzung beider Gesellschaften von *oben* nach *unten* (*Down-stream Merger*) oder umgekehrt (*Up-stream Merger*).[639] PE-Investoren wird mitunter vorgeworfen, dass sie die Kaufpreise für ihre Unternehmensbeteiligungen auf diesem Wege letztlich allein aus dem Eigenkapital ihrer Portfolio-Unternehmen finanzieren würden, die Unternehmen würden sie anschließend hoch verschuldet zurücklassen.[640] Und in der Tat ist es so, dass PE-Investoren die Kosten für die Akquisitionsfremdfinanzierung

---

635 Vgl. zu der Diskussion: *Boxberger*, Dornseifer u.a., AIFM, Art. 30 Rn. 2ff.; *Eilers/Koffka*, Eilers/Koffka u.a., Private Equity, Einführung Rn. 13; *Otto*, AG 2013, 357ff.; *Schneider*, AG 2006, 577, 578.

636 *Eilers/Koffka*, Eilers/Koffka u.a., Private Equity, Einführung Rn. 13; *Eilers*, AG 2006, 792.

637 *Ettinger*, Ettinger/Jaques, Beck'sches Hdb. Unternehmenskauf, E. Rn. 60 m.w.N.; *Hasselbach/Rödding*, Eilers u.a., Unternehmensfinanzierung, Kapitel I Rn. 37; *Helios/Kloster/Tcherveniachki*, Jesch/Striegel, Rechtshdb. PE, S. 310; *Hundertmark/Paul*, Eilers/Koffka u.a., Private Equity, Kapitel VII.3 Rn. 5; So unter konkrete Bezugnahme auf *Up-stream* und *Down-stream Merger*: *Thiermann*, NZG 2016, 335, 338.

638 Siehe hierzu die Ausführungen unter: § 6.C.III.2.b), S. 110ff.

639 *Hasselbach/Rödding*, Eilers u.a., Unternehmensfinanzierung, Kapitel I Rn. 38ff.; *Rödding*, Lüdicke/Sistermann, Unternehmenssteuerrecht, § 13 Rn. 15ff.; *Eilers*, Eilers/Koffka u.a., Private Equity, Kapitel IV.3 Rn. 52ff.; vgl. ferner zur Abwälzung der Fremdfinanzierung auf die Zielgesellschaft: *Weitnauer*, AG 2013, 672, 673.

640 *Schneider*, NZG 2007, 888, 888f.; *ders.*, AG 2006, 577, 578.

typischerweise aus den Vermögenswerten bzw. dem *Cashflow* ihrer Portfolio-Unternehmen bedienen.[641] Im Folgenden sollen die Maßnahmen des *Debt Push Down* auf ihre aktienrechtliche Zulässigkeit untersucht und wirtschaftlich gewürdigt werden.

1) Vereinbarkeit mit dem Verbot der Erwerbsfinanzierung

Die oben aufgeführten Maßnahmen zur Durchführung eines *Debt Push Down* sind allesamt mit § 71a Abs. 1 Satz 1 AktG und dem darin geregelten Verbot der Erwerbsfinanzierung durch die Zielgesellschaft vereinbar. Eine steuerliche Organschaft setzt gemäß § 14 Abs. 1 Satz 1 KStG einen Gewinnabführungsvertrag nach § 291 Abs. 1 AktG voraus; liegt ein solcher vor, greift das Verbot der Erwerbsfinanzierung erst gar nicht.[642] Ebenso wenig kommt ein Verstoß gegen das Verbot der Erwerbsfinanzierung durch das Portfolio-Unternehmen beim *Debt Push Down* im Wege des *Down-stream-* oder *Up-stream-Mergers* in Betracht.[643] Das umwandlungsrechtliche Regime mit seinen Ausprägungen des Minderheiten- und Gläubigerschutzes ist von den aktienrechtlichen Kapitalschutzvorschriften unabhängig.[644] Die Interessen der Minderheitsaktionäre und Gläubiger werden bereits durch die umwandlungsrechtlichen Schutzmechanismen hinreichend gewahrt.[645] Dabei macht es keinen Unterschied, ob die Erwerbsgesellschaft auf das Portfolio-Unternehmen verschmolzen wird oder umgekehrt; beiden Maßnahmen liegen dieselben Schutzmechanismen des Umwandlungsrechts zugrunde.[646] Auch wirtschaftlich führen beide Maßnahmen zu demselben Ergebnis, sodass sie auch rechtlich nicht unterschiedlich beurteilt werden können.[647] Auf Dividendenzahlungen an Aktionäre findet das Verbot der Erwerbsfinanzierung keine Anwendung, sofern diese den Anforderungen der Kapitalerhaltungsregelungen (§ 57 Abs. 3 AktG)

---

641 *Weitnauer*, AG 2013, 672, 673.

642 § 71a Abs. 1 Satz 1 und 3 AktG.

643 *Oechsler*, MüKo-AktG, Band 1, § 71a Rn. 26; *Cahn*, Spindler/Stilz, AktG, Band 1, § 71a Rn. 45; *Eidenmüller*, ZHR 171 (2007), 644, 662; *Freitag*, AG 2007, 157, 164; *Nuyken*, ZIP 2004, 1893, 1898f.; *Fleischer*, AG 1996, 494, 505; so wohl auch: *Riegger*, ZGR 2008, 233, 248; a.A. *Bezzenberger*, Schmidt, K./Lutter, AktG, § 71a Rn. 19 m.w.N., der die Anwendbarkeit des § 71a AktG beim *Down-stream Merger* bejaht.

644 *Cahn*, Spindler/Stilz, AktG, Band 1, § 71a Rn. 45; *Oechsler*, MüKo-AktG, Band 1, § 71a Rn. 26; *Eidenmüller*, ZHR 171 (2007), 644, 662f.; *Nuyken*, ZIP 2004, 1893, 1899; vgl.: *Merkt*, GroßKomm-AktG, § 71a Rn. 25; dahingehend mit Bezug auf das Verhältnis der umwandlungsrechtlichen Schutzmechanismen zu § 292 KAGB: *Weitnauer*, AG 2013, 672, 677 („*das Verschmelzungsrecht [sieht] keine Grenzen des Kapitalerhalts vor*"); *Thiermann*, NZG 2016, 335, 339.

645 *Freitag*, AG 2007, 157, 159; *Eidenmüller*, ZHR 171 (2007), 644, 662; *Fleischer*, AG 1996, 494, 505.

646 *Oechsler*, MüKo-AktG, Band 1, § 71a Rn. 26. Siehe zu dem Meinungsstand bereits die Fußnoten in Fn. 643.

647 *Nuyken*, ZIP 2004, 1893, 1898.

entsprechen.[648] Dies gilt selbst dann, wenn das Portfolio-Unternehmen besonders hohe Ausschüttungen leistet, nur um einem Aktionär den Erwerb seiner Aktien an dem Portfolio-Unternehmen zu ermöglichen.[649] Die Vorschriften über die Ermittlung, Feststellung und Ausschüttung von Gewinnen bieten insoweit hinreichenden Schutz.[650]

2) Sonderdividende und Kapitalerhaltung nach dem KAGB

Mit den §§ 287ff. KAGB hat der deutsche Gesetzgeber einen bilanziellen Kapital- und Vermögensschutz eingeführt, mit dem eine Übernahme von Unternehmen zum Zwecke der kurzfristigen Profitmaximierung verhindert werden soll.[651] Dividendenausschüttungen nach dem oben umschriebenen Muster[652] haben hierdurch grundsätzlich zusätzliche Grenzen erfahren.[653] Nach § 292 KAGB dürfen bei nicht börsennotierten Portfolio-Unternehmen und Emittenten am geregelten Markt, die von einem PE-Fonds („AIF") kontrolliert[654] werden, für einen Zeitraum von zwei Jahren nach dem Kontrollerwerb insbesondere bestimmte Ausschüttungen[655] nicht

648 *Lutter/Drygala*, KK-AktG, § 71a Rn. 32; *Oechsler*, MüKo-AktG, Band 1, § 71a Rn. 24. Siehe hierzu bereits die Ausführungen unter: § 6.C.III.2.b)1), S. 111ff.

649 *Bezzenberger*, Schmidt, K./Lutter, AktG, § 71a Rn. 13 m.w.N.; *Oechsler*, MüKo-AktG, Band 1, § 71a Rn. 24; dies ebenfalls andeutend: *Cahn*, Spindler/Stilz, AktG, Band 1, § 71a Rn. 12.

650 *Oechsler*, MüKo-AktG, Band 1, § 71a Rn. 24. Siehe zu den an fremdfinanzierte Ausschüttungen zu stellenden Anforderungen die Ausführungen unter: § 6.C.III.2.b), S. 110ff.

651 *Schröder/Rahn*, GWR 2014, 49, 52; *Möllers/Harrer/Krüger*, WM 2011, 1537, 1542.

652 Siehe hierzu die Ausführungen unter: § 6.C.III.2.b)1), S. 111.

653 Vgl.: *Koch*, WM 2014, 433, 437; *Weitnauer*, AG 2013, 672, 676. Nach zutreffender Ansicht sind weder Verschmelzungen noch der Abschluss von Gewinnabführungsverträgen vom Anwendungsbereich der Kapitalerhaltungsregelungen des § 292 KAGB erfasst (*Behme*, Baur/Tappen, Investmentgesetze, Band 2, § 292 Rn. 2, Rn. 19; *Weitnauer*, AG 2013, 672, 677; a.A.: *Burgard/Heimann*, WM 2014, 821, 830; ebenso mit Bezug auf Gewinnabführungsverträge: *van Kann/Redeker/Keiluweit*, DStR 2013, 1483, 1487f.).

654 Dies ist etwa dann der Fall, wenn ein PE-Fonds mehr als die Hälfte der Stimmrechte an einem nicht börsennotierten Portfolio-Unternehmen erlangt (§ 288 Abs. 1 KAGB), und sei es mittelbar über eine Erwerbsgesellschaft (*Koch*, WM 2014, 433, 435). Wann ein AIF Kontrolle über einen Emittenten an einem geregelten Markt erlangt, ergibt sich gemäß § 288 Abs. 3 KAGB i.V.m. Art. 5 Abs. 3 der Richtlinie 2004/25/EG aus den Vorschriften des Mitgliedsstaats, in dem die jeweilige Gesellschaft ihren Sitz hat, vorliegend also nach §§ 29f. WpÜG (*Behme*, Baur/Tappen, Investmentgesetze, Band 2, § 292 Rn. 15; *Jesch*, Moritz/Klebeck/Jesch, KAGB, Band 1 (Teilband 2), § 288 Rn. 37; *Burgard/Heimann*, WM 2014, 821, 830).

655 Hinter dem Terminus *Ausschüttungen* verbirgt sich ein weiter Ausschüttungsbegriff, der neben Dividenden auch Zinsen in Zusammenhang mit Anteilen umfasst, insbesondere Zinsen auf Wandelschuldverschreibungen (*Behme*, Baur/Tappen,

„auf Initiative oder unter Mitwirkung“[656] der diesen PE-Fonds verwaltenden AIF-Kapitalverwaltungsgesellschaft[657] erfolgen.[658] Dies betrifft zunächst Ausschüttungen, die vereinfacht gesprochen das *Nettoaktivvermögen überschreiten*[659], ein Pendant zu § 57 Abs. 1 Satz 1 AktG[660]. Darüber hinaus dürfen Ausschüttungen nicht vorgenommen werden, wenn deren Betrag den um bestimmte Posten angepassten *„Betrag des Ergebnisses des letzten abgeschlossenen Geschäftsjahres [...] überschreiten“* würde.[661] Diese Regelung entspricht wiederum dem ohnehin für AGs geltenden § 57 Abs. 3 AktG, sodass sich für Unternehmen in der Rechtsform der AG grundsätzlich keine Änderungen hieraus ergeben.[662] Nach alledem sind Superdividenden auch als Maßnahme zur Durchführung eines *Debt Push Down* grundsätzlich zulässig, sofern die aktienrechtlichen Kapitalerhaltungsregelungen eingehalten werden. In allen anderen Fällen entfallen die Beschränkungen des § 292 KAGB zumindest mit Ablauf der Sperrfrist von zwei Jahren.[663]

3) Ökonomische Würdigung

Wenngleich die Maßnahmen des *Debt Push Down* aus rechtlicher Sicht nicht zu beanstanden sind, so könnten aus Sicht des Vorstands des Portfolio-Unternehmens

---

Investmentgesetze, Band 2, § 292 Rn. 17; *Schröder/Rahn*, GWR 2014, 49, 52; mit Bezug auf Art. 30 der Richtlinie 2011/61/EU: *van Kann/Redeker/Keiluweit*, DStR 2013, 1483, 1487; *Zetzsche*, NZG 2012, 1164, 1168; vgl. § 292 Abs. 3 Nr. 1 KAGB, Art. 30 Abs. 3 lit. a) der Richtlinie 2011/61/EU).

656 *Behme*, Baur/Tappen, Investmentgesetze, Band 2, § 292 Rn. 2.

657 Bei Fonds in der Rechtsform der GmbH & Co. KG kann die Rolle der AIF-Kapitalverwaltungsgesellschaft etwa deren persönlich haftende Gesellschafterin einnehmen, sofern diese tatsächlich die effektiven Verwaltungsaufgaben des Fonds übernimmt (*van Kann/Redeker/Keiluweit*, DStR 2013, 1483), aber auch ein geschäftsführender Kommanditist oder eine extern bestellte Verwaltungsgesellschaft (*Klebeck/Kolbe*, BB 2014, 707, 710 m.w.N.).

658 Die Vorschrift ist nach § 287 Abs. 2 KAGB jedoch unter anderem nicht anzuwenden, wenn das Portfolio-Unternehmen ein kleineres oder mittleres Unternehmen im Sinne von Art. 2 Abs. 1 des Anhangs der Empfehlung 2003/361/EG ist (weniger als 250 Personen beschäftigt und entweder Jahresumsatz von höchstens 50 Mio. Euro oder Jahresbilanzsumme von höchstens 43 Mio. Euro).

659 *Behme*, Baur/Tappen, Investmentgesetze, Band 2, § 292 Rn. 18; *van Kann/Redeker/Keiluweit*, DStR 2013, 1483, 1487. § 292 Abs. 1, Abs. 2 Nr. 1 KAGB.

660 *Behme*, Baur/Tappen, Investmentgesetze, Band 2, § 292 Rn. 18; *Burgard/Heimann*, WM 2014, 21, 30.

661 § 292 Abs. 1, Abs. 2 Nr. 2 KAGB.

662 *Behme*, Baur/Tappen, Investmentgesetze, Band 2, § 292 Rn. 20; *Burgard/Heimann*, WM 2014, 21, 30; *van Kann/Redeker/Keiluweit*, DStR 2013, 1483, 1487.

663 Vgl. zur Dauer der Beschränkungen des § 292 KAGB: *Behme*, Baur/Tappen, Investmentgesetze, Band 2, § 292 Rn. 9; vgl. mit Bezug auf die AIFM-Richtlinie: *Möllers/Harrer/Krüger*, WM 2011, 1537, 1542.

zumindest wirtschaftliche Gesichtspunkte gegen diese Maßnahmen und somit unter Umständen auch gegen die Beteiligung des PE-Investors an dem Unternehmen sprechen. In Zusammenhang mit *Leveraged Buy-outs* wird häufig kritisiert, dass die durch die hohe Fremdkapitalquote bedingten hohen Verschuldungsgrade der Unternehmen auch deren Insolvenzwahrscheinlichkeit erhöhten.[664] Und in der Tat ist es (insbesondere in Zusammenhang mit PE-Transaktionen[665]) keineswegs ausgeschlossen, dass die Abwälzung der Fremdfinanzierungslasten auf das Portfolio-Unternehmen zu dessen Überschuldung oder Zahlungsunfähigkeit führt.[666] Bislang hat sich in der Praxis jedoch nicht gezeigt, dass der durch die Fremdfinanzierung erzeugte Restrukturierungsdruck den Portfolio-Unternehmen typischerweise schaden würde; in zahlreichen Fällen aus der Praxis hat der Refinanzierungsdruck die Unternehmen gar erfolgreicher gemacht.[667] *Seibt* kommt unter Berufung auf zahlreiche empirische Studien aus verschiedenen Jurisdiktionen sogar zu dem Ergebnis, dass Zielunternehmen nach *Leverage*-Transaktionen im Ergebnis sogar ein höheres Umsatz- und Ertragswachstum aufweisen und einer geringeren Insolvenzwahrscheinlichkeit unterliegen als Branchenvergleichsunternehmen.[668] Auch insgesamt kommen empirische Untersuchungen zu dem Ergebnis, dass die Aktivitäten von Finanzinvestoren im Durchschnitt erhebliche positive ökonomische Auswirkungen auf den Wert ihrer Beteiligungen haben.[669] Es hat sich insgesamt ein Trend abgezeichnet, dass PE-Transaktionen im Regelfall erfolgreich verlaufen; die Unternehmen werden durch ihre Fokussierung gestärkt, die Arbeitsplätze nach Restrukturierungsphasen sicherer und der PE-Investor lässt mit seinem *Exit* dynamische Unternehmen zurück.[670] Fest stehen dürfte jedenfalls, dass die hohen Fremdkapitalanteile üblicherweise eine disziplinierende Wirkung auf das Management haben dürften.[671] Demnach muss die Beteiligung des

---

664 Vgl. hierzu: *Eidenmüller*, ZIP 2007, 1729, 1730, *ders.*, DStR 2007, 2116, 2117; *ders.*, ZHR 171 (2007), 644, 662; dahingehend auch: *Seibt*, ZHR 171 (2007), 282, 291f. m.w.N.; ebenfalls kritisch gegenüber zu hohen Verschuldungsgraden: *Kußmaul/Pfirmann/Tcherveniachki*, DB 2005, 2533, 2540.

665 Sachverständigenrat zur Begutachtung der gesamtwirtschaftlichen Entwicklung (siehe Fn. 631), S. 468.

666 Vgl.: *Morshäuser/Falkner*, NZG 2009, 526, 527; dahingehend auch: *Eidenmüller*, ZIP 2007, 1729, 1730; vgl. ferner: *Boxberger*, Dornseifer u.a., AIFM, Art. 30 Rn. 6.

667 Vgl.: *Eilers/Koffka*, Eilers/Koffka u.a., Private Equity, Einführung Rn. 13, die Bezug nehmen auf den Erwerb von *Messer Grieseheim* durch die PE-Investoren *ACP Allianz Capital Partners* und *Goldman Sachs*; *Eilers*, AG 2006, 792, 792f.

668 *Seibt*, ZHR 171 (2007), 282, 291f.; vgl. zur Steigerung der Ertragslage bei der Grohe AG trotz vorheriger erheblicher Steigerung des Verschuldungsgrades: *Schewe u.a.*, Arbeitspapier Nr. 57, S. 11ff.

669 Vgl.: *Otto*, AG 2013, 357, 363ff.; *Rudolph*, ZGR 2008, 161, 164f. m.w.N.

670 *Eilers/Koffka*, Eilers/Koffka u.a., Private Equity, Einführung Rn. 12 m.w.N.; *Kaserer*, Private Equity in Deutschland, S. 161f., 167ff.

671 *Eidenmüller*, DStR 2007, 2116, 2117; Sachverständigenrat zur Begutachtung der gesamtwirtschaftlichen Entwicklung (siehe Fn. 631), S. 468.

PE-Investors aus Sicht des Portfolio-Unternehmens auch dann keineswegs unternehmensstrategisch nachteilig sein, wenn der PE-Investor nach dem Erwerb einen *Debt Push Down* durchzuführen beabsichtigt. Ferner kommen Unternehmensakquisitionen mit signifikantem Fremdkapitaleinsatz keinesfalls nur bei PE-Transaktionen zum Tragen, sondern auch bei Unternehmen der Realwirtschaft (etwa freiwillig aus Gründen der betriebswirtschaftlichen Effizienz oder notgedrungen wegen mangelnden Eigenkapitals).[672] *Debt Push Down*-Gestaltungen sind letztlich Ausdruck der Finanzierungsfreiheit des Gesellschafters, der die erworbenen Wirtschaftsgüter zu Teilen dazu verwendet, seine Finanzierungsschulden abzulösen.[673]

3. *Auswirkungen auf die Arbeitnehmer*

Im Folgenden ist zu prüfen, ob aufgrund der Beteiligung des PE-Investors an dem Portfolio-Unternehmen nachteilige Auswirkungen auf dessen Beschäftigungslage zu erwarten sind und, falls ja, inwieweit diese die unternehmensstrategische Bewertung der Beteiligung des PE-Investors durch den Vorstand beeinflussen. Nach der hier vertretenen Ansicht darf der Vorstand die Interessen der Arbeitnehmer im Rahmen seiner Unternehmensleitung, wie oben erörtert, zumindest nachrangig gegenüber den Interessen der Aktionäre berücksichtigen, nach den Vertretern des interessenpluralistischen Ansatzes muss er sie sogar gleichrangig mit den Interessen der anderen Bezugsgruppen der AG gewichten.[674]

In Hinblick auf den Umgang mit Arbeitnehmern wirft *Schneider* PE-Investoren vor, sie würden systematisch Teilbereiche des Unternehmens auslagern, um die betroffenen Arbeitnehmer nach günstigeren Tarifen zu bezahlen, oder gar ganze Betriebe gezielt ins Ausland verlagern.[675] Zahlreiche empirische Untersuchungen belegen jedoch das Gegenteil und kommen zu dem Ergebnis, dass die Aktivitäten von Finanzinvestoren im Durchschnitt erhebliche positive ökonomische Auswirkungen auf die Beschäftigung in den Portfolio-Unternehmen haben.[676] Zwar kann die Beteiligung des PE-Investors an dem Portfolio-Unternehmen systembedingt kurzfristige negative Auswirkungen, insbesondere auch einen Stellenabbau, nach sich ziehen; mittel- bis langfristig werden aber regelmäßig die positiven Effekte im Sinne aller *Stakeholder*, also auch der Arbeitnehmer, überwiegen.[677]

---

672 *Otto*, AG 2013, 357, 361.

673 *Eilers/Koffka*, Eilers/Koffka u.a., Private Equity, Einführung Rn. 13; *Eilers*, ebenda, IV.3 Rn. 52; *ders.*, AG 2006, 792.

674 Siehe hierzu bereits die Ausführungen unter: § 6.B, S. 89ff.

675 *Schneider*, AG 2006, 577, 578.

676 *Otto*, AG 2013, 357, 365ff., *Rudolph*, ZGR 2008, 161, 164f. m.w.N.; Eidenmüller, DStR 2007, 2116, 2117 m.w.N.; vgl.: *Kaserer*, Private Equity in Deutschland, 2007, S. 4, 167ff.; dahingehend auch: Sachverständigenrat zur Begutachtung der gesamtwirtschaftlichen Entwicklung (siehe Fn. 631), S. 468.

677 Vgl. zu institutionellen Investoren allgemein: *Faber*, Hommelhoff u.a., Hdb. Corp. Gov., 219, 230.

Doch unabhängig davon, wie sich die Beteiligung von PE-Investoren auf die Beschäftigungsstruktur auswirkt, stellen Rationalisierungsmaßnahmen ein probates Mittel der Unternehmensleitung dar.[678] Die Aufrechterhaltung einer andauernd unrentablen Gesellschaft kann nicht im Interesse der Gesellschaft liegen.[679] Zur Sicherung der Rentabilität, und damit des Fortbestands des Unternehmens, können Maßnahmen wie Kündigungen, die Anordnung von Kurzarbeit oder Lohnzurückhaltungen daher unerlässlich sein.[680] Anders ausgedrückt: Nur dauerhaft ertragsstarke Unternehmen können langfristig einen hohen Beschäftigungsstand halten bzw. diesen ggf. ausbauen.[681] Es liegt im Interesse der Gesellschaft, eine ökonomisch sinnvolle und nachhaltige Beschäftigungsstruktur einzuziehen und so die Rentabilität und den Marktwert des Unternehmens zu fördern.

4. Sonderfall: Portfolio-Unternehmen in der Krise

Zur Frage der Zulässigkeit der Offenlegung vertraulicher Informationen im Rahmen einer *Due Diligence* wird vielfach vertreten, der Vorstand könne im Einzelfall zur Weitergabe von Informationen gegenüber einem potenziellen Erwerber verpflichtet sein, wenn die Gesellschaft ein besonderes wirtschaftliches Interesse an dem Zustandekommen der Beteiligung habe und dieses andernfalls gefährdet werde.[682] Dies gilt insbesondere dann, wenn gar der Fortbestand der Gesellschaft gefährdet ist.[683] Ähnlich verhält es sich, wenn sich der PE-Investor zum Zwecke des *Turnarounds* an einem Unternehmen in der Krise beteiligen möchte: Das Interesse des Unternehmens an der Beteiligung des PE-Investors ist hier in der Regel besonders groß; zeitgleich wird der PE-Investor angesichts des gegenüber gewöhnlichen PE-Investments gesteigerten Verlustrisikos beim Unternehmenskauf in der Krise gesteigerten Wert auf einen engen Informationsaustausch mit dem Vorstand legen. Da der Vorstand bei der Unternehmensleitung, wie oben ausgeführt,[684] in

---

678 Vgl. zur Zulässigkeit von Rationalisierungsmaßnahmen: *Kort*, GroßKomm-AktG, § 76 Rn. 81.

679 In diesem Sinne, jedoch auf das *Interesse des Unternehmens* abstellend: *Kort*, GroßKomm-AktG, § 76 Rn. 81; vgl. ferner zur Abwägung zwischen zwei nachteiligen Optionen: *Lutter/Krieger/Verse*, Rechte und Pflichten AR, § 12 Rn. 893 („*Verluste oder Entlassung von wichtigem Fachpersonal*").

680 *Kort*, GroßKomm-AktG, § 76 Rn. 81; vgl. hierzu: *Thum/Timmreck/Keul*, Private Equity, S. 127f., nach denen einschneidende Personalmaßnahmen gerade als Bestandteil eines Sanierungskonzepts bei PE-Investments in *Distressed Assets* mitunter unumgänglich sind.

681 Sachverständigenrat zur Begutachtung der gesamtwirtschaftlichen Entwicklung (siehe Fn. 631), S. 468.

682 *Linker/Zinger*, NZG 2002, 497, 500; *Schander/Posten*, ZIP 1997, 1534, 1535; *Schroeder*, DB 1997, 2161, 2162; *Roschmann/Frey*, AG 1996, 449, 452.

683 *Linker/Zinger*, NZG 2002, 497, 500.

684 Siehe hierzu ausführlich unter: § 6.B.IV.1, S. 94.

erster Linie die dauerhafte Rentabilität des Unternehmens und dessen Bestand sicherstellen muss, kann er daher verpflichtet sein, sich zu einem fortlaufenden Informationsaustausch mit dem PE-Investor bereit zu erklären, wenn dieser seine Beteiligung von Sonderinformationsrechten abhängig macht.[685]

5. *Zwischenergebnis*

Die gelegentlich geäußerte Kritik an PE-Investoren, sie würden ihre Portfolio-Unternehmen nach dem *Exit* hoch verschuldet und in ihrem Fortbestand gefährdet zurücklassen, ist in der Regel nicht zutreffend. Eine Beteiligung von PE-Investoren wird aus Sicht der Unternehmen auch unter Berücksichtigung möglicher Auswirkungen auf die Belegschaft oftmals unternehmensstrategisch wünschenswert sein. Sofern der PE-Investor seine Beteiligung an dem Portfolio-Unternehmen von Sonderinformationsrechten abhängig macht, der Vorstand die Beteiligung des PE-Investors sowie deren Auswirkungen auf den Wert des Unternehmens jedoch insgesamt positiv bewertet, kann er die unternehmensstrategische Bedeutung der Beteiligung im Rahmen der Abwägung des § 93 Abs. 1 Satz 3 AktG zugunsten eines fortlaufenden Informationsaustauschs berücksichtigen. Gerade beim Unternehmenskauf in der Krise kann der Vorstand des Portfolio-Unternehmens unter Umständen sogar verpflichtet sein, dem fortlaufenden Informationsaustausch zuzustimmen, wenn andernfalls die Beteiligung des PE-Investors und damit die Existenz des Unternehmens insgesamt gefährdet wird.

IV. Sonstige Ermessensbeschränkungen

1. Inhaltliche Beschränkung auf legitime Interessen

In Anbetracht der mit der Offenlegung von sensiblen Informationen der Gesellschaft einhergehenden Risiken sollte eine Informationsverpflichtung des Portfolio-Unternehmens auf die Sicherung legitimer Interessen des PE-Investors beschränkt sein.[686] Die Informationsweitergabe muss daher für legitime Zwecke des PE-Investors erforderlich oder zumindest zweckmäßig sein.[687] Ein legitimes Interesse für den Informationsaustausch mit einem Aktionär wird allgemein etwa bejaht, wenn dieser die Informationen zur Überwachung einer Gesellschafterfremdfinanzierung benötigt.[688] Auch die vom PE-Investor angestrebten Informationsrechte dienen

---

685 Vgl. dahingehend: *Linker/Zinger*, NZG 2002, 497, 500f. m.w.N., die etwa eine Pflicht des Vorstands zur Weitergabe von Informationen an einen potenziellen Investor im Vorfeld der Beteiligung (*Due Diligence*) anerkennen, wenn eine Zahlungsunfähigkeit des Unternehmens bevorsteht und der aufgrund der Transaktion zu erwartende Finanzzufluss seitens des Investors von existenzieller Bedeutung für das Unternehmen ist; in die gleiche Richtung auch: *Schander/Posten*, ZIP 1997, 1534, 1535.

686 *Traugott*, BB 2001, 2277, 2281.

687 *Traugott*, BB 2001, 2277, 2281.

688 *Traugott*, BB 2001, 2277, 2281.

zunächst der Überwachung seiner Investitionsrisiken[689] (wenngleich ggf. aus einer Eigenkapitalfinanzierung), aber auch der Umsetzung von wertschöpfenden Maßnahmen.[690] Da sowohl die Überwachungstätigkeit als auch die wertschöpfenden Maßnahmen grundsätzlich jedenfalls auch der Gesellschaft und damit den anderen Aktionären zugutekommen[691] und somit in deren Interesse liegen dürften, wird ein legitimer Zweck regelmäßig zu bejahen sein. Gleichwohl sollte der Vorstand den Informationsaustausch mit dem PE-Investor in inhaltlicher Sicht auf die Informationen und Daten beschränken, die für die Überwachungs- und Beratungstätigkeit des PE-Investors erforderlich bzw. zweckmäßig sind.

2. Wahrung der Vertraulichkeit durch den PE-Investor

Die Weitergabe von Geheimnissen bzw. vertraulichen Informationen im Gesellschaftsinteresse wird ferner zumeist voraussetzen, dass die Vertraulichkeit durch den Empfänger der Informationen gewahrt bleibt.[692] In der Praxis wird dem Vorstand des Portfolio-Unternehmens daher anzuraten sein, bezüglich der weiterzugebenden Informationen eine Vertraulichkeitsvereinbarung zu schließen.[693] Eine solche Vertraulichkeitsvereinbarung ist üblicherweise ohnehin bereits Gegenstand der Beteiligungsvereinbarung zwischen dem PE-Investor, dem Portfolio-Unternehmen und ggf. weiteren Parteien.[694] Der Vertraulichkeit der Informationen dürfte in der Regel auch nicht entgegenstehen, wenn der PE-Investor gemäß der Beteiligungsvereinbarung berechtigt ist, die erlangten Informationen – soweit für die Zwecke (interner) *Reporting*-Pflichten erforderlich bzw. zweckmäßig – an verbundene Unternehmen im Sinne der §§ 15ff. AktG innerhalb der Struktur des PE-Investors (insb. an Managementgesellschaften oder den PE-Fonds), an Fondsinvestoren oder die finanzierenden Banken weiterzugeben. Voraussetzung hierfür ist jedoch, dass sich die Empfänger der Informationen ebenfalls zur Verschwiegenheit verpflichten. Je nach Einzelfall muss der Vorstand aber ggf. noch weitere Einschränkungen machen (zum Beispiel: keine Weitergabe an Wettbewerber).

D. Zusammenfassung

Ein Informationsaustausch zwischen dem Vorstand des Portfolio-Unternehmens und dem PE-Investor über vertrauliche Informationen und Daten verstößt dann nicht gegen die organschaftliche Verschwiegenheitspflicht des Vorstands, wenn der Informationsaustausch letztlich im Interesse der Gesellschaft liegt. Bei der Abwägung des Gesellschaftsinteresses muss sich der Vorstand primär an den

---

689 Vgl.: *Brettel/Kauffmann u.a., PE-Investoren*, S. 96.
690 Siehe hierzu bereits ausführlich: § 6.C.II; S. 99ff.
691 Vgl. hierzu: Vgl.: *Brettel/Kauffmann u.a., PE-Investoren*, S. 102.
692 *Bauer/Schmidt-Bendun*, FS Wegen, 2015, S. 105, 107.
693 *Bauer/Schmidt-Bendun*, FS Wegen, 2015, S. 105, 107.
694 Siehe hierzu bereits die Ausführungen unter: § 3.A.V, S. 64ff.

Interessen der Aktionäre orientieren, darf aber auch die Interessen der übrigen *Stakeholder* (Arbeitnehmer, Öffentlichkeit und Gläubiger) berücksichtigen. Das Interesse der Aktionäre besteht zunächst in der Sicherstellung der dauerhaften Rentabilität und des Bestands des Unternehmens; darüber hinaus bleibt es grundsätzlich dem unternehmerischen Ermessen des Vorstands überlassen, inwieweit er die Unternehmenspolitik an einer langfristigen Gewinnmaximierung oder einer Steigerung des Marktwertes des Unternehmens (*Shareholder Value*) orientiert. Ein Gesellschaftsinteresse am Informationsaustausch wird regelmäßig gegeben sein, wenn der PE-Investor den Informationsaustausch für die Durchführung eines *Monitoring* bzw. für Maßnahmen des *Mentoring* benötigt oder schlicht zur Bedingung seiner aus Sicht des Portfolio-Unternehmens insgesamt unternehmensstrategisch wünschenswerten Beteiligung macht.

§ 7. Gebot der Gleichbehandlung der Aktionäre

Fraglich ist, ob und inwieweit eine informationelle Bevorzugung des PE-Investors gegenüber den übrigen Aktionären mit dem aktienrechtlichen Grundsatz der Gleichbehandlung vereinbar ist.[695] Diese Frage stellt sich selbstverständlich nur dann, wenn neben dem PE-Investor weitere Aktionäre an dem Portfolio-Unternehmen beteiligt sind, er also nicht Alleingesellschafter ist.

A. Tatbestand des § 53a AktG

Nach § 53a AktG sind Aktionäre *„unter gleichen Voraussetzungen gleich zu behandeln“*. Adressat der Vorschrift sind nach ganz herrschender Meinung die AG und ihre Organe, nicht jedoch die Aktionäre.[696] Zweck und Gegenstand der Vorschrift ist der Schutz der Mitgliedschaft des Aktionärs vor Eingriffen der Gesellschaftsorgane, die ihn gegenüber anderen Aktionären benachteiligen, ohne dass dies durch schutzwürdige Interessen der AG gedeckt wäre.[697] Eine formale Ungleichbehandlung liegt vor, wenn die Aktionäre schon äußerlich ungleich behandelt werden.[698] Die betroffene Maßnahme der Gesellschaft muss also schon äußerlich eine

---

695 § 53a AktG.

696 *Drygala*, KK-AktG, § 53a Rn. 5f.; *Fleischer*, Schmidt, K./Lutter, AktG, § 53a Rn. 2; *Bungeroth*, MüKo-AktG, Band 1, § 53a Rn. 5; *Koch*, Hüffer/Koch, AktG, § 53a Rn. 4; *Cahn/v.Spannenberg*, Spindler/Stilz, AktG, Band 1, § 53a Rn. 4; *Grigoleit/Rachlitz*, Grigoleit, AktG, § 53a Rn. 10; *Verse*, Gleichbehandlungsgrundsatz, S. 171ff.; a.A.: *Reul*, Die Pflicht zur Gleichbehandlung der Aktionäre bei privaten Kontrolltransaktionen, 1991, S. 270ff.

697 *Koch*, Hüffer/Koch, AktG, § 53a Rn. 4; *Laubert*, Hölters, AktG, § 53a Rn. 2 (*„Das Gleichbehandlungsgebot schützt die Aktionäre vor willkürlicher Benachteiligung durch die Organe der Gesellschaft“*); *Cahn/v.Spannenberg*, Spindler/Stilz, AktG, Band 1, § 53a Rn. 1; *Lange*, Henssler/Strohn, GesR, AktG, § 53a Rn. 1.

698 *Laubert*, Hölters, AktG, § 53a Rn. 10; *Koch*, Hüffer/Koch, AktG, § 53a Rn. 9.

Differenzierung vornehmen, die unmittelbar an der Person einzelner Aktionäre anknüpft.[699] Das Recht auf Informationen ist als Hilfsrecht der Aktionäre einzustufen, das jedem Aktionär unabhängig von dessen Kapitalbeteiligung zukommt (*Gleichbehandlung nach Köpfen*).[700] Erteilt der Vorstand bestimmte Informationen also nur einzelnen Aktionären (etwa in informellen Gesprächen außerhalb der Hauptversammlung[701]), stellt dies eine formale Ungleichbehandlung der übrigen Aktionäre dar.[702] Die dem PE-Investor gewährten Informationen weisen zudem inneren Bezug zu seiner Aktionärsstellung auf, da ihm die Sonderrechte in seiner Eigenschaft als Aktionär gewährt werden und nicht etwa als Partei eines Beratervertrages mit der AG, an der er zugleich beteiligt ist.[703] Anders als beim Informationsaustausch mit Finanzanalysten[704], die mitunter an AGs beteiligt sind, kann beim PE-Investor nicht davon ausgegangen werden, er hätte die Informationen auch ohne seine Aktionärseigenschaft erlangt.[705] Die Überwachungs- und Beratungstätigkeit des PE-Investors folgt vielmehr allein aus seiner Aktionärsstellung. Somit ist auch der Informationsaustausch mit dem PE-Investor (unabhängig von der Existenz zusätzlicher Beraterverträge) allein in dessen funktionaler Stellung als unternehmerisch agierender Aktionär begründet.

B. Punktuelle Vorabinformation

Mit der ganz überwiegenden Meinung dürfen wesentlich beteiligten Gesellschaftern im Vorfeld von Grundlagenentscheidungen der Hauptversammlung bereits vorab Informationen im Gesellschaftsinteresse erteilt werden, wenn dies zur Vorbereitung einer Grundlagenentscheidung erforderlich ist und Geheimhaltungsinteressen der Gesellschaft einer Unterrichtung aller Gesellschafter entgegenstehen.[706]

---

699 *Verse*, Gleichbehandlungsgrundsatz, S. 231.

700 OLG Stuttgart, Urt. v. 21.12.1993 – 10 U 48/93, ZIP 1995, 1515, 1522; *Drygala*, KK-AktG, § 53a Rn. 26; *Bungeroth*, MüKo-AktG, Band 1, § 53a Rn. 13; *Verse*, Gleichbehandlungsgrundsatz, S. 228f. m.w.N.

701 Vgl. mit Bezug auf institutionelle Investoren allgemein: *Janke*, Gesellschaftsrechtliche Treuepflicht, S. 241.

702 *Drygala*, KK-AktG, § 53a Rn. 13.

703 Vgl. hierzu: *Verse*, Gleichbehandlungsgrundsatz, S. 193ff. m.w.N.

704 Vgl. hierzu: *Koch*, Hüffer/Koch, AktG, § 131 Rn. 37; *Seibt*, ZGR 2006, 501, 509.

705 Vgl. zur Eröffnung des Anwendungsbereichs des Gleichbehandlungsgrundsatzes bei einer Doppelfunktion des Informationsempfängers: *Koch*, Hüffer/Koch, AktG, § 131 Rn. 37; *Kubis*, MüKo-AktG, Band 3, § 131 Rn. 152ff.; *Seibt*, ZGR 2006, 501, 509.

706 *Verse*, Gleichbehandlungsgrundsatz, S. 535f., *Zetzsche*, Aktionärsinformation, 2006, S. 365ff.; *Heuser*, Shareholder Activism, S. 174f.; *Hirt/Hopt/Mattheus*, AG 2016, 725, 737; *Meyer-Landrut/Heuser*, AG 2011, R241; *v.Riegen*, CFL 2010, 1, 10; *Fleischer*, ZGR 2009, 505, 521ff.; *Schneider/Singhof*, FS Kraft, S. 585, 602f.; strenger: *Marsch-Barner*, Hdb. börsennotierte AG, 2009, § 13 Rn. 60, der dies nur bei einem „beherrschenden Gesellschafter" zulassen möchte.

Umfasst sind hiervon insbesondere Beschlüsse über die Durchführung von Kapitalerhöhungen.[707] Da der Erfolg dieser Maßnahmen oftmals mit der Zustimmung von Großaktionären steht und fällt,[708] möchte sich der Vorstand hier im Vorfeld der Beschlussfassung über bereits feststehende Beschlussvorschläge der Zustimmung des PE-Investors vergewisseRn. Mit einer punktuellen Vorabinformation im Vorfeld von ausgewählten Grundlagenentscheidungen allein ist dem PE-Investor jedoch nicht gedient. Die fortlaufende Überwachung des Portfolio-Unternehmens durch den PE-Investor setzt vielmehr einen fortlaufenden Informationsfluss voraus.[709] Ferner möchte der PE-Investor bereits im Rahmen der unternehmerischen Entscheidungsfindung eingebunden werden und den Vorstand dabei beratend unterstützen.

C. Generelle Vorabinformation des Investors

Fraglich ist, ob auch eine generelle informationelle Bevorzugung des PE-Investors mit dem aktienrechtlichen Grundsatz der Gleichbehandlung der Aktionäre vereinbar ist.

I. Verbot der effizienten Ungleichbehandlung

Insbesondere im schweizerischen Schrifttum wird die Zulässigkeit der generellen Bevorzugung einzelner Großaktionäre in Form einer besonders intensiven Kommunikation mit dem Vorstand unter dem Schlagwort der *effizienten Ungleichbehandlung* diskutiert.[710] Nach der herrschenden Ansicht in der deutschen Literatur ist eine solche generelle informationelle Bevorzugung bzw. effiziente Ungleichbehandlung einzelner Aktionäre nach derzeitiger Gesetzeslage unzulässig.[711] *Seibt* will informationelle Ungleichbehandlungen nur insoweit zulassen, als diese nicht zu einem Informationsmonopol einzelner Aktionäre führen.[712] Andere Autoren wiederum scheinen einen fortlaufenden exklusiven Informationsaustausch zwischen dem Vorstand und einzelnen Aktionären schlechthin als mit dem Aktienrecht vereinbar zu erachten.[713] Im Folgenden soll untersucht werden, ob und

---

707 *Hirt/Hopt/Mattheus*, AG 2016, 725, 737; *Bank*, NZG 2013, 801, 804; *Fleischer*, ZGR 2009, 505, 52f.1 m.w.N.; *Verse*, Gleichbehandlungsgrundsatz, S. 535f.; *Hopt*, ZGR 1997, 1, 26.

708 Vgl. hierzu: *Fleischer*, ZGR 2009, 505, 521; *Schneider/Singhof*, FS Kraft, S. 585, 603.

709 Vgl. hierzu die Fundstellen in Fn. 398.

710 Siehe hierzu ausführlicher: *Fleischer*, ZGR 2009, 505, 523 m.w.N.

711 *Fleischer*, ZGR 2009, 505, 524; *Verse*, Gleichbehandlungsgrundsatz, S. 537f.; *Heuser*, Shareholder Activism, S. 176f.

712 *Seibt*, ZGR 2006, 501, 509.

713 So mit Bezug auf VC-Investoren wohl: *Wennekers/Bank*, Bank/Möllmann, VC Germany, Teil 7 Rn. 46ff.; *Weitnauer*, Hdb. VC, Teil F Rn. 171; *Kuntz*, Gestaltung von Kapitalgesellschaften, 591.

inwieweit eine effiziente Ungleichbehandlung wesentlicher Aktionäre mit dem deutschen Aktienrecht vereinbar ist.

1. *Aktienrechtliche Kompetenzordnung*

Die herrschende Ansicht führt gegen die Zulässigkeit der effizienten Ungleichbehandlung nach deutschem Aktienrecht an, dass diese nicht mit dem zwingenden aktienrechtlichen Organisationsgefüge der AG in Einklang zu bringen sei; durch die Einräumung dauerhafter Sonderinformationsrechte würden Großaktionäre in die Position eines „*Schattenaufsichtsrats*" gehoben.[714] Die dualistisch verfasste Gesellschaft sei durch das Geschäftsführungsverbot[715] sowie die Überwachungs- und Beratungszuständigkeit des Aufsichtsrats gekennzeichnet; jegliche Einflussname auf den Vorstand außerhalb von Hauptversammlung und Aufsichtsrat konfligiere daher unweigerlich mit der aktienrechtlichen Kompetenzordnung.[716] Richtig ist, dass die Aufgabe der Überwachung des Vorstands nach der aktienrechtlichen Kompetenzverteilung dem Aufsichtsrat übertragen ist[717] und dieser zur Erfüllung dieser Aufgabe auf umfangreiche Informationsrechte[718] zurückgreifen kann.[719] Allerdings ist beispielsweise eine satzungsrechtliche Ausweitung der Informationsrechte einzelner Aktionäre sehr wohl mit der aktienrechtlichen Kompetenzordnung vereinbar, soweit die aktienrechtliche Zuständigkeitsverteilung hierdurch nicht insgesamt verändert wird, also insbesondere nicht die gesetzlichen Informationsrechte des Aufsichtsrats eingeschränkt werden und seine Stellung als Aufsichtsgremium unangetastet bleibt.[720] Solange der Aufsichtsrat gegenüber dem PE-Investor nicht informationell benachteiligt wird, werden jedoch weder die ihm nach dem AktG zugewiesenen Rechte noch seine ihm organisationsverfassungsrechtlich zugewiesene Stellung als Überwachungsorgan der AG als solche beeinträchtigt.

---

714 *Heuser*, Shareholder Activism, S. 176f.; *Fleischer*, ZGR 2009, 505, 524; *Verse*, Gleichbehandlungsgrundsatz, S. 537; vgl. zu dem Begriff „*Schattenaufsichtsrat*" ferner: *Fleischer/Strothotte*, AG 2011, 221, 227; mit Bezug auf die Frage der Zulässigkeit der Weitergabe von Insiderinformationen an Aktionärspools, Familiengesellschaften und Mehrheitsaktionäre: *Assmann*, AG 1997, 50, 57.

715 §§ 111 Abs. 4 Satz 1, 119 Abs. 2 AktG.

716 *Habersack*, Verhandlungen des Deutschen 69. Juristentages, 2012, Bd. I, Gutachten, S. E 88 m.w.N.

717 § 111 Abs. 1 AktG.

718 Siehe nur: § 90 AktG.

719 *Fleischer*, ZGR 2009, 505, 524; *Loges/Distler*, ZIP 2002, 467, 471.

720 *Loges/Distler*, ZIP 2002, 467, 471; vgl. ferner: *Wennekers/Bank*, Bank/Möllmann, VC Germany, Teil 7 Rn. 47; *Weitnauer*, Hdb. VC, Teil F Rn. 171.

2. *Grundsatz der Satzungsstrenge*

Die Übernahme von Überwachungsaufgaben durch den PE-Investor ist ferner mit dem Grundsatz der Satzungsstrenge vereinbar.[721] Die Informationsrechte des Aufsichtsrats (§ 90 AktG) entfalten nur insoweit zwingende Wirkung, als sie nicht eingeschränkt oder gar aufgehoben werden dürfen.[722] Auch § 111 AktG soll lediglich den zwingenden Aufgabenbereich des Aufsichtsrats festlegen.[723] Eine parallele Wahrnehmung von Kontroll- und Informationsrechten durch Aktionäre untersagen die Vorschriften hingegen nicht.[724]

Darüber hinaus werden die Informationsmöglichkeiten der Aktionäre in der AG nicht durch das Auskunftsrecht in der Hauptversammlung zwingend allein auf das Medium der Hauptversammlung beschränkt.[725] Bereits aus der Existenz des § 131 Abs. 4 AktG wird deutlich, dass der Vorstand grundsätzlich berechtigt sein muss, Informationen auch außerhalb der Hauptversammlung an Aktionäre weiterzugeben.[726] Zwar wird zum Teil vertreten, das Auskunftsrecht der Aktionäre sei abschließend geregelt und dürfe weder für alle noch für einzelne Aktionäre ausgeweitet[727] werden;[728] es sei als hauptversammlungsgebundenes Recht[729] konzipiert[730] und dulde grundsätzlich weder die Bevorzugung noch die Benachteiligung einzelner Aktionäre[731]. Mit der herrschenden Meinung sind Ergänzungen des Auskunftsrechts der Aktionäre jedoch grundsätzlich zulässig, sofern dabei der Gleichbehandlungsgrundsatz eingehalten wird.[732] Dem ist zuzustimmen. Nach der ganz

---

721 Zu der Zulässigkeit von Informationsrechten von VC-Investoren: *Winkler*, Rechtsfragen VC-Finanzierung, S. 118.

722 Geßler/Hefermehl, Band 2, § 90 Rn. 4; *Winkler*, Rechtsfragen VC-Finanzierung, S. 118.

723 *Mertens/Cahn*, KK-AktG, § 111 Rn. 9f.; *Winkler*, Rechtsfragen VC-Finanzierung, S. 118.

724 *Winkler*, Rechtsfragen VC-Finanzierung, S. 118; vgl. dahingehend: *Loges/Distler*, ZIP 2002, 467, 471.

725 *Winkler*, Rechtsfragen VC-Finanzierung, S. 118f.

726 LG Köln, Urt. v. 13.7.1976 – 3 O 121/76, AG 1976, 329, 330; *Winkler*, Rechtsfragen VC-Finanzierung, S. 119; *Mellert*, NZG 2003, 1096, 1099; vgl. in anderem Zusammenhang: *Fleischer/Bauer/Wansleben*, DB 2015, 360, 364; a.A.: *Kuntz*, Gestaltung von Kapitalgesellschaften, 571.

727 § 23 Abs. 5 Satz 2 AktG.

728 *Ziemons*, Schmidt, K./Lutter, AktG, § 11 Rn. 12.

729 Siehe: § 131 AktG i.V.m. § 118 Abs. 1 AktG.

730 *Fleischer*, ZGR 2009, 505, 525; vgl. dahingehend auch: *Zetzsche*, Aktionärsinformation, S. 318; *Henn*, AG 1985, 240, 247.

731 *Fleischer*, ZGR 2009, 505, 525; im Ergebnis auch so: *Eckardt*, Geßler/Hefermehl, Band 2, § 131 Rn. 18.

732 *Seibt*, Schmidt, K./Lutter, AktG, § 23 Rn. 57; *Koch*, Hüffer/Koch, AktG, § 23 Rn. 38; *Arnold*, KK-AktG, § 23 Rn. 152; *Röhricht/Schall*, GroßKomm-AktG, § 23 Rn. 246; *Vatter*, Spindler/Stilz, AktG, Band 1, § 11 Rn. 14; *Kersting*, KK-AktG, § 131 Rn. 60; *Kuntz*, Gestaltung von Kapitalgesellschaften, 574.

herrschenden Meinung ergibt sich aus der Formulierung *„es sei denn"* in § 23 Abs. 5 Satz 2 AktG, dass der Gesetzgeber den abschließenden Charakter einer Vorschrift als die Ausnahme erachtet.[733] Es müssen besondere Gründe hinzutreten, die für die Annahme eines abschließenden Charakters einer Vorschrift sprechen.[734] Hinweise auf einen abschließenden Charakter enthält § 131 AktG nicht.[735] Ergänzungen der Auskunfts- und Einsichtsrechte der Aktionäre sind daher grundsätzlich mit § 23 Abs. 5 Satz 2 AktG vereinbar, sei es in der Satzung selbst oder auch außerhalb der Satzung in Nebenabreden, etwa einer Beteiligungs- und Aktionärsvereinbarung.

3. Zwischenergebnis

Weder die aktienrechtliche Kompetenzordnung noch der Grundsatz der Satzungsstrenge stehen einer generellen informationellen Bevorzugung des PE-Investors entgegen. Sofern die Voraussetzungen des § 53a AktG eingehalten sind, ist eine effiziente Ungleichbehandlung mit dem deutschen Aktienrecht daher grundsätzlich vereinbar.

II. Sachliche Berechtigung der Ungleichbehandlung

Das Vorliegen einer Ungleichbehandlung führt nicht zwingend auch zu einer Verletzung des Gleichbehandlungsgebots.[736] Der Grundsatz der Gleichbehandlung erfordert keine identische Behandlung aller Aktionäre, was angesichts der unterschiedlichen Beteiligungsarten und -höhen auch nicht sachgerecht wäre.[737] Vielmehr handelt es sich bei dem Gleichbehandlungsgebot des § 53a AktG dogmatisch gesehen um ein relatives Gleichbehandlungsgebot, das unter Umständen Ungleichbehandlungen zulässt.[738] Solche Ungleichbehandlungen müssen jedoch sachlich berechtigt sein und dürfen nicht willkürlich erfolgen.[739] Dies wiederum

---

733 *Pentz*, MüKo-AktG, Band 1, § 23 Rn. 165; *Arnold*, KK-AktG, § 23 Rn. 149; *Solveen*, Hölters, AktG, § 23 Rn. 31; *Koch*, Hüffer/Koch, AktG, § 23 Rn. 37; *Loges/Distler*, ZIP 2002, 467, 470.

734 *Pentz*, MüKo-AktG, Band 1, § 23 Rn. 165; *Loges/Distler*, ZIP 2002, 467, 470.

735 *Loges/Distler*, ZIP 2002, 467, 470.

736 *Fleischer*, Schmidt, K./Lutter, AktG, § 53a Rn. 31.

737 *Grunewald*, Gesellschaftsrecht, § 10 Rn. 46.

738 *Laubert*, Hölters, AktG, § 53a Rn. 6; *Fleischer*, ZGR 2009, 505, 520; *Bachmann*, FS Schwark, 2009, 331, 338; *ders./Bedkowski*, DB 2009, 2195, 2197.

739 BGH, Urt. v. 9.11.1992 – II ZR 230/91, NJW 1993, 400, 402; Urt. v. 6.10.1960 – II ZR 150/58, NJW 1961, 26, 27; OLG München, Urt. v. 26.5.2010 – 7 U 5707/09, NZG 2010, 1233, 1234f.; *Drygala*, KK-AktG, § 53a Rn. 16; *Bungeroth*, MüKo-AktG, Band 1, § 53a Rn. 14; *Koch*, Hüffer/Koch, AktG, § 53a Rn. 4; *Servatius*, Wachter, AktG, § 53a Rn. 22; *Grigoleit/Rachlitz*, Grigoleit, AktG, § 53a Rn. 15; *Drygala*, KK-AktG, § 53a Rn. 17; *Fleischer*, Schmidt, K./Lutter, AktG, § 53a Rn. 34; *Grunewald*, Gesellschaftsrecht, § 10 Rn. 46; *Hirt/Hopt/Mattheus*, AG 2016, 725, 737; *Ruthardt*, NZG 2014, 972, 973; *Schneider/Singhof*, FS Kraft, S. 585, 599.

setzt voraus, dass die Ungleichbehandlung einem Interesse der Gesellschaft dient[740] und das Interesse der Gesellschaft im konkreten Einzelfall das Interesse der betroffenen Aktionäre an der Gleichbehandlung überwiegt[741]. Die informationelle Bevorzugung des PE-Investors muss also geeignet und erforderlich sein, um ein Interesse der Gesellschaft zu wahren, und auch unter Berücksichtigung der Interessen der ungleich behandelten Aktionäre als verhältnismäßig erscheinen.[742]

1. Vorliegen eines Gesellschaftsinteresses

a) Überwachungs- und Beratungsfunktion des Investors

Wie bereits im Rahmen der Prüfung möglicher Verstöße gegen die Verschwiegenheitspflicht festgestellt, wird die AG nicht selten ein Interesse an dem intensiven Informationsaustausch mit dem PE-Investor haben.[743] Dies gilt insbesondere für die damit einhergehende Überwachungs- und Kontrolltätigkeit des PE-Investors, aber auch für die gezielte Einflussnahme durch Beratungsleistungen sowie die Bereitstellung von Know-how und *Added Value*.[744] Diese Maßnahmen sind darauf gerichtet, zu einer Steigerung der Rendite und des Marktwertes des Portfolio-Unternehmens beizutragen.

b) Dialog als Bestandteil guter Corporate Governance

Gerade von institutionellen Investoren wird zunehmend gefordert, dass sie sich aktiv an der *Corporate Governance* ihrer Beteiligungsunternehmen beteiligen.[745]

---

740 BGH, Urt. v. 3.3.1971 – KZR 5/70, NJW 1971. 879, 881 (zum Verein); OLG Köln, Urt. v. 20.9.2001 – 18 U 125/01, AG 2002, 244, 246; *Drygala*, KK-AktG, § 53a Rn. 17; *Weber-Rey/Reps*, ZGR 2013, 597, 629; vgl.: *Linker/Zinger*, NZG 2002, 497, 502; etwas strenger: *Fleischer*, Schmidt, K./Lutter, AktG, § 53a Rn. 35 (die Ungleichbehandlung muss danach „*einem nicht unbedeutenden Gesellschaftsinteresses dienen*"); *Bungeroth*, MüKo-AktG, Band 1, § 53a Rn. 15 („*Sachgründe[n] von erheblichem Gewicht*").

741 *Laubert*, Hölters, AktG, § 53a Rn. 11; *Cahn/v.Spannenberg*, Spindler/Stilz, AktG, Band 1, § 53a Rn. 19; *Drygala*, KK-AktG, § 53a Rn. 17; *Lange*, Henssler/Strohn, GesR, AktG, § 53a Rn. 6.

742 Vgl.: *Koch*, Hüffer/Koch, AktG, § 53a Rn. 10; *Bungeroth*, MüKo-AktG, Band 1, § 53a Rn. 15; *Drygala*, KK-AktG, § 53a Rn. 17; *Fleischer*, Schmidt, K./Lutter, AktG, § 53a Rn. 35; *Lange*, Henssler/Strohn, GesR, AktG, § 53a Rn. 6.; *Servatius*, Wachter, AktG, § 53a Rn. 24; *Neumann*, Rechtliche Probleme von PIPE-Transaktionen, S. 245.

743 Siehe hierzu die Ausführungen unter: § 6.C, S. 101ff.

744 Siehe hierzu bereits ausführlich die Ausführungen unter: § 6.C.II, S. 104ff.; § 6.C.III.1, S. 107ff.

745 *Hirt/Hopt/Mattheus*, AG 2016, 725, 738, die beispielhaft Gesetze und Regelwerke aus dem Ausland zum Dialog mit institutionellen Investoren aufzählen; vgl. ferner: Vorb. Abs. 1 der Leitsätze für den Dialog zwischen Investor und Aufsichtsrat in der Fassung vom 5.7.2016 („Leitsätze für den Investorendialog").

Bei börsennotierten Unternehmen werden Gespräche des Vorstands mit institutionellen Investoren üblicherweise als notwendiger Bestandteil guter Kapitalmarktkommunikation und als eine der Kernaufgaben des Vorstands erachtet.[746] Ein aktives Engagement institutioneller Investoren am Unternehmensleben dürfte sich grundsätzlich positiv auf die *Corporate Governance* des Unternehmens auswirken und somit im Gesellschaftsinteresse liegen.[747] Der Dialog mit institutionellen Investoren gibt dem Management die Gelegenheit, Grundstimmungen bei den Investoren und auf dem Kapitalmarkt informell und effizient einzufangen und ferner Anregungen zur *Corporate Governance* des Unternehmens zu erhalten.[748] Dies lässt sich ohne weiteres auch auf die Beteiligung eines PE-Investors an nicht börsennotierten oder börsennotierten Portfolio-Unternehmen übertragen.

c) Kurspflege durch positive Kontrolleffekte

Bezüglich börsennotierter Gesellschaften wird mitunter erwogen, der Kapitalmarkt würde die Vorteile positiver Kontrolleffekte ggf. höher bewerten als die Nachteile der exklusiven Informationen einzelner Aktionäre.[749] Geht man davon aus, dass die informationelle Bevorzugung einzelner Aktionäre letztlich der Kurspflege dient und damit zu einer Senkung der Kapitalbeschaffungs- bzw. Finanzierungskosten des Unternehmens führt, dürfte dies im Interesse der Gesellschaft liegen.[750] Ob diese Überlegungen zutreffend sind, bedarf im Rahmen der Untersuchung keiner weiteren Überprüfung, da ein Gesellschaftsinteresse an der informationellen Bevorzugung des PE-Investors, wie dargestellt, auch so schon regelmäßig gegeben sein wird. Sollte die Annahme jedoch zutreffen, ließe sich dieser Gedanke angesichts der aktiven Überwachungstätigkeit von PE-Investoren auch auf deren Beteiligung an börsennotierten sowie nicht börsennotierten AGs übertragen. Wenngleich sich die Wertentwicklung und dementsprechend auch die Auswirkungen auf die Kapitalbeschaffungskosten bei Letzteren nicht ansatzweise so transparent nachvollziehen lassen wie bei börsennotierten Gesellschaften, dürften potenzielle Finanzierungsgeber von nicht börsennotierten AGs die auf eine

746 *Vetter*, AG 2016, 873, 874.

747 Siehe hierzu: *Bachmann*, VGR, Bd. 22 (2016), 135, 166 m.w.N., der jedoch Bezug auf das *Unternehmensinteresse* nimmt; *Hirt/Hopt/Mattheus*, AG 2016, 725, 737f.

748 Allgemein zu institutionellen Investoren: *Faber*, Hommelhoff u.a., Hdb. Corp. Gov., 219, 228.

749 Vgl.: *Neumann*, Rechtliche Probleme von PIPE-Transaktionen, S. 245; dahingehend ferner zum schweizerischen Recht: *Ruffner*, Die ökonomischen Grundlagen eines Rechts der Publikumsgesellschaft, S. 264f.; im Ergebnis offen: *Janke*, Gesellschaftsrechtliche Treuepflicht, S. 243; a.A.: *Rudolf*, Habersack/Mülbert/Schlitt, Kapitalmarktinformation, § 1 Rn. 60.

750 Vgl. dahingehend: *Seibt*, VGR, Bd. 3 (2001), S. 37, 53 („*Investor Relations-Tätigkeiten [...] liegen im wohlverstandenen Unternehmensinteresse*"); im Ergebnis offen: *Janke*, Gesellschaftsrechtliche Treuepflicht, S. 243.

Rendite- und Marktwertförderung ausgerichtete Kontroll- und Beratungstätigkeit des PE-Investors grundsätzlich ebenfalls positiv bewerten.

d) Keine Berücksichtigung des Investoreninteresses

Das Interesse des PE-Investors an der Überwachung der Risiken seines Investments hingegen vermag ein Interesse der Gesellschaft selbst nicht zu begründen. Die Ungleichbehandlung kann ebenso wenig von Sonderinteressen einzelner Aktionäre getragen werden wie von Belangen Dritter bzw. dem Bestreben des Vorstands, das Gemeinwohl zu fördern.[751] Erst recht liegt allein aufgrund einer möglichen Großaktionärsstellung des PE-Investors als solcher nach ganz herrschender Meinung kein hinreichender Sachgrund für eine informationelle Vorzugsbehandlung vor.[752]

2. Eignung zur Förderung des Gesellschaftsinteresses

Der kontinuierliche Informationsaustausch mit dem PE-Investor ist auch geeignet, einem berechtigten Interesse der Gesellschaft zu dienen.[753] Ohne die zusätzlichen Informationen wären weder eine Überwachungs- und Beratungstätigkeit des PE-Investors noch eine aktive Teilhabe an der *Corporate Governance* möglich. Darüber hinaus sind die finanziellen Anreize zur Kontrolle des Managements für einzelne Aktionäre üblicherweise gering; der erforderliche Informationsaufwand steht oftmals in keinem Verhältnis zur möglichen Gewinnbeteiligung.[754] In der Regel ist es daher allein Aktionären mit einem relativ großen Anteilsbesitz möglich, eine solche Kontrolle auch vor dem Hintergrund des enormen Zeit- und Kostenaufwands durchzuführen.[755] Durch die Bereitstellung der für die Kontrolle erforderlichen Informationen (etwa über Investorengespräche außerhalb der Hauptversammlung)

---

751 *Drygala*, KK-AktG, § 53a Rn. 17; *Bungeroth*, MüKo-AktG, Band 1, § 53a Rn. 15; *Fleischer*, Schmidt, K./Lutter, AktG, § 53a Rn. 35; *Henze/Notz*, GroßKomm-AktG, § 53a Rn. 71.

752 *Heuser*, Shareholder Activism, S. 177; *Bachmann*, VGR, Bd. 22 (2016), 135, 165; *Fleischer*, ZGR 2009, 505, 524ff.; *Hoffmann-Becking*, FS Rowedder, S. 155, 166f. m.w.N.; in diese Richtung auch: BayObLG, Beschl. v. 17.7.2002 – 3Z BR 394/01, AG 2003, 499, 500; differenzierend hingegen: *Schneider/Singhof*, FS Kraft, S. 585, 601f.

753 Dies anerkennend hinsichtlich der Sonderbehandlung wesentlich beteiligter Gesellschafter: *Verse*, Gleichbehandlungsgrundsatz, S. 537, der trotz des grundsätzliche Interesses der Gesellschaft an dem kontinuierlichen Informationsaustausch mit wesentlich beteiligten Gesellschaftern eine informationelle Sonderbehandlung einzelner Aktionäre im Ergebnis unter Bezugnahme auf die aktienrechtliche Zuständigkeitsordnung strikt ablehnt.

754 Vgl.: *Janke*, Gesellschaftsrechtliche Treuepflicht, S. 242.

755 Vgl.: *Janke*, Gesellschaftsrechtliche Treuepflicht, S. 242 m.w.N.; dahingehend auch: *Schmolke*, ZGR 2007, 701, 707f.

können die Informationskosten des PE-Investors gesenkt und dadurch zusätzliche Anreize für die Ausübung der Kontrolltätigkeit geschaffen werden.[756]

3. Exklusivinformation als mildestes Mittel

Ein exklusiver Informationsaustausch mit dem PE-Investor (und ggf. weiteren Aktionären) müsste zur Erreichung des oben umschriebenen Gesellschaftsinteresses erforderlich sein. Erforderlichkeit ist zu bejahen, wenn die zur Ungleichbehandlung führende Maßnahme die mildeste aller in Betracht kommenden Handlungsmöglichkeiten darstellt.[757] Alternativ käme lediglich eine gleichmäßige Informationsversorgung aller Aktionäre im Umfang der für PE-Transaktionen typischen Sonderinformationsrechte in Betracht.

a) Geheimhaltungsbedürfnis des Portfolio-Unternehmens

Die Gesellschaft dürfte in der Regel kein Interesse daran haben, dass die an und für sich sensiblen Informationen, die im Interesse der Gesellschaft exklusiv an einzelne Aktionäre weitergegeben werden sollen, in gleichem Umfang auch mit allen anderen Aktionären geteilt werden.[758] Stellt der Vorstand beispielsweise besonders sensible Unternehmensinformationen allen Aktionären gleichermaßen im Rahmen der Hauptversammlung zur Verfügung, ist es denkbar, dass hierdurch öffentlichkeitswirksame Diskussionen ausgelöst und Wettbewerber sensible Informationen über das Unternehmen als solches oder dessen Wettbewerbsstrategien erlangen.[759] Als milderes Mittel geeignet erscheint daher grundsätzlich auch nicht die Offenlegung sämtlicher Informationen gegenüber allen Aktionären. Um zu verhindern, dass die sensiblen Informationen insgesamt publik werden, würde der Vorstand in der Regel vermutlich lieber gänzlich von einem Informationsaustausch mit dem PE-Investor absehen.[760] Dies trifft in besonderem Maße für börsennotierte Gesellschaften mit einem kaum überschaubaren Aktionärskreis zu.

b) Kosten-Nutzen-Relation der Aktionärskommunikation

Die persönliche Kommunikation mit den Aktionären ist außerordentlich zeit- und kostenintensiv und kann dementsprechend sinnvollerweise nur mit einer

---

756 Vgl.: *Janke*, Gesellschaftsrechtliche Treuepflicht, S. 242.

757 *Lange*, Henssler/Strohn, GesR, AktG, § 53a Rn. 6.

758 Vgl. mit Bezug auf die Frage der Zulässigkeit einer selektiven Herausgabe von Informationen an einen Aktionär, der seine Beteiligung erst nach Durchführung einer *Due Diligence* aufstocken möchte: *Linker/Zinger*, NZG 2002, 497, 502.

759 Vgl. mit Bezug auf die Weitergabe von Unternehmensinformationen im Rahmen der *Due Diligence*: *Ziegler*, DStR 2000, 249, 254.

760 *Verse*, Gleichbehandlungsgrundsatz, S. 537 (siehe jedoch die Anmerkungen in Fn. 753).

begrenzten Anzahl an Teilnehmern durchgeführt werden.[761] Angesichts dessen lohnen sich dahingehende Maßnahmen für das Portfolio-Unternehmen nur dann, wenn der aufwendigen Bereitstellung von Informationen auch entsprechende Möglichkeiten der Informationsverarbeitung gegenüberstehen; dies ist vor allem bei privaten Anlegern in der Regel nicht gegeben, die Anlagetätigkeit stellt nicht ihre originäre Betätigung dar und wird (anders als bei institutionellen Investoren) in der Regel auch nicht von professionellen Maßnahmen zur Informationsbeschaffung und -verarbeitung begleitet.[762] Betrachtet man hingegen die großen Kapitalsummen, die PE-Investoren verwalten, lohnt es sich für diese sogar, speziell ausgebildetes Fachpersonal zu beschäftigen, das im direkten Austausch mit dem Management in der Lage ist, die relevanten Informationen zu filtern und kritische Fragen zu stellen.[763] Die gleichmäßige Information aller Aktionäre würde somit zu enormen Zusatzkosten führen, ohne dass diesen ein angemessener Nutzen für das Portfolio-Unternehmen gegenüberstehen würde.

c) Zwischenergebnis

Die Exklusivinformation des PE-Investors stellt folglich das mildeste Mittel zur Erreichung der mit der Aktionärsinformation verfolgten Zwecke dar.

4. Verhältnismäßigkeit (im engeren Sinne)

Die Ungleichbehandlung muss auch verhältnismäßig sein, das Interesse des Portfolio-Unternehmens an dem exklusiven Informationsaustausch mit dem PE-Investor also das Interesse der benachteiligten Aktionäre an einer Gleichbehandlung überwiegen.[764]

a) Schwere des Eingriffs in die Mitgliedschaft

Das Interesse der Gesellschaft an der Ungleichbehandlung muss umso gewichtiger sein, je schwerer der Eingriff in die Mitgliedschaft der benachteiligten Aktionäre ist.[765] Das Recht des Aktionärs, Informationen über Angelegenheiten

761 Mit Bezug auf die Sinnhaftigkeit der Durchführung von *Investor Relations*-Maßnahmen bei privaten Anlegern: *Serfling/Großkopff/Röder*, AG 1998, 272, 276 m.w.N.

762 Mit Bezug auf die Sinnhaftigkeit der Durchführung von *Investor Relations*-Maßnahmen bei privaten Anlegern: *Serfling/Großkopff/Röder*, AG 1998, 272, 276.

763 Vgl.: *Janke*, Gesellschaftsrechtliche Treuepflicht, S. 242.

764 Vgl.: *Laubert*, Hölters, AktG, § 53a Rn. 11; *Cahn/v.Spannenberg*, Spindler/Stilz, AktG, Band 1, § 53a Rn. 19; *Drygala*, KK-AktG, § 53a Rn. 17; *Lange*, Henssler/Strohn, GesR, AktG, § 53a Rn. 6. Dahingehend zur Zulässigkeit von Bezugsrechtsausschlüssen: BGH, Urt. v. 19.4.1982 – II ZR 55/81, NJW 1982, 2444.

765 *Lange*, Henssler/Strohn, GesR, AktG, § 53a Rn. 6; *Servatius*, Wachter, AktG, § 53a Rn. 27.

der Gesellschaft zu erlangen, ist wesentlicher Bestandteil seines Mitgliedschaftsrechts.[766] Informationen sind für den Gesellschafter unerlässliche Voraussetzung für die Wahrnehmung seiner Mitgliedschaftsrechte.[767] Durch den exklusiven Informationsaustausch zwischen dem Vorstand und dem PE-Investor werden die satzungsmäßigen und gesetzlichen Informationsrechte der benachteiligten Aktionäre jedoch weder beschränkt noch ausgeschlossen. Die Ungleichbehandlung besteht darin, dass den benachteiligten Aktionären im Gegensatz zum PE-Investor ein über die gewöhnlichen aktienrechtlichen Informationsansprüche hinausgehendes „Mehr" an Informationen vorenthalten wird. Die für die Ausübung der mitgliedschaftlichen Rechte (insbesondere des Stimmrechts) erforderlichen Informationen sollen und dürfen dabei keinesfalls vorenthalten werden.

b) Vermögensrechtliche Dimension des Eingriffs

Die Informationsrechte dienen dem Aktionär nicht zuletzt zur Verwirklichung seiner vermögensrechtlichen Positionen der Mitgliedschaft.[768] Sie sollen es dem Aktionär ermöglichen, seine Anlageentscheidung insgesamt zu überprüfen und ggf. umzudisponieren.[769] Die Kenntnis der grundlegenden Informationen der Gesellschaft ist sogar Grundvoraussetzung dafür, dass der Aktionär seine Dispositionsfreiheit über den Eigentumsgegenstand schlechthin sinnvoll ausüben kann.[770] Gerade in Hinblick auf Investitions- und Desinvestitionsentscheidungen können dem PE-Investor (ungeachtet etwaiger insiderrechtlicher Restriktionen) aufgrund seines Sonderwissens zumindest theoretisch Vorteile gegenüber den übrigen Aktionären erwachsen: Zeichnet sich beispielsweise in den exklusiv zur Verfügung gestellten monatlichen Soll-Ist-Vergleichen eine überraschend positive Entwicklung des operativen Geschäfts eines börsennotierten Portfolio-Unternehmens ab, kann der PE-Investor versucht sein, seinen Aktienbestand durch Zukäufe von anderen Aktionären auszuweiten; umgekehrt könnte eine negative Entwicklung der monatlichen Betriebszahlen den PE-Investor dazu bewegen, sein gesamtes Aktienpaket zügig an einen strategischen Investor zu veräußern (jeweils ohne dass die informationell benachteiligten Aktionäre

766 Mit Bezug auf das Auskunftsrecht des § 131 Abs. 1 Satz 1 AktG: BVerfG, Beschl. v. 20.9.1999 – 1 BvR 636/95, AG 2000, 74.

767 So mit Bezug auf das Auskunftsrecht des § 131 Abs. 1 Satz 1 AktG: BVerfG, Beschl. v. 20.9.1999 – 1 BvR 636/95, AG 2000, 74; *Habersack/Verse*, AG 2003, 300.

768 So mit Bezug auf das Auskunftsrecht des § 131 Abs. 1 AktG: BVerfG, Beschl. v. 20.9.1999 – 1 BvR 636/95, AG 2000, 74; *Budde/Steuber*, AG 1996, 542, 543; vgl.: *Geißler*, NZG 2001, 539.

769 *Geißler*, NZG 2001, 539.

770 So mit Bezug auf das Auskunftsrecht des § 131 Abs. 1 AktG: BVerfG, Beschl. v. 20.9.1999 – 1 BvR 636/95, AG 2000, 74; *Budde/Steuber*, AG 1996, 542, 543; *Geißler*, NZG 2001, 539.

Kenntnis von den Geschäftsentwicklungen hätten). Bei der Prüfung der Verhältnismäßigkeit von Eingriffen in die Gleichbehandlung von Aktionären ist jedoch eine Gesamtabwägung vorzunehmen, in die unter anderem auch einfließen muss, ob die benachteiligten Aktionäre nicht insgesamt, also etwa nach Verwirklichung eines bestimmten unternehmerischen Konzepts, besser dastehen würden als ohne die betreffende Maßnahme.[771] Hiervon dürfte oftmals beispielsweise nicht auszugehen sein, wenn ein Finanzinvestor lediglich kurzfristig und spekulativ agiert (wie beispielsweise Hedgefonds) oder sich zu Lasten der übrigen Aktionäre Sondervorteile einräumen lassen möchte.[772] Der Vorstand muss daher im Rahmen seiner Möglichkeiten sicherstellen und fortlaufend überprüfen, ob die informationelle Bevorzugung im Endergebnis zu einer Schlechterstellung der übrigen Aktionäre führt, etwa weil sie dem PE-Investor die Durchführung von Maßnahmen zu deren Lasten ermöglicht (etwa einen *Squeeze-out* gegen zu geringe Barabfindung). Sofern der Vorstand die Interessen der anderen Aktionäre punktuell oder generell gefährdet sieht, muss er diese ggf. aufklären und auf einen Informationsgleichstand hinwirken.

c) Informationsinteresse der einzelnen Aktionärsgruppen

Nach dem Vorgesagten erscheint eine informationelle Ungleichbehandlung von Aktionären durchaus möglich. Anknüpfungspunkt für eine Ungleichbehandlung unterschiedlicher Aktionärsgruppen können ihre unterschiedlichen Interessenlagen sowie ihre Bedeutung für die Gesellschaft insgesamt sein, insbesondere in Hinblick auf die Unterschiede zwischen Kleinaktionären und unternehmerischen Aktionären.[773] Das Informationsinteresse der unterschiedlichen Aktionärsgruppen hängt in erheblichem Maße davon ab, wie sich die Aktionäre in ihrer Aktionärsrolle verstehen bzw. welchen Zweck sie mit der Beteiligung an der AG verfolgen.[774] Bei der Ermittlung der Interessen der benachteiligten Aktionäre ist ein objektiver Maßstab anzulegen.[775]

---

771 *Servatius*, Wachter, AktG, § 53a Rn. 27.

772 Vgl. dahingehend: *Forstmoser*, FS Wiegand, 2005, S. 785, 802.

773 *Hirt/Hopt/Mattheus*, AG 2016, 725, 737; vgl.: *Hopt*, ZGR 1997, 1, 16, 26; vgl.: *Decher*, GroßKomm-AktG, § 131 Rn. 338; vgl. ferner zum Bezugsrechtsausschluss von Kleinaktionären: BGH, Urt. v. 9.11.1992 – II ZR 230/92, AG 1993, 134, 136.

774 Vgl. nur BGH, Urt. v. 9.11.1992 – II ZR 230/91, NJW 1993, 400, 402, der sich bei der Abwägung der Interessen an dem Leitbild des Kleinaktionärs als reinem Kapitalanleger orientiert.

775 Auch der BGH stellt wohl allein auf objektive Kriterien ab: BGH, Urt. v. 9.11.1992 – II ZR 230/91, NJW 1993, 400, 402f. („*angesichts der geringen objektiven Attraktivität der Genußrechte*").

1) Kleinaktionäre in der Publikumsgesellschaft

i. Teilhabe der Kleinaktionäre am Unternehmensleben

Nicht alle Aktionäre können, gemessen an ihrer mitgliedschaftlichen Position, die gleichen Bedingungen und Ressourcen für eine aktive Teilhabe am Unternehmensleben zur Verfügung stellen (insbesondere Zeit, Geld und Know-how).[776] PE-Investoren wollen die Entwicklung ihrer Beteiligungsunternehmen, wie erörtert,[777] fortlaufend überprüfen und aktiv mitgestalten. PE-Investoren nehmen dadurch eine gewichtige Rolle in der Unternehmenspolitik der Gesellschaft ein. Indes nehmen Kleinaktionäre üblicherweise keinen relevanten Einfluss auf die Unternehmenspolitik der Gesellschaft; sie betrachten die Aktie häufig schlicht als Kapitalanlage.[778] Sie sind in der Regel weder gewillt noch in der Lage, eine überwachende oder beratende Funktion innerhalb der AG einzunehmen.[779] Angesichts ihrer geringen Beteiligungsquote fehlt Kleinaktionären üblicherweise schon deshalb ein Anreiz, sich an der Überwachung der Geschäftsleitung zu beteiligen, weil die Kosten hierfür in keinem Verhältnis zu dem geringen individuellen Nutzen stehen (sog. *rationale Apathie*).[780] Insbesondere ist die traditionelle Sichtweise, dass Kleinaktionäre eine *„Polizeifunktion"* innerhalb der AG einnehmen und auf die Einhaltung von Gesetz und Satzung hinwirken sollen, praxisfern: Angesichts des (Kosten-)Risikos wird ein vernünftiger Kleinaktionär in der Regel davor zurückschrecken, beispielsweise auf eigene Kosten eine Anfechtungs- bzw. Nichtigkeitsklage zu erheben.[781]

---

776 So: *Thaeter/Guski*, AG 2007, 301, 306, die mit diesem Argument bereits im Ausgangspunkt eine Ungleichbehandlung durch die Gesellschaft verneinen.

777 Siehe zu dem Informationsbedürfnis des PE-Investors bereits ausführlich unter § 1.B.II f., 9 ff.

778 Insbesondere mit Bezug auf die börsennotierte Gesellschaft: BVerfG, Beschl. v. 27.4.1999 – I BvR 1613/94, AG 1999, 566, 568; BGH, Urt. v. 9.11.1992 – II ZR 230/91, BB 1993, 521, 524; *Seibt*, VGR, Bd. 3 (2001), S. 37, 41.

779 *Spindler*, MüKo-AktG, Band 2, Vorb. § 76 Rn. 3; vgl. zur unterschiedlichen Teilhabe von Kleinanlegern und unternehmerisch beteiligten Aktionären: *Bayer*, 67. DJT 2008, Band I, E 101 ff., E 128 f., der zwischen *„Anleger-Aktionär"* und *„Unternehmer-Aktionär"* differenziert; *ders.*, FS Hopt, 373, 379 f.

780 *Spindler*, MüKo-AktG, Band 2, Vorb. § 76 Rn. 3, § 87 Rn. 1; *ders.*, AG 1998, 53, 63; *Redeke*, AG 2015, 253, 254; *Bayer*, AG 2012, 141, 149 f.; *Schmolke*, ZGR 2007, 701, 707; *Lenz*, NZG 2006, 534, 535; *Baums*, 63. DJT 2000, Band I, F 25; *Teichmann*, ZGR 2001, 645, 651 f.; *ders.*, ZIP 1995, 11; *Baums/v.Randow*, AG 1995, 145, 147; vgl. ferner zu den fehlenden Anreizen zur Stimmrechtsausübung: *Seibert*, AG 2004, 529.

781 *Bayer*, FS Hopt, 373, 387 f.; *ders.*, AG 2012, 141, 149 f.; auch das Aktionärsforum (§ 127a AktG), das der erleichterten Kontaktaufnahme, Kommunikation, Koordination und Vereinfachung der Ausübung der Aktionärsrechte, insbesondere auf Seiten des Streubesitzes, dient, hat sich bislang nicht als Erfolgsgeschichte erwiesen (*Weber-Rey/Reps*, ZGR 2013, 597, 634 f.; gar von einem *„Schattendasein"* sprechend: *Ziemons*, Schmidt, K./Lutter, AktG, § 127a Rn. 2; *Bayer/Hoffmann*, AG 2013, R61 ff.).

ii. Positive Kontrolleffekte für alle Aktionäre

Wie dargestellt, dient die bevorzugte Information des PE-Investors vornehmlich dazu, dass dieser seine Portfolio-Unternehmen besser überwachen und beratenden Einfluss auf sie nehmen kann. Die Überwachung des Managements wiederum kommt allen Aktionären zugute, sodass grundsätzlich auch die Kleinanleger von der Überwachungstätigkeit institutioneller Investoren profitieren können.[782] Dies ist insbesondere vor dem Hintergrund zu sehen, dass die Maßnahmen des PE-Investors neben der Risikoüberwachung vor allem auch der Wertsteigerung der Unternehmensbeteiligung dienen sollen; an einer solchen Wertsteigerung wiederum partizipieren die übrigen Aktionäre gleichermaßen, sodass eine gleichheitssatzwidrige Benachteiligung der Kleinaktionäre oftmals nicht gegeben sein dürfte.[783] Schließlich können durch die Überwachungstätigkeit und die aktive Interessenwahrnehmung durch den PE-Investor Kollektivhandlungsprobleme der Aktionäre abgemildert werden, insbesondere wenn sich zahlreiche Aktien des Portfolio-Unternehmens im Streubesitz von Klein- und Kleinstaktionären befinden.[784]

iii. Querulatorische und räuberische Kläger

Einen Sonderfall innerhalb der Gruppe der (Klein-)Aktionäre stellen die sog. „Berufskläger" dar.[785] Darunter versteht man Aktionäre, die Rechtstreitigkeiten nicht mit der Absicht zur Klärung von Rechtsverstößen oder relevanten Rechtsfragen initiieren, sondern mit dem Ziel, die Rechtsstreitigkeit im Rahmen eines

---

782 *Forstmoser*, FS Wiegand, 2005, S. 785, 802, der in Zusammenhang mit der Überwachung der Verwaltung durch die Aktionäre von einem *„Kollektivgut"* spricht; *Kuntz*, Gestaltung von Kapitalgesellschaften, 590f.; vgl. ferner zum schweizerischen Recht: *Ruffner*, Die ökonomischen Grundlagen eines Rechts der Publikumsgesellschaft, S. 265.

783 Vgl. mit Bezug auf VC-Transaktionen: *Kuntz*, Gestaltung von Kapitalgesellschaften, 591; in diese Richtung ebenfalls in anderem Zusammenhang: OLG Köln, Urt. v. 20.9.2001 – 18 U 125/01, NZG 2002, 966, 968, welches darüber zu befinden hatte, ob bei einem Preisabschlag von 17 Prozent für das Umtauschverhältnis von Vorzugsaktien in Stammaktien eine gleichheitssatzwidrige Benachteiligung der Stammaktionäre gegeben ist, deren Anteile durch die Umwandlung verwässert werden; nach dem OLG Köln sollte kein Verstoß gegen § 53a AktG vorliegen, wenn davon auszugehen ist, dass der Preisabschlag maßgeblich zum Erfolg der Umwandlung der Aktien beitragen und diese wiederum nachhaltige Chancen wirtschaftlicher Verbesserung für die Gesellschaft bringen würde; dann nämlich würden auch die Stammaktionäre über Dividenden- und Kursvorteile an dem Erfolg partizipieren.

784 *Weber-Rey/Reps*, ZGR 2013, 597, 605 m.w.N.; vgl.: *Janke*, Gesellschaftsrechtliche Treuepflicht, S. 242.

785 Vgl. zu der Thematik allgemein: OLG Celle, Beschl. v. 25.3.2010 – 9 W 19/10, AG 2010, 367; ausführlich: *Bayer/Hoffmann*, ZIP 2013, 1193ff.; *dies.*/Sawada, ZIP 2012, 897; *Bayer*, FS Hopt, S. 373, 388; *Koch/Wackerbeck*, ZIP 2009, 1603ff.

lukrativen Vergleichs beizulegen.[786] Auch wenn die Aktivitäten solcher *Berufskläger* in den letzten Jahren stark zurückgegangen sind,[787] stellt sich die Frage, ob der Vorstand solchen Aktionären auf deren Anfordern Informationen in dem gleichen Umfang wie dem PE-Investor zur Verfügung stellen muss. Diese machen nicht selten extensiv Gebrauch von ihrem Auskunftsrecht, insbesondere auch um das Management für ihre subjektiven Zwecke auszuforschen.[788] Reine Ausforschungsbegehren sind jedoch grundsätzlich nicht anerkennenswert.[789] Mitunter wird das Verhalten bzw. Ansinnen von Berufsklägern sogar als sittenwidrig[790] eingestuft. In der Regel dürfte eine informationelle Ungleichbehandlung der Berufskläger gegenüber konstruktiv mitwirkenden unternehmerischen Aktionären, wie etwa dem PE-Investor, daher gerechtfertigt sein.

iv. Würdigung

Betrachtet man aus Sicht der Gesellschaft die funktionalen Unterschiede zwischen PE-Investoren und Kleinaktionären als reinen Kapitalanlegern sowie die Kosten und den unterschiedlichen Nutzen des intensiven Informationsaustauschs mit beiden Aktionärsgruppen, so dürfte dies unter Berücksichtigung des Einzelfalls regelmäßig eine generelle informationelle Ungleichbehandlung der Kleinaktionäre gegenüber dem PE-Investor sachlich rechtfertigen. Dies gilt unabhängig davon, ob der PE-Investor Mehrheitsaktionär ist oder nur eine Minderheitsbeteiligung hält.

2) Kleinaktionäre in einer personalistisch geprägten AG

Die Aktionäre einer personalistisch geprägten AG sind in der Regel nicht bloß kapitalistisch beteiligt; üblicherweise sind sie nicht nur willens, sondern verfügen auch über die erforderliche Expertise, um die Geschicke der Gesellschaft aktiv mitzubestimmen.[791] Auch bei personalistisch geprägten AGs können jedoch private Anleger mit einer geringen Beteiligungsquote beteiligt sein. Zu denken ist etwa an ehemalige *Start-up*-Unternehmen, die bereits als AG gegründet oder im späteren Verlauf (z.B. zur Vorbereitung eines Börsengangs) in eine solche umgewandelt worden sind und deren Gesellschafterkreis seit der *Seed*-Phase des Unternehmens

---

786 *Bayer/Hoffmann*, AG 2012, R107.

787 *Bayer/Hoffmann*, ZIP 2013, 1193, die jedoch darauf hinweisen, dass zwar die Zahl der Klagen zurückgegangen ist, die Personenanzahl der als Berufskläger agierenden aber gestiegen; *dies.*, AG 2012, R107; *dies.*/Sawada, ZIP 2012, 897ff.

788 Vgl.: LG Düsseldorf, Urt. v. 28.9.2011 – 41 O 40/09, BeckRS 2011, 24100 Rn. 4.a).cc).

789 Vgl.: LG Düsseldorf, Urt. v. 28.9.2011 – 41 O 40/09, BeckRS 2011, 24100 Rn. 4.a).cc).

790 So: OLG Frankfurt, Urt. v. 13.1.2009 – 5 U 183/07, AG 2009, 200, 201f.; vgl. zur Ablehnung eines Antrags auf Prozesskostenhilfe wegen Rechtsmissbrauchs: OLG Celle, Beschl. v. 25.3.2010 – 9 W 19/10, AG 2010, 367; vgl. zur Abweisung einer Klage wegen Rechtsmissbrauchs: LG Frankfurt, Urt. v. 6.6.2008 – 3–5 O 11/08, AG 2008, 830f.

791 Vgl.: *Bayer*, FS Hopt, 373, 379.

Freunde und Familie der Gründer oder *Business Angel* mit geringen Beteiligungsquoten angehören. Da auch diese Kleinaktionäre in der Regel nicht aktiv am Unternehmensleben teilhaben werden, gilt das oben zur Publikumsgesellschaft Gesagte hier ebenfalls.[792] Eine informationelle Ungleichbehandlung dieser Kleinaktionäre gegenüber dem PE-Investor dürfte daher regelmäßig zulässig sein.

3) Strategische und weitere institutionelle Investoren

Fraglich ist, ob auch eine Ungleichbehandlung von strategischen Investoren oder institutionellen Investoren bzw. unternehmerischen Aktionären, die neben dem PE-Investor an dem Portfolio-Unternehmen beteiligt sind, zulässig sein kann.

i. Grad der unternehmerischen Beteiligung

Wie bereits erörtert, besteht das Interesse des Vorstands an dem Informationsaustausch mit dem PE-Investor nicht allein aufgrund der Größe der Beteiligung des PE-Investors oder seiner Eigenschaft als institutionellem Investor als solcher. Das Interesse der Gesellschaft an dem Informationsaustausch resultiert vielmehr aus der Überwachungs- und Beratungstätigkeit des PE-Investors.[793] Vielfach verhalten sich institutionelle Investoren jedoch passiv und nehmen nur geringfügig Einfluss auf die Willensbildung ihrer Portfolio-Unternehmen.[794] Ein Grund hierfür ist zunächst, dass sich auch für institutionelle Investoren mit einer verhältnismäßig geringen Beteiligung eine aktive Überwachung der Portfolio-Unternehmen zumeist nicht lohnt, da den hohen Kosten und dem immensen Zeitaufwand allenfalls ein geringer Nutzen in Form von Wertsteigerungen gegenübersteht.[795] Dieser Effekt wird häufig durch die sog. „*Free-Rider*-Problematik" verstärkt: Befinden sich unter den Aktionären mehrere Blockaktionäre, spekuliert nicht selten jeder von ihnen auf das Engagement der anderen Blockaktionäre und sieht insbesondere bei einer negativen Kosten-Nutzen-Bewertung von einem eigenen Engagement ab.[796] Anlagefonds, die an börsennotierten Unternehmen beteiligt sind und deren Geschäftsmodell auf eine zügige Umschichtung ihrer Portfolien ausgelegt ist, schrecken oftmals schon deshalb vor einer aktiven Überwachung ihrer Portfolio-Unternehmen zurück, um sich nicht den insiderrechtlichen Regelungen zu unterwerfen und sich somit der Freiheit, ihre Beteiligungen flexibel umzuschichten, zu berauben.[797]

---

792 Siehe hierzu die Ausführungen unter: § 7.C.II.4.c)1), S. 135ff.

793 Siehe hierzu bereits die Ausführungen unter: § 7.C.II.1.a), S. 128ff.

794 Vgl. hierzu: *Fleischer/Strothotte*, AG 2011, 221, 224 m.w.N.; *Schmolke*, ZGR 2007, 701, 713f.

795 *Fleischer/Strothotte*, AG 2011, 221, 224f.

796 *Fleischer/Strothotte*, AG 2011, 221, 225; vgl. zur *Free-Rider*-Problematik unter institutionellen Investoren ferner: *Schmolke*, ZGR 2007, 701, 720.

797 *Fleischer/Strothotte*, AG 2011, 221, 225, die von einer hohen „*Liquiditätspräferenz*" dieses Anlegertyps sprechen.

Dies kann etwa bei Hedgefonds der Fall sein. Darüber hinaus wird institutionellen Investoren (z.B. Pensionsfonds) vielfach vorgeworfen, sie besäßen schon gar nicht die erforderliche Expertise für eine aktive Einflussnahme.[798] Ungeachtet des Grundes für die Passivität solcher institutioneller Investoren dürfte eine informationelle Ungleichbehandlung gegenüber dem PE-Investor jedenfalls in der Regel sachlich gerechtfertigt sein, wenn sich ein institutioneller Investor nicht aktiv am Unternehmensleben beteiligt bzw. beteiligen möchte.

Sofern sich neben dem PE-Investor strategische oder weitere institutionelle Investoren hingegen in vergleichbarem Umfang an der Überwachung des Portfolio-Unternehmens und der *Corporate Governance* der AG beteiligen möchten, dürfte eine informationelle Ungleichbehandlung ihnen gegenüber in der Regel nicht gerechtfertigt sein. Erfüllen diese aktiv beteiligten Aktionäre ähnliche Voraussetzungen, werden sie sich gegenüber dem Vorstand in der Regel auf § 53a AktG berufen und von diesem eine informationelle Gleichbehandlung mit dem PE-Investor verlangen können.[799] Hat sich der PE-Investor gegenüber dem Portfolio-Unternehmen hinsichtlich der Informationen des Portfolio-Unternehmens zur Verschwiegenheit verpflichtet (wie üblicherweise im Rahmen der Beteiligungsvereinbarung), besteht eine Pflicht des Portfolio-Unternehmens zur informationellen Gleichbehandlung der weiteren aktiv beteiligten Aktionäre nur dann, wenn sich diese ebenfalls über eine Geheimhaltungsvereinbarung in vergleichbarem Umfang zur Verschwiegenheit verpflichtet haben. Andernfalls dürfte in der Regel allein in der Geheimhaltungsverpflichtung als solcher bereits ein sachlicher Grund zur Differenzierung zwischen den Aktionären liegen; das Portfolio-Unternehmen hat hier ein schützenswertes Interesse daran, das Risiko des Durchsickerns der Informationen an die Öffentlichkeit soweit wie möglich einzudämmen.

ii. Aktivismus und unternehmensfeindliche Motive

Gerade Hedgefonds wird bisweilen vorgeworfen, sie würden ihren Einfluss über Zufallsmehrheiten in der Hauptversammlung gegen den Willen der passiv agierenden Mitaktionäre ausüben.[800] Ferner wird kritisiert, sie würden nur kurzfristige Gewinne anstreben und dadurch die Zukunft ihrer Beteiligungsunternehmen gefährden.[801] Die Haltbarkeit dieser Vorurteile gegenüber Hedgefonds soll an

798 *Fleischer/Strothotte*, AG 2011, 221, 225f. m.w.N.; *Schmolke*, ZGR 2007, 701, 722 m.w.N.; mit Bezug auf Pensionsfonds: *Choi/Fisch*, Vanderbilt Law Review, Vol. 61 (2008), 315, 347; zur Lage in UK: *Black/Coffee*, Michigan Law Review, Vol. 92 (1994), S. 1997, 2071.

799 Vgl. dahingehend zur Gleichbehandlung von zwei veräußerungswilligen Großaktionären bei der Vorbereitung einer *Due Diligence* der jeweiligen Erwerbsinteressenten: *Ziegler*, DStR 2000, 249, 254; *Mertens*, AG 1997, 541, 547.

800 *Schmolke*, ZGR 2007, 701, 710; vgl. ferner zur Gefahr von Zufallsmehrheiten durch Hedgefonds: *Vetter*, AG 2006, 32.

801 *Schneider*, AG 2006, 577, 578, der sich mit der Kritik jedoch auch auf PE-Investoren bezieht; vgl. zum Meinungsbild zu Hedgefonds: *Schmolke*, ZGR 2007, 701, 710ff. m.w.N.

dieser Stelle nicht weiter erörtert werden,[802] kann im Rahmen dieser Untersuchung jedoch auch dahinstehen. Sofern ein Aktionär (egal welchen Typs) unternehmensfeindliche Motive zu seinem eigenen wirtschaftlichen Vorteil verfolgt, wird eine informationelle Ungleichbehandlung dieses Aktionärs gegenüber dem PE-Investor regelmäßig gerechtfertigt sein.[803] Dies kann etwa anzunehmen sein, wenn ein Aktionär Informationen dazu verwenden möchte, um das Management öffentlich zu diffamieren und zum Austausch zu zwingen, weil er sich hierdurch einen kurzfristigen Kurssprung verspricht. Ferner dürfte eine informationelle Ungleichbehandlung da zulässig sein, wo zu befürchten steht, dass ein Aktionär die erlangten Informationen für gesellschaftsexterne Partikularinteressen verwenden möchte, etwa um sie an einen Wettbewerber des Portfolio-Unternehmens, an dem der Aktionär ebenfalls beteiligt ist, weiterzugeben.[804] Unterschiedliche Vorstellungen hinsichtlich der strategischen Ausrichtung des Portfolio-Unternehmens oder bloße Interessendivergenzen zwischen einem Aktionär und dem Management oder weiteren Aktionären allein rechtfertigen eine informationelle Ungleichbehandlung hingegen nicht.

iii. Zwischenergebnis

Sofern sich strategische oder weitere institutionelle Investoren in vergleichbarem Umfang wie der PE-Investor an der Überwachung des Portfolio-Unternehmens und der *Corporate Governance* beteiligen möchten und ihrerseits zur Geheimhaltung über die Unternehmensinformationen verpflichten, wird eine informationelle Ungleichbehandlung in der Regel nicht gerechtfertigt sein. Hingegen wird eine informationelle Ungleichbehandlung in der Regel zulässig sein, wenn sich institutionelle Investoren nur passiv an dem Portfolio-Unternehmen beteiligen oder bestimmte (aktivistische) Aktionäre mit den Informationen unternehmensfeindliche Motive oder gesellschaftsexterne Partikularinteressen verfolgen.

4) Sonderfall: PIPE und Minderheitsbeteiligungen

Zum Teil wird ein Dialog mit institutionellen Investoren grundsätzlich begrüßt, zugleich jedoch eine Beschränkung auf die wesentlichen Investoren gefordert, *„die*

802 Stark relativierend jedenfalls: *Schmolke*, ZGR 2007, 701ff., 744: *„Die „dunkle Seite" des Hedgefonds-Aktivismus hat sich [...] in der Realität bisher nicht hinreichend manifestiert"*.

803 Vgl. zur sachlichen Berechtigung des Bezugsrechtsausschlusses einzelner Aktionäre bei gesellschaftsfeindlichen Motiven: BGH, Urt. v. 6.10.1960 – II ZR 150/58, NJW 1961, 26, 27.

804 Vgl. zur Problematik der *„gesellschaftsinternen Partikularinteressen"* in Zusammenhang mit dem Auskunftsrecht von GmbH-Gesellschaftern: *Bank*, NZG 2013, 801, 804 m.w.N.

aufgrund ihrer Investitionssumme aus dem Aktionärskreis herausragen oder eine Sprecherfunktion innehaben".[805] Zwar mögen dies regelmäßig Indizien dafür sein, dass ein Interesse des Portfolio-Unternehmens am Dialog mit diesen Investoren besteht; ein Gesellschaftsinteresse kann jedoch durchaus auch gegeben sein, ohne dass diese qualifizierenden Merkmale erfüllt wären.[806] Schließlich knüpft die sachliche Berechtigung zur informationellen Ungleichbehandlung gerade nicht an der Höhe der Beteiligung des PE-Investors an, sondern an seiner funktionalen, aktiven Teilhabe am Unternehmensleben. Wenn sich ein PE-Investor etwa im Rahmen einer PIPE-Transaktion trotz seiner nur geringen Beteiligungsquote aktiv an der Überwachung des Portfolio-Unternehmens und der *Corporate Governance* beteiligt, kann dies dem Portfolio-Unternehmen nur recht sein und wird ebenfalls im Gesellschaftsinteresse liegen. Somit kann auch die informationelle Bevorzugung eines PIPE-Investors zulässig sein.

5) Gesonderter Finanzierungsbeitrag des Investors

Sofern der PE-Investor in vergleichbarer Weise zur Finanzierung des Portfolio-Unternehmens beiträgt wie fremdfinanzierende Banken (etwa durch Gesellschafterdarlehen oder über die Kapitalzuführung hinausgehende Finanzierungszusagen), darf ihm das Portfolio-Unternehmen jedenfalls solche Informationen exklusiv bereitstellen, die typischerweise mit (fremd-)finanzierenden Banken geteilt werden.[807] Die Risikolage des PE-Investors ist mit der der Banken vergleichbar.[808] Auch liegt in dem zusätzlichen Finanzierungsbeitrag für sich genommen schon ein sachlicher Grund für die Differenzierung gegenüber anderen Aktionären.[809] Fehlt ein solcher Finanzierungsbeitrag etwa bei ebenfalls beteiligten institutionellen oder strategischen Investoren, vermag dies insoweit auch ihnen gegenüber eine informationelle Ungleichbehandlung zu rechtfertigen. Wird jedoch der für den Informationsaustausch mit Banken gewöhnliche Rahmen verlassen, kann die überschießende informationelle Ungleichbehandlung hierauf nicht mehr gestützt werden. Eine informationelle Bevorzugung des PE-Investors in Hinblick auf Informationen zu technischen Daten, personellen Veränderungen oder bestimmten geplanten operativen Maßnahmen wird dies in der Regel daher nicht rechtfertigen.

805 Zum Dialog des Aufsichtsrats mit ausgewählten Investoren: *Seibt*, *manager magazin* 9/2016, S. 69.

806 Vgl.: *Hirt/Hopt/Mattheus*, AG 2016, 725, 738 Fn. 133, die ein *Unternehmensinteresse* an dem Dialog dann jedoch nur in Ausnahmefällen annehmen.

807 *v.Riegen*, CFL 2010, 1, 11; *Neumann*, Rechtliche Probleme von PIPE-Transaktionen, S. 246f.

808 *Neumann*, Rechtliche Probleme von PIPE-Transaktionen, S. 246f.

809 *Neumann*, Rechtliche Probleme von PIPE-Transaktionen, S. 246.

III. Keine absolute Gleichbehandlung nach dem DCGK

Eine systematische Vorabinformation des PE-Investors verstößt auch nicht gegen den informationellen Gleichbehandlungsgrundsatz des DCGK.[810] Danach muss die Gesellschaft *„Aktionäre bei Informationen unter gleichen Voraussetzungen gleich behandeln"*. Zu der Vorgängerfassung der Vorschrift, die bis zum 4. Mai 2015 in Kraft war (*„Die Gesellschaft wird die Aktionäre bei Informationen gleich behandeln"*), wurde diskutiert, ob der Vorschrift ein absolutes, über den Anwendungsbereich des § 53a AktG hinausgehendes informationelles Gleichbehandlungsgebot zu entnehmen ist.[811] Nach zutreffender Ansicht waren bereits nach dem alten Wortlaut des DCGK sachlich gerechtfertigte informationelle Vorzugsbehandlungen einzelner Aktionäre ebenso wie nach dem AktG zulässig.[812] Spätestens mit der Angleichung an den Wortlaut des allgemeinen aktienrechtlichen Gleichbehandlungsgrundsatzes hat sich die Diskussion erübrigt. Auch unter Berücksichtigung des Gleichbehandlungsgrundsatzes der Zf. 6.1 Satz 1 DCGK kann eine informationelle Bevorzugung des PE-Investors gegenüber anderen Aktionären also sachlich berechtigt sein.[813]

D. Zwischenergebnis

Die informationelle Sonderbehandlung des PE-Investors gegenüber Mitaktionären wird oftmals im Interesse der Gesellschaft liegen, da sich der PE-Investor nur so aktiv an der Überwachung des Portfolio-Unternehmens und der *Corporate Governance* beteiligen kann. Die selektive informationelle Bevorzugung des PE-Investors sowie ggf. weiterer ausgewählter Aktionäre ist zur Erreichung dieses Zwecks auch erforderlich; eine gleichmäßige Information aller Aktionäre scheidet angesichts der hohen Kosten einer intensiven Aktionärskommunikation sowie des schützenswerten Interesses des Portfolio-Unternehmens, den Kreis der Mitwisser möglichst klein zu halten, in der Regel aus. Eine effiziente Ungleichbehandlung einzelner Aktionäre ist nach der bestehenden Rechtslage mit dem deutschen Aktienrecht und der darin geregelten Kompetenzordnung in der AG vereinbar, sofern die Voraussetzungen des § 53a AktG eingehalten werden. Die informationelle Bevorzugung des PE-Investors knüpft dabei an dessen funktionaler Stellung als aktivem Aktionär an, nicht an seiner Beteiligungshöhe; eine informationelle Bevorzugung kann also auch dann gerechtfertigt sein, wenn der PE-Investor nur eine Minderheitsbeteiligung hält (etwa bei PIPE-Transaktionen). Strategische oder weitere institutionelle Investoren, die sich in vergleichbarem Umfang wie der PE-Investor

---

810 Zf. 6.1 Satz 1 DCGK.

811 Vgl.: *Heuser*, Shareholder Activism, S. 179; schon nach altem Wortlaut für einen Gleichlauf mit dem allgemeinen Gleichbehandlungsgebot (§ 53a AktG): *Verse*, Gleichbehandlungsgrundsatz, S. 526.

812 *Heuser*, Shareholder Activism, S. 179.

813 Vgl. hierzu die Ausführungen unter: § 7, S. 122ff.

an der Überwachung des Portfolio-Unternehmens und der *Corporate Governance* beteiligen möchten und sich ihrerseits zur Geheimhaltung verpflichten, sind dem PE-Investor in der Regel informationell gleichzustellen. Institutionelle Investoren, die sich lediglich passiv an dem Portfolio-Unternehmen beteiligen, sowie bestimmte (aktivistische) Aktionäre, die mit den erlangten Informationen unternehmensfeindliche Motive oder gesellschaftsexterne Partikularinteressen verfolgen, dürfen gegenüber dem PE-Investor informationell benachteiligt werden. Eine informationelle Ungleichbehandlung von Kleinaktionären dürfte typischerweise zulässig sein, da diese ihre Beteiligung in der Regel als reine Kapitalanlage betrachten und sich üblicherweise nicht aktiv am Unternehmensleben beteiligen (können). Dies gilt für die Kleinaktionäre einer börsennotierten AG ebenso wie für nicht unternehmerisch aktive Kleinaktionäre einer personalistisch geprägten AG. Der Vorstand muss im Falle der informationellen Bevorzugung des PE-Investors jedoch im Rahmen seiner Möglichkeiten sicherstellen, dass diese Bevorzugung im Ergebnis nicht zu einer wirtschaftlichen Schlechterstellung der übrigen Aktionäre führt, etwa weil sie dem PE-Investor die Durchführung von Maßnahmen zu Lasten dieser Aktionäre ermöglicht (zum Beispiel einen *Squeeze-out* gegen zu geringe Barabfindung). Sofern der Vorstand die Interessen der anderen Aktionäre gefährdet sieht, muss er diese ggf. aufklären und insoweit auf einen Informationsgleichstand hinwirken.

§ 8. Insiderrechtliche Beschränkungen

Im Folgenden ist zu prüfen, ob und unter welchen Voraussetzungen ein exklusiver Informationsaustausch zwischen dem Vorstand des Portfolio-Unternehmens und dem PE-Investor zulässig ist, wenn das Portfolio-Unternehmen börsennotiert ist. Börsennotierte Unternehmen müssen bei der unternehmensinternen und -externen Kommunikation neben den Vorschriften des Handels-, Aktien- und Gesellschaftsrechts[814] noch die kapitalmarktrechtlichen Vorschriften beachten. Da das kapitalmarktrechtliche Gleichbehandlungsgebot (§ 48 Abs. 1 Nr. 1 WpHG) inhaltsgleich mit dem aktienrechtlichen Gleichbehandlungsgebot (§ 53a AktG) ist[815] und auf Rechtsprechung und Schrifttum hierzu zurückgegriffen werden kann,[816] wird insoweit auf die Ausführungen oben Bezug genommen.[817]

---

814 Siehe hierzu bereits die Ausführungen in den vorangegangenen Abschnitten unter § 4 bis § 7, S. 65ff.

815 *Kiem*, Habersack/Mülbert/Schlitt, Kapitalmarktinformation, § 12 Rn. 8; *Mülbert*, Assmann/Schneider, WpHR, § 48 WpHG Rn. 9; *Heidelbach*, Schwark/Zimmer, KMRK, WpHG, § 30a Rn. 9; *Fleischer/Bedkowski*, DB 2009, 2195, 2199; *Fleischer*, ZGR 2009, 505, 528.

816 *Kiem*, Habersack/Mülbert/Schlitt, Kapitalmarktinformation, § 12 Rn. 8.

817 Siehe hierzu bereits die Ausführungen unter: § 7, S. 122ff.

A. Verbot der Offenlegung von Insiderinformationen

Der Vorstand eines börsennotierten Portfolio-Unternehmens muss neben der aktienrechtlichen Verschwiegenheitspflicht das kapitalmarktrechtliche Verbot der Offenlegung von Insiderinformationen beachten.[818] Dieses ist mit Inkrafttreten der EU-Marktmissbrauchsverordnung (MAR)[819] nunmehr mit unmittelbarer Wirkung für alle EU-Mitgliedstaaten europarechtlich geregelt, bedarf also keiner Umsetzung in nationales Recht.[820] Um beurteilen zu können, ob und inwieweit eine Offenlegung von Insiderinformationen seitens des Portfolio-Unternehmens gegenüber dem PE-Investor mit der MAR vereinbar ist, sollen zunächst der Anwendungsbereich und die Tatbestandsvoraussetzungen des Tatbestands untersucht werden.

I. Persönlicher Anwendungsbereich

Nach dem Offenlegungsverbot dürfen Personen, die über Insiderinformationen verfügen, diese grundsätzlich gegenüber keiner anderen Person offenlegen.[821] Adressat des Verbots sind insbesondere die Mitglieder des Vorstands und des Aufsichtsrats des Portfolio-Unternehmens.[822] Das Verbot der Offenlegung von Insiderinformationen gilt grundsätzlich gegenüber jeder natürlichen oder juristischen Person, also auch gegenüber den Aktionären des Unternehmens.[823]

II. Sachlicher Anwendungsbereich

Der Begriff der *Insiderinformation* ist identisch mit dem im Rahmen der *Ad-hoc*-Publizitätspflicht.[824] Erfüllt eine Information nicht die Voraussetzungen des Art. 7 MAR, ist eine Offenlegung der Information gegenüber dem PE-Investor insiderrechtlich nicht zu beanstanden.[825] Selbiges gilt, wenn eine (ursprüngliche)

---

818 Art. 14 lit. c) i.V.m. Art. 10 MAR; vor Erlass der MAR auf nationaler Ebene geregelt in § 14 Abs. 1 Nr. 2 WpHG a.F.

819 *Market Abuse Regulation*, kurz: „MAR“ (siehe hierzu bereits Fn. 21).

820 Art. 39 Abs. 2 MAR, 288 Unterabs. 2 Satz 2 AEUV.

821 *Zetzsche*, NZG 2015, 817; *Krause*, CCZ 2014, 248, 253.

822 Zum Kreis der Insider allgemein: *Schlitt*, Habersack/Mülbert/Schlitt, Unternehmensfinanzierung, § 38 Rn. 26; *Hopt/Kumpan*, Schimansky/Bunte/Lwowski, BankR-Hdb., § 107 Rn. 122.

823 Zur alten, insoweit aber noch immer anwendbaren Rechtslage unter § 14 WpHG a.F.: *Mennicke*, Fuchs, WpHG, § 14 Rn. 184; *Rothenhöfer*, Kümpel/Wittig, Bank- und Kapitalmarktrecht, Rn. 3.547.

824 *Poelzig*, NZG 2016, 528, 531; *Krause*, CCZ 2014, 248, 250; *Krämer/Teigelack*, Börsen-Zeitung, 21.6.2014, S. 13; siehe zum Begriff der Insiderinformation die Ausführungen unter: § 4.B.II.1, S. 73ff.

825 Vgl. zur alten, aber insoweit noch immer anwendbaren Rechtslage unter § 14 WpHG a.F.: *Fleischer*, ZGR 2009, 505, 512; *Drygala*, WM 2001, 1313, 1320; *Verse*, Gleichbehandlungsgrundsatz, S. 533f.

Insiderinformation *ad hoc* veröffentlicht worden ist und somit den Charakter einer Insiderinformation verloren hat.[826] Der Terminus *Offenlegung* umfasst gleichermaßen die Tatmodalitäten des *Mitteilens* (wobei es nicht auf die Art der Kommunikation ankommt) und des *Zugänglichmachens* (bei der der Empfänger selbst in die Lage versetzt wird, sich ohne wesentliche Schwierigkeiten Kenntnis von der Information zu verschaffen).[827]

Da Insiderinformationen, wie gezeigt,[828] in der Regel *ad hoc* zu veröffentlichen sind, verbleibt ein Anwendungsbereich für die Vorschrift vor allem hinsichtlich solcher Insiderinformationen, deren Veröffentlichung das Portfolio-Unternehmen aufgeschoben[829] oder, etwa aufgrund einer Fehleinschätzung der Offenlegungspflicht, pflichtwidrig unterlassen hat. Ein Verstoß gegen das Verbot der Offenlegung könnte etwa anzunehmen sein, wenn das Portfolio-Unternehmen den PE-Investor über konkrete geplante Grundlagengeschäfte oder *M & A*-Vertragsverhandlungen[830] mit Dritten informiert, sofern die Verhandlungen als solche oder die im Rahmen der Kommunikation mitgeteilten Umstände Insiderinformationen darstellen. Das Verbot der Offenlegung greift nicht, wenn die Offenlegung der Insiderinformation etwa aufgrund von gesellschaftsrechtlichen, kapitalmarktrechtlichen oder kartellrechtlichen Mitteilungspflichten, die sich gegenüber dem Verbot der Offenlegung von Insiderinformationen und dessen Zielen durchsetzen, gesetzlich angeordnet ist.[831]

---

826 Zum Verhältnis zwischen dem Verbot der Weitergabe von Insiderinformationen und der *Ad-hoc*-Publizitätspflicht nach alter Rechtslage (WpHG a.F.): *Mennicke*, Fuchs, WpHG, § 14 Rn. 221; *Hopt*, ZGR 1997, 1, 22f.; vgl.: *Schneider/Singhof*, FS Kraft, S. 585, 595.

827 *Assmann*, Assmann/Schneider, WpHR, Art. 10 MAR Rn. 11, 13; *Schlitt*, Habersack/Mülbert/Schlitt, Unternehmensfinanzierung, § 38 Rn. 43; *Hopt/Kumpan*, Schimansky/Bunte/Lwowski, BankR-Hdb., § 107 Rn. 103 m.w.N. zur alten Rechtslage unter § 14 WpHG a.F.; vgl. zur alten Rechtslage: *Sethe*, Assmann/Schütze, Hdb. KapitalanlageR, § 8 Rn. 118, Rn. 121; *Szesny*, Böttger, WiPra, Kap. 6 Rn. 109f.

828 Siehe hierzu die Ausführungen unter: § 4.B.II, S. 71ff.

829 *Bühren*, NZG 2017, 1172 m.w.N.; Siehe hierzu die Ausführungen unter: § 4.B.II.2.b), S. 75ff.

830 Siehe zur Insiderinformationseigenschaft von *M & A*-Verhandlungen bereits die Ausführungen unter: § 4.B.II.2.b), S. 75ff.

831 *Assmann*, Assmann/Schneider, WpHR, Art. 10 MAR Rn. 24, 30 („*Meldepflichten bei Veränderungen von Stimmrechtsanteilen nach § 33 WpHG gegenüber dem Emittenten*", „*Melde-, Mitteilungs- und Anzeigepflichten gegenüber der BaFin*", „*Anmelde- und Anzeigepflichten gegenüber dem BKartA (etwa nach § 39 GWB)*"); zur alten Rechtslage unter § 14 WpHG a.F.: *Mennicke*, Fuchs, WpHG, § 14 Rn. 223f.; *Renz/Rippel*, Hellner/Steuer, BuB, Rn. 7/722; vgl. ferner: *Grunewald/Schlitt*, Kapitalmarktrecht, S. 270 m.w.N.; *Sethe*, Assmann/Schütze, Hdb. KapitalanlageR, § 8 Rn. 129; *Hilgendorf*, Park, Kapitalmarktstrafrecht, § 14 Rn. 181; *Schwark/Kruse*, Schwark/Zimmer, KMRK, WpHG, § 14 Rn. 55.

B. Offenlegung „im normalen Geschäftsgang"

Das Verbot der Offenlegung gilt nicht ausnahmslos. Die Offenlegung von Insiderinformationen ist ausnahmsweise zulässig, wenn die Offenlegung „*im Zuge der normalen Ausübung einer Beschäftigung oder eines Berufs oder der normalen Erfüllung von Aufgaben*" (kurz: „*im normalen Geschäftsgang*"[832]) geschieht.[833]

I. Grundsätze zur Konkretisierung der Generalklausel

Art. 10 Abs. 1 Unterabs. 1 2. Halbs. MAR ist als Generalklausel ausgestaltet.[834] Die MAR gibt weder im verfügenden Teil noch in ihren Erwägungsgründen Hinweise darauf, wie der Tatbestand zu konkretisieren ist. Der Wortlaut ist jedoch nahezu identisch mit dem seiner Vorgängervorschrift in der EG-Marktmissbrauchsrichtlinie[835] sowie deren Vorgängervorschrift in der EG-Insiderrichtlinie[836]. Die Voraussetzungen der EG-Insiderrichtlinie hatte der deutsche Gesetzgeber wiederum in dem nunmehr durch die MAR aufgehobenen und durch deren insiderrechtliche Regelungen ersetzten[837] § 14 Abs. 1 WpHG a.F. umgesetzt, wonach es Insidern verboten war, „*einem anderen eine Insidertatsache unbefugt mitzuteilen oder zugänglich zu machen*".[838] Inhaltlich meinte § 14 WpHG a.F. trotz des abweichenden Wortlauts dasselbe wie die Richtlinienvorschriften.[839] Nach einhelliger Meinung waren sowohl die Befugnis zur Weitergabe von Insiderinformationen im Rahmen des § 14 Abs. 1 Nr. 2 WpHG a.F. als auch die Frage, ob eine Weitergabe von Informationen „*im normalen Rahmen*" der Aufgabenerfüllung etc. im Sinne des Art. 3 lit. a) der EG-Marktmissbrauchsrichtlinie erfolgt, im Wege einer Abwägung der Ziele des Insiderrechts mit den Funktionserfordernissen rechtlicher und wirtschaftlicher

---

832 *Zetzsche*, NZG 2015, 817, 818.

833 Art. 10 Abs. 1 Unterabs. 1 2. Halbs. MAR.

834 *Fuhrmann*, WM 2018, 593, 595.

835 Art. 3 lit. a) der EG-Marktmissbrauchsrichtlinie: „*Die Mitgliedstaaten untersagen den Personen, die dem Verbot nach Art. 2 [Anm. d. Verf.: Art. 2 regelt das Verbot zur Vornahme von Insidergeschäften] unterliegen, a) Insider-Informationen an Dritte weiterzugeben, soweit dies nicht im normalen Rahmen der Ausübung ihrer Arbeit oder ihres Berufes oder der Erfüllung ihrer Aufgaben geschieht [...]*".

836 Art. 3 lit. a) der EG-Insiderrichtlinie: „*Jeder Mitgliedstaat untersagt den Personen, die dem Verbot nach Art. 2 [Anm. d. Verf.: Art. 2 regelt das Verbot zur Vornahme von Insidergeschäften] unterliegen und über eine Insider-Information verfügen, a) diese Insider-Information an einen Dritten weiterzugeben, soweit dies nicht in einem normalen Rahmen in Ausübung ihrer Arbeit oder ihres Berufes oder in Erfuellung [sic] ihrer Aufgaben geschieht [...]*".

837 Art. 37 S. 1 MAR.

838 *Assmann*, Assmann/Schneider, WpHR, Art. 10 MAR Rn. 17; *Schroeder*, DB 1999, 2161, 2164; vgl.: *Ziegler*, DStR 2000, 249, 253.

839 *Klöhn*, KK-WpHG, § 14 Rn. 286ff.

Institutionen zu ermitteln.[840] Der europäische Gesetzgeber hat mit Art. 10 Abs. 1 Unterabs. 1 MAR nicht nur die Regelungstechnik in Form einer Generalklausel beibehalten, sondern auch nahezu vollständig an dem Wortlaut beider EU-Richtlinien festgehalten. Somit ist zur Bestimmung, ob die Offenlegung von Insiderinformationen im normalen Geschäftsgang erfolgt, auch weiterhin eine Abwägung des Interesses des Insiders (Offenlegungsinteresse) einerseits und den Zielen des Insiderrechts (Marktinteresse an der Informationseindämmung) andererseits vorzunehmen.[841]

II. Grundsätze für die Interessenabwägung

1. Maßgebliche Rechtsordnung

Nach ständiger Rechtsprechung des EuGH gebieten die einheitliche Anwendung des Gemeinschaftsrechts und der Gleichheitsgrundsatz, dass die in Vorschriften des Gemeinschaftsrechts verwendeten Begriffe in der Regel in der gesamten Gemeinschaft autonom und einheitlich ausgelegt werden (jedenfalls sofern die Vorschriften nicht explizit auf das Recht der Mitgliedstaaten verweisen).[842] Nach dem *Grøngaard & Bang*-Urteil des EuGH jedoch sollte die Frage, *„ob etwas in einem normalen Rahmen in Ausübung einer Arbeit oder eines Berufes oder in Erfüllung einer*

---

840 *Assmann*, Assmann/Schneider, WpHR, Art. 10 MAR Rn. 17; zu Art. 3 Abs. 1 lit. a) der Richtlinie 89/592/EWG: EuGH, Urt. v. 22.11.2005 – C-384/02 (Knud Grøngaard, Allan Bang), NZG 2006, 60, 61 Rn. 33f.; vgl. zu § 14 WpHG a.F.: *Klöhn*, KK-WpHG, § 14 Rn. 294; *Rothenhöfer*, Kümpel/Wittig, Bank- und Kapitalmarktrecht, Rn. 3.553; *Mennicke*, Fuchs, WpHG, § 14 Rn. 202f.; *Assmann*, AG 1997, 50, 55; *Schneider/Singhof*, FS Kraft, S. 585, 590f.; *Krauel*, Insiderhandel, S. 294; *Schäfer*, Schäfer/Hamann, KMG, § 14 WpHG Rn. 30; *ders.*, Marsch-Barner, Hdb. börsennotierte AG, § 14 Rn. 46; *Lenenbach*, Kapitalmarktrecht, Rn. 13.155; *Cloppenburg/Kruse*, WM 2007, 1109, 1111; *Frhr.v.Falkenhausen/Widder*, BB 2004, 165, 166; *Rittmeister*, NZG 2004, 1032, 1035; *Ziemons*, AG 1999, 492, 497.

841 Vgl.: *Assmann*, Assmann/Schneider, WpHR, Art. 10 MAR Rn. 17, nach dem bei der Bestimmung der Unrechtmäßigkeit einer Informationsweitergabe im Rahmen des Art. 10 MAR auch weiterhin *„auf die Grundsätze zurückgegriffen werden [kann], die (...) sich zu dem Tatbestandsmerkmal „unbefugt" und zur Befugnis der Weitergabe und Zugänglichmachung von Insiderinformationen des § 14 Abs. 1 Nr. 2 WpHG a.F. herausgebildet hatten"*; vgl. ferner zur Abwägung unter der alten Rechtslage unter § 14 WpHG a.F.: *Klöhn*, KK-WpHG, § 14 Rn. 294.

842 EuGH, Urt. v. 16.4.2015 – C-388/13, GRUR 2015, 600, 601 Rn. 33; EuGH, Urt. v. 3.10.2013 – C-59/12, GRUR 2013, 1159, 1160 Rn. 25; EuGH, Urt. v. 30.6.2011 – C-271/10, GRUR 2011, 913 Rn. 25; EuGH, Urt. v. 27.1.2005 – C-188/03, NJW 2005, 1099, 1099f. Rn. 29; EuGH, Urt. v. 6.2.2003 – Rs. C-245/00, GRUR 2003, 325, 326 Rn. 23; EuGH, Urt. v. 9.11.2000 – C-357/98, BeckRS 2004, 76705 Rn. 26; vgl. auch: Schlussantrag des Generalanwalts Niilo Jääskinen vom 10.9.2015 in der Rechtssache C-471/14 vor dem EuGH, BeckRS 2015, 81119 Rn. 22; BGH, Beschl. v. 18.1.2012 – I ZR 170/10, GRUR 2012, 288, 289 Rn. 10.

Aufgabe"[843] geschehe, „*in Ermangelung einer Harmonisierung in diesem Bereich [...] weitestgehend nach den Vorschriften, die diese Fragen in den einzelnen nationalen Rechtsordnungen regeln*", zu beurteilen sein.[844] Genauer sollte sich die Prüfung, ob ein Interesse des Emittenten an der Weitergabe einer Insiderinformation besteht und welche Bedeutung diesem Interesse zukommt, nach den Wertungen des nationalen Rechts richten.[845] So sollte etwa das nationale Gesellschaftsrecht herangezogen werden bei der Beurteilung, ob ein Vorstands- oder Aufsichtsratsmitglied eine Insiderinformation an den Großaktionär der Gesellschaft weitergeben darf.[846]

Dies lässt sich auch auf die Rechtslage unter der MAR übertragen.[847] Zwar wollte der europäische Gesetzgeber mit der MAR (soweit sie den Mitgliedstaaten nicht explizit eigene Befugnisse einräumt) im Wesentlichen eine Vollharmonisierung hinsichtlich des Gegenstands der MAR erreichen.[848] Allerdings sind die Lebensbereiche, in deren Rahmen die Offenlegung von Insiderinformationen erfolgt, auch zu Zeiten der MAR bzw. durch die MAR (noch) nicht europarechtlich harmonisiert[849] (siehe beispielsweise die Regelungen zum Informationsfluss zwischen Vorstand und Aufsichtsrat in einer deutschen AG[850]). Ferner spricht für eine Beurteilung nach nationalem Recht, dass der europäische Gesetzgeber von der Möglichkeit, der *EU-Kommission* oder der *ESMA* Befugnisse zur weiteren Konkretisierung des Tatbestands auf der zweiten oder dritten Stufe des *Lamfalussy*-Verfahrens[851] einzuräumen, keinen Gebrauch gemacht hat.[852] Die Frage, ob der offenlegende Insider ein legitimes Interesse verfolgt und welches Gewicht diesem zukommt, ist also nach nationalem Recht zu beantworten; die damit in Abwägung

---

843 Siehe Fn. 836.

844 EuGH, Urt. v. 22.11.2005 – C-384/02 (Knud Grøngaard, Allan Bang), NZG 2006, 60, 61 Rn. 40.

845 *Klöhn*, KK-WpHG, § 14 Rn. 293.

846 *Veil*, Veil, Europ. KapitalmarktR, 3. Kapitel, § 13 Rn. 106.

847 *Schäfer*, Marsch-Barner, Hdb. börsennotierte AG, § 14 Rn. 48.

848 *Klöhn*, AG 2016, 423, 425; *Veil*, ZBB/JBB 2014, 85, 87; *ders./Koch*, WM 2011, 2297, 2298; so wohl auch: *Seibt/Wollenschläger*, AG 2014, 593, 599; vgl. ferner: *Poelzig*, NZG 2016, 528, 529f.; *Tissen*, NZG 2015, 1254; *v.Buttlar*, BB 2014, 451, 453; *Seibt*, ZHR 177 (2013), 388, 410f.; *Teigelack*, BB 2012, 1361, 1362; vgl. ferner: Erwägungsgründe 3 bis 5 zur MAR.

849 Vgl.: *Schäfer*, Marsch-Barner, Hdb. börsennotierte AG, § 14 Rn. 48.

850 So zur alten Rechtslage mit Bezug auf Art. 3 lit a) der EG-Marktmissbrauchsrichtlinie: *Klöhn*, KK-WpHG, § 14 Rn. 290.

851 Unter dem sog. *Lamfalussy*-Verfahren versteht man ein Komitologieverfahren, bei dem mit Vertretern der Mitgliedstaaten besetzte Ausschüsse durch die Kommission in die Entwicklung von Durchführungsmaßnahmen zu europäischen Rechtsakten einbezogen werden (*Weber-Rey/Baltzer*, Hopt/Wohlmannstetter, S. 440; vgl. hierzu ferner: *Walla*, Veil, Europ. KapitalmarktR, 1. Kapitel, § 4 Rn. 4ff.).

852 Dahingehend, im Ergebnis jedoch offen: *Zetzsche*, NZG 2015, 817, 819.

zu bringenden Ziele des Insiderrechts sowie der Prüfungsrahmen (also die Regeln, nach denen die Interessenabwägung erfolgt), richten sich nach Europarecht.[853]

2. *Widerstreitende Interessen*

Um ermitteln zu können, ob das Interesse des Portfolio-Unternehmens an einer exklusiven Vorabversorgung des PE-Investors mit Insiderinformationen im (Einzel-)Fall zu lässig sein kann, müssen im Folgenden zunächst abstrakt die Ziele des Insiderrechts der MAR einerseits und das mögliche Interesse des Portfolio-Unternehmens an der Offenlegung von Insiderinformationen gegenüber dem PE-Investor andererseits dargestellt werden.

a) Ziele des Insiderrechts

Die MAR dient dem Zweck, *„die Integrität des Finanzmarkts zu schützen und das Vertrauen der Investoren zu stärken, das wiederum auf der Gewissheit beruht, dass die Investoren gleichbehandelt und vor der missbräuchlichen Verwendung von Insiderinformationen geschützt werden"*.[854] Durch Maßnahmen wie die unrechtmäßige Offenlegung von Insiderinformationen werde eine *„vollständige und ordnungsgemäße Markttransparenz"* verhindert, welche wiederum Voraussetzung dafür sei, *„dass alle Wirtschaftsakteure an integrierten Finanzmärkten teilnehmen"* könnten.[855] Das Verbot der Offenlegung von Insiderinformationen soll den Einfluss von Insiderinformationen auf das Marktgeschehen bereits im Vorfeld verhindern und das Risiko der Verwendung von Insiderinformationen dadurch einschränken, dass der Kreis der Insider (also der Mitwisser) möglichst klein gehalten wird.[856]

b) Offenlegungs- bzw. Emittenteninteresse

Die Offenlegung der Insiderinformation muss zur Förderung eines anerkennenswerten Zwecks, also eines legitimen Offenlegungsinteresses, geeignet sein.[857] Ein

853 So zur alten Rechtslage vor Inkrafttreten der MAR: *Klöhn*, KK-WpHG, § 14 Rn. 293, der anstelle von den *Zielen des Insiderrechts* von dem *Marktinteresse* spricht, was im Ergebnis jedoch das Gleiche meint (in Rn. 287 spricht er etwa von dem *„Informationseindämmungsinteresse des Marktes"*; vgl. ferner: EuGH, Urt. v. 22.11.2005 – C-384/02 (Knud Grøngaard, Allan Bang), NZG 2006, 60, 62 Rn. 50ff.

854 Erwägungsgrund 24 zur MAR.

855 Erwägungsgrund 7 zur MAR.

856 *Schlitt*, Habersack/Mülbert/Schlitt, Unternehmensfinanzierung, § 38 Rn. 42; vgl. zur alten, insoweit aber noch immer anwendbaren Rechtslage unter § 14 WpHG a.F.: *Klöhn*, KK-WpHG, § 14 Rn. 258; *Mennicke*, Fuchs, WpHG, § 14 Rn. 182, 202; *Grunewald/Schlitt*, Kapitalmarktrecht, 269; *Rothenhöfer*, Kümpel/Wittig, Bank- und Kapitalmarktrecht, Rn. 3.546; *Schneider/Singhof*, FS Kraft, S. 585, 589; vgl. ferner: *Süßmann*, AG 1999, 162, 163.

857 So zur alten Rechtslage vor Inkrafttreten der MAR: *Klöhn*, KK-WpHG, § 14 Rn. 296ff. (*„Weitergabeinteresses"*).

solcher legitimer Zweck kann nur in der Förderung eines Interesses des offenlegenden Insiders, nicht in der Förderung eines Interesses des Empfängers liegen.[858] Fraglich ist, wie das Interesse des Emittenten zu bestimmen ist.

1) Begriff des Emittenteninteresses

i. Meinungsstand

Wie bei der nicht börsennotierten AG könnte zur Ermittlung des Emittenteninteresses wiederum auf das *Gesellschaftsinteresse* oder das *Unternehmensinteresse* abgestellt werden.[859] Darüber hinaus kommt bei der börsennotierten Gesellschaft noch ein kapitalmarktspezifisches Verständnis des Emittenteninteresses in Betracht (sog. *Security-Holder-Value*-Ansatz).[860] Danach sind die Interessen sämtlicher Inhaber der von dem Emittenten begebenen und zum organisierten Markt zugelassenen Finanzinstrumente zu berücksichtigen; dies schließt neben den Aktionären auch Anleihegläubiger ein (nicht jedoch Arbeitnehmer oder Gläubiger des Emittenten, sofern diese nicht ebenfalls Finanzinstrumente besitzen).[861]

ii. Stellungnahme

Die Anwendung des *Security-Holder-Value*-Ansatzes wurde vor allem mit dem Wortlaut des § 6 Satz 2 WpAIV begründet, der nicht abschließende Fallbeispiele für ein mögliches berechtigtes Interesse eines Emittenten an einer Verzögerung der Veröffentlichung von Insiderinformationen nennt und zur Ermittlung dieses berechtigten Interesses auf die *Interessen der Anleger* abstellt.[862] Der europäische Gesetzgeber hat beide Fallkonstellationen des § 6 Satz 2 WpAIV[863] in

---

858 So bereits zu Art. 3 lit. a) der EG-Marktmissbrauchsrichtlinie 2003/6/EG: *Klöhn*, KK-WpHG, § 14 Rn. 299f. m.w.N.; vgl. ferner: *Mennicke*, Fuchs, WpHG, § 14 Rn. 207 („*Wahrung berechtigter und gegenüber den Zielen des Insiderrechts überwiegender Interessen des Unternehmens oder einer sonstigen Person, welche die Information zur Erfüllung ihrer Aufgaben etc einem anderen zugänglich machen will*"); *Bachmann*, ZHR 172 (2008), 597, 623 („*für die Weitergabe streitenden Interessen des Weitergebenden*"); *Hasselbach*, NZG 2004, 1087, 1090 („*Interesse des Insiders*"); *Veil*, ZHR 172 (2008), 239, 269 („*unerlässlich für die Wahrnehmung der Aufgaben des Informanten*").

859 So zur alten Rechtslage vor Erlass der MAR: *Klöhn*, KK-WpHG, § 14 Rn. 314, § 15 Rn. 190 („*stakeholder-value-Ansatz*" und „*shareholder-value-Ansatz*"). Siehe zu dem Meinungsstand bereits ausführlich die Ausführungen unter: § 6.B, S. 89ff.

860 Siehe hierzu: *Klöhn*, KK-WpHG, § 14 Rn. 314, § 15 Rn. 190.

861 So mit Bezug auf Finanzinstrumente im Sinne des § 2 Abs. 2b) WpHG: *Klöhn*, KK-WpHG, § 14 Rn. 314, § 15 Rn. 190.

862 Siehe hierzu die Ausführungen von: *Klöhn*, KK-WpHG, § 15 Rn. 191, der sich im Ergebnis jedoch für eine Anwendung des *Shareholder-value*-Ansatzes ausspricht.

863 Nämlich ein mögliches Interesse am Aufschub der Veröffentlichung von a) Gang oder Ergebnis laufender Verhandlungen und b) abgeschlossenen Verträgen oder

Erwägungsgrund 50 zur MAR in nahezu identischer Form als mögliche, nicht abschließende Fallbeispiele für ein Aufschubinteresse aufgenommen: Anders als bei § 6 Satz 2 Nr. 1 WpAIV stellt der europäische Gesetzgeber jedoch nicht auf die *Interessen der Anleger*, sondern auf die *Interessen der vorhandenen und potenziellen Aktionäre* ab.[864] Für den *Security-Holder-Value*-Ansatz bleibt unter der MAR somit kein Raum mehr. Vielmehr verdeutlicht die Bezugnahme auf die *Interessen der vorhandenen und potenziellen Aktionäre*, dass der europäische Gesetzgeber in der MAR wohl dem *Shareholder-Value*-Ansatz folgt; *potenzielle Aktionäre* meint nämlich nicht jegliche anderen Marktteilnehmer, die als potenzielle Erwerber von Aktien des Emittenten in Betracht kommen, sondern diejenigen Aktionäre, die während des Zeitraums der Geheimhaltung Aktien erwerben.[865] Bei einer anderen Lesart wären das Emittenteninteresse und das Marktinteresse deckungsgleich.[866] Somit ist die Abwägung auch hier am Gesellschaftsinteresse auszurichten.[867]

2) Offenlegungsinteresse des Portfolio-Unternehmens

Der Interessenabwägung liegt ein subjektiver Zweckbegriff zugrunde[868], sodass der Offenlegende den Offenlegungszweck selbst bestimmen kann.[869] Auch der EuGH nimmt in seinem *Grøngaard & Bang*-Urteil keinerlei Einschränkungen hinsichtlich der anerkennenswerten Zwecksetzungen vor; grundsätzlich kann daher jeder rechtlich zulässige Zweck die Offenlegung von Insiderinformationen rechtfertigen.[870] Wie gezeigt, wird ein Interesse des Portfolio-Unternehmens an der Offenlegung von Insiderinformationen gegenüber dem PE-Investor oftmals darin liegen, dass der PE-Investor sich nur auf Grundlage umfassender Informationen sinnvoll an der aktiven Überwachung und der *Corporate Governance* des Unternehmens beteiligen kann.[871]

---

getroffenen Entscheidungen, zu deren Wirksamkeit noch die Zustimmung eines weiteren Organs fehlt.

864 In der englischen Fassung: „*existing and potential shareholders*".

865 *Söhner*, BB 2017, 259, 261; mit Bezug auf die Richtlinie 2003/124/EG der Kommission zur Durchführung der EG-Insiderrichtlinie und deren mit Erwägungsgrund 50 zur MAR nahezu identischen Art. 3 Abs. 1 lit. a): *Klöhn*, KK-WpHG, § 15 Rn. 191.

866 *Klöhn*, KK-WpHG, § 15 Rn. 191 (siehe die Anm. in Fn. 865).

867 Siehe hierzu die Ausführungen unter: § 6.B, S. 89ff.

868 So zur Rechtslage vor Inkrafttreten der MAR: *Mennicke*, Fuchs, WpHG, § 14 Rn. 206, 208.

869 So zur Rechtslage vor Inkrafttreten der MAR: *Klöhn*, KK-WpHG, § 14 Rn. 303.

870 So zur Rechtslage vor Inkrafttreten der MAR: *Klöhn*, KK-WpHG, § 14 Rn. 298; vgl. auch: *Mennicke*, Fuchs, WpHG, § 14 Rn. 207; zur Rechtslage vor dem EuGH-Urteil: *Krauel*, Insiderhandel, 2000, S. 294 („*unternehmerischer Zweck [...], der rechtlich zulässig ist*").

871 Siehe hierzu ausführlich die Ausführungen unter: § 6.C, S. 101ff.

3. *Prüfungsmaßstab*

Nachdem die Ziele des Insiderrechts einerseits und das mögliche Interesse des Portfolio-Unternehmens andererseits bestimmt worden sind, ist nunmehr zu untersuchen, welchen Maßstab der Vorstand bei der Abwägung der widerstreitenden Interessen und damit der Frage, ob er Insiderinformationen an den PE-Investor weiterreicht, zugrunde legen muss.

a) Rechtslage vor dem Grøngaard & Bang-Urteil

Vor dem *Grøngaard & Bang*-Urteil des EuGH war es herrschende Meinung, dass die Weitergabe von Insiderinformationen nur befugt[872] ist, wenn sie mit Blick auf den normalen Rahmen der Ausübung des Berufs, der Tätigkeit oder der Erfüllung der Aufgaben des Insiders *erforderlich* ist.[873] Nach diesem Verständnis musste die Informationsweitergabe jedoch nicht *zwingend erforderlich* für die Berufsausübung sein.[874] Zu prüfen war vielmehr, ob vernünftige Gründe die Weitergabe der Information unter Berücksichtigung der normalen Aufgaben, Tätigkeit oder des Berufs sachlich rechtfertigen und die Weitergabe in Abwägung mit dem mit ihr verbundenen Risiko von Insidergeschäften hinnehmbar ist.[875]

---

872 § 14 Abs. 1 Nr. 2 WpHG a.F.

873 *Assmann*, Assmann/Schneider, WpHR, Art. 10 MAR Rn. 19; Vgl.: *Assmann*, AG 1997, 50, 55; *Schneider/Singhof*, FS Kraft, S. 585, 603 („*Grundsatz der Zweckerreichung*"); *U.H. Schneider*, FS Wiedemann, 1255, 1262; vgl. ferner: *Schäfer*, Schäfer/Hamann, KMG, WpHG, § 14 Rn. 27 („*notwendig*"); *Sethe*, ZBB 2006, 243, 250.

874 *Frhr.v.Falkenhausen/Widder*, BB 2004, 165, 166f.; *Ziemons*, AG 1999, 492, 497; *Assmann*, WM 1996, 1337, 1349; vgl. ferner: *Assmann*, Assmann/Schneider, WpHR, Art. 10 MAR Rn. 19; so hingegen noch u.a.: *Assmann*, AG 1994, 237, 247; *ders.*, ZGR 1994, 494, 520; so wohl auch: *Kümpel*, WM 1996, 653, 657 („*sollten nicht mehr Personen als notwendig mit Insiderinformationen in Berührung kommen*").

875 *Assmann*, Assmann/Schneider, WpHR, Art. 10 MAR Rn. 19; *ders.*, AG 1997, 50, 55; *Schmidt-Diemitz*, DB 1996, 1809, 1810; *Süßmann*, AG 1999, 162, 163f. („*der Begriff der befugten Weitergabe*" sei nicht zu eng zu definieren; es könne „*nicht darauf ankommen, ob die Weitergabe notwendig oder erforderlich ist*"), 167 („*je nach Einzelfall eine vorherige Information der Großaktionäre zweckmäßig*"); *Cloppenburg/Kruse*, WM 2007, 1109, 1111, die sowohl den Terminus *erforderlich* als auch die Formulierung *im normalen Rahmen* als „*Abwägungsbegriff*" bezeichnen; *Frhr.v.Falkenhausen/Widder*, BB 2004, 165, 166; vgl. ferner: *Götz*, DB 1995, 1949, 1950, der zusätzlich jedoch noch eine Pflicht des Empfängers zur Verschwiegenheit über die betreffenden Insiderinformationen forderte, sei es aus Gesetz oder aus Vertrag (siehe hierzu die Ausführungen weiter unten unter: § 8.B.III.3.e), S. 175); vgl. ferner: *Sethe*, Assmann/Schütze, Hdb. KapitalanlageR, § 8 Rn. 126f.; *ders.*, ZBB 2006, 243, 250; *Szesny*, Böttger, WiPra, Kap. 6 Rn. 112.

b) Grøngaard & Bang-Rechtsprechung des EuGH

Der EuGH hat in seinem Urteil in Sachen *Grøngaard & Bang* von 2005 zu Art. 3 lit. a) der EG-Insiderrichtlinie ausgeführt, die Weitergabe von Insiderinformationen im normalen Geschäftsgang könne nur zulässig sein, wenn sie für die Berufsausübung oder Aufgabenerfüllung „*unerlässlich*" sei und „*den Grundsatz der Verhältnismäßigkeit*" beachte.[876] Ferner solle im Rahmen der gerichtlichen Prüfung stets berücksichtigt werden, dass es sich bei dem Tatbestand um eine „*eng auszulegende Ausnahme*" handele[877] und sich mit jeder weiteren Informationsweitergabe auch die Gefahr der zweckwidrigen[878] Verwendung der Insiderinformationen vergrößere.[879] Mit der (wohl) herrschenden Meinung ist die Rechtsprechung des EuGH und *in concreto* der darin verwendete Terminus *unerlässlich* jedoch weiter im Sinne von *erforderlich* zu verstehen.[880] Hierfür spricht, dass der EuGH selbst die Terminologie nicht konsequent durchhält: zunächst verwendet er den Terminus „*unerlässlich*" (englische Fassung: „*strictly necessary*"; dänische Fassung: „*strengt nødvendig*")[881], später führt er wiederum bloß Kriterien zur Beurteilung der „*Erforderlichkeit*" der Weitergabe (bzw. „*the need for a disclosure*" und „*nødvendig*")[882] an.[883] Doch auch unabhängig von dem vermeintlichen Kriterium der *Unerlässlichkeit* hat

876 EuGH, Urt. v. 22.11.2005 – C-384/02 (Knud Grøngaard, Allan Bang), NZG 2006, 60, 61 Rn. 34.

877 EuGH, Urt. v. 22.11.2005 – C-384/02 (Knud Grøngaard, Allan Bang), NZG 2006, 60, 61 Rn. 34, 62 Rn. 48; vgl. auch: *Hopt*, Schimansky/Bunte/Lwowski, BankR-Hdb., § 107 Rn. 105.

878 Gemeint war der Zweck der EG-Insiderrichtlinie (*Hopt/Kumpan*, in: Schimansky/Bunte/Lwowski, BankR-Hdb., § 107 Rn. 105).

879 EuGH, Urt. v. 22.11.2005 – C-384/02 (Knud Grøngaard, Allan Bang), NZG 2006, 60, 62 Rn. 48.

880 Siehe nur: *Klöhn*, KK-WpHG, § 14 Rn. 325ff.; *Schröder*, Hdb. Kapitalmarktstrafrecht, Rn. 289; *Sethe*, Assmann/Schütze, Hdb. KapitalanlageR, § 8 Rn. 128; *Lenenbach*, Kapitalmarktrecht, Rn. 13.160f.; so anscheinend auch: *Renz/Rippel*, Hellner/Steuer, BuB, Rn. 7/721; *Widder*, EWiR 2009, 687, 688; differenzierend: *Schwark/Kruse*, Schwark/Zimmer, KMRK, WpHG, § 14 Rn. 46a f.; (wohl) a.A.: *Gehrmann*, Das versuchte Insiderdelikt, S. 155ff.; *Lösler*, Habersack/Mülbert/Schlitt, Kapitalmarktinformation, § 2 Rn. 84, Rn. 87; *Bachmann*, ZHR 172 (2008), 597, 624; *Weber*, NJW 2006, 3685, 3687; *Leuering/Simon*, NJW-Spezial 2006, 507.

881 EuGH, Urt. v. 22.11.2005 – C-384/02 (Knud Grøngaard, Allan Bang), NZG 2006, 60, 61 Rn. 34.

882 EuGH, Urt. v. 22.11.2005 – C-384/02 (Knud Grøngaard, Allan Bang), NZG 2006, 60, 61 Rn. 36.

883 *Klöhn*, KK-WpHG, § 14 Rn. 325; vgl. ferner zur synonymen Verwendung von „*unerlässlich und verhältnismäßig*" sowie „*erforderlich*": *Schäfer*, Marsch-Barner, Hdb. börsennotierte AG, § 14 Rn. 46. Auch der Oberste Dänische Gerichtshof (*Højesteret*), der letztinstanzlich über den Fall *Grøngaard & Bang* zu entscheiden hatte, hat den Terminus *unerlässlich* weiter interpretiert i.S.v. *sachlich begründet*, zu Dänisch: „*sagligt begrundet*" (vgl. Pressemitteilung des *Højesteret* zum Urt. v. 14.5.2009 – 219/2008,

das *Grøngaard & Bang*-Urteil dem Umgang mit dem Tatbestand der Weitergabe von Insiderinformationen im normalen Geschäftsgang eine restriktivere Handhabung auferlegt.[884]

c) Fortgeltung der Grøngaard & Bang-Kriterien

Nach der wohl herrschenden Meinung ist auch das Offenlegungsverbot der MAR im Lichte der *Grøngaard & Bang*-Entscheidung des EuGH zu lesen.[885] Dies ist zu überprüfen.

1) Wortlaut und Historie des Offenlegungsverbots

Weder der Verordnungstext noch die Erwägungsgründe zur MAR nehmen Bezug auf die *Grøngaard & Bang*-Rechtsprechung, geschweige denn die darin aufgezeigte restriktive Handhabung des Tatbestands.[886] Allerdings ist der Wortlaut von Art. 10 Abs. 1 Unterabs. 1 2. Halbs. MAR nahezu identisch mit dem der Vorgängerregelungen der EG-Insiderrichtlinie[887] und der EG-Marktmissbrauchsrichtlinie[888]. Schon hinsichtlich der EG-Marktmissbrauchsrichtlinie hat die wohl

---

abrufbar unter: http://www.hoejesteret.dk/hoejesteret/nyheder/pressemeddelelser/Pages/2192008.aspx, zuletzt abgerufen am: 1.7.2017; siehe ferner die Mitteilung des Urteils von: *Köstler*, ZIP 2009, 1526).

884 Vgl.: *Mennicke*, Fuchs, WpHG, § 14 Rn. 206; *Rothenhöfer*, Kümpel/Wittig, Bank- und Kapitalmarktrecht, Rn. 3.554; *Hupka*, EuZW 2011, 860, 861; *Bachmann*, ZHR 172 (2008), 597, 624f.; *Veil*, ZHR 172 (2008), 239, 254, der in dem Urteil „*keinen Paradigmenwechsel, sondern eine Akzentverschiebung*" erkennt; *Gehrmann*, Das versuchte Insiderdelikt, S. 155ff.; *Sethe*, ZBB 2006, 243, 250; *Leuering/Simon*, NJW-Spezial 2006, 507; siehe ferner: *Lenenbach*, Kapitalmarktrecht, Rn. 13.162, der in dem Urteil zumindest eine „*Klarstellung [sieht], dass eine Informationsweitergabe insiderrechtlich nicht schon dann befugt ist, wenn sie für das Unternehmen zweckmäßig ist oder bisher allgemein üblich war*".

885 *Assmann*, Assmann/Schneider, WpHR, Art. 10 MAR Rn. 21; *Hopt/Kumpan*, in: Schimansky/Bunte/Lwowski, BankR-Hdb., § 107 Rn. 105; *Poelzig*, NZG 2016, 528, 534; *Bachmann*, VGR, Bd. 22 (2016), 135, 162; *Krause*, CCZ 2014, 248, 253; *Veil*, ZBB/JBB 2014, 85, 91f.; *Kiesewetter/Parmentier*, BB 2013, 2371, 2373; zum noch leicht zu Art. 17 MAR abweichenden Kommissionsentwurf ferner: *Teigelack*, BB 2012, 1361, 1364; *Veil/Koch*, WM 2011, 2297, 2300 (Fn. 74); a.A.: *Sethe*, Assmann/Schütze, Hdb. KapitalanlageR, § 8 Rn. 128; *Zetzsche*, NZG 2015, 817, 821; vgl. zu Art. 11: *Tissen*, NZG 2015, 1254, 1255f.

886 A.A.: *Hopt/Kumpan*, in: Schimansky/Bunte/Lwowski, BankR-Hdb., § 107 Rn. 105, die von einer „*engen Orientierung des EU-Verordnungsgebers der MAR an der Rechtsprechung des EuGH*" ausgehen; dies leuchtet nicht ein: die MAR ordnet weder eine *enge Auslegung* an noch verwendet sie in Zusammenhang mit dem Offenlegungsverbot die Termini *unerlässlich*, *(streng) notwendig*, *verhältnismäßig* und *sensibel*.

887 Siehe Fn. 836.

888 Siehe Fn. 835.

einhellige Meinung vertreten, dass sich die *Grøngaard & Bang*-Rechtsprechung zur EG-Insiderrichtlinie wegen der weitgehenden Wortgleichheit auch auf sie übertragen ließe.[889] Zum Teil wird daher auch hinsichtlich der MAR argumentiert, es sei nicht ersichtlich, dass der europäische Gesetzgeber trotz Beibehaltung des Wortlauts von der Auslegung des EuGH habe abweichen wollen.[890] Das Wortlautargument greift vorliegend jedoch nicht. Zum Zeitpunkt des *Grøngaard & Bang*-Urteils vom 22. November 2005 war die EG-Marktmissbrauchsrichtlinie bereits über zwei Jahre in Kraft.[891] Der europäische Gesetzgeber hätte hier also anders als bei der MAR überhaupt nicht die Möglichkeit gehabt, die EuGH-Rechtsprechung in den Wortlaut der EG-Marktmissbrauchsrichtlinie einfließen zu lassen. Hätte der europäische Gesetzgeber die *Grøngaard & Bang*-Kriterien aufrechterhalten wollen, hätte er diese konsequenterweise in Verordnungsform gießen müssen.[892]

2) Systematik: Regelung zu Marktsondierungen

i. Kein Primat der informationellen Gleichstellung

Die Rechtsprechung des EuGH hat bislang stets auf eine streng formale informationelle Gleichstellung aller Marktteilnehmer hingewirkt.[893] Mit dem Regelungsziel einer streng formalen Informationsgleichstellung sämtlicher Marktteilnehmer nicht vereinbar sind jedoch die mit der MAR eingeführten Regelungen in Art. 11 MAR, nach denen Marktsondierungen (*Market Soundings*[894]) unter bestimmten Voraussetzungen zulässig sind.[895] Unter Marktsondierungen versteht man die Übermittlung von Informationen im Vorfeld von Kapitalmarkttransaktionen an potenzielle Interessenten, um das Marktinteresse und somit auch die

889 So: *Lenenbach*, Kapitalmarktrecht, Rn. 13.157; *Veil*, ZHR 172 (2008), 239, 253f.; im Ergebnis offen: *Sethe*, Assmann/Schütze, Hdb. KapitalanlageR, § 8 Rn. 128.

890 *Assmann*, Assmann/Schneider, WpHR, Art. 10 MAR Rn. 21; *Poelzig*, NZG 2016, 528, 534; *Veil*, ZBB/JBB 2014, 85, 91 („*Es ist nicht ersichtlich, dass die Legislativorgane der EU eine andere, großzügigere Auslegungspraxis etablieren wollten*"); vgl. auch: *Parmentier/Kiesewetter*, BB 2013, 2371, 2373, die lediglich Bezug nehmen auf das Kriterium *unerlässlich*, zu dessen Definition aber die für den Begriff *erforderlich* gängige Definition heranziehen.

891 Die Marktmissbrauchs-Richtlinie 2003/6/EG ist am 28.1.2003 beschlossen worden und am 12.4.2003 in Kraft getreten.

892 Vgl.: *Tissen*, NZG 2015, 1254, 1256; dahingehend auch, jedoch mit Bezug auf den Terminus *unerlässlich*: *Zetzsche*, NZG 2015, 817, 820; *Sethe*, Assmann/Schütze, Hdb. KapitalanlageR, § 8 Rn. 128.

893 *Zetzsche*, NZG 2015, 817, 819; vgl. nur EuGH, Urt. v. 11.3.2015 – C-628/13 (Lafonta/Autorité des marchés financiers), NZG 2015, 432, 433 Rn. 21.

894 Vgl. zu dem Begriff ferner: *v.d.Linden*, DStR 2016, 1036, 1038; *Seibt/Wollenschläger*, AG 2014, 593, 599; *Krämer/Teigelack*, Börsen-Zeitung, 21.6.2014, S. 13.

895 *Zetzsche*, NZG 2015, 817, 819f.; *ders.*, AG 2015, 381, 387.

Erfolgsaussichten abschätzen bzw. die Attraktivität des Angebots bewerten zu können.[896] Art. 11 MAR verdeutlicht, dass der informationellen Gleichbehandlung der Marktteilnehmer kein pauschaler Vorrang zukommt; gewichtige Rechtsgüter wie das Interesse an Transaktionssicherheit in Zusammenhang mit Marktsondierungen können vielmehr neben dem Markt- und Anlegerschutz stehen und nach Abwägung der widerstreitenden Rechtsgüter auch Einschränkungen der informationellen Gleichbehandlung rechtfertigen.[897] Es handelt sich dabei um eine Güterabwägung von Verordnungsrang und ein generalisierungsfähiges Mittel zur Auflösung von Konflikten; der Tatbestand hat damit eine über Marktsondierungen hinausgehende Bedeutung.[898] Der MAR liegt damit keine streng formale Informationsgleichbehandlung zugrunde, wie sie der EuGH in seiner ständigen Rechtsprechung vertreten hat.[899]

ii. Keine Anwendung der Grøngaard & Bang-Kriterien

Auch hinsichtlich des Anwendungsbereichs von Marktsondierungen wird diskutiert, ob die Grundsätze der *Grøngaard & Bang*-Rechtsprechung anzuwenden sind.[900] Nach zutreffender Ansicht sind Marktsondierungen jedoch auch ohne Berücksichtigung der EuGH-Rechtsprechung bereits dann zulässig, wenn die Informations- und Dokumentationspflichten des Art. 11 MAR erfüllt sind (sog. *Safe-Harbour*-Regelung).[901] Die Anwendung der EuGH-Rechtsprechung im Rahmen von Marktsondierungen dürfte zunächst dem Willen des europäischen Gesetzgebers widersprechen.[902] *Poelzig* selbst betont, das Marktsondierungen wichtig sind, um die Funktionsfähigkeit des Finanzmarktes gewährleisten zu können, wenn beispielsweise die Märkte unter Vertrauensverlusten leiden, erheblichen Kursschwankungen unterworfen sind oder schlicht Marktreferenzwerte fehlen.[903] Würde man den Tatbestand des Art. 11 Abs. 2 MAR nun zusätzlich zu den umfassenden Dokumentations- und Informationspflichten mit den hohen Anforderungen der *Grøngaard & Bang*-Rechtsprechung überlagern, würde dessen

896 *Poelzig*, NZG 2016, 528, 534; *Graßl*, DB 2015, 2066, 2068; vgl. ferner: *Zetzsche*, AG 2016, 610, 611.

897 So mit Bezug auf das Rechtsgut der Transaktionssicherheit: *Zetzsche*, NZG 2015, 817, 820; *ders.*, AG 2015, 381, 387.

898 *Zetzsche*, NZG 2015, 817, 820.

899 *Zetzsche*, AG 2015, 381, 387.

900 Dies bejahend: *Poelzig*, NZG 2016, 528, 535; *Veil*, ZBB/JBB 2014, 85, 92.

901 *Hopt/Kumpan*, in: Schimansky/Bunte/Lwowski, BankR-Hdb., § 107 Rn. 113; *Mennicke*, Fuchs, WpHG, § 14 Rn. 15; *Zetzsche*, AG 2016, 610, 613; *Giering*, CCZ 2016, 214, 215; *Tissen*, NZG 2015, 1254, 1255f.; *Krause*, CCZ 2014, 248, 254; *Kiesewetter/Parmentier*, BB 2013, 2371, 2374; *Krämer/Teigelack*, Börsen-Zeitung, 21.6.2014, S. 13.

902 *Krause*, CCZ 2014, 248, 254; *Tissen*, NZG 2015, 1254, 1255.

903 Siehe: *Poelzig*, NZG 2016, 528, 534; vgl. Erwägungsgrund 32 zur MAR.

Anwendungsbereich wohl gänzlich wegfallen.[904] Für die hier vertretene Ansicht sprechen ferner die Ausführungen der ESMA in ihrem abschließenden Bericht zu ihren Entwürfen der technischen Regulierungsstandards[905] zur MAR.[906] Danach soll ein sondierender Marktteilnehmer bei der Bestimmung, welche Informationen er im Rahmen der Marktsondierung zu veröffentlichen beabsichtigt, *berücksichtigen*, ob deren Veröffentlichung *„necessary and appropriate“*, also *erforderlich* und *angemessen* (bzw. nach ebenfalls möglicher Übersetzung: *„geeignet“*[907]) ist, um das Interesse potenzieller Investoren an der Transaktion einschätzen zu können.[908] Insbesondere die Termini *berücksichtigen* und *angemessen* lassen auf einen breiteren Abwägungsspielraum des Offenlegenden schließen.[909] Der Wortlaut des Berichts der ESMA zeichnet daher nach zutreffender Ansicht eine Abkehr von den strikten formalen Kriterien der *Grøngaard & Bang*-Rechtsprechung bei der vorzunehmenden Interessenabwägung ab.[910]

3) Würdigung mit Blick auf Art. 10 MAR

Wenn die MAR bereits für die äußerst sensiblen Unternehmenstransaktionen ein Verfahren zur Konfliktbewältigung bei der Abwägung zwischen informationeller Gleichstellung einerseits und Transaktionssicherheit andererseits zulässt, kann nicht in jeder sonstigen Offenlegung von Insiderinformationen im normalen Geschäftsgang pauschal eine Gefahrvergrößerung begründet liegen, die eine enge

---

904 *Zetzsche*, AG 2016, 610, 613f.: *„Marktsondierungen [sind] niemals (!) unerlässlich“*; *Krause*, CCZ 2014, 248, 253.

905 Vgl.: ESMA, ESMA/2015/1455 (siehe Fn. 347); vgl. Art. 11 Abs. 9 und 10 MAR. Technische Regulierungsstandards sind delegierte Rechtsakte im Sinne des Art. 290 AEUV (vgl. hierzu ausführlich: *Seibt/Wollenschläger*, AG 2014, 593, 594; *Poelzig*, NZG 2016, 528, 529).

906 Dahingehend auch: *Zetzsche*, AG 2016, 610, 614.

907 So: *Poelzig*, NZG 2016, 528, 535.

908 ESMA, ESMA/2015/1455 (siehe Fn. 347), S. 23 Rn. 76 Satz 1 (*„DMPs [Anm. d. Verf.: „Disclosing market participants“] should determine what information intend to disclose to potential investors in the course of a sounding taking into account what is necessary and appropriate to disclose in order to gauge potential investors' interest in a possible transaction and its pricing, size and structuring.“*); vgl. ferner: ebenda, Anhang VIII, Erwägungsgrund 1.

909 A.A.: *Poelzig*, NZG 2016, 528, 535, die aus dem Wortlaut wohl folgert, dass die ESMA Art. 11 Abs. 4 MAR als eng auszulegende Ausnahmeregelung verstanden wissen wolle, was wiederum für eine Anwendung der *Grøngaard & Bang*-Kriterien spräche.

910 Vgl.: *Zetzsche*, AG 2016, 610, 614; so ferner: *Tissen*, NZG 2015, 1254, 1255f., dieser jedoch noch mit Bezug auf die Konsultationspapiere der ESMA, „Consultation Paper, Draft technical standards on the Market Abuse Regulation“ vom 15.7.2014, ESMA/2014/809, in denen es ähnlich hieß: *„The DMP should determine what information it intends (and is appropriate) to disclose to potential investors over the course of a sounding“* (dort: S. 23 Rn. 74 Satz 1).

Auslegung des Tatbestands im Lichte der EuGH-Rechtsprechung erfordert.[911] Die MAR räumt Insidern somit wieder ein größeres *insiderrechtliches Ermessen* wie zu Zeiten vor der *Grøngaard & Bang*-Rechtsprechung ein, wonach bereits Zweckmäßigkeitserwägungen die Offenlegung von Insiderinformationen im normalen Geschäftsgang rechtfertigen können.[912] Die Offenlegung von Insiderinformationen ist also bereits zulässig, wenn sie aus *vernünftigen Gründen* (etwa betrieblicher, konzern- oder schuldrechtlicher Natur) erforderlich ist.[913] Bei der Interessenabwägung muss eine Konkordanz zwischen den Interessen des Marktes einerseits und denen des Emittenten andererseits hergestellt werden.[914] Die Offenlegung von Insiderinformationen ist dabei nur dann angemessen, wenn das konkrete Interesse des Portfolio-Unternehmens an der Offenlegung der Insiderinformationen gegenüber dem PE-Investor das konkrete Informationseindämmungsinteresse des Marktes überwiegt.[915] Dem Vorstand des Portfolio-Unternehmens steht dabei ein unternehmerischer Ermessensspielraum zu.[916]

III. Fallgruppenorientierte Interessenabwägung

Bei der Beurteilung der Zulässigkeit der Offenlegung von Insiderinformationen sind die Umstände des Einzelfalls zu berücksichtigen.[917] Im Folgenden sollen jedoch Fallgruppen gebildet werden, bezüglich derer zumindest richtungsweisende

---

911 Dahingehend: *Zetzsche*, NZG 2015, 817, 820, der konkret jedoch allein auf die Kriterien der *Unerlässlichkeit* und *Erforderlichkeit* Bezug nimmt, nicht auf die sonstigen *Grøngaard & Bang*-Kriterien.

912 *Zetzsche*, NZG 2015, 817, 821; vgl. zum Genügen von Zweckmäßigkeitserwägungen bereits zur alten Rechtslage: *Sethe*, Assmann/Schütze, Hdb. KapitalanlageR, § 8 Rn. 127; *ders.*, ZBB 2006, 243, 250; *Szesny*, Böttger, WiPra, Kap. 6 Rn. 112; differenzierend: *Schröder*, Hdb. Kapitalmarktstrafrecht, Rn. 292.

913 So zu § 14 WpHG: *Mennicke*, Fuchs, WpHG, § 14 Rn. 207; *Süßmann*, AG 1999, 162, 164; vgl.: *Götz*, DB 1995, 1949, 1950; kritisch zum Genügen „*vernünftiger Gründe*": *Schwark/Kruse*, Schwark/Zimmer, KMRK, WpHG, § 14 Rn. 47f., nach denen die Weitergabe von Insiderinformationen an betriebsexterne Personen „*unabdingbare Voraussetzung für eine ordnungsgemäße Wahrnehmung der übertragenen Tätigkeit*" sein muss.

914 So bereits zu § 14 WpHG a.F.: *Mennicke*, Fuchs, WpHG, § 14 Rn. 204.

915 So zur alten Rechtslage vor Inkrafttreten der MAR: *Mennicke*, Fuchs, WpHG, § 14 Rn. 207; *Klöhn*, KK-WpHG, § 14 Rn. 334; *Schwark/Kruse*, Schwark/Zimmer, KMRK, WpHG, § 14 Rn. 47; vgl.: *Schäfer*, Schäfer/Hamann, KMG, WpHG, § 14 Rn. 27.

916 So die herrschende Meinung, siehe nur: *Zetzsche*, NZG 2015, 817, 821 („*insiderrechtliches Ermessen*"); zur alten Rechtslage unter § 14 WpHG a.F.: *Schäfer*, Schäfer/Hamann, KMG, WpHG, § 14 Rn. 27; *Lenenbach*, Kapitalmarktrecht, Rn. 13.161; *Krauel*, Insiderhandel, S. 294; hingegen nur mit Beschränkung auf unternehmensinterne Informationen: *Mennicke*, Fuchs, WpHG, § 14 Rn. 208f.; *Schneider/Singhof*, FS Kraft, S. 585, 590.

917 *Schwark/Kruse*, Schwark/Zimmer, KMRK, WpHG, § 14 Rn. 47 a.E.

Aussagen zur Zulässigkeit des Informationsaustauschs mit dem PE-Investor getroffen werden können.

1. Vorabinformation über geplante Aktienemissionen

Zunächst soll geprüft werden, ob und unter welchen Voraussetzungen ein börsennotiertes Portfolio-Unternehmen den PE-Investor vorab über geplante Aktienemissionen informieren darf, um etwa im Falle eines (Eigen-)Kapitalbedarfs dessen Interesse an einer Ausweitung seiner bestehenden Beteiligung zu erforschen. Dies ist für das Portfolio-Unternehmen nicht zuletzt vor dem Hintergrund relevant, dass dieses in der Regel nicht die Pläne des PE-Investors hinsichtlich seines *Exits* kennen dürfte und dessen Bezugsverhalten ggf. eine Signalwirkung auf den Markt haben kann.

a) Praxis der Vermarktung von Aktienemissionen

Typischerweise finden im Vorfeld von Bezugsrechtsemissionen Sondierungen mit den bestehenden Großaktionären der Gesellschaft über ihr Abstimmungsverhalten statt.[918] Durch ihr Bezugsverhalten kann das gesamte Emissionskonzept (etwa Bezugspreisfestlegung und begleitende Marketingmaßnahmen) maßgeblich mitbeeinflusst werden.[919] In der Regel werden Aktienemissionen von börsennotierten Unternehmen im Wege der Kapitalerhöhung daher von aufwendigen Vorbereitungs- und Vermarktungsmaßnahmen begleitet.[920] Unter *Pre-Sounding* oder *Pilot Fishing* versteht man die Ansprache einiger weniger ausgewählter Investoren zu einem frühen Zeitpunkt im Vorfeld von Primär- oder Sekundärmarkttransaktionen mit dem Ziel, ein Gefühl (*sentiment*[921]) für die Vermarktbarkeit der Wertpapiere sowie erste Indizien für die Bewertung des Unternehmens zu erlangen.[922] Da das Portfolio-Unternehmen bei Sekundärmarkttransaktionen bereits börsennotiert ist, sind im Rahmen von *Pilot Fishings* und vergleichbaren Vermarktungsmaßnahmen auch die insiderrechtlichen Regelungen zu beachten.[923] Ob die Durchführung der

---

918 *Schäcker/Kunze/Wohlgefahrt*, Habersack/Mülbert/Schlitt, Unternehmensfinanzierung, § 2 Rn. 70.

919 *Schäcker/Kunze/Wohlgefahrt*, Habersack/Mülbert/Schlitt, Unternehmensfinanzierung, § 2 Rn. 70.

920 Mit Bezug auf Börsengänge und Kapitalerhöhungen gleichermaßen: *Fleischer/Bedkowski*, DB 2009, 2195; vgl. auch: *Schanz*, Börseneinführung, § 10 Rn. 35.

921 *Schlitt*, Assmann/Schlitt/von Kopp-Colomb, WpPG, § 15 Rn. 34; *Schäfer/Ernst*, Habersack/Mülbert/Schlitt, Kapitalmarktinformation, § 7 Rn. 17.

922 *Schlitt*, Assmann/Schlitt/von Kopp-Colomb, WpPG, § 15 Rn. 34; *Schäfer/Ernst*, Habersack/Mülbert/Schlitt, Kapitalmarktinformation, § 7 Rn. 17, § 14 Rn. 10; *Schäcker/Kunze/Wohlgefahrt*, Habersack/Mülbert/Schlitt, Unternehmensfinanzierung, § 2 Rn. 49; *Schanz*, Börseneinführung, § 10 Rn. 17; *Fleischer/Bedkowski*, DB 2009, 2195, 2195f.; *Fleischer*, ZGR 2009, 505, 522.

923 *Schäfer/Ernst*, Habersack/Mülbert/Schlitt, Kapitalmarktinformation, § 14 Rn. 10.

geplanten Kapitalerhöhung als solche zum Zeitpunkt der Vermarktung bereits so hinreichend wahrscheinlich ist, dass sie als Insiderinformation zu qualifizieren ist, wird je nach Einzelfall unterschiedlich zu beurteilen sein.[924] Grundsätzlich können aber auch die Eckpunkte der Transaktion sowie darüber hinausgehende Informationen, die den Investoren im Rahmen des *Pilot Fishings* übermittelt werden, Insiderinformationen darstellen.[925] Die insiderrechtlichen Restriktionen sind insbesondere zu beachten, wenn ein *Pilot Fishing* gegenüber dem PE-Investor Insiderinformationen zum Gegenstand hat, deren Veröffentlichung bislang aufgeschoben wurde.[926]

b) Zulässigkeit von Marktsondierungen nach der MAR

Bereits nach der alten Rechtslage unter § 14 WpHG a.F. war die Vorabinformation wesentlicher Aktionäre über geplante Kapitalerhöhungen mit der ganz herrschenden Meinung zulässig, wenn sich ein Emittent deren Zustimmung vergewissern wollte.[927] Die MAR lässt die Offenlegung von Insiderinformationen im Rahmen von Marktsondierungen (etwa zur Vorbereitung einer Aktienemission im Wege der Kapitalerhöhung[928]) nunmehr ausdrücklich

924 Im Grundsatz die hinreichende Wahrscheinlichkeit ablehnend: *Schäfer/Ernst*, Habersack/Mülbert/Schlitt, Kapitalmarktinformation, § 14 Rn. 11; *Schlitt/Schäfer*, FS Hopt, 2469, 2476; strenger: *Parmentier*, NZG 2007, 407, 408ff.

925 *Fleischer/Bedkowski*, DB 2009, 2195, 2196.

926 Vgl. zur alten Rechtslage unter § 14 WpHG: *Schäfer/Ernst*, Habersack/Mülbert/Schlitt, Kapitalmarktinformation, § 14 Rn. 11; *Fleischer/Bedkowski*, DB 2009, 2195, 2198; vgl. ferner: *Faust*, Schimansky/Bunte/Lwowski, BankR-Hdb., § 109 Rn. 63 Fn. 6.

927 So mit Bezug auf § 14 WpHG a.F.: *Schäfer/Ernst*, Habersack/Mülbert/Schlitt, Kapitalmarktinformation, § 14 Rn. 10ff.; *Schneider/Singhof*, FS Kraft, S. 585, 603; *Mennicke*, Fuchs, WpHG, § 14 Rn. 293; *Sethe*, Assmann/Schütze, Hdb. KapitalanlageR, § 8 Rn. 131; *Schwark/Kruse*, Schwark/Zimmer, KMRK, WpHG, § 14 Rn. 51; *Schlitt/Schäfer*, FS Hopt, 2469, 2477; *Fleischer*, ZGR 2009, 505, 527; mit Einschränkung auf beherrschende Gesellschafter: *Schäfer*, Marsch-Barner/Schäfer, Hdb. börs. AG, 3. Auflage, § 14 Rn. 60.

928 Vgl. zur Anwendbarkeit der Vorschrift bei Aktienemissionen allgemein: *Zetzsche*, NZG 2015, 817, 819f. In Betracht kommen vorliegend insbesondere Kapitalerhöhungen mit Bezugsrecht aller bestehenden Aktionäre (Bezugsrechtsemissionen) oder nur mit Bezugsrecht einzelner ausgewählter Aktionäre, das heißt unter Teilausschluss bestimmter weiterer Aktionäre oder Aktionärsgruppen (vgl. zur Zulässigkeit des Teilausschlusses bestimmter Aktionäre bzw. Aktionärsgruppen vom Bezugsrecht bei Vorliegen einer sachlichen Berechtigung (§ 53a AktG): *Schürnbrand*, MüKo-AktG, Band 4, § 186 Rn. 141 m.w.N.; zur Zulässigkeit der gezielten Platzierung der Aktien bei einzelnen Investoren: *Schiessl*, AG 2009, 385, 388; *Schlitt/Schäfer*, AG 2005, 67, 72 m.w.N., jedoch mit einer Einschränkung für den Fall, dass der Bezugsrechtsausschluss *„ausschließlich der Änderung der Machtverhältnisse in der Gesellschaft dient"*; so auch: *Schlitt/Schäfer/Basnage*, CFL 2013, 49, 52f.).

zu.[929] Der sondierende Marktteilnehmer hat hierbei jedoch umfassende Aufklärungs- und Dokumentationspflichten zu beachten.[930] So muss das Portfolio-Unternehmen die Vorabinformation des PE-Investors im Rahmen der Marktsondierung etwa umfassend dokumentieren (unter Angabe von Adressat, übermittelter Information etc.).[931] Durch die Aufklärungs- und Dokumentationsanforderungen sind Marktsondierungen nicht unerheblich erschwert worden.[932] Genügt das Portfolio-Unternehmen den Anforderungen, wird die Marktsondierung als ein Fall der Weitergabe von Informationen *im normalen Geschäftsgang* betrachtet[933] und ist insiderrechtlich zulässig. Art. 11 Abs. 4 MAR verweist lediglich auf die Rechtsfolgen von Art. 10 Abs. 1 MAR, eine gesonderte Prüfung der Tatbestandsvoraussetzungen erfolgt nicht.[934] Insbesondere müssen auch bei Marktsondierungen die *Grøngaard & Bang*-Kriterien nicht eingehalten werden (*Safe-Harbour*-Regelung).[935]

Sofern sich der PE-Investor und das Portfolio-Unternehmen in einem sehr frühen Stadium einer geplanten bzw. angedachten Aktienemission oder lediglich auf abstrakter Basis über die Möglichkeit der Durchführung einer Aktienemission austauschen (beispielsweise im Rahmen allgemeiner strategischer Erwägungen zu den Möglichkeiten der Finanzierung des Portfolio-Unternehmens), dürfte dies in der Regel insiderrechtlich unproblematisch sein. Zunächst wird die Durchführung der Maßnahme als solche hier regelmäßig (noch) nicht hinreichend wahrscheinlich und für sich genommen somit nicht als (veröffentlichungspflichtige) Insiderinformation zu qualifizieren sein.[936] Ferner wird ein sehr frühzeitiger oder abstrakter Dialog häufig als reine Vorfeldkommunikation einzustufen sein und nicht die Durchführung eines (geordneten) Verfahrens für Marktsondierungen nach Art. 11 MAR erfordeRn. Marktsondierungen sind nur dann sinnvoll, wenn das Geschäft

---

929 Art. 11 Abs. 4 MAR; siehe hierzu bereits die Ausführungen unter: § 8.B.II.3.c)2), S. 155f. Die Vorschrift ist auch dann anwendbar, wenn der PE-Investor bereits an dem Portfolio-Unternehmen beteiligt ist (vgl.: *Zetzsche*, AG 2016, 610, 611: *„Potentielle Erwerber sind auch solche, die wegen einer möglichen Aufstockung ihrer Anteile ausgehorcht werden“*).

930 Siehe insbesondere Art. 11 Abs. 3 und Abs. 5 MAR.

931 Vgl. zu den Einzelheiten: *Zetzsche*, AG 2016, 610, 615.

932 *Giering*, CCZ 2016, 214, 216; *Tissen*, NZG 2015, 1254, 1259; vgl. mit einem allgemeinen Hinweis auf die erhöhten *Compliance*-Anforderungen für den offenlegenden Marktteilnehmer und den Informationsempfänger: *Brellochs*, Klöhn, MMVO, Art. 11 Rn. 3.

933 Vgl.: *Zetzsche*, NZG 2015, 817, 820.

934 *Zetzsche*, AG 2016, 610, 613; vgl.: *Giering*, CCZ 2016, 214, 216. Dies folgt schon aus der Formulierung des Art. 11 Abs. 4 MAR, wonach die Offenlegung von Insiderinformationen im Rahmen von Marktsondierungen *„so betrachtet [wird], dass sie im Zuge der normalen Ausübung der Beschäftigung [...] vorgenommen wurde“*.

935 Siehe hierzu bereits die Ausführungen unter: § 8.B.II.3.c)2)ii, S. 156ff.

936 Vgl.: *Schäfer/Ernst*, Habersack/Mülbert/Schlitt, Kapitalmarktinformation, § 14 Rn. 11; *v.Bonin/Böhmer*, EuZW 2012, 694, 697.

nach Art und Gegenstand bereits so hinreichend konkretisiert ist, dass der sondierende Informationsempfänger sein Interesse an dem Geschäft sowie dessen Bedingungen abschätzen kann.[937] Marktsondierungen, etwa vor Aktienemissionen börsennotierter Unternehmen, finden in der Praxis daher regelmäßig erst 24 bis 48 Stunden vor der geplanten Ankündigung der Transaktion statt.[938] Zwar gestaltet sich die Abgrenzung bloßer Vorfeldgespräche außerhalb des Anwendungsbereichs von Art. 11 MAR von Marktsondierungen mitunter schwierig.[939] Zum Zeitpunkt eines (ersten) frühzeitigen oder abstrakten Dialogs zwischen dem Portfolio-Unternehmen und dem PE-Investor, das lediglich einem bloßen Informationsaustausch, der Meinungsbildung über die geplante Maßnahme sowie dem Erhalt eines ersten *Feedbacks* seitens des PE-Investors dient, dürfte die geplante Aktienemission jedoch in der Praxis noch keinen hinreichenden Grad der Konkretisierung für eine Marktsondierung erreichen.[940] Möchte das Portfolio-Unternehmen dem PE-Investor im Rahmen dieses Dialogs aber Insiderinformationen mitteilen, ist jedenfalls das (allgemeine) Verbot der Offenlegung von Insiderinformationen beachten.[941]

c) Informationelle Gleichbehandlung nach dem WpPG

Legt der Vorstand des Portfolio-Unternehmens im Rahmen einer Marktsondierung Insiderinformationen gegenüber dem PE-Investor offen, muss er den prospektrechtlichen „*Grundsatz der informationellen Gleichbehandlung*"[942] berücksichtigen.[943] Dieser soll sicherstellen, dass alle Anlegergruppen, an die sich ein Angebot richtet, alle wesentlichen Informationen gleichermaßen erhalten, und

---

937 *Assmann*, Assmann/Schneider, WpHR, Art. 11 MAR Rn. 15; *Singhof*, ZBB 2017, 193, 197f.; vgl.: *Brellochs*, Klöhn, MMVO, Art. 11 Rn. 31, 35.

938 *Brellochs*, Klöhn, MMVO, Art. 11 Rn. 34 m.w.N.; *Singhof*, ZBB 2017, 193, 197.

939 Siehe hierzu ausführlich: *Brellochs*, Klöhn, MMVO, Art. 11 Rn. 34.

940 Vgl. zum *Pilot Fishing*: *Singhof*, ZBB 2017, 193, 198 m.w.N.

941 *Brellochs*, Klöhn, MMVO, Art. 11 Rn. 2, 21; *Schlitt*, Habersack/Mülbert/Schlitt, Unternehmensfinanzierung, § 38 Rn. 48; vgl. zur Zulässigkeit der generellen und punktuellen Vorabinformation des PE-Investors die Ausführungen unter: § 8.B.III.2, S. 165ff.; § 8.B.III.3, S. 167ff.

942 *Schlitt*, Assmann/Schlitt/von Kopp-Colomb, WpPG, § 15 Rn. 23; vgl. ferner: *Schlitt/Schäfer*, FS Hopt, 2469, 2471 („*Dogma der informationellen Gleichbehandlung*").

943 § 15 Abs. 5 WpPG. Das WpPG ist anwendbar bei der Erstellung, Billigung und Veröffentlichung von Prospekten für Wertpapiere, die öffentlich angeboten oder zum Handel an einem organisierten Markt zugelassen werden sollen, § 1 Abs. 1 i.V.m. § 2 Nr. 4 und 16 WpPG. Auch öffentliche Bezugsangebote, die sich ausschließlich an die Altaktionäre richten, unterliegen grundsätzlich der Prospektpflicht, wenngleich mit deutlich geringeren inhaltlichen Anforderungen als etwa bei einem Börsengang (*Schlitt/Wilczek*, Habersack/Mülbert/Schlitt, Kapitalmarktinformation, § 4 Rn. 36; *Scholz*, MünchHdb. GesR, Band 4, § 57 Rn. 202; *Meyer*, Habersack/Mülbert/Schlitt, Unternehmensfinanzierung, § 36 Rn. 5; *Schlitt/Schäfer/Basnage*, CFL 2013, 49, 52).

zwar unabhängig davon, ob der konkrete Vorgang der Prospektpflicht unterliegt.[944] Dies betrifft auch solche Informationen, die dem PE-Investor im Vorfeld einer Kapitalmaßnahme im Rahmen des *Pilot Fishings* (bzw. nach dem Wortlaut der MAR: der Marktsondierung), beispielsweise bei einer *Roadshow*[945] oder in einem informellen Einzelgespräch (*One-on-One*)[946], zur Verfügung gestellt werden.[947] Sofern die offengelegten Informationen *wesentlich* sind, muss das Portfolio-Unternehmen diese entweder in den Prospekt selbst bzw. in einem Nachtrag hierzu aufnehmen[948] oder, sofern der Vorgang nicht der Prospektpflicht unterliegt, den übrigen Angebotsadressaten anderweitig mitteilen[949], etwa durch individuelle Ansprache oder im Wege einer Pressemitteilung[950]. Wann eine Information *wesentlich* ist, bestimmt sich nach dem in den §§ 5[951] und 16

944 *Schlitt*, Assmann/Schlitt/von Kopp-Colomb, WpPG, § 15 Rn. 23; *Grosjean*, Heidel, WpPG, § 15 Rn. 7. Das prospektrechtliche Gleichbehandlungsgebot betrifft auch den von der Prospektpflicht befreiten Sonderfall der Privatplatzierung, bei der sich das Angebot des Portfolio-Unternehmens z.B. lediglich an den PE-Investor und neben diesem ggf. an weitere qualifizierte Anleger richtet (vgl.: § 3 Abs. 2 Nr. 1 WpPG; siehe zu dieser Ausnahme von der Prospektpflicht allgemein: *Schlitt/Wilczek*, Habersack/Mülbert/Schlitt, Kapitalmarktinformation, § 4 Rn. 46, Rn. 57f.). Die Vorschrift findet jedoch keine Anwendung auf Sachverhalte, die gemäß § 1 Abs. 2 WpPG nicht dem Anwendungsbereich des WpPG unterliegen (*Berrar*, FrankfurtKomm. WpPG, § 15 Rn. 12 m.w.N.; *Voß*, Just/Voß u.a., WpPG, § 15 Rn. 55; *Heidelbach/Preuße*, BKR 2006, 316, 322).

945 *Berrar*, FrankfurtKomm. WpPG, § 15 Rn. 45; *Voß*, Just/Voß u.a., WpPG, § 15 Rn. 60; *Meyer*, Habersack/Mülbert/Schlitt, Unternehmensfinanzierung, § 36 Rn. 99; *Schanz*, Börseneinführung, § 10 Rn. 46; *Grosjean*, Heidel, WpPG, § 15 Rn. 9; *Rauch*, Holzborn, WpPG, § 15 Rn. 17; *Fleischer/Bedkowski*, DB 2009, 2195, 2196; *Schlitt/Singhof/Schäfer*, BKR 2005, 251, 258.

946 *Voß*, Just/Voß u.a., WpPG, § 15 Rn. 60; *Berrar*, FrankfurtKomm. WpPG, § 15 Rn. 45; *Grosjean*, Heidel, WpPG, § 15 Rn. 9; *Schlitt/Singhof/Schäfer*, BKR 2005, 251, 258 m.w.N.

947 Der zeitliche Anwendungsbereich der Norm und somit die Anwendbarkeit auf *Pilot Fishings* ist strittig; für die hier vertretene Ansicht: *Fleischer/Bedkowski*, DB 2009, 2195, 2196; *Groß*, Groß, KMR, § 15 WpPG, Rn. 2; einen *„zeitlichen und sachlichen Zusammenhang"* mit dem Angebot für die Anwendung der Norm als ausreichend erachtend (und somit wohl ebenfalls eine Anwendbarkeit der Norm auf *Pilot Fishings* bejahend): *Berrar*, FrankfurtKomm. WpPG, § 15 Rn. 13; *Schlitt*, Assmann/Schlitt/von Kopp-Colomb, WpPG, § 15 Rn. 27; a.A. wohl: *Voß*, Just/Voß u.a., WpPG, § 15 Rn. 4, nach dem der Anwendungsbereich des § 15 Abs. 5 WpPG nur hinsichtlich solcher Werbemaßnahmen eröffnet sein soll, die *„(final) darauf zielen, Zeichnung oder Erwerb der Anlageinstrumente zu fördern"*.

948 §§ 15 Abs. 5 Satz 2, 16 Abs. 1 WpPG.

949 § 15 Abs. 5 Satz 1 WpPG.

950 *Schlitt*, Assmann/Schlitt/von Kopp-Colomb, WpPG, § 15 Rn. 33.

951 Anforderungen an den Inhalt des Prospekts.

WpPG[952] verankerten Wesentlichkeitsmaßstab.[953] Somit sind Informationen insbesondere dann *wesentlich*, wenn sie notwendig sind, um einem Angebotsadressaten ein zutreffendes Urteil über die Vermögenswerte und Verbindlichkeiten, die Finanzlage, die Gewinne und Verluste und die Zukunftsaussichten des Emittenten zu ermöglichen und deren Veränderung gemäß § 16 WpPG eine Nachtragspflicht auslösen würden.[954] Der Begriff der *wesentlichen Information* im Sinne des WpPG ist nicht deckungsgleich mit dem der *Insiderinformation* im Sinne der MAR[955]; insbesondere knüpft das WpPG nicht an die *Kurserheblichkeit* der Information an, sodass auch Informationen unterhalb der Schwelle zur Insiderinformation *wesentlich* im Sinne des prospektrechtlichen Gleichbehandlungsgebots sein können.[956] Umgekehrt dürfte eine *ad hoc*-pflichtige Insiderinformation in den meisten Fällen zugleich auch *wesentlich* im Sinne des WpPG sein.[957]

Das informationelle Gleichbehandlungsgebot schreibt eine absolute Gleichbehandlung vor, Beschränkungen durch sachliche Gründe sind nicht möglich.[958] Angesichts der Nachinformationspflicht sollte und wird das Portfolio-Unternehmen dem PE-Investor im Rahmen des *Pilot Fishings* daher nur solche Informationen offenlegen, die es später auch im Prospekt zu veröffentlichen bereit ist.[959]

---

952 Erstellung eines Nachtrags zum Prospekt bei fehlenden oder unrichtigen Angaben im Prospekt.

953 *Berrar*, FrankfurtKomm. WpPG, § 15 Rn. 45; *Schlitt*, Assmann/Schlitt/von Kopp-Colomb, WpPG, § 15 Rn. 30 m.w.N.; *Heidelbach*, Schwark/Zimmer, KMRK, WpHG, § 15 Rn. 18; *Voß*, Just/Voß u.a., WpPG, § 15 Rn. 61.

954 *Heidelbach*, Schwark/Zimmer, KMRK, WpHG, § 15 Rn. 18; *Seitz/Scholl*, Assmann/Schlitt/von Kopp-Colomb, WpPG, § 16 Rn. 27 i.V.m. § 15 Rn. 30.

955 Siehe hierzu bereits die Ausführungen unter: § 4.B.II.1, S. 73ff.

956 Vgl.: *Schlitt*, Assmann/Schlitt/von Kopp-Colomb, WpPG, § 16 Rn. 124 m.w.N.; *Schlitt/Schäfer*, AG 2008, 525, 536; Abweichungen zwischen beiden Tatbeständen als eher theoretisch möglich erachtend: *Friedl/Ritz*, Just/Voß u.a., WpPG, § 16 Rn. 175; *Apfelbacher/Metzner*, BKR 2006, 81, 85.

957 *Schlitt*, Assmann/Schlitt/von Kopp-Colomb, WpPG, § 16 Rn. 124 m.w.N.; *Apfelbacher/Metzner*, BKR 2006, 81, 85f.

958 *Fleischer/Bedkowski*, DB 2009, 2195, 2196; *Bachmann*, FS Schwark, 331, 338; *Voß*, Just/Voß u.a., WpPG, § 15 Rn. 53 („*muss der Anbieter allen potenziellen Investoren in quantitativer wie in qualitativer Hinsicht die identischen Informationen [...] zukommen lassen*"); vgl. ferner zur Unvereinbarkeit einer selektiven Informationsweitergabe mit § 15 Abs. 5 WpPG: *Schanz*, Börseneinführung, § 10 Rn. 46: „*Die vormals übliche „selective disclosure" scheidet damit aus*"; *Berrar*, FrankfurtKomm. WpPG, § 15 Rn. 43 a.E.; *Fleischer*, ZGR 2009, 505, 514f.; *Heidelbach/Preuße*, BKR 2006, 316, 322; *Rauch*, Holzborn, WpPG, § 15 Rn. 17.

959 So allgemein zum Informationsverhalten des Emittenten beim *Pilot Fishing* vor dem Hintergrund des prospektrechtlichen informationellen Gleichbehandlungsgebots: *Fleischer/Bedkowski*, DB 2009, 2195, 2196 m.w.N.; vgl. auch: *Schlitt/Schäfer*, FS Hopt, 2469, 2483f.

Unterlässt es das Portfolio-Unternehmen, die dem PE-Investor mitgeteilten wesentlichen Informationen in den Prospekt (bzw. Nachtrag) aufzunehmen und wird dieser dadurch unvollständig, kommen prospekthaftungsrechtliche Ansprüche der übrigen Erwerber von Aktien gegen das Portfolio-Unternehmen in Betracht.[960] Sofern es sich bei den erlangten wesentlichen Informationen zugleich um Insiderinformationen handelt, muss der PE-Investor seine Insidereigenschaft ggf. im Rahmen des *Exits* berücksichtigen.[961]

d) Zwischenergebnis

Ein börsennotiertes Portfolio-Unternehmen darf den PE-Investor vorab über eine geplante Aktienemission im Wege der Kapitalerhöhung informieren, um dessen Interesse an der Kapitalmarkttransaktion zu ermitteln. Das Portfolio-Unternehmen muss hierfür jedoch umfassende Aufklärungs- und Dokumentationspflichten erfüllen. Bei öffentlichen Angeboten im Sinne des WpPG müssen sämtliche wesentlichen Informationen, die das Portfolio-Unternehmen dem PE-Investor im Rahmen einer solchen Marktsondierung zur Verfügung stellt, entweder in den Prospekt selbst bzw. einem Nachtrag hierzu aufgenommen oder, falls eine Prospektpflicht im Einzelfall nicht besteht, den übrigen Adressaten des Angebots anderweitig mitgeteilt werden. Das Portfolio-Unternehmen muss hier also genau abwägen, ob und welche Informationen es dem PE-Investor zur Verfügung stellt.

2. Generelle Vorabinformation des Investors

Fraglich ist, ob auch eine generelle Vorabinformation des PE-Investors über Insiderinformationen mit dem Verbot der Offenlegung vereinbar ist. Die ganz herrschende Meinung hält die systematische Vorabinformation ausgewählter Aktionäre (etwa von Mehrheits- bzw. wesentlich beteiligten Aktionären oder bestimmten Familien zugehörigen Aktionären und Aktionärspools) wegen der damit verbundenen Sonderbehandlung dieser Aktionäre für insiderrechtlich unzulässig.[962] Dies wird zum

---

960 § 22 i.V.m. § 21 Abs. 1 WpPG. Vgl.: *Heidelbach*, Schwark/Zimmer, KMRK, WpHG, § 15 Rn. 20; *Fleischer/Bedkowski*, DB 2009, 2195, 2196f.

961 Siehe hierzu die Ausführungen unter: § 8.B.IV, S. 172ff.

962 *Assmann*, Assmann/Schneider, WpHR, Art. 10 MAR Rn. 41, jedoch unter Anwendung des Kriteriums der Unerlässlichkeit der Informationsweitergabe; vgl. auch mit Bezug auf die Offenlegung von Insiderinformationen gegenüber institutionellen Investoren im Rahmen von *Investor Relations*-Maßnahmen: *Mennicke*, Fuchs, § 14 WpHG Rn. 274, Rn. 287; *Schneider/Singhof*, FS Kraft, S. 585, 599; vgl. ferner mit Bezug auf die informationelle Sonderbehandlung von Familiengesellschaften und Aktionärspools: *Schwark/Kruse*, Schwark/Zimmer, KMRK, WpHG, § 14 Rn. 53; im Ergebnis offen: *Traugott*, BB 2001, 2277, 2281f., der aber wegen der weitreichenden Rechtsfolgen der Insiderhandelsverbote bereits das grundsätzliche Interesse von Aktionären an dem Bezug von Insiderinformationen verneint.

Teil mit einem Verstoß gegen die aktienrechtlich vorgesehene Aufgabenverteilung begründet („*Schattenaufsichtsrat*"),[963] zum Teil mit einer Unvereinbarkeit mit dem Gleichbehandlungsgebot und wegen des Entstehens eines Informationsmonopols (§§ 53a, 131 AktG)[964]. Wie gezeigt,[965] ist eine informationelle Bevorzugung einzelner Aktionäre mit dem AktG und der darin geregelten Kompetenzordnung grundsätzlich vereinbar. Wie schon nach alter Rechtslage[966] ist die Gewährung von Sonderinformationsrechten zugunsten einzelner Aktionäre unter Einschluss von Insiderinformationen jedoch mit den Zielen des Insiderrechts nicht vereinbar. Das Gleichbehandlungsprinzip von Anlegern ist ein wesentliches Leitprinzip des Kapitalmarktrechts.[967] Durch die systematische Vorabversorgung mit Insiderinformationen würden dem PE-Investor dauerhaft Sonderinformationsrechte gegenüber den übrigen Aktionären des Portfolio-Unternehmens und allen anderen Marktteilnehmern eingeräumt werden.[968] Solche Sonderinformationsrechte wiederum können unter den übrigen Marktteilnehmern Misstrauen hervorrufen, welches darauf beruht, dass die exklusiv zur Verfügung gestellten Informationen schließlich nicht nur im Rahmen der unternehmerischen Willensbildung, sondern etwa auch bei Aktienkäufen und -verkäufen verwendet werden können.[969] Mit dem Insiderrecht soll die informationelle Chancengleichheit der Marktteilnehmer gewährleistet, Sondervorteile einzelner Marktteilnehmer durch die status-, funktions- oder zufallsbedingte Erlangung nicht öffentlich bekannter Tatsachen unterbunden und die Zahl möglicher Insider präventiv möglichst gering gehalten werden.[970] Auch unter der MAR kommt dem Grundsatz des gleichberechtigten

---

963 *Assmann*, AG 1997, 50, 57 („*Status einer Nebenhauptversammlung und eines Schattenaufsichtsrats*"); vgl. auch mit Bezug auf die Offenlegung von Insiderinformationen gegenüber institutionellen Investoren im Rahmen von *Investor Relations*-Maßnahmen: *Mennicke*, Fuchs, § 14 WpHG Rn. 290; siehe zu der vermeintlichen Problematik eines „Schattenaufsichtsrats" bereits die Ausführungen zur Zulässigkeit einer informationellen Ungleichbehandlung (§ 53a AktG) von Aktionären in § 7.C.I.1, S. 125ff.

964 *Schäfer*, Marsch-Barner/Schäfer, Hdb. börs. AG, § 14 Rn. 69.

965 Siehe hierzu die Ausführungen unter: § 7, S. 122ff.

966 Statt vieler vgl.: *Assmann*, AG 1997, 50, 57.

967 *Seibt*, ZGR 2006, 501, 510; vgl.: *Bachmann*, ZHR 170 (2006), 144, 146ff.; *Merkt*, ZHR 165 (2001), 224, 249 m.w.N. in Fn. 122; *Fleischer*, 64. DJT 2002, Band I, F 27f.; *Hopt*, FS Lutter, 2000, S. 1361, 1398; *ders.*, ZHR 161 (1997), 368, 411; *ders.*, FS Rittner, 1991, S. 187, 198f.

968 So mit Bezug auf die Offenlegung von Insiderinformationen gegenüber institutionellen Investoren im Rahmen von *Investor Relations*-Maßnahmen: *Mennicke*, Fuchs, WpHG, § 14 Rn. 290.

969 *Mennicke*, Fuchs, § 14 WpHG Rn. 290; *Assmann*, AG 1997, 50, 57; vgl. zur Funktion des Insiderrechts zur Förderung des Anlegervertrauens: *Seibt*, ZHR 177 (2913), 388, 394.

970 So mit Bezug auf das Insiderrecht unter der EG-Marktmissbrauchsrichtlinie und dem WpHG a.F.: *Bauer/Schmidt-Bendun*, FS Wegen, 2015, S. 105, 116; vgl. ferner: *Assmann*,

Informationszugangs aller Marktteilnehmer eine herausragende Bedeutung zu.[971] Dies geht nicht zuletzt aus Erwägungsgrund 24 zur MAR hervor, wonach die MAR bezweckt, *„die Integrität des Finanzmarkts zu schützen und das Vertrauen der Investoren zu stärken, das wiederum auf der Gewissheit beruht, dass die Investoren gleichbehandelt und vor der missbräuchlichen Verwendung von Insiderinformationen geschützt werden"*.[972] Das Interesse des Marktes an der Wahrung der informationellen Chancengleichheit aller Marktteilnehmer überwiegt hier also das Interesse des Portfolio-Unternehmens an dem systematischen Informationsaustausch mit dem PE-Investor, um diesem eine Kontrolle des Unternehmens unter Einschluss von Insiderinformationen sowie eine vollumfängliche aktive Teilhabe an dessen *Corporate Governance* zu ermöglichen.

3. Punktuelle Vorabinformation des Investors

Wie bereits erörtert,[973] darf das Portfolio-Unternehmen den PE-Investor zum Zwecke der Marktsondierung bereits vorab selektiv über geplante Kapitalmarkttransaktionen informieren. Im Folgenden soll geprüft werden, ob und inwieweit darüber hinaus eine anlassbezogene punktuelle Vorabinformation des PE-Investors zulässig sein kann.

a) Angelegenheiten von grundlegender Bedeutung

Auch unter der MAR ist es dem Vorstand einer börsennotierten Gesellschaft gestattet, in Angelegenheiten von grundlegender Bedeutung im berechtigten Interesse der Gesellschaft vor Beschlussfassungen der Hauptversammlung oder der Durchführung bestimmter Maßnahmen die Meinung wesentlicher Aktionäre einzuholen (etwa der Großaktionäre).[974] Das Offenlegungsinteresse des

---

Assmann/Schneider, WpHR, Einl. Art. 7 MAR Rn. 29; *Szesny*, Böttger, WiPra, Kap. 6 Rn. 112; *Seibt*, ZHR 177 (2013), 388, 394; *Hupka*, EuZW 2011, 860, 863.

971 *Klöhn*, AG 2016, 423, 424: *„Oberstes Auslegungsprinzip des Insiderrechts bleibt der Grundsatz des gleichberechtigten Informationszugangs (equal access)"*.

972 So auch: *Klöhn*, AG 2016, 423, 424; der Wortlaut entspricht dem der EuGH-Entscheidung in Sachen *Spector-Photo-Group*, Urt. v. 23.12.2009 – Rs. C.45/08, AG 2010, 74, und entspricht in seiner Tendenz dem Ton der EG-Vorgängerrichtlinien (vgl.: Erwägungsgründe 4ff. zur EG-Insiderrichtlinie; Erwägungsgründe 2, 12 und 24 zur EG-Marktmissbrauchsrichtlinie).

973 Vgl. hierzu die Ausführungen unter: § 8.B.III.1, S. 159ff.

974 Mit Bezug auf § 14 WpHG a.F.: *Mennicke*, Fuchs, WpHG, § 14 Rn. 293; *Klöhn*, KK-WpHG, § 14 Rn. 364; *Schwark/Kruse*, Schwark/Zimmer, KMRK, WpHG, § 14 Rn. 51; *Sethe*, Assmann/Schütze, Hdb. KapitalanlageR, § 8 Rn. 131; *Schneider/Singhof*, FS Kraft, S. 585, 603; a.A.: Veil, ZHR 172 (2008), 239, 266, der zwar anerkennt, dass der Informationsaustausch mit dem Großaktionär durchaus zweckmäßig sein könne, jedoch nur selten unerlässlich im Sinne des *Grøngaard & Bang*-Urteils; vgl. ferner: *Schäfer*, Marsch-Barner/Schäfer, Hdb. börs. AG, § 14 Rn. 69, der dies nur gegenüber einem *beherrschenden Gesellschafter* zulassen will.

Portfolio-Unternehmens ist hier geeignet, die Interessen des Kapitalmarkts sowie der Marktteilnehmer zu überwiegen und somit die Offenlegung von Insiderinformationen zu rechtfertigen.[975] Dies gilt insbesondere für Vorgänge, die in der Folge einer Beschlussfassung durch die Hauptversammlung bedürfen; die Vorbereitung der Beschlussfassung ist nur dann sinnvoll, wenn die Maßnahme von den wesentlich beteiligten Aktionären mitgetragen wird.[976] Zu denken ist etwa an geplante Satzungsänderungen oder sonstige Grundlagengeschäfte, deren Umsetzung von der Zustimmung des PE-Investors abhängt.[977] Hängt zum Beispiel die Durchführung von geplanten Sanierungsmaßnahmen (etwa die Veräußerung wesentlicher Vermögensteile des finanziell angeschlagenen Unternehmens) von dem Abstimmungsverhalten des PE-Investors ab, darf der Vorstand diesen nicht nur vorab über die konkret infrage stehende Maßnahme, sondern auch die angespannte wirtschaftliche Lage des Unternehmens generell informieren.[978]

b) Konsultation im Rahmen der Entscheidungsfindung

Will der Vorstand bereits im Rahmen der Willensbindung bzw. Entscheidungsfindung die Einschätzung eines wesentlich beteiligten Aktionärs einholen, darf er diesem nach zutreffender Ansicht auch Insiderinformationen zur entsprechenden Vorbereitung offenlegen.[979] Dies gilt erst recht seit Inkrafttreten der MAR, welche dem Portfolio-Unternehmen, wie gezeigt,[980] wieder ein größeres *insiderrechtliches Ermessen* einräumt und nach der bereits Zweckmäßigkeitserwägungen die Offenlegung von Insiderinformationen im normalen Geschäftsgang rechtfertigen können. Eine insiderinformationelle Sonderbehandlung des PE-Investors kann etwa gerechtfertigt sein, wenn sich der Vorstand in Hinblick auf eine bestimmte, strategisch bedeutsame Entscheidung der Vereinbarkeit mit den unternehmensstrategischen Planungen des PE-Investors vergewissern möchte. Des Weiteren kann die Einbeziehung des PE-Investors in die Entscheidungsfindung gerechtfertigt sein, wenn dieser in einem bestimmten Bereich der Unternehmensführung über eine besondere Expertise verfügt und das Unternehmen aufgrund seiner Überwachungstätigkeit besser kennt als externe Berater. Insoweit kann grundsätzlich nichts anderes gelten als bei der Hinzunahme sonstiger Berater.[981] Zu denken ist etwa an konkrete

---

975 Mit Bezug auf § 14 WpHG a.F.: *Mennicke*, Fuchs, WpHG, § 14 Rn. 293.

976 Mit Bezug auf § 14 WpHG a.F.: *Schneider/Singhof*, FS Kraft, S. 585, 603; *Mennicke*, Fuchs, WpHG, § 14 Rn. 293.

977 Mit Bezug auf § 14 WpHG a.F.: *Mennicke*, Fuchs, WpHG, § 14 Rn. 293; *Schneider/Singhof*, FS Kraft, S. 585, 603.; vgl. zu den Grundlagengeschäften allgemein das „Holzmüller"-Urteil des BGH, Urt. v. 25.2.1982 – II ZR 174/80 (Holzmüller), NJW 1982, 1703.

978 *Süßmann*, AG 1999, 162, 167.

979 *Schneider/Singhof*, FS Kraft, S. 585, 602.

980 Siehe hierzu die Ausführungen unter: § 8.B.II.3.c)3), S. 157ff.

981 *Schneider/Singhof*, FS Kraft, S. 585, 602.

Beratungsleistungen im Hinblick auf einen beabsichtigten Unternehmenszukauf seitens des Portfolio-Unternehmens oder sonstige *M & A*-Verhandlungen. Die Beratung darf allerdings nicht dergestalt in eine laufende Dauerberatung durch den PE-Investor umschlagen, dass diesem letztlich doch systematisch Insiderinformationen vorab zur Verfügung gestellt werden. Der Vorstand entscheidet über die Einbindung des PE-Investors im unternehmerischen Ermessen.[982]

c) Wesentlichkeit der Beteiligung

Die Vorabinformation einzelner Aktionäre über Insiderinformationen wird von der herrschenden Meinung nur dann als zweckmäßig aus Sicht des Unternehmens angesehen, wenn der Aktionär eine *wesentliche Beteiligung* an dem Portfolio-Unternehmen hält.[983] Zur Bestimmung der Wesentlichkeit der Beteiligung wird zum Teil § 33 WpHG[984] als Anhaltspunkt herangezogen.[985] *Schäfer* gesteht dem Emittenten gar nur dann ein berechtigtes Interesse an der Vorabinformation einzelner Aktionäre zu, wenn diese eine beherrschende Gesellschafterstellung innehaben.[986] Nach zutreffender Ansicht kann die Frage der Wesentlichkeit einer Beteiligung jedoch nicht pauschal beantwortet werden, sondern muss stets im Einzelfall beurteilt werden.[987] Insbesondere kann ein und derselbe Stimmrechtsanteil bei unterschiedlichen AGs mit divergierender Hauptversammlungspräsenz faktisch zu gänzlich unterschiedlichen Einflussmöglichkeiten führen. Auch darf die Bedeutung eines Aktionärs nicht allein an seinem Beteiligungsvolumen bzw. seinem Stimmrechtsanteil gemessen werden: wird der Stimme eines Aktionärs in der Hauptversammlung erfahrungsgemäß besonderes Gewicht beigemessen (etwa wegen seiner Expertise), kann sein Abstimmungsverhalten auch ohne „Sperrminorität" in der Hauptversammlung richtungsweisend für die Durchführbarkeit einer Maßnahme sein. Da PE-Investoren, wie gezeigt,[988] jedoch regelmäßig maßgebliche

---

982 *Schneider/Singhof*, FS Kraft, S. 585, 602.

983 *Schneider/Singhof*, FS Kraft, S. 585, 602f. („*Aktionär mit einer wesentlichen Beteiligung*"); *Süßmann*, AG 1999, 162, 167f. („*Großaktionäre*"); so mit Bezug auf Familien- oder Aktionärspools: *Mennicke*, Fuchs, WpHG, § 14 Rn. 294 („*Inhaber eines bedeutenden Aktienanteils*", „*Wesentlichkeit einer Beteiligung*").

984 Nach der Vorschrift müssen Aktionäre, die durch den Erwerb, die Veräußerung oder auf sonstige Weise die Schwellen von 3, 5, 10, 15, 20, 25, 30, 50 oder 75 Prozent der Stimmrechte eines deutschen Emittenten erreichen, überschreiten oder unterschreiten, dies unverzüglich dem Emittenten und der BaFin melden (§ 33 Abs. 1 Satz 1 WpHG).

985 Siehe zu der insoweit identischen Vorgängervorschrift in § 21 Abs. 1 Satz 1 WpHG a.F.1: *Schneider/Singhof*, FS Kraft, S. 585, 602.

986 *Schäfer*, Marsch-Barner/Schäfer, Hdb. börs. AG, § 14 Rn. 69.

987 *Mennicke*, Fuchs, WpHG, § 14 Rn. 294; *Süßmann*, AG 1999, 162, 167, der Wesentlichkeit jedoch grundsätzlich erst bei einer Beteiligungshöhe von mindestens 10 Prozent der Aktien annimmt.

988 Vgl. hierzu die Ausführungen unter: § 1.A.II, S. 27f.

Beteiligungen anstreben, dürfte die Wesentlichkeit ihrer Beteiligung in der Praxis regelmäßig zu bejahen sein. Die Frage, ob das Portfolio-Unternehmen dem PE-Investor Insiderinformationen für die Zwecke punktueller Beratungen zur Verfügung stellen darf, muss gar gänzlich losgelöst von der Höhe seiner Beteiligung beantwortet werden. Anknüpfungspunkt für die Einbindung in die Willensbildung und Entscheidungsfindung ist die Eignung des PE-Investors zur Beurteilung der aufgeworfenen Fragestellungen, nicht seine Beteiligungsquote.

d) Konkretes Missbrauchsrisiko

Bei Art. 14 lit. c) MAR handelt es sich um einen abstrakten Gefährdungs-[989] und Vorfeldtatbestand[990]. Bei der Interessenabwägung, ob und inwieweit der Vorstand des Portfolio-Unternehmens Insiderinformationen gegenüber dem PE-Investor offenlegt, muss er insbesondere berücksichtigen, ob durch die Offenlegung der Insiderinformation erkennbar eine Gelegenheit bzw. konkrete Gefahr der Ausnutzung der Insiderinformation geschaffen wird.[991] Hinsichtlich des allgemeinen Risikos der zweckwidrigen Verwendung vertraulicher Informationen gilt auch hier, dass der PE-Investor als in der Regel wesentlich beteiligter Aktionär ein eigenes handfestes Interesse an der Wahrung der sensiblen Informationen des Portfolio-Unternehmen hat.[992] Es wird daher gerade in seinem Interesse liegen, den Kreis der Mitwisser möglichst klein zu halten, nicht zuletzt aufgrund seines eigenen insiderrechtlichen Haftungsrisikos. Allerdings kann das Risiko insiderrechtswidriger Aktienzu- bzw. -verkäufe durch den PE-Investor unter Verwendung der erlangten Insiderinformationen (ungeachtet des eigenen Haftungsrisikos) nie gänzlich ausgeschlossen werden. Der Vorstand muss sein insiderrechtliches Ermessen also behutsam ausüben.

---

989 Vgl. nur mit Bezug auf § 14 WpHG a.F.: *Schneider/Singhof*, FS Kraft, S. 585, 589; *Schwark/Kruse*, Schwark/Zimmer, KMRK, WpHG, § 14 Rn. 39; *Sethe*, ZBB 2006, 243, 244; *Assmann*, Assmann/Schneider, WpHR, Art. 10 MAR Rn. 7 („*konkretes Gefährdungsdelikt*").

990 *Assmann*, Assmann/Schneider, WpHR, Art. 10 MAR Rn. 7; So mit Bezug auf § 14 WpHG a.F.: *Mennicke*, Fuchs, WpHG, § 14 Rn. 182, 205; *Schwark/Kruse*, Schwark/Zimmer, KMRK, WpHG, § 14 Rn. 39; *Schneider/Singhof*, FS Kraft, S. 585, 589; *Sethe*, ZBB 2006, 243, 244; vgl. auch: *Klöhn*, KK-WpHG, § 14 Rn. 258; *Singhof*, ZGR 2001, 146, 153.

991 Zur alten Rechtslage und zur Ausfüllung des Tatbestandmerkmals der *Unbefugtheit* gemäß § 14 WpHG a.F.: *Schneider/Singhof*, FS Kraft, S. 585, 589f. m.w.N.; *Götz*, DB 1995, 1949, 1950.

992 Vgl. hierzu allgemein zum Informationsaustausch mit wesentlich beteiligten Aktionären: *Schneider/Singhof*, FS Kraft, S. 585, 602: „*Aktionäre mit wesentlicher Beteiligung haben ein eigenes handfestes Interesse, die Gesellschaftsgeheimnisse zu wahren*"; vgl. hierzu die Fundstellen in Fn. 557.

e) Vertraulichkeitsverpflichtung des PE-Investors

Das Vorliegen einer Verschwiegenheitsverpflichtung des PE-Investors ist keine unmittelbare Voraussetzung für die Rechtmäßigkeit der Offenlegung von Insiderinformationen ihm gegenüber.[993] Allerdings muss ein Emittent, der Insiderinformationen gegenüber einem nicht zur Verschwiegenheit verpflichteten Dritten im normalen Geschäftsgang offenlegt, diese *zeitgleich* auch insgesamt veröffentlichen (bei *nicht absichtlicher*[994] Offenlegung zumindest unverzüglich).[995] Die Pflicht zur Veröffentlichung entfällt indes, wenn der Empfänger der Information seinerseits zur Verschwiegenheit verpflichtet ist; dabei ist unbeachtlich, ob die Pflicht zur Verschwiegenheit aus dem Gesetz, der Satzung oder einem Vertrag folgt.[996] In der Praxis wird eine solche Vertraulichkeitsverpflichtung des PE-Investors üblicherweise bereits in der Beteiligungsvereinbarung enthalten sein.

f) Zwischenergebnis

Das Portfolio-Unternehmen darf den PE-Investor als *wesentlich beteiligten* Aktionär punktuell vorab über geplante Maßnahmen (insbesondere Grundlagengeschäfte) und Entscheidungen informieren, um sich dessen Zustimmung zu vergewisseRn. Dies gilt insbesondere, wenn bestimmte Maßnahmen der Beschlussfassung durch die Hauptversammlung bedürfen und die Zustimmung maßgeblich von dem Abstimmungsverhalten des PE-Investors abhängt. Wann die Beteiligung des PE-Investors *wesentlich* ist, bemisst sich dabei nach den Umständen des Einzelfalls. Ferner darf der Vorstand des Portfolio-Unternehmens den PE-Investor im Rahmen seiner Willensbildung und Entscheidungsfindung grundsätzlich wie externe Berater zurate ziehen und diesem im Zuge dessen auch Insiderinformationen offenlegen. Angesichts des grundsätzlich bestehenden Risikos der insiderrechtswidrigen Verwendung von Insiderinformationen muss der Vorstand des Portfolio-Unternehmens sein insiderrechtliches Ermessen bei der Offenlegung von Informationen jedoch behutsam ausüben. Ferner darf eine Beratungstätigkeit des PE-Investors nicht dergestalt in eine Dauerberatung umschlagen, dass dem PE-Investor letztlich systematisch Insiderinformationen vorab zur Verfügung gestellt werden. Will das Portfolio-Unternehmen ferner verhindern, dass dem PE-Investor mitgeteilte Insiderinformationen zeitgleich auch insgesamt veröffentlicht werden müssen, ist

---

993 *Assmann*, Assmann/Schneider, WpHR, Art. 10 MAR Rn. 22; *Zetzsche*, NZG 2015, 817, 818; vgl. zur alten Rechtslage unter § 14 WpHG a.F.: *Rothweiler*, Der Informationsfluss, S. 146f.

994 Vgl.: *Klöhn*, AG 2016, 423, 430 m.w.N., nach dem der Terminus *absichtlich* in Art. 17 MAR im Sinne von „*zumindest grob fahrlässig*“ zu verstehen ist mit der Folge, dass sich der Anwendungsbereich der *zeitgleichen Veröffentlichung* entsprechend erweitert.

995 Art. 17 Abs. 8 Satz 1 MAR; Vgl. hierzu auch: ESMA, ESMA/2015/1455 (siehe Fn. 347), S. 41, Zf. 7.1 Rn. 172; S. 43, Zf. 7.2 Rn. 181.

996 Art. 17 Abs. 8 Satz 2 MAR.

sicherzustellen, dass zwischen dem Portfolio-Unternehmen und dem PE-Investor eine Vertraulichkeitsvereinbarung besteht (etwa als Gegenstand der Beteiligungsvereinbarung).

IV. Insidereigenschaft und Exit des Investors

Fraglich ist, wie sich der Umstand, dass der PE-Investor zum Zeitpunkt des *Exits* noch im Besitz von Insiderinformationen bezüglich des börsennotierten Portfolio-Unternehmens ist, auf den *Exit*-Prozess des PE-Investors auswirkt und welche Besonderheiten der PE-Investor ggf. beachten muss.

1. PE-Investor als Primärinsider

Durch die Offenlegung von Insiderinformationen gegenüber dem PE-Investor wird der PE-Investor selbst Insider und unterliegt seinerseits den Insiderverboten.[997] Für den *Exit* relevant ist vor allem die Variante, in der ein PE-Investor über Insiderinformationen hinsichtlich des Portfolio-Unternehmens verfügt und seine Beteiligung unter Nutzung dieser Informationen veräußert.[998] Dass eine Person, die Insiderinformationen kennt, diese auch für das Insidergeschäft genutzt hat, wird dabei widerleglich vermutet.[999] Die Kenntnis von der Eigenschaft der Information als Insiderinformation hingegen wird bei Aktionären, also auch beim PE-Investor, sogar unwiderleglich vermutet.[1000] Sofern der *Exit* auf Ebene der Erwerbsgesellschaft stattfindet und dessen Geschäftsführung keinerlei Kenntnis von den betreffenden Insiderinformationen hat, kommt ein Verstoß gegen die Insiderverbote zumindest im Hinblick auf die Entscheidungsträger des PE-Investors (also dessen Management oder das *Investment Committee*) in Betracht. Zu denken ist hier an das Insiderverbot in der Variante des Verleitens eines Dritten zur Durchführung eines Insidergeschäfts.[1001] Auch hier wird widerlegbar vermutet, dass der Insider den Dritten *auf Grundlage* der betreffenden Insiderinformation zu dem Insidergeschäft

997 Vgl. zur alten Rechtslage unter § 14 WpHG a.F.: *Menke*, in: NZG 2004, 697, 701.

998 Artt. 14 lit. a) i.V.m. 8 Abs. 1 Satz 1 MAR.

999 EuGH, Urt. v. 23.12.2009 – C-45/08 (Spector Photo Group), NZG 2010, 107, 111 Rn. 54; *Schlitt*, Habersack/Mülbert/Schlitt, Unternehmensfinanzierung, § 38 Rn. 29; *Hopt/Kumpan*, Schimansky/Bunte/Lwowski, BankR-Hdb., § 107 Rn. 69; *Poelzig*, NZG 2016, 528, 532; *Giering*, CCZ 2016, 214, 215; vgl.: Erwägungsgrund 24 Satz 1 und 2 zur MAR.

1000 Vgl.: *Hopt/Kumpan*, Schimansky/Bunte/Lwowski, BankR-Hdb., § 107 Rn. 68; siehe: Art. 8 Abs. 4 lit. b) MAR.

1001 Artt. 14 lit. b) i.V.m. 8 Abs. 2 lit. a) MAR. Die Variante der „Empfehlung", ein Insidergeschäft zu tätigen, stellt einen Unterfall des „Verleitens" dar (so: *Hopt/Kumpan*, Schimansky/Bunte/Lwowski, BankR-Hdb., § 107 Rn. 75; *Klöhn*, KK-WpHG, § 14 Rn. 483).

verleitet.[1002] Im Folgenden soll untersucht werden, welche Maßnahmen der PE-Investor ergreifen kann bzw. muss, um den *Exit* im Wege des außerbörslichen oder börslichen Verkaufs seiner Beteiligung insiderrechtlich zulässig zu gestalten.

2. *Aufklärungspflicht bei außerbörslichen Verkäufen*

Die Insiderhandelsverbote erfassen nicht nur börsliche Transaktionen, sondern auch außerbörsliche Geschäfte (*Face-to-Face*-Geschäfte), also beispielsweise auch den außerbörslichen Paketverkauf seitens des PE-Investors,[1003] etwa an einen strategischen oder weiteren Finanzinvestor. *Face-to-Face*-Geschäfte erfüllen die Kriterien eines verbotenen Insidergeschäfts jedoch nach ganz überwiegender Meinung nicht, wenn alle Beteiligten der Transaktion den gleichen Informationsstand haben.[1004] Ein *Exit* des PE-Investors durch Verkauf an einen strategischen Investor (*Trade Sale*) oder Finanzinvestor (*Secondary Sale*) im Wege eines außerbörslichen Paketverkaufs ist grundsätzlich also auch dann möglich, wenn der PE-Investor über nicht veröffentlichte Insiderinformationen verfügt. Der PE-Investor muss den Erwerber dann ggf. nach §§ 311 Abs. 2, 241 Abs. 2 BGB über diese Insiderinformationen aufklären,[1005] etwa im Rahmen der *Due Diligence*[1006] oder des begleitenden *Q&A*-Prozesses. Diese Vorgehensweise wird nach nahezu einhelliger Ansicht selbst dann als zulässig erachtet, wenn die *Due Diligence* auch Insiderinformationen beinhaltet.[1007] Der PE-Investor muss mithilfe des Managements

---

1002 *Hopt/Kumpan*, Schimansky/Bunte/Lwowski, BankR-Hdb., § 107 Rn. 76; *Klöhn*, WM 2017, 2085, 2091.

1003 *Hopt/Kumpan*, Schimansky/Bunte/Lwowski, BankR-Hdb., § 107 Rn. 63; *Hopt/Kumpan*, ZGR 2017, 765, 777; Vgl. zur alten Rechtslage: *Mennicke*, Fuchs, § 14 WpHG Rn. 59; *Assmann*, Assmann/Schneider, WpHR, Art. 2 MAR Rn. 24, Art. 8 Rn. 17; *Hilgendorf*, Park, Kapitalmarktstrafrecht, § 14 WpHG Rn. 136, 149.

1004 *Schlitt*, Habersack/Mülbert/Schlitt, Unternehmensfinanzierung, § 38 Rn. 38; *Hopt/Kumpan*, ZGR 2017, 765, 778; *Bühren*, NZG 2017, 1175; *Poelzig*, NZG 2016, 528, 533; *Klöhn*, AG 2016, 423, 434; *Seibt/Wollenschläger*, AG 2014, 593, 598; *Viciano-Gofferje/Cascante*, NZG 2012, 968, 975f.; so schon zur alten Rechtslage: EuGH, Urt. v. 10.5.2007 – C-391/04, NZG 2007, 749 Rn. 38f. (bestätigt durch: EuGH, Urt. v. 23.12.2009 – C-45/08 (Spector Photo Group), NZG 2010, 107, 110 Rn. 48); *Klöhn*, KK-WpHG, § 14 Rn. 190; *Schäfer*, Schäfer/Hamann, KMG, WpHG, § 14 Rn. 9; *Assmann*, Assmann/Schneider, WpHR, Art. 8 Rn. 40; *Hilgendorf*, Park, Kapitalmarktstrafrecht, § 14 WpHG Rn. 149f.; *Mennicke*, Fuchs, § 14 WpHG Rn. 59ff.; *Schwark/Kruse*, Schwark/Zimmer, KMRK, WpHG, § 14 Rn. 25; *Cascante/Bingel*, NZG 2010, 161, 163; a.A.: *Grothaus*, ZBB-Report 2005, 62, 63.

1005 *Fleischer*, Informationsasymmetrie, S. 560ff.; *Schwark/Kruse*, Schwark/Zimmer, KMRK, WpHG, § 14 Rn. 25.

1006 Siehe zu dem Begriff *Due Diligence* bereits die Ausführungen unter: § 1.B.I, S. 32.

1007 BaFin, Emittentenleitfaden (siehe Fn. 360), S. 38; *Fietz*, Umnuß, CorpCompl., Kapitel 11, Rn. 79f.; *Assmann*, AG 1997, 56; *Süßmann*, AG 1999, 162, 169; a.A.: *Schäfer*, Schäfer/Hamann, KMG, WpHG, § 14 Rn. 75f.; *Weimann*, DStR 1998, 1556, 1560.

des Portfolio-Unternehmens sicherstellen, dass sämtliche durch den PE-Investor erlangten und nicht zwischenzeitlich veröffentlichten Insiderinformationen im Rahmen der *Due Diligence* gegenüber dem (potenziellen) Erwerber offengelegt werden. Sofern diese Voraussetzung erfüllt ist, steht die Insidereigenschaft einem *Exit* im Wege des Paketverkaufs nicht entgegen. Gegebenenfalls bietet es sich jedoch an, die Insiderinformationen aufgrund des Missbrauchsrisikos erst zu einem späteren Zeitpunkt der *Due Diligence* offenzulegen, gewissermaßen in einer zweiten Phase des Verkaufsprozesses. Dies ist insbesondere dann sinnvoll, wenn der Paketverkauf im Rahmen eines Bieterprozesses erfolgt und die Anzahl der Bieter in der zweiten Phase stark reduziert ist oder der PE-Investor sich erst der Ernsthaftigkeit der Erwerbsabsicht des Verhandlungspartners vergewissern möchte.

3. Trennung zwischen „Exit-" und „Deal-Team"

Fraglich ist, ob ein *Exit* des PE-Investors ohne Verstoß gegen ein Insiderverbot möglich ist, wenn dieser seine zum Zeitpunkt des *Exits* bestehende Insidereigenschaft nicht durch Veröffentlichung der Insiderinformation beenden bzw. er den Erwerber im *Face-to-Face*-Geschäft nicht bezüglich der bestehenden Insiderinformationen aufklären möchte.

a) Legitime Handlungen nach der MAR

Art. 9 MAR regelt nunmehr ausdrücklich bestimmte Maßnahmen, die legitime Handlungen und somit Ausnahmen vom Verbot des Insiderhandels darstellen.[1008] Ein verbotenes Insidergeschäft liegt danach nicht vor, wenn eine juristische Person durch angemessene und wirksame interne Regelungen und Verfahren den unternehmensinternen Informationsfluss zwischen dem Inhaber der Insiderinformation und der das Geschäft tätigenden Person unterbindet und dadurch sicherstellt, dass die Insiderinformation keinen Einfluss auf die handelnde natürliche Person haben kann.[1009] Diese Ausnahme betrifft vor allem die sog. *Hedging*-Geschäfte.[1010] Hierbei handelt es sich um Kurssicherungsgeschäfte von Marktteilnehmern, die diese unabhängig von Insiderinformationen lediglich zur Absicherung gegen bestimmte Kursrisiken durchführen.[1011]

1008 *Giering*, CCZ 2016, 214, 215.

1009 *Giering*, CCZ 2016, 214, 216; *Seibt/Wollenschläger*, AG 2014, 593, 597; *Krause*, CCZ 2014, 248, 252; *Kiesewetter/Parmentier*, BB 2013, 2371, 2374; siehe: Art. 9 Abs. 1 MAR.

1010 *Franke/Grenzebach*, Hauschka u.a., CorpCompl., § 17 Rn. 58; *Giering*, CCZ 2016, 214, 216; bezugnehmend auf eine frühere Fassung der MAR: *Viciano-Gofferje/Cascante*, NZG 2012, 968, 974.

1011 *Cascante/Bingel*, NZG 2010, 161, 163.

b) Unterteilung in ein Deal-Team und ein Exit-Team

Um diese Ausnahme vom Insiderverbot verwirklichen zu können, müsste der PE-Investor die mit einem *Deal* betrauten Mitarbeiter (unternehmens-)organisatorisch in mindestens zwei unterschiedliche, voneinander personenverschiedene Teams untergliedeRn. In Betracht kämen etwa ein *Deal*-Team, welches mit der Auswahl, dem Erwerb und der anschließenden Betreuung des Portfolio-Unternehmen betraut wäre, sowie ein *Exit*-Team, dessen Aufgabe sich allein auf die Planung, Vorbereitung und Durchführung des *Exits* beschränken würde. Eine mögliche Maßnahme zur Unterbindung des unternehmensinternen Informationsflusses zwischen beiden Teams wäre die Errichtung von *Ethical Screens* bzw. *Chinese Walls*.[1012] Zur Umsetzung solcher Barrieren müssen die handelnden Personen räumlich und virtuell dergestalt voneinander getrennt werden, dass zwischen ihnen Vertraulichkeitsbereiche eingerichtet und aufrechterhalten werden.[1013]

c) Stellungnahme

Eine strikte Trennung zwischen *Deal*- und *Exit*-Team bei PE-Investoren stößt gleich in mehrfacher Hinsicht auf praktische Schwierigkeiten. Zunächst verfügen PE-Investoren in der Regel nur über eine überschaubare Anzahl an MitarbeiteRn. Eine zusätzliche Unterteilung der Mitarbeiter in *Deal*- und *Exit*-Team wird insbesondere vor dem Hintergrund, dass PE-Investoren typischerweise gleich in mehrere Portfolio-Unternehmen parallel investiert sind, praktisch kaum darstellbar sein. Nicht zuletzt ist die Einrichtung und Aufrechterhaltung von *Ethical Screens* äußerst aufwendig und kostspielig und wird bereits deshalb oftmals nicht gewollt sein.

Ferner würde sich die Entscheidung über den Zeitpunkt des *Exits* bei einer Aufteilung in ein *Deal*- und ein *Exit*-Team als äußerst schwierig gestalten. Sofern nicht äußere Einflüsse (beispielsweise ein initiatives Erwerbsangebot seitens eines Dritten) oder ein strikter Zeitplan Anlass für den *Exit* geben, ist es praxisfern, dass ein vom *Deal*-Team losgelöstes *Exit*-Team autark über die Initiierung des *Exits* entscheidet – also unabhängig von tiefergehenden Kenntnissen über die aktuellen Geschäftslage des Portfolio-Unternehmens oder strategisch oder operativ gewichtige laufende Prozesse (beispielsweise laufende *M & A*-Verhandlungen).

Zu guter Letzt würde sich selbst bei einer Aufspaltung der Mitarbeiter des PE-Investors in ein *Deal*- und ein *Exit*-Team oftmals lediglich die Ebene, auf der ein Insiderverbot verwirklicht wird, verlageRn. Wie gezeigt,[1014] entscheiden in der Regel das Management oder das *Investment Committee* des PE-Investors

---

1012 Vgl.: *v.d.Linden*, DStR 2016, 1036, 1037; *Seibt/Wollenschläger*, AG 2014, 593, 597; *Kiesewetter/Parmentier*, BB 2013, 2371, 2374.

1013 So mit Bezug auf Kreditinstitute: *Renz/Leibold*, CCZ 2016, 157, 162; vgl. zur Unterbindung des Informationsflusses konkret bei *Hedging*-Geschäften: *Kiesewetter/Parmentier*, BB 2013, 2371, 2374; *Viciano-Gofferje/Cascante*, NZG 2012, 968, 974.

1014 Siehe hierzu bereits die Ausführungen unter: § 2.A.I.6, S. 45f.

letztverantwortlich über die Durchführung des *Exits*. Diese werden die Entscheidung über den *Exit* jedoch nur auf Grundlage der wesentlichen Informationen treffen, sodass sie in der Regel in Kenntnis der betreffenden Insiderinformationen handeln und somit, wie eingangs geschildert,[1015] den Tatbestand des Verleitens zum Tätigen eines Insidergeschäfts verwirklichen dürften.

4. Beendigung der Insidereigenschaft

Sofern der *Exit* über die Börse erfolgt, ist dem PE-Investor dringend anzuraten, auf eine Beendigung seiner Insiderstellung hinzuwirken. Eine Beendigung der Insiderstellung des PE-Investors kann zunächst dadurch erreicht werden, dass die betreffenden Insiderinformationen vor dem *Exit* (*ad hoc*) veröffentlicht werden[1016] und somit die Eigenschaft als Insiderinformation verlieren.[1017] Des Weiteren kann der PE-Investor in zeitlicher Nähe zum *Exit* den Erhalt (weiterer) Insiderinformationen unterbinden. Der PE-Investor könnte hierfür etwa in der ersten Hälfte der planmäßigen Halteperiode des Investments einen intensiveren Informationsaustausch mit dem Portfolio-Unternehmen unter Einschluss von Insiderinformationen pflegen, um auf Grundlage der erlangten Informationen die wertsteigernden strategischen und operativen Maßnahmen im Portfolio-Unternehmen umzusetzen bzw. anzustoßen. Nach Abschluss dieser Phase, wenn der PE-Investor darauf wartet, dass die angestoßenen Maßnahmen Früchte tragen, und er sich mit der Vorbereitung des *Exits* befasst, könnte er den Informationsaustausch einschränken. Insiderinformationen, deren Veröffentlichung zum Zeitpunkt des Eintritts in diese Phase noch aufgeschoben sind, würden sukzessive nach Wegfall der Voraussetzungen für den Aufschub (spätestens jedoch vor dem *Exit*) veröffentlicht werden mit der Folge, dass der PE-Investor nicht mehr Insider ist.

5. Zwischenergebnis

Der PE-Investor begeht sowohl im Falle des börslichen als auch des außerbörslichen Verkaufs von Aktien an dem börsennotierten Portfolio-Unternehmen unter Nutzung einer Insiderinformation ein verbotenes Insidergeschäft. Bei außerbörslichen Paketverkäufen (*Face-to-Face*-Geschäfte) liegt ein verbotener Insiderhandel jedoch nicht vor, wenn die beteiligten Parteien den gleichen Informationsstand haben; der PE-Investor ist hier ggf. zur Aufklärung des Erwerbers verpflichtet (beispielsweise durch Bereitstellung der Informationen im Rahmen der *Due Diligence*).

1015 Siehe hierzu bereits die Ausführungen unter: § 8.B.IV.1, S. 172f.

1016 Siehe zu der Veröffentlichung von Insiderinformationen bereits die Ausführungen unter: § 4.B.II, S. 71ff.

1017 Zum Verhältnis zwischen dem Verbot der Weitergabe von Insiderinformationen und der *Ad-hoc*-Publizitätspflicht nach alter Rechtslage (WpHG a.F.): *Mennicke*, Fuchs, WpHG, § 14 Rn. 221; *Hopt*, ZGR 1997, 1, 22f.; vgl.: *Schneider/Singhof*, FS Kraft, S. 585, 595.

In allen anderen Fällen sollte der PE-Investor darauf hinwirken bzw. abwarten, dass die betreffenden Insiderinformationen rechtzeitig vor dem *Exit* insgesamt veröffentlicht werden. Hingegen wird es für den PE-Investor aufgrund der begrenzten personellen Kapazitäten und der typischen innerorganisatorischen (Verfahrens-) Abläufe in der Regel nicht darstellbar sein, den Informationsfluss bezüglich Insiderinformationen des Portfolio-Unternehmens intern auf in Vertraulichkeitsbereichen operierende Mitglieder der PE-Gesellschaft zu beschränken mit der Folge, dass der spätere *Exit* vom Insiderhandelsverbot ausgenommen ist.

C. Zusammenfassung

Der europäische Gesetzgeber hat das Insiderrecht mit Wirkung zum 3. Juli 2016 in der unmittelbar in allen EU-Mitgliedstaaten geltenden MAR neu geregelt. Auch nach der MAR ist die Offenlegung von Insiderinformationen im normalen Geschäftsgang zulässig. Ob eine Offenlegung im normalen Geschäftsgang vorliegt, ist im Wege der Abwägung der Ziele des Insiderrechts einerseits und des Emittenteninteresses andererseits zu ermitteln. Das Emittenteninteresse muss dabei nach den Wertungen des nationalen Rechts bestimmt werden, die Ziele des Insiderrechts sowie der Prüfungsmaßstab der Abwägung richten sich nach Europarecht. Bei der Abwägung zur Bestimmung der Zulässigkeit der Offenlegung sind die *Grøngaard & Bang*-Rechtsprechung des EuGH und insbesondere das darin vermeintlich zugrunde gelegte Kriterium der *Unerlässlichkeit* nicht anzuwenden. Es reicht aus, wenn die Offenlegung der Insiderinformation zweckmäßig ist und das Emittenteninteresse an der Offenlegung im Rahmen einer Konkordanz das Interesse des Marktes überwiegt. Auch nach der MAR ist eine generelle Vorabinformation des PE-Investors über Insiderinformationen mit den Zielen des Insiderrechts nicht vereinbar. Der PE-Investor darf jedoch punktuell im Vorfeld über Grundlagengeschäfte informiert werden, wenn sich der Vorstand seiner Zustimmung vergewissern möchte. Auch darf das Portfolio-Unternehmen den PE-Investor punktuell zu Beratungsleistungen heranziehen und ihm im Zuge dessen auch Insiderinformationen mitteilen. Darüber hinaus sieht die MAR nunmehr ausdrücklich vor, dass einzelne potenzielle Anleger, und somit auch der bereits an dem börsennotierten Portfolio-Unternehmen beteiligte PE-Investor, zum Zwecke der Marktsondierung vorab über geplante Aktienemissionen informiert werden dürfen. Hierbei muss das Portfolio-Unternehmen jedoch umfassende Aufklärungs- und Dokumentationspflichten beachten. Der PE-Investor muss seine Insidereigenschaft im Rahmen des *Exits* berücksichtigen und ggf. beenden, da die börsliche oder außerbörsliche Veräußerung von Aktien durch den PE-Investor unter Nutzung einer Insiderinformation grundsätzlich gegen das Verbot des Tätigens von Insidergeschäften verstößt. Bei *Face-to-Face*-Geschäften liegt ein Verstoß gegen das Verbot des Insiderhandels nicht vor, wenn alle Parteien den gleichen Informationsstand haben. Im Übrigen muss der PE-Investor darauf hinwirken, dass sämtliche Insiderinformationen, von denen er Kenntnis hat, rechtzeitig vor dem *Exit* veröffentlicht werden oder er in zeitlicher Nähe zum *Exit* keine Insiderinformationen mehr vom Portfolio-Unternehmen erhält und seine Insidereigenschaft sukzessive beendet wird.

§ 9. Informationsaustausch im faktischen Konzern

Im Folgenden soll untersucht werden, welche Informationsrechte der PE-Investor gegenüber dem Portfolio-Unternehmen geltend machen kann, wenn er herrschendes Unternehmen im faktischen Konzern ist.

A. Beherrschung und faktischer Konzern

Befindet sich ein Unternehmen in Mehrheitsbesitz eines anderen Unternehmens, wird *widerlegbar*[1018] vermutet, dass es von diesem abhängig ist.[1019] Beherrschung kann beispielsweise aber auch dann angenommen werden, wenn die Einflussmöglichkeiten denen eines Mehrheitsgesellschafters entsprechen.[1020] Von abhängigen Unternehmen wird wiederum vermutet, dass sie mit dem herrschenden Unternehmen einen Konzern bilden.[1021] Entsteht ein Konzern nur aufgrund der tatsächlichen Verhältnisse oder aufgrund eines anderen Unternehmensvertrages als eines Beherrschungs- oder Eingliederungsvertrages, spricht man von einem *faktischen Konzern*.[1022] Da PE-Investoren, wie gezeigt,[1023] in der Regel maßgebliche (Mehrheits-)Beteiligungen anstreben und Einfluss auf ihre Portfolio-Unternehmen auszuüben versuchen, gehen PE-Investments oftmals mit einer faktischen Konzernierung einher. In der Praxis fungiert die Erwerbsgesellschaft hierbei regelmäßig als Holding-Gesellschaft, deren Funktion allein das Halten und Verwalten der Beteiligung an dem Portfolio-Unternehmen sowie ggf. weiteren im Rahmen einer *Buy-and-Build*-Strategie zugekaufter Unternehmen ist.[1024]

1018 *Koch*, Hüffer/Koch, AktG, § 17 Rn. 17; *Hirschmann*, Hölters, AktG, § 17 Rn. 1; *Schall*, Spindler/Stilz, AktG, Band 1, § 17 Rn. 49; *Bayer*, MüKo-Akt, Band 1, § 17 Rn. 85.

1019 § 17 Abs. 2 AktG.

1020 *Hirschmann*, Hölters, AktG, § 17 Rn. 3; vgl. ferner: *Schwintowski*, ZIP 2015, 617, 618 m.w.N.: *„der beherrschende Einfluss kann sich [...] auch daraus ergeben, dass das herrschende Unternehmen über gesicherte rechtliche Einflussmöglichkeiten beim abhängigen Unternehmen verfügt und damit in der Lage ist, diesem Konsequenzen für den Fall der Nichtbefolgung anzudrohen und durchzusetzen"*.

1021 § 18 Abs. 1 Satz 3 AktG.

1022 *Hirschmann*, Hölters, AktG, § 18 Rn. 5; *Emmerich*, Emmerich/Habersack, KonzernR, § 18 Rn. 3.

1023 Siehe die Ausführungen unter: § 1.A.II, S. 27f.

1024 Siehe zu *Buy-and-Build*-Strategien bereits die Ausführungen unter: § 4.B.II.2.b)1), S. 75f.

B. Informationsmöglichkeiten in Beherrschungslagen

Eine einheitliche Konzernleitung setzt einen kontinuierlichen, umfassenden und zeitnahen Informationsfluss von der Untergesellschaft zur Obergesellschaft voraus.[1025] Möchte der PE-Investor innerhalb des Konzerns schwierige Führungsentscheidungen treffen und unternehmerische Verantwortung übernehmen, benötigt er hierfür eine gesicherte Informationsgrundlage bezüglich der Angelegenheiten des abhängigen Portfolio-Unternehmens.[1026] Im Folgenden ist zu prüfen, welche Auskünfte ein beherrschender PE-Investor vom abhängigen Portfolio-Unternehmen verlangen kann und inwieweit der Vorstand berechtigt ist, darüber hinaus Informationen an den PE-Investor weiterzugeben.

I. Auskunftsrechte des beherrschenden PE-Investors

1. Kein generelles Auskunftsrecht

Mit der ganz herrschenden Meinung kann der PE-Investor (bzw. die Erwerbs-Holding-Gesellschaft) auch als herrschendes Unternehmen im faktischen Konzern kein konzernweites allgemeines Auskunftsrecht gegenüber dem abhängigen Portfolio-Unternehmen geltend machen.[1027] Ein solches generelles Auskunftsrecht besteht nicht einmal für die Zwecke der Konzernleitung.[1028] Die Annahme

---

1025 *Rothweiler*, Der Informationsfluss, S. 2; *Singhof*, ZGR 2001, 146, 156.

1026 So zur Ausübung der Konzernleitungsmacht des herrschenden Unternehmens allgemein: *Singhof*, ZGR 2001, 146, 156; *Semler*, Leitung und Überwachung, § 10 Rn. 290; zum *Controlling* im Konzern: *Scheffler*, AG 1991, 256, 258ff.

1027 *Altmeppen*, MüKo-AktG, Band 5, § 311 Rn. 424; *Kubis*, MüKo-AktG, Band 3, § 131 Rn. 164; *Krieger*, MünchHdb. GesR, Band 4, § 70 Rn. 28; *Spindler*, Spindler/Stilz, AktG, Band 1, § 116 Rn. 122; *Hölters*, Hölters, AktG, § 93 Rn., 148; *Koch*, Hüffer/Koch, AktG, § 311 Rn. 36d; *Lutter*, Information und Vertraulichkeit, Rn. 178f.; *Mader*, Der Informationsfluss im Unternehmensverbund, 2016, § 11, S. 26ff.; *Verse*, ZHR 175 (2011), 401, 422f.; *Rothweiler*, Der Informationsfluss, S. 46ff. („*Auch durch eine 100%ige Beteiligung an der Tochtergesellschaft erlangt das herrschende Unternehmen […] keinen Informationsanspruch*" (ebenda: S. 66)); *Bauer/Schmidt-Bendun*, FS Wegen, 2015, S. 105, 108; *Schröpfer*, Compliance im Aktienkonzern, S. 206; *Bank*, NZG 2013, 801, 805; *Fleischer*, ZGR 2009, 505, 532f.; *Hüffer*, FS Schwark, 185, 189ff.; *Fabritius*, FS Huber, 705, 710; *Singhof*, ZGR 2001, 146, 156ff.; *Götz*, ZGR 1998, 524, 527; *Hoffmann-Becking*, ZHR 159 (1995), 325, 337; a.A.: *Semler*, Leitung und Überwachung, § 10 Rn. 300ff.; *Löbbe*, Unternehmenskontrolle im Konzern, S. 154ff., der jedoch ein Verweigerungsrecht der abhängigen Gesellschaft annimmt, solange die herrschende Gesellschaft sich nicht zum Ausgleich etwaiger Nachteile verpflichtet; *Schneider/Burgard*, FS Ulmer, 2003, S. 579, 597ff.

1028 *Altmeppen*, MüKo-AktG, Band 5, § 311 Rn. 424; *Bauckhage-Hoffer/Katko*, WM 2012, 486, 487f.; *Verse*, ZHR 175 (2011), 401, 423; *Götz*, ZGR 1998, 524, 527; *Hoffmann-Becking*, ZHR 159 (1995), 325, 337; *Hüffer*, FS Schwark, 185, 189ff.; *Fleischer*, Spindler/Stilz, AktG, Band 1, § 90 Rn. 30; *Singhof*, ZGR 2001, 146, 157; vgl. auch: *Mader*, WM 2015, 2074, 2075; a.A.: *Semler*, Leitung und Überwachung, § 10, Rn. 300ff.

einer Informationspflicht des abhängigen Portfolio-Unternehmens lässt sich mit der Systematik des § 311 AktG nicht vereinbaren; diese Vorschrift basiert gerade nicht auf einem von Pflichten des abhängigen Unternehmens geprägten System, sondern geht von Veranlassungen seitens des herrschenden Unternehmens aus, denen zu folgen dem Vorstand der abhängigen Gesellschaft anheimgestellt wird.[1029]

2. Bereichsspezifische Informationsrechte

Fraglich ist jedoch, ob aus der Stellung des PE-Investors als herrschendem Unternehmen im faktischen Konzern zumindest punktuelle Auskunftsrechte gegenüber dem Portfolio-Unternehmen erwachsen.

a) Konzernrechnungslegung

1) Konzernrechnungslegungsbezogenes Auskunftsrecht

Sofern der PE-Investor (also insbesondere die Erwerbsgesellschaft mit Sitz in Deutschland) zur Aufstellung eines Konzernabschlusses verpflichtet ist,[1030] ergeben sich aus § 294 Abs. 3 HGB besondere Informationsrechte in Zusammenhang mit der Erstellung der Konzernrechnungslegung.[1031] Zunächst muss das Portfolio-Unternehmen dem PE-Investor unverzüglich seine Berichterstattung zur Verfügung stellen, namentlich bestehend aus dem Jahres- und einem etwaigen eigenen Konzernabschluss, dem Lagebericht, den gesonderten nichtfinanziellen Berichten und ggf. dem Prüfungsbericht.[1032] Da der Konzernabschluss auch eine Kapitalflussrechnung, einen Eigenkapitalspiegel und ggf. eine Segmentberichterstattung

1029 *Koch*, Hüffer/Koch, AktG, § 311 Rn. 36d; *Hüffer*, FS Schwark, 185, 191; *Mader*, Der Informationsfluss im Unternehmensverbund, 2016, § 12, S. 292ff., 300; vgl. auch: *Singhof*, ZGR 2001, 146, 156, der von *„Friktionen mit der Wirkungsweise der §§ 311 ff AktG"* spricht.

1030 §§ 290 ff., 315e ff. HGB.

1031 Die §§ 290, 294 HGB finden nur direkte Anwendung, wenn es sich bei der Erwerbsgesellschaft um eine Kapitalgesellschaft oder eine nach §§ 264a, 264b HGB aufstellungspflichtige Gesellschaft (worunter auch bestimmte GmbH & Co. KG fallen) handelt; andernfalls kommt jedoch eine sinngemäße Anwendung des § 294 HGB über § 13 Abs. 2 Satz 1 PublG in Betracht, vorausgesetzt die Größenmerkmale des § 11 Abs. 1 Satz 1 PublG sind erfüllt (vgl. hierzu: *Hüffer*, FS Schwark, 185, 187). § 294 Abs. 3 HGB findet auch auf Muttergesellschaften Anwendung, die den Konzernabschluss nach den internationalen Rechnungslegungsstandards aufstellen, § 315e Abs. 1 HGB. Zu beachten sind jedoch die Befreiungstatbestände von der Konsolidierungspflicht nach §§ 290ff. HGB, etwa wenn die an sich konsolidierungspflichtige Erwerbsgesellschaft ihrerseits in einen konsolidierten Jahresabschluss im Sinne der §§ 291f. HGB des PE-Fonds oder einer anderen zwischen PE-Fonds und Erwerbsgesellschaft geschalteten Gesellschaft eingebunden ist.

1032 § 294 Abs. 3 Satz 1 HGB.

enthält,[1033] müssen die Unterlagen des Portfolio-Unternehmens um diese Angaben ergänzt werden.[1034] Ferner kann der PE-Investor von dem Unternehmen alle Aufklärungen und Nachweise verlangen, die es für die Aufstellung des Konzernabschlusses und -lageberichts benötigt.[1035] Die übrigen Aktionäre des Portfolio-Unternehmens können Auskünfte, die dem herrschenden PE-Investor für die Zwecke der Konzernrechnungslegung weitergegeben worden sind, nicht im Wege der Nachauskunft in der Hauptversammlung[1036] vom Vorstand verlangen.[1037]

2) Würdigung

Die konzernrechnungslegungsbezogenen Informationsrechte helfen dem PE-Investor (bzw. der Erwerbsgesellschaft) primär dabei, den Konzernabschluss in einem sachlich und zeitlich angemessenen Rahmen erstellen zu können.[1038] Durch die Möglichkeit, ergänzende Auskünfte zur Berichterstattung des Portfolio-Unternehmens sowie ggf. zusätzliche Kennziffern in Form einer Kapitalflussrechnung, eines Eigenkapitalspiegels und einer Segmentberichterstattung verlangen zu können, kann der PE-Investor seine Informationslage über das Portfolio-Unternehmen punktuell verbesseRn. Dies wiederum erleichtert seine Überwachungstätigkeit.

Mit den Informationsrechten des § 294 Abs. 3 HGB allein ist dem PE-Investor jedoch nicht gedient. Das Auskunftsrecht des PE-Investors ist durch die Zwecke der Konzernrechnungslegung begrenzt.[1039] Der PE-Investor kann hierüber keine Informationen verlangen, die nicht für die Erstellung der Konzernrechnungslegung erforderlich sind,[1040] also insbesondere auch keine Informationen zu bilanzfremden Inhalten[1041]. Zudem sind die Informationsrechte wegen ihres Bezugs zur Konzernrechnungslegung insgesamt vorwiegend vergangenheitsorientiert.[1042] Eine unternehmerische Beteiligungsverwaltung ist jedoch zukunftsorientiert angelegt und von Prognoseentscheidungen abhängig; der PE-Investor benötigt

1033 § 297 Abs. 1 HGB.

1034 Vgl.: *Senger/Hoehne*, MüKo-BilR, Band 2, HGB, § 294 Rn. 30.

1035 § 294 Abs. 3 Satz 2 HGB.

1036 § 131 Abs. 4 Satz 3 AktG.

1037 Vgl. hierzu: *Koch*, Hüffer/Koch, AktG, § 131 Rn. 39; siehe: § 131 Abs. 4 Satz 3 AktG.

1038 *Senger/Hoehne*, MüKo-BilR, Band 2, HGB, § 294 Rn. 20.

1039 *Böcking/Gros/Schurbohm-Ebneth*, E/B/J/S, HGB, § 294 Rn. 17; *Schröpfer*, Compliance im Aktienkonzern, S. 208; *Fabritius*, FS Huber, 705, 708; *Rothweiler*, Der Informationsfluss, S. 11ff., S. 25; *Fleischer*, ZGR 2009, 505, 531 m.w.N.; vgl. auch: *Hüffer*, FS Schwark, 185, 188; *Mader*, WM 2015, 2074, 2075.

1040 Vgl. allgemein zum faktischen Konzern: *Fleischer*, ZGR 2009, 505, 531; *Böcking/Gros/Schurbohm-Ebneth*, E/B/J/S, HGB, § 294 Rn. 17.

1041 Zum Informationsfluss im Konzern allgemein: *Rothweiler*, Der Informationsfluss, S. 25.

1042 *Hüffer*, FS Schwark, 185, 188; *Mader*, WM 2015, 2074, 2075; *Rothweiler*, Der Informationsfluss, S. 25 („*verschafft [...] lediglich Informationen aus dem zurückliegenden Geschäftsjahr*"). Siehe zum retrospektiven Charakter der Rechnungslegung allgemein bereits die Ausführungen unter: § 4.A.II.1, S. 67ff.

hierfür also zukunftsorientierte Informationen.[1043] Die konzernrechnungslegungsbezogenen Informationsrechte vermitteln dem PE-Investor ferner keine aktuellen Geschäftsdaten oder Informationen zu laufenden Prozessen im Unternehmen; eine (punktuelle) Beratung des Portfolio-Unternehmens durch den PE-Investor ist auf Grundlage der hier erlangten Informationen also kaum möglich.[1044]

b) Sonstige konzernbezogene Publizitätspflichten

Es ist umstritten, ob ein Auskunftsrecht des herrschenden Unternehmens entsprechend § 294 Abs. 3 HGB auch hinsichtlich sonstiger konzernbezogener Publizitätspflichten des herrschenden Unternehmens bzw. Mutterunternehmens gilt.

1) Kapitalmarktrechtliche Publizitätspflichten

Zum Teil wird vertreten, das herrschende Unternehmen könne vom abhängigen Unternehmen sämtliche Auskünfte einfordern, die es zur Erfüllung seiner eigenen (Informations-) Pflichten benötigt.[1045] Dies gelte auch für mit § 294 Abs. 3 HGB vergleichbare Publizitätspflichten des herrschenden Unternehmens.[1046] Ernsthaft diskutiert und zum Teil bejaht wird ein publizitätsbezogener Auskunftsanspruch in Hinblick auf bestimmte börsenrechtliche Publizitätspflichten[1047] einschließlich der Pflicht zur Halbjahresfinanzberichterstattung[1048]. Die Gegenansicht lehnt ein Auskunftsrecht des Mutterunternehmens bezüglich mit der Konzernrechnungslegung vergleichbarer Publizitätspflichten ab.[1049] Diese Publizitätspflichten des Mutterunternehmens müssten vielmehr restriktiv verstanden werden, sodass sie von vornherein auf die Informationen beschränkt seien, die das Mutterunternehmen auch tatsächlich vom Tochterunternehmen erhält.[1050] Soweit ersichtlich, befassen

---

1043 Vgl.: *Hüffer*, FS Schwark, 185, 188.

1044 Vgl. hierzu bereits die Ausführungen zur Rechnungslegung allgemein unter: § 4.A.II.2, S. 67.

1045 *Altmeppen*, MüKo-AktG, Band 5, § 311 Rn. 424; *Krieger*, MünchHdb. GesR, Band 4, § 70 Rn. 28; *S.H. Schneider*, Informationspflichten, S. 152ff.; *Löbbe*, Unternehmenskontrolle im Konzern, S. 154ff.; *U.H. Schneider*, FS Brandner, 1996, 565, 573; *ders./Burgard*, FS Ulmer, 2003, 579, 597ff.; *S.H. Schneider/U.H. Schneider*, AG 2005, 57, 65; *Wittmann*, Informationsfluss, 2008, S. 86ff., 107.

1046 *Altmeppen*, MüKo-AktG, Band 5, § 311 Rn. 424.

1047 Vgl.: *Altmeppen*, MüKo-AktG, Band 5, § 311 Rn. 424 („*Quartalsabschlüsse und -berichte auf Grund börsenrechtlicher Vorschriften*"); *Rothweiler*, Der Informationsfluss, S. 22ff. („*Zwischenmitteilungen*"); *ders.* bejaht einen Auskunftsanspruch der Konzernmutter hinsichtlich solcher Informationen der Konzerntochter, die bei der Konzernmutter der *Ad-hoc*-Publizitätspflicht unterliegen: ebenda, S. 168ff.; *Singhof*, ZGR 2001, 146, 164f.

1048 *Rothweiler*, Der Informationsfluss, S. 22ff. Siehe zur Pflicht zur Halbjahresfinanzb erichterstattung von Inlandsemittenten die Ausführungen unter: § 4.B.I.1, S. 69ff.

1049 *Koch*, Hüffer/Koch, AktG, § 311 Rn. 36d; *Fabritius*, FS Huber, 705, 709f.

1050 *Koch*, Hüffer/Koch, AktG, § 311 Rn. 36d.

sich die Literaturmeinungen ausschließlich mit Publizitätspflichten, die aus der Börsennotierung des Mutterunternehmens resultieren. Da PE-Investoren zumeist nicht börsennotiert sind, soll der Meinungsstreit im Rahmen der Untersuchung nicht entschieden werden.[1051]

2) Zusätzliche Berichtspflichten nach dem KAGB

i. Erweiterte Berichterstattung nach § 291 KAGB

Die §§ 289ff. KAGB sehen besondere Mitteilungs- und Offenlegungspflichten vor, die von der Kapitalverwaltungsgesellschaft[1052] des PE-Fonds zu beachten sind[1053], insbesondere wenn ein PE-Fonds die Kontrolle[1054] über ein nicht börsennotiertes Portfolio-Unternehmen[1055] oder einen Emittenten an einem geregelten Markt[1056] erlangt. Dann nämlich müssen entweder der Jahresabschluss und ggf. der Lagebericht des Portfolio-Unternehmens oder der Anhang zum Jahresabschluss bzw. Jahresbericht des kontrollierenden PE-Fonds einen zusätzlichen Bericht, unter anderem mit Angaben zu Ereignissen von besonderer Bedeutung nach Abschluss des Geschäftsjahres[1057], der Einschätzung der voraussichtlichen Entwicklung des Unternehmens[1058] und dem Erwerb eigener Aktien[1059], enthalten.[1060] Sofern das Portfolio-Unternehmen ohnehin zur Aufstellung eines Lageberichts nach § 289 HGB verpflichtet ist, kommt den zusätzlichen Anforderungen nach dem KAGB nur eine geringe eigenständige Bedeutung zu.[1061] Ein eigenständiger Anwendungsbereich verbleibt aber jedenfalls hinsichtlich der Pflicht zur Berichterstattung über

1051 Siehe zu börsennotierten Beteiligungsgesellschaften (*Listed Private Equity*) bereits die Ausführungen unter: § 2.A.I.1.c), S. 42.

1052 Siehe Fn. 657.

1053 Siehe zu den Pflichten der AIF-Kapitalverwaltungsgesellschaften ausführlich: *Schröder/Rahn*, GWR 2014, 49ff.; *Viciano-Gofferje*, BB 2013, 2506, 2507ff.

1054 Siehe zur *Kontrollerlangung* bereits die Ausführungen in Fn. 654.

1055 § 288 Abs. 1 und 2 KAGB.

1056 § 288 Abs. 3 KAGB.

1057 § 291 Abs. 2 Satz 2 Nr. 1 KAGB. Dies entspricht inhaltlich § 289 Abs. 2 Nr. 1 HGB a.F.; dieser wurde inzwischen jedoch ersatzlos gestrichen (vgl. hierzu: *Merkt*, Baumbach/Hopt, HGB, § 289 Rn. 2).

1058 § 291 Abs. 2 Satz 2 Nr. 2 KAGB. Dies entspricht inhaltlich § 289 Abs. 1 Satz 4 HGB (*Behme*, Baur/Tappen, Investmentgesetze, Band 2, § 291 Rn. 10).

1059 § 291 Abs. 2 Satz 2 Nr. 3 KAGB. Dies entspricht inhaltlich im Wesentlichen § 160 Abs. 1 Nr. 2 AktG (*Behme*, Baur/Tappen, Investmentgesetze, Band 2, § 291 Rn. 12).

1060 § 291 Abs. 1 KAGB. Die Vorschrift wurde in Umsetzung des Art. 29 der AIFM-Richtlinie eingeführt (siehe: Begründung der Bundesregierung zum AIFM-Umsetzungsgesetz, BT-Drucks. 17/12294, S. 277).

1061 Vgl.: *Behme*, Baur/Tappen, Investmentgesetze, Band 2, § 291 Rn. 7, der eine eigenständige Bedeutung der Vorschrift in diesem Fall gar gänzlich verneint.

Ereignisse von besonderer Bedeutung nach Abschluss des Geschäftsjahres.[1062] Fraglich ist, ob der PE-Investor diesbezüglich Auskünfte vom Portfolio-Unternehmen verlangen kann, wenn dieses in der eigenen Berichterstattung keine Angaben hierzu macht und die Angaben somit in die Berichterstattung des PE-Fonds aufzunehmen wären.

ii. Auskunftsanspruch des PE-Investors

Bereits nach dem Wortlaut des § 291 KAGB ist die Kapitalverwaltungsgesellschaft des PE-Fonds lediglich verpflichtet, *„darum zu ersuchen und nach besten Kräften sicherzustellen"*, dass das Management des Portfolio-Unternehmens die Angaben in die Berichterstattung aufnimmt.[1063] Sie genügt ihren Pflichten also bereits dann, wenn sie im Rahmen ihrer Möglichkeiten und unter Berücksichtigung des Grundsatzes der Verhältnismäßigkeit auf den Vorstand des Portfolio-Unternehmens Einfluss zu nehmen versucht und diesen um Mitwirkung ersucht:[1064] Geschuldet ist lediglich die Handlung, nicht der Erfolg[1065]. Da die Kapitalverwaltungsgesellschaft des PE-Fonds somit nicht zwingend auf Informationen des Portfolio-Unternehmens angewiesen ist, um ihre Pflichten erfüllen zu können, besteht vorliegend weder Bedarf noch Raum für einen Auskunftsanspruch gegenüber dem Portfolio-Unternehmen analog § 294 Abs. 3 Satz 2 HGB.

3. Zwischenergebnis

Abgesehen von den aufgezeigten Informationsansprüchen in Zusammenhang mit der Konzernrechnungslegung, kann der PE-Investor auch als herrschendes Unternehmen im faktischen Konzern lediglich die Auskunftsrechte gegenüber dem Portfolio-Unternehmen geltend machen, die bereits aus seiner Rolle als Aktionär der AG erwachsen.[1066]

II. Berechtigung zum Informationsaustausch

Fraglich ist jedoch, ob der Vorstand des Portfolio-Unternehmens wenigstens berechtigt ist, über die wenigen bestehenden Auskunftspflichten hinaus Informationen an den PE-Investor als herrschendem Unternehmen weiterzugeben.

1062 § 291 Abs. 2 Satz 2 Nr. 1 KAGB; siehe die Ausführungen in Fn. 1057.

1063 § 291 Abs. 1 Nr. 1 KAGB.

1064 Vgl.: *Hoffert*, Moritz/Klebeck/Jesch, KAGB, Band 1 (Teilband 2), § 291 Rn. 9, 13.

1065 *Behme*, Baur/Tappen, Investmentgesetze, Band 2, § 291 Rn. 14, Rn. 17; *Hoffert*, Moritz/Klebeck/Jesch, KAGB, Band 1 (Teilband 2), § 291 Rn. 9, 13.

1066 *Fabritius*, FS Huber, 705, 710 m.w.N. Siehe zu den allgemeinen Auskunftsrechten von Aktionären bereits die Ausführungen unter: § 5, S. 79ff.

1. Weitergabe im faktischen Konzern

a) Auskünfte mit Funktionsbezug zur Konzernleitung

Mit der ganz herrschenden Meinung ist der Vorstand des Portfolio-Unternehmens im faktischen Konzern *berechtigt*, den herrschenden PE-Investor zum Zwecke der einheitlichen Konzernleitung umfassend zu informieren.[1067] Insoweit ist der Vorstand des Portfolio-Unternehmens gegenüber dem PE-Investor von der Verschwiegenheitspflicht befreit.[1068] Er darf dem PE-Investor zu diesem Zweck ferner Einsicht in die Bücher und Unterlagen gewähren.[1069] Begründet wird die Zulässigkeit des Informationsaustauschs vor allem damit, dass es nicht im Interesse des abhängigen Unternehmens liegt, wenn das herrschende Unternehmen sein Einflusspotenzial ausübt bzw. umgekehrt die Einflussnahme unterlässt, ohne über die Verhältnisse des abhängigen Unternehmens ausreichend unterrichtet zu sein.[1070] Voraussetzung für die Zulässigkeit der Auskunftserteilung ist ein Funktionsbezug zwischen der erteilten Information und der Leitungstätigkeit.[1071] Ein konzernrechtlich

---

1067 *Koch*, Hüffer/Koch, AktG, § 311 Rn. 36a; *J.Vetter*, Schmidt, K./Lutter, AktG, § 311 Rn. 120a; *Schröpfer*, Compliance im Aktienkonzern, S. 208; *Rothweiler*, Der Informationsfluss, S. 70f.; *Fleischer*, ZGR 2009, 505, 533f.; *Menke*, NZG 2004, 697, 698f.; *Müller*, Aktionärspool, S. 56f.; *Fabritius*, FS Huber, 705, 711; *Singhof*, ZGR 2001, 146, 160; *Lutter*, ZIP 1997, 613, 617f.; *Mertens*, AG 1997, 541, 543; *Hoffmann-Becking*, ZHR 159 (1995), 325, 337.

1068 *Koch*, Hüffer/Koch, AktG, § 93 Rn. 36a; *J.Vetter*, Schmidt, K./Lutter, AktG, § 311 Rn. 72 („*§ 93 Abs. 1 S. 3 AktG [...] [wird] im faktischen Konzern teleologisch reduziert bzw. durch § 311 AktG überlagert*"), Rn. 120a; *Hopt/Roth*, GroßKomm-AktG, § 93 Rn. 288; *Fabritius*, FS Huber, 705, 711 („*verdrängt*"); *Hoffmann-Becking*, FS Rowedder, 1994, S. 155, 167; *ders.*, ZHR 159 (1995), 325, 337; *Hüffer*, FS Schwark, 185, 192f. (entweder aufgrund einer teleologischen Reduktion des § 93 Abs. 1 Satz 3 AktG oder einer verdrängenden Spezialität der §§ 311ff. AktG); *Schröpfer*, Compliance im Aktienkonzern, S. 208; *Fleischer*, ZGR 2009, 505, 533; *Mader*, WM 2015, 2074, 2079; so wohl auch: *Menke*, NZG 2004, 697, 699; *Pentz*, FS Priester, 2007, 593, 611; im Ergebnis offen hingegen: *Fleischer*, Spindler/Stilz, AktG, Band 1, § 90 Rn. 30. Zur Reichweite und Auswirkungen der Verschwiegenheitspflicht aus § 93 Abs. 1 Satz 3 AktG siehe ausführlich unter: § 6.A, S. 85ff.

1069 *Menke*, NZG 2004, 697, 699.

1070 *Koch*, Hüffer/Koch, AktG, § 93 Rn. 36a; *Löbbe*, Unternehmenskontrolle im Konzern, S. 110ff.; *Hüffer*, FS Schwark, 185, 192; *Mader*, WM 2015, 2074, 2079 („*birgt [...] große Gefahren*"); vgl.: *Altmeppen*, MüKo-AktG, Band 5, § 311 Rn. 431, zum „*Interesse der abhängigen AG an einem funktionierenden Berichtswesen sowie daran, dass die Konzernleitung ihre Entscheidungen in Einzelfragen (zB Kapitalzuführungen, Investitionsschwerpunkte) auf Grund nicht für die Öffentlichkeit bestimmter Informationen treffen kann*".

1071 *Fleischer*, ZGR 2009, 505, 536f.; *Menke*, NZG 2004, 697, 699; *Lutter*, ZIP 1997, 613, 617f.; *ders.*, FS Schippel, 1996, 455, 466f.; *Mertens*, AG 1997, 541, 543; *Müller*, Aktionärspool, S. 57.

gerechtfertigtes Informationsbedürfnis dürfte in der Praxis jedoch zumeist gegeben sein.[1072] Ein Konzernbezug ist hingegen beispielsweise zu verneinen, wenn der PE-Investor die Informationen allein für seine Entscheidung über eine Ausweitung bzw. Verringerung der Beteiligung anfordert.[1073]

b) Schranken des § 311 AktG

Das Portfolio-Unternehmen ist bei der Informationserteilung gegenüber dem PE-Investor jedoch nicht unbeschränkt und muss die Grenzen des § 311 AktG einhalten.[1074]

1) Pflicht zur Nachteilsausgleichung

Das abhängige Unternehmen darf im faktischen Konzern Auskünfte nur dann erteilen, wenn die Auskunftserteilung nicht nachteilig für das abhängige Unternehmen ist oder etwaige Nachteile zumindest ausgeglichen werden.[1075] Die Entscheidung, ob die Weitergabe von Informationen an den PE-Investor nachteilig für das Portfolio-Unternehmen ist, liegt im pflichtgemäßen Ermessen des Vorstands des Portfolio-Unternehmens (*business judgement*).[1076]

2) Bestimmung der Nachteile der Auskunftserteilung

Sofern der abhängigen Gesellschaft aufgrund der Informationsweitergabe lediglich Nachteile in Form von zusätzlichen Kosten entstehen (etwa für die Zusammenstellung und Bereitstellung der angeforderten Informationen), lassen sich die

---

1072 *Fleischer*, ZGR 2009, 505, 536f.; *Menke*, NZG 2004, 697, 699f.; vgl. hierzu ebenfalls: *Fabritius*, FS Huber, S. 705, 712; sich sogar für eine widerlegliche Vermutung eines Konzernbezugs aussprechend: *S.H. Schneider*, Informationspflichten, S. 183; dies andeutend, im Ergebnis jedoch offen: *Fleischer*, ZGR 2009, 505, 536f.

1073 Zum Informationsbegehren des herrschenden Unternehmens: *Menke*, NZG 2004. 697, 700.

1074 *J.Vetter*, Schmidt, K./Lutter, AktG, § 311 Rn. 133; *Lutter*, Information und Vertraulichkeit, Rn. 178; *ders.*, FS Schippel, 1996, 455, 466; *Schröpfer*, Compliance im Aktienkonzern, S. 208f.; *Hüffer*, FS Schwark, 185, 193f.; *Koch*, Hüffer/Koch, AktG, § 93 Rn. 31, § 311 Rn. 36b; *Hopt/Roth*, GroßKomm-AktG, § 93 Rn. 288; *Bauer/Schmidt-Bendun*, FS Wegen, 2015, S. 105, 114; *Rothweiler*, Der Informationsfluss, S. 72ff.; *Fabritius*, FS Huber, 705, 711; *Fleischer*, ZGR 2009, 505, 534f.

1075 *Altmeppen*, MüKo-AktG, Band 5, § 311 Rn. 429; *Körber*, Fleischer, Hdb. VorstandsR, § 10 Rn. 15; *Lutter*, Information und Vertraulichkeit, Rn. 178, Rn. 480; *ders.*, FS Schippel, 1996, 455, 466; *Menke*, NZG 2004, 697, 699; *Hoffmann-Becking*, ZHR 159 (1995), 325, 337; *Fabritius*, FS Huber, S. 705, 712.

1076 *Habersack*, Emmerich/Habersack, KonzernR, § 311 Rn. 53, Rn. 57; *Altmeppen*, MüKo-AktG, Band 5, § 311 Rn. 191; *Müller*, Spindler/Stilz, AktG, Band 2, § 311 Rn. 31; *Bauer/Schmidt-Bendun*, FS Wegen, 2015, S. 105, 114; *Fabritius*, FS Huber, S. 705, 712.

Zusatzkosten leicht quantifizieren und ausgleichen.[1077] Ein hierdurch entstehender Aufwand auf Seiten des PE-Investors wird wiederum von der *Monitoring Fee* abgedeckt sein, die der PE-Investor ggf. von den Fondsinvestoren für seine Überwachungstätigkeit erhält.[1078] Typischerweise wird ein spezifischer Nachteil bei der Offenlegung von Informationen jedoch nicht in der Offenlegung als solcher liegen, sondern vielmehr in der konkreten Art der späteren Verwendung der Information.[1079] Die Ermessensentscheidung hängt daher maßgeblich von der Frage ab, ob durch die Offenlegung die Vertraulichkeit der Information generell gefährdet wird.[1080]

i. Gefahr der zweckwidrigen Verwendung

Da grundsätzlich von einer vertraulichen Behandlung der übermittelten Informationen durch den PE-Investor ausgegangen werden kann,[1081] wird die Weitergabe von Informationen an den PE-Investor zum Zwecke der Beteiligungsverwaltung (insbesondere der Überwachung der Geschäftstätigkeit) in der Regel nicht als nachteilig anzusehen sein.[1082] Ein Nachteil wird indes anzunehmen sein, wenn von einer Verwendung der Informationen für konkurrierende Aktivitäten des PE-Investors auszugehen ist,[1083] also insbesondere wenn mit einer Weiterleitung der Informationen an direkte Wettbewerber des Unternehmens im Portfolio des PE-Investors gerechnet werden kann.[1084] Um dieses Risiko abzumildern, sollte der PE-Investor eine Verpflichtung eingehen, die erlangten Informationen nur zum Zwecke der Konzernleitung und nicht zulasten der Gesellschaft zu nutzen.[1085]

1077 *J.Vetter*, Schmidt, K./Lutter, AktG, § 311 Rn. 72; *Mader*, WM 2015, 2074, 2076; *Bauer/Schmidt-Bendun*, FS Wegen, 2015, S. 105, 115; *Pentz*, FS Priester, S. 593, 609f.; *Fleischer*, ZGR 2009, 505, 536.

1078 Vgl. hierzu bereits die Ausführungen unter: § 2.A.I.4, S. 44f.

1079 *Löbbe*, Unternehmenskontrolle im Konzern, S. 114; *Krieger*, Lutter/Bayer, Holding-Hdb., 7.24; *Kuntz*, Gestaltung von Kapitalgesellschaften, 592; *Rothweiler*, Der Informationsfluss, S. 76.

1080 *Fabritius*, FS Huber, S. 705, 713f.

1081 Vgl. hierzu bereits die Ausführungen unter: § 6.C.I, S. 102ff.

1082 Vgl.: *J.Vetter*, Schmidt, K./Lutter, AktG, § 311 Rn. 72; *Koch*, Hüffer/Koch, AktG, § 311 Rn. 36b; *Hüffer*, FS Schwark, 2009, S. 185, 193; *Löbbe*, Unternehmenskontrolle im Konzern, S. 114f.; *Mader*, WM 2015, 2074, 2077f.; a.A.: *Bauckhage-Hoffer*, WM 2012, 486, 487.

1083 Vgl.: *J.Vetter*, Schmidt, K./Lutter, AktG, § 311 Rn. 72; vgl. ferner: *Bauer/Schmidt-Bendun*, FS Wegen, 2015, S. 105, 115; *Mader*, WM 2015, 2074, 2077 („*Wettbewerbskonstellationen*"); *Hüffer*, FS Schwark, 185, 193f. („*Wettbewerbshandlungen*").

1084 Vgl. mit Bezug auf VC-Investoren: *Kuntz*, Gestaltung von Kapitalgesellschaften, 592; vgl. zur Weitergabe an im Wettbewerb stehende Tochtergesellschaften: *Rothweiler*, Der Informationsfluss, S. 77; zum Risiko der Weitergabe von Informationen an Wettbewerber allgemein: *Fabritius*, FS Huber, S. 705, 714.

1085 Vgl. allgemein zum faktischen Konzern: *Habersack*, Emmerich/Habersack, KonzernR, § 311 Rn. 51a; *Bauer/Schmidt-Bendun*, FS Wegen, 2015, S. 105, 115; *Fleischer*,

Diesen Anforderungen dürften die typischerweise in Beteiligungsvereinbarungen enthaltenen Vertraulichkeitsverpflichtungen[1086] in der Regel genügen. Ein nachteiliger Charakter der Informationsweitergabe wird dann in der Regel nicht gegeben sein.[1087] Einen Nachteil wird der Vorstand des Portfolio-Unternehmens jedoch annehmen müssen, wenn er in der konkreten Konzernleitungsstrategie des PE-Investors ein Risiko für das Unternehmen sieht (etwa weil der PE-Investor entgegen der ursprünglichen Planung dazu übergegangen ist, in hohem Maße *Asset Stripping*[1088] zu betreiben) und er aufgrund dessen die dauerhafte Rentabilität und den Bestand des Portfolio-Unternehmens als gefährdet erachtet.[1089]

ii. Problem: Fehlende Quantifizierbarkeit von Nachteilen

Problematisch ist die Nachteilsausgleichung, wenn sich die Nachteile nicht oder kaum quantifizieren lassen. Nach der herrschenden Meinung ist die Weitergabe von Informationen sogar unzulässig, wenn die Verwendung der Informationen nicht quantifizierbare Nachteile der Gesellschaft zur Folge hätte und ein etwaiger Ausgleich somit nicht bestimmt werden kann.[1090] Da die Informationsweitergabe an den PE-Investor in der Regel nicht als nachteilig eingestuft werden dürfte bzw.

ZGR 2009, 505, 535; vgl. ferner zur Möglichkeit der Minimierung des Risikos der nachteiligen Verwendung von Informationen durch vertragliche Abreden: *Krieger*, MünchHdb. GesR, Band 4, § 70 Rn. 29; *ders.*, Lutter/Bayer, Holding-Hdb., 7.24; vgl. ferner: *Koch*, Hüffer/Koch, AktG, § 311 Rn. 36b f., nach dem es wiederum nicht mal solcher vertraglicher Vereinbarungen bedarf, da die herrschende Gesellschaft ohnehin zur Treue verpflichtet sei und die Informationen nicht so verwenden dürfe, dass dies zum Schaden der abhängigen Gesellschaft gereiche; so auch: *Mader*, Der Informationsfluss im Unternehmensverbund, § 14, S. 407ff.; *ders.*, WM 2015, 2074, 2078; *Verse*, ZHR 175 (2011), 401, 420; a.A.: *Rothweiler*, Der Informationsfluss, S. 78ff, der die abhängige Gesellschaft allein durch schuldrechtliche Verpflichtungen nicht als hinreichend geschützt ansieht.

1086 Siehe hierzu die Ausführungen unter: § 6.C.IV.2, S. 121f.

1087 *Habersack*, Emmerich/Habersack, KonzernR, § 311 Rn. 51a m.w.N.; *Löbbe*, Unternehmenskontrolle im Konzern, S. 115f.; *Bauer/Schmidt-Bendun*, FS Wegen, 2015, S. 105, 115.

1088 Siehe hierzu bereits die Ausführungen unter: § 6.C.III.2.b)1), S. 111f.

1089 Vgl.: *Koch*, in: Küffer/Koch, AktG, § 311 Rn. 34 m.w.N.; *Krieger*, MünchHdb. GesR, Band 4, § 70 Rn. 87 m.w.N.; *Bödeker*, Henssler/Strohn, GesR, AktG, § 311 Rn. 16.

1090 *J.Vetter*, Schmidt, K./Lutter, AktG, § 311 Rn. 72; *Bauer/Schmidt-Bendun*, FS Wegen, 2015, S. 105, 115; *Fleischer*, ZGR 2009, 505, 536; *Hüffer*, in. FS Schwark, 2009, 185, 194; *S.H. Schneider*, Informationspflichten, S. 186; *Wittmann*, Informationsfluss im Konzern, S. 120ff.; ausführlich zu den praktischen Schwierigkeiten der Nachteilsermittlung und -quantifizierung ausführlich: *Rothweiler*, Der Informationsfluss, S. 75ff.; vgl. ferner: Altmeppen, MüKo-AktG, Band 5, § 311 Rn. 198f., der im Einzelfall jedoch Ausnahmen hiervon zulässt, wenn den nicht quantifizierbaren Risiken gleichartige und gleichwertige Chancen gegenüberstehen.

die Kosten für die Bereitstellung der Informationen leicht quantifizierbar sind, kann der Meinungsstreit im Rahmen dieser Untersuchung offen bleiben.

3) Verweigerung der Konzernleitung durch den Vorstand

Wie gezeigt,[1091] konstituiert § 311 AktG keine Verpflichtung des Portfolio-Unternehmens gegenüber dem PE-Investor, dessen Veranlassungen Folge zu leisten. Dem Vorstand des abhängigen Unternehmens steht es grundsätzlich frei, sich bewusst der Konzernleitung zu entziehen, indem er über die obligatorischen Berichte zur Rechnungslegung hinaus die regelmäßige Weitergabe zusätzlicher Informationen verweigert.[1092] Der Vorstand muss bei der Ermittlung etwaiger Nachteile jedoch auch prüfen, ob die Informationsweitergabe neben den Nachteilen für das abhängige Unternehmen auch Vorteile mit sich bringt, welche die Nachteile ggf. kompensieren.[1093] Ein solches Interesse des Portfolio-Unternehmens am Informationsfluss wird regelmäßig zu bejahen sein, wenn der PE-Investor die Informationen für die Zwecke seines Beteiligungs-Controllings benötigt: es ist gerade im Interesse des Portfolio-Unternehmens, wenn Fehlentwicklungen frühzeitig erkannt und behoben werden können.[1094] Der Vorstand des Portfolio-Unternehmens dürfte daher häufig sogar gegenüber seiner Gesellschaft verpflichtet sein, dem PE-Investor die für einen Soll-Ist-Vergleich erforderlichen Informationen zur Verfügung zu stellen und abweichende Entwicklungen zu begründen.[1095] Selbiges dürfte angesichts ihrer wertschöpfenden Zielrichtung regelmäßig auch für die Maßnahmen des *Mentoring* zutreffen.[1096]

2. Weitergabe in bloßen Abhängigkeitslagen

Es herrscht Uneinigkeit dahingehend, ob die oben geschilderten Grundsätze für den faktischen Konzern auch in bloßen Abhängigkeitslagen[1097] gelten.[1098] Dafür

---

1091 Siehe hierzu die Ausführungen unter: § 9.B.I.1, S. 179f.

1092 *Krieger*, Lutter/Bayer, Holding-Hdb., 7.24; *Singhof*, ZGR 2001, 146, 159.

1093 *Fabritius*, FS Huber, S. 705, 713f.

1094 So zum Informationsfluss im faktischen Konzern allgemein: *Altmeppen*, MüKo-AktG, Band 5, § 311 Rn. 441.

1095 So zum Informationsfluss im faktischen Konzern allgemein: *Altmeppen*, MüKo-AktG, Band 5, § 311 Rn. 441.

1096 Siehe zum *Mentoring* die Ausführungen unter: § 6.C.II.2, S. 105ff.

1097 § 17 AktG.

1098 Dies bejahend: *Löbbe*, Unternehmenskontrolle im Konzern, S. 117f.; *Pentz*, FS Priester, S. 593, 612; *Mader*, Der Informationsfluss im Unternehmensverbund, 2016, § 14, S. 437ff.; *ders.*, WM 2015, 2074, 2079; *Götz*, ZGR 1998, 524, 528; a.A.: *Hopt/Roth*, GroßKomm-AktG, § 93 Rn. 288; *Lutter*, Information und Vertraulichkeit, Rn. 481; *S.H. Schneider*, Informationspflichten, S. 183f.; *Bank*, NZG 2013, 801, 804f.; *Fabritius*, FS Huber, S. 705, 712; im Ergebnis offen: *Hüffer*, FS Schwark, 185, 194f.; *Fleischer*, ZGR 2009, 505, 534.

spricht, dass es andernfalls zu mitunter kaum lösbaren Abgrenzungsschwierigkeiten zwischen Abhängigkeit und faktischem Konzern komme dürfte.[1099] Darüber hinaus geht auch § 311 Abs. 1 AktG nicht nur im faktischen Konzern, sondern bereits in bloßen Abhängigkeitslagen von einer Sonderrechtsbeziehung aus, die eine Andersbehandlung der Aktionäre rechtfertigt.[1100] Da jedoch bei Vorliegen einer Abhängigkeitslage ohnehin vermutet wird, dass ein Konzern besteht,[1101] weist der Meinungsstreit schon *per se* nur geringe praktische Relevanz auf.[1102] Bei PE-Investoren kommt hinzu, dass diese in der Regel sowieso bemüht sind, beherrschenden Einfluss auf ihre Portfolio-Unternehmen zu nehmen; dementsprechend wird die Vermutung eines faktischen Konzerns hier regelmäßig greifen. Der Meinungsstreit muss im Rahmen dieser Untersuchung daher nicht abschließend entschieden werden.

3. Informationsaustausch und Insiderrecht

a) Grundsätzliche Zulässigkeit

Innerhalb eines Konzerns darf das abhängige Unternehmen Insiderinformationen gegenüber dem herrschenden Unternehmen bzw. dessen Organen offenlegen, sofern und soweit die Offenlegung in Zusammenhang mit der Ausübung der Konzernleitungsmacht geschieht.[1103] Die Verantwortlichen der beteiligten Konzerngesellschaften können ihrer rechtlichen und wirtschaftlichen Verantwortung im Konzern nur gerecht werden, wenn sie innerhalb des Konzerns auch die für die Verfolgung der Gesellschafts- und Konzerninteressen erforderlichen Informationen offenlegen dürfen.[1104] Dies gilt nicht nur im Vertragskonzern, sondern auch im

---

1099 *Mader*, Der Informationsfluss im Unternehmensverbund, 2016, § 14, S. 439; *ders.*, WM 2015, 2074, 2079.

1100 *Koch*, Hüffer/Koch, AktG, § 131 Rn. 38; *Löbbe*, Unternehmenskontrolle im Konzern, S. 127; *Mader*, Der Informationsfluss im Unternehmensverbund, 2016, § 14, S. 440f.; *ders.*, WM 2015, 2074, 2079.

1101 § 18 Abs. 1 Satz 3 AktG.

1102 *Hüffer*, FS Schwark, 185, 195 („*Praktisch bleibt der Unterschied zwischen herrschender Ansicht und Mindermeinung marginal*").

1103 *Assmann*, Assmann/Schneider, WpHR, Art. 10 MAR Rn. 43; vgl. zur alten Rechtslage unter § 14 WpHG a.F.: *Altmeppen*, MüKo-AktG, Band 5, § 311 Rn. 437f.; *Mennicke*, Fuchs, § 14 WpHG Rn. 254, 286; *Bauer/Schmidt-Bendun*, FS Wegen, 2015, S. 105, 117; *Dittmar*, AG 2013, 498, 503; *Fabritius*, FS Huber, S. 705, 715; *U.H.Schneider*, FS Wiedemann, 2002, S. 1255, 1265ff.; *Fleischer*, ZGR 2009, 505, 540; *Menke*, NZG 2004, 697, 701; *Singhof*, ZGR 2001, 146, 161ff.

1104 *Assmann*, Assmann/Schneider, WpHR, Art. 10 MAR Rn. 43 („*Unternehmens- und Konzerninteressen*"); vgl. mit Bezug auf § 14 WpHG a.F.: *Altmeppen*, MüKo-AktG, Band 5, § 311 Rn. 438; *Mennicke*, Fuchs, § 14 WpHG Rn. 253f.; *Rothweiler*, Der Informationsfluss, S. 148f.; vgl. ferner: *Sethe*, Assmann/Schütze, Hdb. KapitalanlageR, § 8 Rn. 133; *S.H. Schneider*, Informationspflichten, S. 187ff.

faktischen Konzern.[1105] Es ist nicht die Aufgabe des Insiderrechts, Differenzierungen zwischen den verschiedenen Konzernierungsformen vorzunehmen, sondern die des Konzernrechts.[1106] Der PE-Investor sollte sich jedoch – wie üblich – zur Vertraulichkeit verpflichten, damit das Portfolio-Unternehmen die Insiderinformationen nicht *ad hoc* veröffentlichen muss.[1107]

b) Umfang des Austauschs über Insiderinformationen

Eine konzerninterne Offenlegung von Insiderinformationen gegenüber dem PE-Investor ist in der Regel zulässig, wenn die Offenlegung der Wahrnehmung der Konzernleitung, der Sicherstellung der Konzernüberwachung, der Ermöglichung einer konzerninternen Arbeitsteilung und der Ausübung konzernspezifischer Mitgliedschaftsrechte dienen soll.[1108] Unter die Wahrnehmung der Konzernleitung fällt beispielsweise auch die Offenlegung von Insiderinformationen zum Zwecke der Entwicklung einer gemeinsamen Konzernstrategie.[1109] Die Konzernüberwachung schließt auch die Durchführung eines konzernweiten Controllings ein,[1110] sodass dem PE-Investor die Durchführung eines *Monitoring* auch unter Einschluss von Insiderinformationen möglich ist. Grundsätzlich nicht gestattet ist die Offenlegung von Insiderinformationen gegenüber dem PE-Investor zu anderen Zwecken als der Leitung und Überwachung des Konzerns (etwa mit dem Ziel, diesem eine lukrative Kapitalrücklage zu ermöglichen).[1111]

4. Würdigung

Das abhängige Portfolio-Unternehmen kann und wird dem herrschenden PE-Investor in der Praxis häufig durchaus sensible Informationen weitergeben, etwa zu

---

1105 Mit Bezug auf § 14 WpHG a.F.: *Mennicke*, Fuchs, § 14 WpHG Rn. 256, 286; *Altmeppen*, MüKo-AktG, Band 5, § 311 Rn. 438; vgl. ferner: *Menke*, NZG 2004, 697, 701.

1106 *Assmann*, Assmann/Schneider, WpHR, Art. 10 MAR Rn. 43; *Altmeppen*, MüKo-AktG, Band 5, § 311 Rn. 438; *Mennicke*, Fuchs, § 14 WpHG Rn. 256.

1107 Vgl.: *Fabritius*, FS Huber, S. 705, 716. Siehe ferner bereits die Ausführungen unter: § 8.B.III.3.e), S. 171.

1108 *Assmann*, Assmann/Schneider, WpHR, Art. 10 MAR Rn. 44; vgl. mit Bezug auf § 14 WpHG a.F.: *Schäfer*, Marsch-Barner/Schäfer, Hdb. börs. AG, § 14 Rn. 65; *Singhof*, ZGR 2001, 146, 162; *Rothweiler*, Der Informationsfluss, S. 152ff.; vgl. dahingehend: *Schwark/Kruse*, Schwark/Zimmer, KMRK, WpHG, § 14 Rn. 54; vgl. ferner: *Uwe H. Schneider*, FS Wiedemann, 2002, S. 1255, 1265ff.; *Singhof*, ZGR 2001, 146, 162 m.w.N. („*Konzernplanung und -organisation sowie [...] Konzernkontrolle mit den dazugehörigen Einzelaufgaben*").

1109 *U.H. Schneider*, FS Wiedemann, 2002, S. 1255, 1267; *Schwark/Kruse*, Schwark/Zimmer, KMRK, WpHG, § 14 Rn. 54.

1110 *Mennicke*, Fuchs, § 14 WpHG Rn. 255.

1111 *Assmann*, Assmann/Schneider, WpHR, Art. 10 MAR Rn. 44; *Mennicke*, Fuchs, § 14 WpHG Rn. 257; *Dittmar*, AG 2013, 498, 503; *Singhof*, ZGR 2001, 146, 163.

den Umsätzen, dem Auftragsbestand, der Personalplanung, den erzielten Ergebnissen, den geplanten und erreichten Zielen sowie den betriebswirtschaftlichen Kennzahlen.[1112] Der PE-Investor ist hierbei jedoch auf die Mitwirkung des Vorstands des Portfolio-Unternehmens angewiesen; weigert sich dieser, die angeforderten Informationen herauszugeben, kann der PE-Investor die abhängige Gesellschaft nicht zwingen und muss ggf. auf eine Abberufung der kooperationsunwilligen Vorstandsmitglieder des Portfolio-Unternehmens hinwirken.[1113]

C. Zusammenfassung

Dem PE-Investor steht auch dann kein generelles Auskunftsrecht gegenüber dem Vorstand des Portfolio-Unternehmens zu, wenn er dieses im faktischen Konzern beherrscht. Allerdings muss das Portfolio-Unternehmen dem PE-Investor (*in concreto* der Erwerbsgesellschaft) in Hinblick auf dessen Pflicht zur Konzernrechnungslegung unverzüglich die Unterlagen der Rechnungslegung (einschließlich Jahresabschluss, Lagebericht und nichtfinanzieller Berichte) zur Verfügung stellen. Ferner kann der PE-Investor sämtliche Aufklärungen und Nachweise vom Portfolio-Unternehmen verlangen, die er für die Erstellung des Konzernabschlusses benötigt. Darüber hinausgehende Auskunftsansprüche des PE-Investors in Hinblick auf sonstige Publizitäts- und Mitteilungspflichten des PE-Investors (etwa nach dem KAGB) bestehen nicht. Mit Ausnahme dieser begrenzten Informationsansprüche kann der PE-Investor also selbst im faktischen Konzern lediglich die Auskunftsrechte geltend machen, die aus seiner Rolle als Aktionär der AG erwachsen. Der Vorstand des Portfolio-Unternehmens ist jedoch seinerseits berechtigt, den PE-Investor für die Zwecke der einheitlichen Konzernleitung umfassend zu informieren und ihm Einsicht in die Bücher der Gesellschaft zu gewähren. Der Informationsaustausch darf auch Insiderinformationen umfassen, soweit die Weitergabe in Zusammenhang mit der Konzernleitungsmacht geschieht. Der PE-Investor ist jedoch gemäß § 311 Abs. 1 AktG verpflichtet, dem Portfolio-Unternehmen etwaige Nachteile aus der durch den PE-Investor veranlassten Auskunftserteilung auszugleichen. Da von einer vertraulichen Behandlung der Informationen durch den PE-Investor auszugehen ist, wird ein Nachteil zumeist jedoch nicht gegeben sein. Der Vorstand des Portfolio-Unternehmens kann die Auskunftserteilung im Einzelfall, aber auch generell verweigeRn. Angesichts des Interesses des Portfolio-Unternehmens an der Konzernüberwachungstätigkeit des PE-Investors dürfte er oftmals jedoch sogar gegenüber seiner Gesellschaft verpflichtet sein, die Konzernüberwachung zu ermöglichen.

1112 Vgl.: *Pentz*, ZIP 2007, 2298, 2299.
1113 *Hüffer*, FS Schwark, 185, 191.

§ 10. Nachauskunft der übrigen Aktionäre

Das Portfolio-Unternehmen darf dem PE-Investor, wie in den vorangegangenen Kapiteln erörtert,[1114] unter bestimmten Voraussetzungen sensible Informationen (einschließlich Geschäftsgeheimnissen und Insiderinformationen) offenlegen. Wie bereits an verschiedenen Stellen erwähnt, ist es für das Management des Portfolio-Unternehmens essenziell, dass die sensiblen Unternehmensinformationen vertraulich behandelt werden und der Kreis der Mitwisser möglichst klein gehalten wird. Im Folgenden ist zu prüfen, ob das Portfolio-Unternehmen die dem PE-Investor bereitgestellten Informationen auch den übrigen Aktionären mitteilen muss. Dies wiederum könnte das Management des Portfolio-Unternehmens unter Umständen hemmen, den PE-Investor außerhalb bestehender Informationspflichten mit vertraulichen Informationen zu versorgen. Um zu verhindern, dass die sensiblen Informationen insgesamt publik werden, könnte der Vorstand auch gänzlich von einem Informationsaustausch mit dem PE-Investor absehen.[1115]

A. Nachauskunft in der Hauptversammlung

Als Rechtsgrundlage für einen Auskunftsanspruch der Mitaktionäre des PE-Investors kommt zunächst der aktienrechtliche Nachauskunftsanspruch in der Hauptversammlung gemäß § 131 Abs. 4 Satz 1 AktG in Betracht.[1116]

I. Wesen des Nachauskunftsanspruchs

Bei dem erweiterten Auskunftsrecht handelt es sich nach einhelliger Meinung um eine spezielle Ausprägung des Gleichbehandlungsgrundsatzes des § 53a AktG.[1117] Überschreitet das Management des Portfolio-Unternehmens beim Informationsaustausch mit dem PE-Investor die hierdurch auferlegten Grenzen, steht den Mitaktionären in jedem Fall ein erweitertes Auskunftsrecht gegenüber dem Portfolio-Unternehmen zu.[1118] Fraglich ist allein, ob dies auch dann gilt, wenn der

---

1114 Siehe hierzu ausführlich die Ausführungen unter: § 6, S. 85ff. bis § 9, S. 178ff.

1115 Siehe Fn. 760.

1116 Siehe hierzu bereits die Ausführungen unter: § 5.B.I.2, S. 82ff.

1117 LG Frankfurt, Urt. v. 21.2.2006 – 3–5 O 71/05, AG 2007, 48, 50; *Kubis*, MüKo-AktG, Band 3, § 131 Rn. 147; *Spindler*, Schmidt, K./Lutter, AktG, § 131 Rn. 95; *Drinhausen*, Hölters, AktG, § 131 Rn. 38; *Siems*, Spindler/Stilz, AktG, Band 1, § 131 Rn. 72; *Servatius*, Wachter, AktG, § 53a Rn. 2; *Verse*, Gleichbehandlungsgrundsatz, S. 511; *Kocher*, Der Konzern 2008, 611, 612 („*spezieller Ausdruck des allgemeinen Gleichbehandlungsgrundsatzes*"); *Seibt*, ZGR 2006, 501, 509 m.w.N.; *Habersack/Verse*, AG 2003, 300, 306; *Decher*, ZHR 158 (1994), 473, 474 („*Ausfluß [sic] des allgemeinen Grundsatzes der gleichmäßigen Behandlung aller Aktionäre*").

1118 Siehe zu den Anforderungen des § 53a AktG und den Grenzen des Informationsaustauschs zwischen Portfolio-Unternehmen und PE-Investor bereits die Ausführungen unter: § 7, S. 122ff.

Informationsaustausch zwischen dem Vorstand und dem PE-Investor die Schranken des § 53a AktG wahrt. Dies würde voraussetzen, dass § 131 Abs. 4 AktG ein formelles Gleichbehandlungsgebot anordnet, das zur absoluten, unbedingten Information der übrigen Aktionäre verpflichtet und Differenzierungen schlechthin nicht zulässt.[1119] Allerdings sind § 131 Abs. 4 AktG und § 53a AktG bereits ausweislich der Gesetzesmaterialien zum AktG 1965[1120] *„Holz vom gleichen Stamme"*; folgerichtig dürfte eine sachlich gerechtfertigte Ungleichbehandlung auch kein Nachinformationsrecht auslösen.[1121] Dem verbandsrechtlichen Gleichbehandlungsgrundsatz liegt demnach kein strenges informationelles Gleichbehandlungsprinzip zugrunde, wonach alle dem PE-Investor zugänglich gemachten Informationen auch allen Mitaktionären zur Verfügung gestellt werden müssen.[1122] Ungleichbehandlungen sind also auch im Rahmen des erweiterten Auskunftsrechts zulässig, sofern es bereits an *gleichen Voraussetzungen* im Sinne des § 53a AktG fehlt oder die Ungleichbehandlung durch überwiegende Interessen der Gesellschaft sachlich gerechtfertigt ist.[1123] Eine sachliche Rechtfertigung der Ungleichbehandlung wird bezüglich des Informationsaustauschs zwischen Portfolio-Unternehmen und PE-Investor, wie dargelegt,[1124] oftmals gegeben sein. Doch selbst wenn man von einem unbedingten Auskunftsrecht der übergangenen Aktionäre ausgeht, wird ihnen die

1119 So: *Kersting*, KK-AktG, § 131 Rn. 426; *Bachmann*, FS Schwark, 2009, 331, 332; *Duden*, FS Caemmerer, 499, 508; im Ergebnis offen: *Mader*, WM 2015, 2074, 2080; begründet wird dies zum Teil damit, dass der Vorschrift andernfalls keine eigenständige Bedeutung mehr gegenüber § 53a AktG verbliebe (so: *Kersting*, KK-AktG, § 131 Rn. 427).

1120 *Kropff*, Textausgabe des Aktiengesetzes vom 6.9.1965, Begründung RegE zu § 53a, S. 187.

1121 *Fleischer*, ZGR 2009, 505, 520; im Ergebnis auch so: *Hemeling*, ZHR 169 (2005), 274, 288.

1122 *Henze/Notz*, GroßKomm-AktG, § 53a Rn. 58; *Seibt*, ZGR 2006, 501, 508 m.w.N.; vgl. ferner: *Reger*, Bürgers/Körber, AktG, § 131 Rn. 29 a.E.; *Decher*, GroßKomm-AktG, § 131 Rn. 338; *Kuntz*, Gestaltung von Kapitalgesellschaften, 594f.

1123 *Verse*, Gleichbehandlungsgrundsatz, S. 511; *Kocher*, Der Konzern 2008, 611, 612; vgl. hierzu bereits die Ausführungen unter: § 7.C.II, S. 127ff. Zum Teil wird dies dogmatisch damit begründet, dass das Vorliegen eines Verstoßes gegen § 53a AktG ungeschriebene Tatbestandsvoraussetzung des erweiterten Auskunftsrechts sei, § 131 Abs. 4 Satz 1 AktG also dahingehend teleologisch reduziert werden müsse (so: *Verse*, Gleichbehandlungsgrundsatz, S. 511; *Hemeling*, ZHR 169 (2005), 274, 288; *Krömker*, NZG 2003, 418, 423); andere Stimmen übertragen schlicht die für das allgemeine Gleichbehandlungsgebot geltenden Schranken auf das speziellere Nachauskunftsrecht (so, jedoch mit der Einschränkung, dass kein Informationsmonopol entstehen dürfe: *Henze/Notz*, GroßKomm-AktG, § 53a Rn. 58; *Kocher*, Der Konzern 2008, 611, 612; *Seibt*, ZGR 2006, 501, 509; zur grundsätzlichen Zulässigkeit von Informationsmonopolen siehe hingegen die Ausführungen unter: § 7.C.I, S. 124ff.).

1124 Siehe hierzu bereits die Ausführungen unter: § 7.C.II, S. 127ff.

Geltendmachung des Nachauskunftsrechts in der Praxis in der Regel nicht gelingen,[1125] sodass es *de facto* fast nie zu einer tatsächlichen Auskunftspflicht kommen dürfte.

II. Nachauskunftsrecht im Unternehmensverbund

1. Erweiterte Auskunft im faktischen Konzern

Sofern der PE-Investor vom Portfolio-Unternehmen im faktischen Konzern Informationen erhält, die dem Zweck der einheitlichen Konzernleitung dienen, löst die Informationsweitergabe nach ganz herrschender Meinung keinen Anspruch der übrigen Aktionäre auf Nachauskunft aus.[1126] Zwar findet der Gleichbehandlungsgrundsatz auch hier grundsätzlich Anwendung; ein sachlicher Grund für die informationelle Bevorzugung des herrschenden Unternehmens liegt jedoch in den notwendigen Funktionsbedingungen für eine einheitliche Konzernleitung.[1127] Die Informationen werden dem PE-Investor nicht aufgrund seiner Aktionärseigenschaft, sondern als konzernleitendem Unternehmen erteilt.[1128] Es würde zu einem Wertungswiderspruch führen, wenn der Gesetzgeber die Bildung eines faktischen Konzerns einerseits als zulässig erachten, zugleich aber den für eine sachgemäße Konzernleitung erforderlichen Informationsfluss zwischen Mutter- und Tochterunternehmen unterbinden würde.[1129] Faktisch wäre genau dies jedoch die

---

1125 Siehe zu den Schwierigkeiten des erweiterten Auskunftsrechts in der praktischen Anwendung bereits die Ausführungen unter: § 5.B.I.2, S. 82ff.

1126 Ganz herrschende Meinung: LG München I, Urt. v. 26.4.2007 – 5 HKO 12848/05, Der Konzern 2007, 448, 455f.; LG Saarbrücken, Urt. v. 14.9.2005 – 71 O/04, AG 2006, 89, 90; LG Düsseldorf, Beschl. v. 25.3.1992 – 34 AktE 6/91, AG 1992, 461, 462; *Altmeppen*, MüKo-AktG, Band 5, § 311 Rn. 431; *Kubis*, MüKo-AktG, Band 3, § 131 Rn. 164; *Koch*, Hüffer/Koch, AktG, § 131 Rn. 38, § 311 Rn. 36d; *Drinhausen*, Hölters, AktG, § 131 Rn. 40; *Schröpfer*, Compliance im Aktienkonzern, S. 210; *Fleischer*, ZGR 2009, 505, 538f.; *Kirchner/Iversen*, NZG 2008, 921, 922; *Kocher*, Der Konzern 2008, 611, 612f.; *Pentz*, FS Priester, 2007, 593, 611; *Habersack*, Emmerich/Habersack, KonzernR, § 312 Rn. 5; *Rothweiler*, Der Informationsfluss, S. 112ff.: *Menke*, NZG 2004, 697, 700; *Habersack/Verse*, AG 2003, 300, 305ff.; *Müller*, Aktionärspool, S. 57f.; *Hoffmann-Becking*, ZHR 159 (1995), 325, 337; *ders.*, FS Rowedder, S. 155, 167; *Decher*, ZHR 158 (1994), 473, 483ff.; in Abweichung hierzu deutlich strengere Anforderungen stellend: LG Frankfurt am Main, Urt. v. 21.2.2006 – 3–5 O 71/05, AG 2007, 48, 50; a.A.: *Heidel*, Heidel, AktG, § 131 Rn. 76; *Kort*, ZGR 1987, 46, 59f.; *U.H. Schneider*, FS Lutter, 1193, 1201f.

1127 *Fleischer*, ZGR 2009, 505, 539; *Habersack/Verse*, AG 2003, 300, 306; vgl.: *Fabritius*, FS Huber, S. 705, 712.

1128 LG Düsseldorf, Beschl. v. 25.3.1992 – 34 AktE 6/91, AG 1992, 461, 462; *Lutter*, FS Schippel, 1996, S. 455, 467; *ders.*, ZIP 1997, 613, 618; *Hoffmann-Becking*, FS Rowedder, S. 155, 167.

1129 *Habersack*, Emmerich/Habersack, KonzernR, § 312 AktG Rn. 5; *Hoffmann-Becking*, FS Rowedder, S. 155, 167; vgl.: *Koch*, Hüffer/Koch, AktG, § 131 Rn. 38.

Konsequenz, wenn jeder Informationsaustausch im faktischen Konzern mit dem Risiko der Offenlegung behaftet wäre.[1130]

2. *Erweiterte Auskunft in Abhängigkeitslagen*

Die (wohl) herrschende Meinung lehnt eine Durchbrechung des § 131 Abs. 4 AktG in Abhängigkeitslagen bzw. bei bloßen Mehrheitsbeteiligungen ab.[1131] Mangels einheitlicher Leitung bestehe kein zwingendes Bedürfnis für einen bevorzugten Informationsaustausch.[1132] Wie dargelegt,[1133] ist die Praxisrelevanz der Unterscheidung zwischen diesen Abstufungen eines Unternehmensverbundes als gering einzustufen; ferner wird der PE-Investor typischerweise ohnehin auf die Ausübung einer einheitlichen Konzernleitung hinwirken. Mangels praktischer Relevanz wird im Rahmen dieser Untersuchung auf eine vertiefende Darstellung des Meinungsstreits verzichtet.

3. *Abhängigkeitsbericht als Informationsquelle*

Besteht kein Beherrschungsvertrag mit dem PE-Investor, muss der Vorstand des Portfolio-Unternehmens als abhängigem Unternehmen einmal jährlich in den ersten drei Monaten des Geschäftsjahres einen Bericht über die Beziehungen der Gesellschaft zu verbundenen Unternehmen aufstellen.[1134] Darin muss der Vorstand insbesondere sämtliche Rechtsgeschäfte und Maßnahmen des Portfolio-Unternehmens aufführen, die dieses auf Veranlassung des PE-Investors durchgeführt hat.[1135] In dem Abhängigkeitsbericht muss der Vorstand auch über die Veranlassung zur Erteilung von Informationen berichten.[1136] Der Abhängigkeitsbericht selbst muss nicht veröffentlicht werden.[1137] Umstritten ist jedoch, ob die außenstehenden

---

1130 *Habersack/Verse*, AG 2003, 300, 306.

1131 *Altmeppen*, MüKo-AktG, Band 5, § 311 Rn. 432; *Kubis*, MüKo-AktG, Band 3, § 131 Rn. 165; *Reger*, Bürgers/Körber, AktG, § 131 Rn. 32; *Drinhausen*, Hölters, AktG, § 131 Rn. 40 a.E.; *Herrler*, Grigoleit, AktG, 2013, § 131 Rn. 58; *Kersting*, KK-AktG, § 131 Rn. 446; *Siems*, Spindler/Stilz, AktG, Band 1, § 131 Rn. 78; *Spindler*, Schmidt, K./Lutter, AktG, § 131 Rn. 101; *Kirchner/Iversen*, NZG 2008, 921, 922; *Habersack/Verse*, AG 2003, 300, 307; im Ergebnis offen: *Fleischer*, ZGR 2009, 505, 539; a.A.: *Habersack*, Emmerich/Habersack, KonzernR, AktG, § 312 Rn. 5 a.E.; *Koch*, Hüffer/Koch, AktG, § 131 Rn. 38; *Decher*, GroßKomm-AktG, § 131 Rn. 349; *Verse*, Gleichbehandlungsgrundsatz, S. 342ff.; *Mader*, WM 2015, 2074, 2080; *Hüffer*, FS Schwark, 2009, 185, 194f.; *Pentz*, FS Priester, 2007, 593, 612; *Götz*, ZGR 1998, 524, 527.

1132 *Habersack/Verse*, AG 2003, 300, 307.

1133 Vgl. hierzu bereits die Ausführungen unter: § 9.B.II.2, S. 189f.

1134 § 312 Abs. 1 Satz 1 AktG.

1135 § 312 Abs. 1 Satz 2 AktG.

1136 *Krieger*, MünchHdb. GesR, Band 4, § 70 Rn. 29; *Rothweiler*, Der Informationsfluss, S. 117 m.w.N.; *Singhof*, ZGR 2001, 146, 159.

1137 *Habersack*, Emmerich/Habersack, KonzernR, § 312 Rn. 4; *Fett*, Bürgers/Körber, AktG, § 312 Rn. 3; *Altmeppen*, MüKo-AktG, Band 5, § 312 Rn. 7; *Koch*, Hüffer/Koch,

Aktionäre die Inhalte des Abhängigkeitsberichts über ihr Auskunftsrecht[1138] in der Hauptversammlung in Erfahrung bringen können. Zum Teil wurde dies in der Rechtsprechung abgelehnt; der Abhängigkeitsbericht sei vom Auskunftsrecht in der Hauptversammlung nicht umfasst.[1139] Die herrschende Meinung in Rechtsprechung[1140] und Literatur[1141] bejaht hingegen einen grundsätzlichen Auskunftsanspruch der außenstehenden Aktionäre in Hinblick auf die Inhalte des Abhängigkeitsberichts. Doch selbst wenn man die herrschende Meinung zugrunde legt, können sich die übergangenen Aktionäre über dieses Instrument nicht sämtliche dem herrschenden PE-Investor erteilten Auskünfte verschaffen: zum einen müssen die Grenzen des § 131 Abs. 1 Satz 1 AktG gewahrt werden, sodass die gewünschte Auskunft für einen Punkt der Tagesordnung erforderlich sein muss;[1142] zum anderen bleibt es dem Vorstand unbenommen, die Auskunft in der Hauptversammlung nach § 131 Abs. 3 Nr. 1 AktG zu verweigern, wenn die Auskunftserteilung geeignet ist, dem Portfolio-Unternehmen einen nicht unerheblichen Nachteil zuzufügen[1143]. Auskünfte über vertrauliche bzw. geheimhaltungsbedürftige Informationen wird der Vorstand daher in der Regel verweigern dürfen.[1144] Den außenstehenden Aktionären wäre daher auch mit einem Auskunftsrecht in der Hauptversammlung nur wenig geholfen.[1145] Der Meinungsstreit muss im Rahmen dieser Untersuchung daher nicht vertiefend behandelt werden.

III. Zwischenergebnis

Das erweiterte Auskunftsrecht des § 131 Abs. 4 Satz 1 AktG ist eine spezielle Ausprägung des Gleichbehandlungsgrundsatzes (§ 53a AktG) und lässt somit ebenfalls Differenzierungen zwischen Aktionären zu, sofern eine sachliche Berechtigung für die Ungleichbehandlung gegeben ist. Eine sachliche Berechtigung für die

---

AktG, § 312 Rn. 38; *Krieger*, MünchHdb. GesR, Band 4, § 70 Rn. 96; *Rothweiler*, Der Informationsfluss, S. 117.

1138 § 131 Abs. 1 Satz 1 AktG.

1139 KG, Beschl. v. 11.2.1972 – 1 W 1672/71, NJW 1972, 2307ff.; OLG Frankfurt am Main, Beschl. v. 6.1.2003 – 20 W 449/93, NZG 2003, 224, 225f.

1140 OLG Stuttgart, Urt. v. 11.8.2004 – 20 U 3/04, NZG 2004, 966, 968; OLG Düsseldorf, Beschl. v. 17.7.1991 – 19 W 2/91, AG 1992, 34, 36.

1141 Statt vieler: *Müller*, Spindler/Stilz, AktG, Band 2, § 312 Rn. 4; *Krieger*, MünchHdb. GesR, Band 4, § 70 Rn. 96; *Fett*, Bürgers/Körber, AktG, § 312 Rn. 3; *Koch*, Hüffer/Koch, AktG, § 312 Rn. 39; *Rothweiler*, Der Informationsfluss, S. 120f.; *Habersack/Verse*, AG 2003, 300, 303ff.

1142 *Krieger*, MünchHdb. GesR, Band 4, § 70 Rn. 96; *Habersack/Verse*, AG 2003, 300, 304f.

1143 *Rothweiler*, Der Informationsfluss, S. 121; *Habersack/Verse*, AG 2003, 300, 304f.

1144 *Krieger*, MünchHdb. GesR, Band 4, § 70 Rn. 96; *Rothweiler*, Der Informationsfluss, S. 121.

1145 Vgl. zum geringen Nutzen des Auskunftsanspruchs: *Rothweiler*, Der Informationsfluss, S. 121.

Ungleichbehandlung wird hinsichtlich des Informationsaustauschs zwischen PE-Investor und Portfolio-Unternehmen oftmals gegeben sein. Selbst wenn dies nicht der Fall ist, wird den Mitaktionären die Geltendmachung des Nachauskunftsanspruchs in der Praxis mangels Kenntnis von den Informationsvorgängen in der Regel nicht gelingen. Auskünfte, die dem PE-Investor als herrschendem Unternehmen im faktischen Konzern für die Zwecke der Konzernleitung erteilt werden, unterliegen nicht dem erweiterten Auskunftsrecht. Zwar können die Mitaktionäre des abhängigen Unternehmens nach der überwiegenden Meinung vom Vorstand Auskunft über die vom herrschenden PE-Investor veranlassten und im Abhängigkeitsbericht aufgeführten Auskünfte verlangen; die dahingehenden Auskunftsbegehren müssen jedoch für einen Punkt der Tagesordnung erforderlich sein und der Vorstand kann die Auskunft zudem verweigern, wenn dem Portfolio-Unternehmen durch die Auskunft ein nicht unerheblicher Nachteil entstehen könnte.

B. Fair Disclosure-Empfehlung nach dem DCGK

Zf. 6.1 Satz 2 DCGK spricht für börsennotierte Unternehmen die Empfehlung aus, *„sämtliche wesentlichen neuen Tatsachen, die Finanzanalysten und vergleichbaren Adressaten mitgeteilt worden sind*", unverzüglich auch den Aktionären zur Verfügung zu stellen („*Fair Disclosure*-Empfehlung"[1146]). Der Gruppe der Finanzanalysten vergleichbare Adressaten sind nach ganz überwiegender Meinung auch institutionelle Investoren,[1147] also beispielsweise PE-Investoren. Ein geeigneter Kommunikationsweg ist etwa die Veröffentlichung dieser Tatsachen auf der *Investor Relations*-Internetseite des Portfolio-Unternehmens.[1148]

I. Gegenstände des Fair Disclosure

Die Kodexempfehlung bezieht sich nur auf *Tatsachen*, verstanden als konkrete Geschehnisse bzw. Zustände in der Vergangenheit oder Gegenwart, die schon realisiert, sinnlich wahrnehmbar und ggf. belegbar sind.[1149] Keine Tatsachen im Sinne der Kodexempfehlung sind daher Ereignisse, deren Folgezustände noch nicht feststehen, insbesondere also Planungen, Konzepte, Strategien und bloße Vorbereitungsmaßnahmen.[1150] Ein Informationsaustausch zwischen dem PE-Investor und dem Portfolio-Unternehmen betreffend Maßnahmen zur Vorbereitung

1146 *v. Werder*, Kremer u.a., DCGK, Rn. 1607.

1147 *v. Werder*, Kremer u.a., DCGK, Rn. 1611 („*Fondsmanager [...] und andere Personen bzw. Institutionen, die von der Gesellschaft [...] zur Pflege ihrer (vor allem Kapital-) Marktbeziehungen mit Informationen versorgt werden*"); *Bachmann*, VGR, Bd. 22 (2016), 135, 170 m.w.N.

1148 *v. Werder*, Kremer u.a., DCGK, Rn. 1612.

1149 *v. Werder*, Kremer u.a., DCGK, Rn. 1608.

1150 *v. Werder*, Kremer u.a., DCGK, Rn. 1608 m.w.N.

von Grundlagengeschäften sowie punktuelle Beratungsleistungen des PE-Investors im Rahmen der Entscheidungsfindung (etwa bei *M & A*-Verhandlungen) beispielsweise sind auf nicht realisierte Gegenstände gerichtet und unterliegen daher grundsätzlich nicht der *Fair Disclosure*-Empfehlung.[1151] Ebenso wenig von diesem Tatsachenbegriff umfasst sind bloße Meinungen, Werturteile, Gerüchte oder Rechtsauffassungen.[1152] Die *Fair Disclosure*-Empfehlung bezieht sich nicht nur auf Insiderinformationen; Tatsachen können auch Geschehnisse bzw. Zustände sein, die etwa keine erhebliche Kursrelevanz aufweisen und dennoch *wesentlich* im Sinne der Kodexempfehlung sind.[1153] Der Begriff *wesentlich* bedarf der Auslegung, sodass die Einschätzung der Wesentlichkeit und damit auch Mitteilungsbedürftigkeit gewissen (Rechts-)Unsicherheiten ausgesetzt ist.[1154] Will das börsennotierte Portfolio-Unternehmen der *Fair Disclosure*-Empfehlung entsprechen,[1155] muss es sämtliche wesentlichen neuen Tatsachen, die es dem PE-Investor mitteilt, auch allen Mitaktionären zur Verfügung stellen; sofern das Portfolio-Unternehmen die Tatsachen nicht insgesamt offenlegen möchte, muss es den Investorendialog mit dem PE-Investor auf „*weiche*" Informationen, insbesondere also die Planungen, beschränken.[1156]

II. Nicht-Entsprechenserklärung als gangbare Option

Dem Portfolio-Unternehmen steht es frei, der Kodexempfehlung zur *Fair Disclosure* nicht zu entsprechen.[1157] Fraglich ist jedoch, ob es für das Portfolio-Unternehmen auch ratsam ist, der *Fair Disclosure*-Empfehlung zu entsagen, um etwa mit dem PE-Investor oder ggf. weiteren Aktionären bzw. Kapitalmarktteilnehmern in einen fortlaufenden, vertraulichen Dialog treten zu können. Im Folgenden soll daher untersucht werden, welche Folgen die Nichtentsprechung voraussichtlich für das Portfolio-Unternehmen hätte.

1151 Allerdings ist hier ggf. das Verbot der Offenlegung von Insiderinformationen zu beachten; siehe hierzu die Ausführungen unter: § 8.B.III, S. 158ff.

1152 *v.Werder*, Kremer u.a., DCGK, Rn. 1608 m.w.N.

1153 *Bachmann*, VGR, Bd. 22 (2016), 135, 170 m.w.N.

1154 *v.Werder*, Kremer u.a., DCGK, Rn. 1608.

1155 Dies scheint in der Praxis ganz überwiegend der Fall zu sein: in 2014 betrug die Befolgungsquote in DAX, TecDAX, MDAX und SDAX 100% und im sonstigen Prime 88,9% (*v.Werder/Bartz*, DB 2014, 905, 911); in 2015 betrug die Befolgungsquote in Dax, TecDAX, MDAX und sonstiger Prime 100% und im SDAX 93,3% (*v.Werder/Turkali*, DB 2015, 1357, 1363); in 2018 betrug die Befolgungsquote in DAX, TecDAX und SDAX 100%, im MDAX 94,4% und im sonstigen Prime 94,1% (*v.Werder/Danilov*, DB 2018, 1997, 2005).

1156 *Bachmann*, VGR, Bd. 22 (2016), 135, 170f.

1157 § 161 Abs. 1 Satz 1 AktG; *Schlitt*, Habersack/Mülbert/Schlitt, Unternehmensfinanzierung, § 38 Rn. 178.

1. Akzeptanz durch den Kapitalmarkt

Der Einhaltung der *Fair Disclosure*-Empfehlung wird in Hinblick auf seine vertrauensfördernde Wirkung mitunter ein sehr hoher Stellenwert beigemessen; exklusive Bekanntmachungen gegenüber ausgewählten Anlegern und die Nutzung separater Informationskanäle seien unprofessionell, sodass Unternehmensvertreter wesentliche Informationen stets allen Anlegern zeitgleich zugänglich machen sollten.[1158] Wie bereits erörtert,[1159] kann im Rahmen dieser Untersuchung nicht abschließend beurteilt werden, ob der Kapitalmarkt die exklusive Information des PE-Investors vor dem Hintergrund seiner Kontroll- und Beratungstätigkeit positiv bewerten oder die Nachteile stärker gewichten würde. Jedenfalls sofern der PE-Investor und das Portfolio-Unternehmen gemeinsam einen zeitnahen Rückzug des Portfolio-Unternehmens von der Börse planen,[1160] dürfte der Kapitalmarktakzeptanz der Exklusivinformation des PE-Investors aus Sicht des Portfolio-Unternehmens aber ein geringerer Stellenwert beizumessen sein.

2. Differenzierung nach der Phase des PE-Investments

Aus Sicht des PE-Investors wäre es ferner denkbar, die Einhaltung der *Fair Disclosure*-Empfehlung von der Phase seines Investments abhängig zu machen: so könnte er etwa in der Anfangsphase der beabsichtigten Haltedauer seiner Beteiligung auf die Nichteinhaltung hinwirken, um den intensivierten und (soweit nicht anderweitig geboten) nicht offenlegungspflichtigen Informationsfluss mit dem Portfolio-Unternehmen dafür zu verwenden, die richtungsweisenden Maßnahmen für seine Investmentstrategie zu implementieren. In der Spätphase des Investments, in der die Maßnahmen zur Verwirklichung der Investmentstrategie Wirkung entfalten sollen und sich der PE-Investor ggf. in passiverer Rolle auf den *Exit* vorbereitet, könnte er hingegen auf eine Einhaltung der *Fair Disclosure*-Empfehlung hinwirken und auf eine vertrauens- und kursfördernde Wirkung der gleichmäßigen Information aller Kapitalmarktteilnehmer setzen.

Fraglich ist zunächst, ob ein nach der Investmentphase des PE-Investors differenzierender Umgang mit der *Fair Disclosure*-Empfehlung mit dem Gesellschaftsinteresse[1161] vereinbar wäre. Befinden sich beispielsweise viele Aktien im Streubesitz und unterstellt man, dass sich die Nichteinhaltung der *Fair Disclosure*-Empfehlung nachteilig auf den Aktienkurs auswirkt, würde dies den Kleinaktionären ggf. eine kurzfristige, rentable Umschichtung ihres Aktienbestands während der ersten Phase des PE-Investments erschweren. Des Weiteren ist es denkbar,

1158 Vgl.: *Rudolf*, Habersack/Mülbert/Schlitt, Kapitalmarktinformation, § 1 Rn. 60.
1159 Siehe hierzu die Ausführungen unter: § 7.C.II.1.c), S. 129f.
1160 Siehe hierzu die Ausführungen unter: § 19.A, S. 265f.
1161 Siehe zum Begriff des Gesellschaftsinteresses bereits ausführlich die Ausführungen unter: § 6.B.III, S. 92ff.

dass die plötzliche (Wieder-)Herstellung der *Fair Disclosure*-Compliance Gerüchte über einen *Exit* des PE-Investors aus dem Portfolio-Unternehmen im Kapitalmarkt hervorrufen würde (spätestens bei wiederholtem Auftreten einer solchen, nach der Investmentphase eines PE-Investors differenzierenden Informationspolitik). Je nach Aufnahme der Gerüchte durch den Kapitalmarkt könnte dies den Aktienkurs sowohl nach oben treiben als auch, zum Nachteil des PE-Investors, nach unten drücken. Allein aufgrund des damit ggf. einhergehenden und wohl kaum kalkulierbaren Preisrisikos wird eine nach der Investitionsphase des PE-Investors differenzierende Informationspolitik für den PE-Investor daher in der Regel ausscheiden.

3. Würdigung

Es lässt sich kaum prognostizieren, wie der Kapitalmarkt die Nichteinhaltung der *Fair Disclosure*-Empfehlung durch das Portfolio-Unternehmen im konkreten Einzelfall aufnimmt. Da ein exklusiver Informationsaustausch zwischen dem PE-Investor und dem börsennotierten Portfolio-Unternehmen einerseits ohnehin inhaltlich durch die Grenzen des Insiderrechts beschränkt ist[1162] und andererseits ein exklusiver Informationsaustausch etwa über *weiche* Informationen sowie nicht realisierte Gegenstände auch unter Beachtung der *Fair Disclosure* weiterhin zulässig bleibt, wird daher im Einzelfall genau zu prüfen sein, ob eine Nichtentsprechung der *Fair Disclosure* zweckmäßig ist. Angesichts der Unsicherheiten hinsichtlich der Wahrnehmung durch den Kapitalmarkt und damit wohlmöglich auch einhergehend einer möglichen Gefährdung der „Ruhe im Unternehmen“, dürfte dies oftmals nicht der Fall sein.

III. Zwischenergebnis

Will das Portfolio-Unternehmen der Kodexempfehlung zur *Fair Disclosure* entsprechen, muss es alle dem PE-Investor mitgeteilten *wesentlichen* Tatsachen auch allen Mitaktionären mitteilen (etwa durch Veröffentlichung auf der *Investor Relations*-Website). Selbst dann bleibt jedoch ein exklusiver Dialog zwischen dem Portfolio-Unternehmen und dem PE-Investor hinsichtlich der *weichen*, nicht der *Fair Disclosure*-Empfehlung unterliegenden Informationen (also insbesondere der Unternehmensplanungen), sowie nicht realisierten Gegenstände, zulässig. Eine nach der Phase des Investments des PE-Investors differenzierende Informationspolitik, bei der das Portfolio-Unternehmen zunächst gegen die Einhaltung der *Fair Disclosure*-Empfehlung optiert und erst in zeitlichem Zusammenhang mit dem *Exit* des PE-Investors (wieder) der *Fair Disclosure*-Empfehlung entspricht, wird angesichts des ohnehin durch das Insiderrecht beschränkten Informationsaustauschs einerseits sowie des auch trotz Beachtung der *Fair Disclosure*-Empfehlung

1162 Siehe hierzu die Ausführungen unter: § 8, S. 143ff.

weiterhin zulässigen Informationsaustauschs über weiche Informationen andererseits oftmals nicht zweckmäßig sein, nicht zuletzt aufgrund der ungewissen Akzeptanz durch den Kapitalmarkt.

§ 11. Folgen von Vorstandspflichtverletzungen

Im Folgenden soll ein kurzer Überblick über die drohenden Rechtsfolgen für die Mitglieder des Vorstands im Falle des unzulässigen Informationsaustauschs mit dem PE-Investor gegeben werden.

A. Organschaftliche Folgen

Verletzt ein Vorstandsmitglied seine Pflicht zur Verschwiegenheit, kann der Aufsichtsrat die Bestellung des betreffenden Vorstandsmitglieds ggf. aus wichtigem Grund widerrufen[1163] und unter Umständen auch den Anstellungsvertrag aus wichtigem Grund kündigen[1164]. Für Letzteres muss die Verschwiegenheitspflichtverletzung nach Rechtsprechung des BAG[1165] jedoch jedenfalls verschuldet sein.[1166] Auch kommt es auf den Einzelfall an, ob eine einmalige fahrlässige Verletzung der Verschwiegenheitspflicht schon die Abberufung des Vorstandsmitglieds rechtfertigt.[1167] Die Hauptversammlung kann zudem dem jeweiligen Vorstandsmitglied die Entlastung verweigern (§ 120 Abs. 1 Satz 1 AktG) und ihm das Vertrauen entziehen (§ 84 Abs. 3 Satz 2 AktG).[1168] Während die Verweigerung der Entlastung keine unmittelbaren Folgen für die Amtsstellung des Vorstandsmitglieds auslöst,[1169] stellt der Vertrauensentzug durch die Hauptversammlung *per se* schon einen Grund zum Widerruf der Bestellung des Vorstandsmitglieds durch den Aufsichtsrat dar, sofern der Vertrauensentzug nicht offenbar aus unsachlichen Gründen erfolgt.[1170]

1163 *Fleischer*, Spindler/Stilz, AktG, Band 1, § 93 Rn. 172; *Krieger/Sailer-Coceani*, Schmidt, K./Lutter, AktG, § 93 Rn. 29; *Hopt/Roth*, GroßKomm-AktG, § 93 Rn. 323; *Hölters*, Hölters, AktG, § 93 Rn. 152; *Menke*, NZG 2004, 697, 698; siehe: § 84 Abs. 3 Satz 1 AktG.

1164 *Hölters*, Hölters, AktG, § 93 Rn. 152; *Krieger/Sailer-Coceani*, Schmidt, K./Lutter, AktG, § 93 Rn. 29; *Fleischer*, Spindler/Stilz, AktG, Band 1, § 93 Rn. 172; *Wilsing/v.d.Linden*, ZHR 178 (2014), 419, 423; siehe: §§ 626 BGB, 84 Abs. 3 Satz 5 AktG.

1165 BAG, Urt. v. 4.4.1974 – 2 AZR 452/73, NJW 1974, 1399.

1166 Vgl.: *Hölters*, Hölters, AktG, § 93 Rn. 152.

1167 *Hölters*, Hölters, AktG, § 93 Rn. 152; dies verneinend: AG München, Beschl. v. 2.5.1985 – HRB 2212, ZIP 1985, 1139ff.

1168 *Wilsing/v.d.Linden*, ZHR 178 (2014), 419, 422f.

1169 *Koch*, Hüffer/Koch, AktG, § 120 Rn. 16; *Drinhausen*, Hölters, AktG, § 120 Rn. 29 m.w.N.

1170 § 84 Abs. 3 Satz 2 Var. 3 AktG.

B. Strafrechtliche Konsequenzen

Die unrechtmäßige Offenbarung von Betriebs- und Geschäftsgeheimnissen der Gesellschaft ist strafbewehrt.[1171] Von dem Tatbestand nicht umfasst ist die Offenbarung von *vertraulichen Angaben*.[1172] Im schlimmsten Fall droht dem Vorstandsmitglied eine Freiheitsstrafe von bis zu einem Jahr (bei einem börsennotierten Portfolio-Unternehmen sogar bis zu zwei Jahren) oder eine Geldstrafe.[1173] Die Tat wird nur auf Antrag der Gesellschaft verfolgt.[1174] Zudem kann bei börsennotierten Portfolio-Unternehmen zusätzlich ein vorsätzlicher Verstoß gegen das Verbot der Offenlegung von Insiderinformationen mit Freiheitsstrafe von bis zu fünf Jahren oder Geldstrafe bestraft werden.[1175]

C. Zivilrechtliche Ansprüche

Ein Vorstandsmitglied, das seine Pflicht zur Verschwiegenheit verletzt, ist der Gesellschaft zum Ersatz des daraus resultierenden Schadens verpflichtet.[1176] Hierbei handelt es sich um eine rein organschaftliche Haftung; von der Vorschrift nicht umfasst ist die Außenhaftung gegenüber Dritten.[1177] Eine persönliche Haftung des Vorstandsmitglieds gegenüber Aktionären, Gläubigern und sonstigen Dritten kommt in der Regel allenfalls aus unerlaubter Handlung oder ggf. aus § 311 BGB in Betracht.[1178] Zudem ist § 404 AktG[1179] ein Schutzgesetz im Sinne des § 823 Abs. 2

1171 § 404 Abs. 1 Nr. 1 AktG; *Hölters*, Hölters, AktG, § 93 Rn. 152; *Fleischer*, Spindler/Stilz, AktG, Band 1, § 93 Rn. 172. Handelt das Vorstandsmitglied gegen Entgelt oder in Bereicherungs- bzw. Schädigungsabsicht, erhöht sich der Strafrahmen auf bis zu drei Jahre, § 404 Abs. 2 Satz 1 AktG; vgl. zu den vergleichbaren und sich teilweise überschneidenden Strafvorschriften der §§ 17 UWG, 203, 204 StGB, 333 HGB: *Hefendehl*, Spindler/Stilz, AktG, Band 2, § 404 Rn. 10; *Roschmann/Frey*, AG 1996, 449, 455 Fn. 2.

1172 *Fleischer*, Spindler/Stilz, AktG, Band 1, § 93 Rn. 172.

1173 § 404 Abs. 1 Nr. 1 AktG.

1174 § 404 Abs. 3 Satz 1 AktG; vgl. zu der geringen Praxisrelevanz der Vorschrift aufgrund des unbedingten Strafantragserfordernisses: *Hefendehl*, Spindler/Stilz, AktG, Band 2, § 404 Rn. 10; *Spindler*, Spindler/Stilz, AktG, Band 1, § 116 Rn. 119; *Hopt/Roth*, GroßKomm-AktG, § 93 Rn. 323; *Hanau/Wackerbarth*, Unternehmensmitbestimmung, S. 54.

1175 § 119 Abs. 3 Nr. 1, Abs. 1 WpHG i.V.m. Art. 14 lit. c) und Art. 30 Abs. 1 Satz 1 lit. a) MAR. Der Versuch ist ebenfalls strafbar, § 119 Abs. 4 WpHG.

1176 § 93 Abs. 2 Satz 1 AktG; *Hopt/Roth*, GroßKomm-AktG, § 93 Rn. 322; *Körber*, Fleischer, Hdb. VorstandsR, § 10 Rn. 36; *Hölters*, Hölters, AktG, § 93 Rn. 152; *Krieger/Sailer-Coceani*, Schmidt, K./Lutter, AktG, § 93 Rn. 29; *Fleischer*, Spindler/Stilz, AktG, Band 1, § 93 Rn. 172; *Dauner-Lieb*, Henssler/Strohn, GesR, AktG, § 93 Rn. 16; *Menke*, NZG 2004, 697, 698; *Wilsing/v.d.Linden*, ZHR 178 (2014), 419, 423.

1177 *Dauner-Lieb*, Henssler/Strohn, GesR, AktG, § 93 Rn. 26.

1178 Ausführlich: *Spindler*, MüKo-AktG, Band 2, § 93 Rn. 298ff.

1179 Siehe die Ausführungen unter: § 11.B, S. 203f.

BGB, sodass Schadensersatzforderungen gegen das Vorstandsmitglied auch hierauf gestützt werden können.[1180]

D. Würdigung

Insbesondere angesichts der drohenden strafrechtlichen Konsequenzen eines unzulässigen Informationsaustauschs ist den Vorstandsmitgliedern zu raten, sich in Zweifelsfragen bezüglich der Zulässigkeit der Offenlegung sensibler Informationen mit den übrigen Mitgliedern des Vorstands zu besprechen. In besonders kritischen Fällen sollte das jeweilige Vorstandsmitglied auf einen förmlichen Vorstandsbeschluss hinwirken. Der Vorstand wird sein Ermessen hinsichtlich der Informationspolitik gegenüber dem PE-Investor jedoch gerade hinsichtlich der laufenden Berichterstattung an den PE-Investor in der Regel vorab in Form einer *Richtlinie* ausüben. Hierunter fallen etwa auch entsprechende beteiligungsvertragliche Informationspflichten des Portfolio-Unternehmens gegenüber dem PE-Investor, auf die sich der Vorstand im Vorfeld der Beteiligung des PE-Investors verständigt.[1181] Bewegt sich das Vorstandsmitglied innerhalb des hierdurch abgesteckten Rahmens, wird eine Pflichtverletzung nur in sehr seltenen Ausnahmefällen in Betracht kommen. Kritischer ist eine Berichterstattung an den PE-Investor über außerordentliche Ereignisse, etwa Schadensfälle oder den Ausfall wesentlicher Schuldner; eine Verständigung auf die Informationspolitik nach außen im Vorfeld solcher Ereignisse ist hier nur bedingt möglich. Gerade bei außerordentlichen Ereignissen werden in der Praxis jedoch ohnehin zeitnah Gespräche auf Ebene des Vorstandsgremiums stattfinden, im Zuge derer sich der Vorstand (idealerweise schriftlich dokumentiert) insbesondere auch hinsichtlich der Kommunikation nach außen einigen sollte, einschließlich der Kommunikation gegenüber dem PE-Investor.

1180 *Pelz*, Bürgers/Körber, AktG, § 404 Rn. 1; *Hopt/Roth*, GroßKomm-AktG, § 93 Rn. 323; *Hefendahl*, Spindler/Stilz, AktG, Band 2, § 404 AktG Rn. 9; *Ziegler*, DStR 2000, 249, 253 m.w.N.

1181 Siehe zum Abschluss eines Beteiligungsvertrages zwischen dem PE-Investor und dem Portfolio-Unternehmen ausführlich die Ausführungen weiter unten unter: § 18.B, S. 258ff.

4. Teil: Investorendialog mit dem Aufsichtsrat

Dieser Teil der Untersuchung widmet sich der Zulässigkeit eines unmittelbaren Informationsaustauschs zwischen dem PE-Investor und Mitgliedern des Aufsichtsrats des Portfolio-Unternehmens. Zunächst sollen kurz die wesentlichen Informationsmöglichkeiten des Aufsichtsrats dargestellt und anschließend die Zulässigkeit der Weitergabe von Informationen seitens Mitgliedern des Aufsichtsrats an den PE-Investor untersucht werden.

§ 12. Informationsrechte des Aufsichtsrats

Da der Aufsichtsrat die unternehmerischen Informationen, etwa zu Planungsvorhaben oder der Unternehmensstrategie, nicht selbst generiert, sondern vor allem der Vorstand,[1182] ist der Aufsichtsrat für seine Überwachungstätigkeit darauf angewiesen, die maßgeblichen Informationen von anderen zu beziehen.[1183] Der Aufsichtsrat hat gegenüber dem Vorstand daher einen Anspruch darauf, vollumfänglich über die Angelegenheiten der Gesellschaft informiert zu werden.[1184]

A. Regelberichterstattung durch den Vorstand

I. Regelberichte

Mindestens vierteljährlich muss der Vorstand über den Gang der Geschäfte (insbesondere den Umsatz und die Verwirklichung der Umsatzplanung im Wege eines Soll-Ist-Vergleichs[1185]) sowie die Lage der Gesellschaft[1186] einschließlich der Ertrags- und Liquiditätslage[1187] berichten. Diese Berichte müssen auch auf besondere Entwicklungen im Berichtszeitraum sowie aktuelle oder zukünftige wesentliche

---

1182 Vgl.: *Veil*, ZHR 172 (2008), 239, 246f.

1183 Siehe hierzu bereits die Ausführungen unter: § 3.B.II.3, S. 62f.

1184 *v.Schenck*, NZG 2002, 64, 65; vgl.: § 90 AktG.

1185 *Oltmanns*, Heidel, AktG, § 90 Rn. 8; *Lutter/Krieger/Verse*, Rechte und Pflichten AR, § 6 Rn. 194; *Seibt*, Hommelhoff u.a., Hdb. Corp. Gov., 391, 394f.

1186 § 90 Abs. 1 Satz 1 Nr. 3, Abs. 2 Nr. 3 AktG.

1187 *Lutter/Krieger/Verse*, Rechte und Pflichten AR, § 6 Rn. 196; *Bürgers*, Bürgers/Körber, AktG, § 90 Rn. 11; *Müller-Michaels*, Hölters, AktG, § 90 Rn. 8; *Spindler*, MüKo-AktG, Band 2, § 90 Rn. 28.

Risiken hinweisen.[1188] Ferner muss der Vorstand mindestens einmal jährlich im Voraus[1189] über die beabsichtigte Geschäftspolitik und andere grundsätzliche Fragen der Unternehmensplanung (insbesondere die Finanz-, Investitions- und Personalplanung) berichten[1190], je nach Branche und Unternehmensgröße ggf. ergänzt um eine Produktions-, Absatz- oder Liquiditätsplanung[1191]. Der Jahresbericht muss sich auch mit dem unternehmerischen Gesamtkonzept und den strategischen Zielen des Unternehmens auseinandersetzen, etwa mit welchen Produkten oder Dienstleistungen der Vorstand welche Marktstellung bzw. welche Rentabilität erreichen will.[1192] Auf etwaige Abweichungen zu zuvor berichteten Zielen muss der Vorstand unter Angabe von Gründen eingehen (*Follow-up*-Berichterstattung).[1193]

In der Bilanzsitzung[1194] muss der Vorstand dem Aufsichtsrat unter anderem über die Rentabilität der Gesellschaft und des Eigenkapitals berichten.[1195] Der Vorstandsbericht ist sogar umfangreicher als ggf. erforderliche Quartalsberichte oder der Jahresabschluss mitsamt Anhang, da er zusätzlich Angaben zu weiteren Rentabilitätskennziffern enthält, etwa zum *Cashflow*[1196], der Umsatzrentabilität[1197], der Rentabilität wesentlicher Investitionen[1198] sowie des Gesamtkapitals[1199] und, bei börsennotierten AGs, zum Gewinn pro Aktie[1200].

1188 *Bürgers*, Bürgers/Körber, AktG, § 90 Rn. 11; *Lutter*, Information und Vertraulichkeit, Rn. 43f.; *Müller-Michaels*, Hölters, AktG, § 90 Rn. 8; *Spindler*, MüKo-AktG, Band 2, § 90 Rn. 28.

1189 *Spindler*, MüKo-AktG, Band 2, § 90 Rn. 17.

1190 § 90 Abs. 1 Satz 1 Nr. 1, Abs. 2 Nr. 1 AktG.

1191 *Lutter/Krieger/Verse*, Rechte und Pflichten AR, § 6 Rn. 205.

1192 *Seibt*, Hommelhoff u.a., Hdb. Corp. Gov., 391, 394; *Krieger/Sailer-Coceani*, Schmidt, K./Lutter, AktG, § 90 Rn. 10.

1193 *Seibt*, Hommelhoff u.a., Hdb. Corp. Gov., 391, 394; *Fleischer*, Spindler/Stilz, AktG, Band 1, § 90 Rn. 27; *Müller-Michaels*, Hölters, AktG, § 90 Rn. 6; *Koch*, Hüffer/Koch, AktG, § 90 Rn. 6; *Götz*, NZG 2002, 599, 600; siehe § 90 Abs. 1 Satz 1 Nr. 1 a.E. AktG.

1194 §§ 171, 172 AktG.

1195 § 90 Abs. 1 Satz 1 Nr. 2, Abs. 2 Nr. 2 AktG.

1196 *Bürgers*, Bürgers/Körber, AktG, § 90 Rn. 10; *Spindler*, MüKo-AktG, Band 2, § 90 Rn. 26; *Lutter/Krieger/Verse*, Rechte und Pflichten AR, § 6 Rn. 204; *Müller-Michaels*, Hölters, AktG, § 90 Rn. 7; *Seibt*, Hommelhoff u.a., Hdb. Corp. Gov., 391, 394.

1197 *Bürgers*, Bürgers/Körber, AktG, § 90 Rn. 10; *Spindler*, MüKo-AktG, Band 2, § 90 Rn. 26; *Lutter/Krieger/Verse*, Rechte und Pflichten AR, § 6 Rn. 204.

1198 *Bürgers*, Bürgers/Körber, AktG, § 90 Rn. 10; *Spindler*, MüKo-AktG, Band 2, § 90 Rn. 26.

1199 *Bürgers*, Bürgers/Körber, AktG, § 90 Rn. 10; *Spindler*, MüKo-AktG, Band 2, § 90 Rn. 26; *Müller-Michaels*, Hölters, AktG, § 90 Rn. 7; *Seibt*, Hommelhoff u.a., Hdb. Corp. Gov., 391, 394; vgl. ferner mit Bezugnahme zum *Return on Investment*: *Lutter/Krieger/Verse*, Rechte und Pflichten AR, § 6 Rn. 204; *Seibt*, Hommelhoff u.a., Hdb. Corp. Gov., 391, 394.

1200 *Spindler*, MüKo-AktG, Band 2, § 90 Rn. 26; *Lutter/Krieger/Verse*, Rechte und Pflichten AR, § 6 Rn. 204.

II. Modifikation der Regelberichterstattung

Eine Einschränkung der oben aufgezeigten Berichtspflichten ist weder durch Satzung noch durch Aufsichtsratsbeschluss zulässig.[1201] Hingegen können nach herrschender Meinung sowohl die Satzung als auch der Aufsichtsrat selbst durch Beschluss[1202] die Berichtspflichten ausweiten.[1203] Um den Informationsfluss zwischen Vorstand und Aufsichtsrat zu optimieren, kann der Aufsichtsrat dem Vorstand insbesondere auch eine diesbezügliche Geschäftsordnung[1204] geben (sog. Informationsordnung)[1205], die etwa Berichtsgegenstände konkretisiert oder Berichtsintervalle verkürzt.[1206] Denkbar ist eine Verkürzung der Berichtszeiträume von einem Drei-Monats-Rhythmus auf einen Zwei-Monats-Rhythmus,[1207] insbesondere bei großen Unternehmen sowie Unternehmen in wirtschaftlicher Schieflage[1208]. In inhaltlicher Hinsicht kann die Informationsordnung etwa eine weitere Untergliederung der laufenden Berichterstattung des Vorstands nach Umsätzen und Bruttoerträgen der einzelnen Produkte anordnen.[1209]

1201 *Mertens/Cahn*, KK-AktG, § 90 Rn. 53; *Spindler*, MüKo-AktG, Band 2, § 90 Rn. 8; *Lutter/Krieger/Verse*, Rechte und Pflichten AR, § 6 Rn. 207; vgl. auch: *Müller-Michaels*, Hölters, AktG, § 90 Rn. 1 („*§ 90 [AktG] ist zwingender Natur*").

1202 § 90 Abs. 3 AktG.

1203 *Lutter/Krieger/Verse*, Rechte und Pflichten AR, § 6 Rn. 207; *Spindler*, MüKo-AktG, Band 2, § 90 Rn. 8; *Fleischer*, Spindler/Stilz, AktG, Band 1, § 90 Rn. 12. Hierfür spricht der Wortlaut des § 90 Abs. 2 Nr. 1 und Nr. 3 AktG, wonach die Regelberichte ausdrücklich *mindestens* jährlich bzw. vierteljährlich erfolgen müssen (*Lutter/Krieger/Verse*, Rechte und Pflichten AR, § 6 Rn. 207); a.A. bzgl. einer Ausweitung des Rentabilitätsberichts: *Mertens/Cahn*, KK-AktG, § 90 Rn. 53, die auf den Wortlaut des 90 Abs. 2 Nr. 2 AktG abstellen, wo der Zusatz *mindestens* fehlt.

1204 § 77 Abs. 2 Satz 1 AktG.

1205 *Müller-Michaels*, Hölters, AktG, § 90 Rn. 3; *Spindler*, MüKo-AktG, Band 2, § 90 Rn. 9; *Lutter/Krieger/Verse*, Rechte und Pflichten AR, § 6 Rn. 317; *Lutter*, ZHR 159 (1995), 287, 308; *ders.*, ZGR 2001, 224, 232; vgl. auch: *Seibt*, Hommelhoff u.a., Hdb. Corp. Gov., 391, 407f. („*Ausweis einer guten Corporate Governance ist die Regelung einer Informationsordnung*").

1206 *Müller-Michaels*, Hölters, AktG, § 90 Rn. 3; *Hüffer*, NZG 2007, 47, 51; *Wilsing/v.d.Linden*, ZHR 178 (2014), 419, 424f.; siehe zu den Einzelheiten: *Seibt*, Hommelhoff u.a., Hdb. Corp. Gov., 391, 408ff.; *Lutter/Krieger/Verse*, Rechte und Pflichten AR, § 6 Rn. 319; vgl. ferner: Zf. 3.4 Abs. 1 Satz 3 DCGK.

1207 *Lutter/Krieger/Verse*, Rechte und Pflichten AR, § 6 Rn. 207, Rn. 319.

1208 *Lutter/Krieger/Verse*, Rechte und Pflichten AR, § 6 Rn. 319.

1209 *Lutter/Krieger/Verse*, Rechte und Pflichten AR, § 6 Rn. 319.

B. Sonderberichterstattung durch den Vorstand

I. Anlassbezogene Berichterstattung

Der Vorstand muss den Aufsichtsrat über jegliche Geschäfte informieren, die für die Rentabilität oder Liquidität der Gesellschaft von erheblicher Bedeutung sein können.[1210] Wann einem Geschäft eine *erhebliche* Bedeutung zukommt, richtet sich nach den Verhältnissen der jeweiligen Gesellschaft[1211]; maßgeblich sind vor allem deren Größe, Gegenstand und wirtschaftliche Lage, aber auch Art, Umfang und Risiko des jeweiligen Geschäfts.[1212] Für die Gesamttätigkeit erheblich bedeutsam können der Verkauf einer Produktionsstätte sowie der Zukauf eines Unternehmens, das bislang unternehmens- bzw. konzernfremde Produkte herstellt, sein; für die Geschäftspolitik erheblich bedeutsam ist etwa die erstmalige Investition im Ausland.[1213] Um dem Aufsichtsrat auch tatsächlich die Möglichkeit einzuräumen, sich mit dem Vorstand zu beraten, sollte die Unterrichtung möglichst noch vor Abschluss des Rechtsgeschäfts erfolgen.[1214] Darüber hinaus muss der Vorstand dem Aufsichtsratsvorsitzenden aus *„sonstigen wichtigen Anlässen"* berichten.[1215] Gegenstand dieser Berichte können jegliche negativen Ereignisse und gewichtigen Gefahren für die Interessen der Gesellschaft sein,[1216] etwa Gefährdungen von Außenständen[1217], wesentliche Verluste[1218], Liquiditätsprobleme[1219], Unglücke mit Umweltschäden[1220],

---

1210 § 90 Abs. 1 Satz 1 Nr. 4 AktG.

1211 *Müller-Michaels*, Hölters, AktG, § 90 Rn. 9; *Spindler*, MüKo-AktG, Band 2, § 90 Rn. 29.

1212 *Seibt*, Hommelhoff u.a., Hdb. Corp. Gov., 391, 395; *Müller-Michaels*, Hölters, AktG, § 90 Rn. 9; *Spindler*, MüKo-AktG, Band 2, § 90 Rn. 29.

1213 *Lutter/Krieger/Verse*, Rechte und Pflichten AR, § 6 Rn. 208.

1214 § 90 Abs. 2 Nr. 4 AktG; *Lutter/Krieger/Verse*, Rechte und Pflichten AR, § 6 Rn. 208; *Müller-Michaels*, Hölters, AktG, § 90 Rn. 13; *Spindler*, MüKo-AktG, Band 2, § 90 Rn. 30.

1215 § 90 Abs. 1 Satz 3 AktG.

1216 *Lutter/Krieger/Verse*, Rechte und Pflichten AR, § 6 Rn. 209.

1217 *Müller-Michaels*, Hölters, AktG, § 90 Rn. 11; *Wiesner*, MünchHdb. GesR, Band 4, § 25 Rn. 79; *Spindler*, MüKo-AktG, Band 2, § 90 Rn. 31; *Koch*, Hüffer/Koch, AktG, § 90 Rn. 8; *Krieger/Sailer-Coceani*, Schmidt, K./Lutter, AktG, § 90 Rn. 33; *Potthoff/Trescher*, Das Aufsichtsratsmitglied, Rn. 700; *Lutter/Krieger/Verse*, Rechte und Pflichten AR, § 6 Rn. 209.

1218 *Seibt*, Hommelhoff u.a., Hdb. Corp. Gov., 391, 395; *Spindler*, MüKo-AktG, Band 2, § 90 Rn. 31; *Krieger/Sailer-Coceani*, Schmidt, K./Lutter, AktG, § 90 Rn. 33; *Lutter/Krieger/Verse*, Rechte und Pflichten AR, § 6 Rn. 209.

1219 *Seibt*, Hommelhoff u.a., Hdb. Corp. Gov., 391, 395; *Potthoff/Trescher*, Das Aufsichtsratsmitglied, Rn. 700.

1220 *Lutter/Krieger/Verse*, Rechte und Pflichten AR, § 6 Rn. 209; *Potthoff/Trescher*, Das Aufsichtsratsmitglied, Rn. 700.

Betriebsstörungen[1221], empfindliche behördliche Auflagen[1222], wesentliche Steuernachforderungen[1223] oder drohende Arbeitskämpfe[1224]. Schließlich muss der Vorstand dem Aufsichtsrat unverzüglich über Änderungen der beabsichtigten Geschäftspolitik oder der grundsätzlichen Fragen der Unternehmensplanung berichten.[1225]

II. Anforderungsberichte

Die oben dargestellten Berichtspflichten des § 90 Abs. 1 AktG betreffen zentrale Unternehmensaspekte, über die der Vorstand unaufgefordert berichten muss (*Push*-Prinzip).[1226] Der Aufsichtsrat muss jedoch auch seinerseits sicherstellen, dass er die für eine sinnvolle Überwachung der Geschäftsführung erforderlichen Informationen erhält,[1227] ganz besonders in Zeiten der wirtschaftlichen Krise.[1228] Zur Wahrung

---

1221 *Krieger/Sailer-Coceani*, Schmidt, K./Lutter, AktG, § 90 Rn. 33; *Spindler*, MüKo-AktG, Band 2, § 90 Rn. 31; *Bürgers*, Bürgers/Körber, AktG, § 90 Rn. 14; *Müller-Michaels*, Hölters, AktG, § 90 Rn. 11; *Seibt*, Hommelhoff u.a., Hdb. Corp. Gov., 391, 395; *Koch*, Hüffer/Koch, AktG, § 90 Rn. 8; *Lutter/Krieger/Verse*, Rechte und Pflichten AR, § 6 Rn. 209.

1222 *Wiesner*, MünchHdb. GesR, Band 4, § 25 Rn. 79 („*Umweltauflagen*"); *Koch*, Hüffer/Koch, AktG, § 90 Rn. 8; *Krieger/Sailer-Coceani*, Schmidt, K./Lutter, AktG, § 90 Rn. 33; *Müller-Michaels*, Hölters, AktG, § 90 Rn. 11; *Potthoff/Trescher*, Das Aufsichtsratsmitglied, Rn. 700.

1223 *Koch*, Hüffer/Koch, AktG, § 90 Rn. 8; *Müller-Michaels*, Hölters, AktG, § 90 Rn. 11; *Seibt*, Hommelhoff u.a., Hdb. Corp. Gov., 391, 395; *Krieger/Sailer-Coceani*, Schmidt, K./Lutter, AktG, § 90 Rn. 33.

1224 *Spindler*, MüKo-AktG, Band 2, § 90 Rn. 31; *Koch*, Hüffer/Koch, AktG, § 90 Rn. 8; *Wiesner*, MünchHdb. GesR, Band 4, § 25 Rn. 79; *Müller-Michaels*, Hölters, AktG, § 90 Rn. 11; *Krieger/Sailer-Coceani*, Schmidt, K./Lutter, AktG, § 90 Rn. 33; *Seibt*, Hommelhoff u.a., Hdb. Corp. Gov., 391, 395; *Potthoff/Trescher*, Das Aufsichtsratsmitglied, Rn. 700.

1225 Diese Berichtspflicht ist geregelt in § 90 Abs. 2 Nr. 1 a.E. i.V.m. Abs. 1 Satz 1 Nr. 1 AktG und somit regelungstechnisch Bestandteil der Regelberichterstattung – praktisch handelt es sich hierbei jedoch um einen Sonderfall der Berichterstattung aus wichtigem Anlass (so: *Spindler*, MüKo-AktG, Band 2, § 90 Rn. 24).

1226 *Fleischer*, Spindler/Stilz, AktG, Band 1, § 90 Rn. 2.

1227 OLG Düsseldorf, Beschl. v. 9.12.2009 – I-6 W 45/09, AG 2010, 126, 129; *Kropff*, FS Raiser (2005), 225, 231f.; *Hüffer*, NZG 2007, 47, 48; *Koch*, Hüffer/Koch, AktG, § 111 Rn. 20 („*Informationsrecht ist Pflichtrecht*"); *Lutter/Krieger/Verse*, Rechte und Pflichten AR, § 12 Rn. 890; vgl. zur „*Holschuld*" des Aufsichtsrats: *Seibt*, Hommelhoff u.a., Hdb. Corp. Gov., 391, 407; *Müller-Michaels*, Hölters, AktG, § 90 Rn. 17; *Wilsing/v.d.Linden*, ZHR 178 (2014), 419, 424; *Wagner*, NZG 1999, 1092, 1093; siehe ferner: Zf. 3.4 Abs. 1 Satz 2 DCGK: „*Der Aufsichtsrat hat jedoch seinerseits sicherzustellen, dass er angemessen informiert wird*".

1228 BGH, Urt. v. 16.3.2009 – II ZR 280/07, NJW 2009, 2454, 2455; *Bürgers*, Bürgers/Körber, AktG, § 90 Rn. 15.

seiner Überwachungsfunktion ist er nicht allein auf die Informationspolitik des Vorstands angewiesen, sondern kann von sich aus aktiv Berichte und Informationen vom Vorstand anfordern.[1229] Das Anforderungsrecht kann nicht nur vom Aufsichtsrat als Gesamtorgan, sondern auch von einzelnen Mitgliedern ausgeübt werden.[1230] Die Grenze zulässiger Begehren bildet die Rechtsmissbräuchlichkeit;[1231] das Auskunftsbegehren darf nicht bloß Bagatellen betreffen, die offensichtlich nicht der Überwachungstätigkeit des Aufsichtsrats dienen[1232], für persönliche[1233] oder gar für gesellschaftswidrige Zwecke[1234] verwendet werden oder aus sonstigen Gründen offensichtlich keinem berechtigten Interesse dienen[1235].

III. Vorlageberichte

Zusätzliche Berichtspflichten treffen den Vorstand bei Vorlagen jeglicher Art, bezüglich derer er einen Aufsichtsratsbeschluss herbeiführen möchte.[1236] Gegenstand solcher Vorlagen können der Jahresabschluss und der Lagebericht[1237], der Konzernabschluss und der Konzernlagebericht[1238], der Abhängigkeitsbericht[1239] sowie sämtliche Unterlagen zu sonstigen Beschlussgegenständen sein, über die der Aufsichtsrat nach dem Gesetz[1240], der Satzung oder der Geschäftsordnung

---

1229 § 90 Abs. 3 AktG; Geßler/Hefermehl, Band 2, § 90 Fn. 1; *Koch*, Hüffer/Koch, AktG, § 90 Rn. 11; *Lutter/Krieger/Verse*, Rechte und Pflichten AR, § 6 Rn. 212; *v.Schenk*, Semler/v.Schenck, AH AR-Mitglieder, S. 36 Rn. 160; *ders.*, NZG 2002, 64, 65; *Elsing/Schmidt*, BB 2002, 1705, 1706.

1230 § 90 Abs. 3 Satz 2 AktG.

1231 LG Dortmund, Beschl. v. 10.8.1984 – 12 O 580/83, Mitbestimmung 1984, 410, 411; *Spindler*, MüKo-AktG, Band 2, § 90 Rn. 57; *Wiesner*, MünchHdb. GesR, Band 4, § 25 Rn. 92; *Bürgers*, Bürgers/Körber, AktG, § 90 Rn. 15; *Koch*, Hüffer/Koch, AktG, § 90 Rn. 12f.; *Lutter/Krieger/Verse*, Rechte und Pflichten AR, § 6 Rn. 214; *Müller-Michaels*, Hölters, AktG, § 90 Rn. 15; *Götz*, NZG 2002, 599, 601.

1232 *Lutter/Krieger/Verse*, Rechte und Pflichten AR, § 6 Rn. 214.

1233 *Lutter/Krieger/Verse*, Rechte und Pflichten AR, § 6 Rn. 214 („*für persönliche Zwecke verwenden will*"); *Bürgers*, Bürgers/Körber, AktG, § 90 Rn. 17 („*bei erkennbar persönlichen Zielen*").

1234 *Götz*, NZG 2002, 599, 601; vgl. ferner: *Koch*, Hüffer/Koch, AktG, § 90 Rn. 12a („*wenn AR-Mitglied Eigeninteressen zu Lasten von Gesellschaftsinteressen verfolgt*").

1235 *Götz*, NZG 2002, 599, 601 m.w.N.

1236 *Lutter/Krieger/Verse*, Rechte und Pflichten AR, § 6 Rn. 216; *Müller-Michaels*, Hölters, AktG, § 90 Rn. 2; vgl. ferner: *Fleischer*, Spindler/Stilz, AktG, Band 1, § 90 Rn. 14.

1237 *Lutter/Krieger/Verse*, Rechte und Pflichten AR, § 6 Rn. 217; §§ 170 Abs. 1 Satz 1, 171 Abs. 1 Satz 1 AktG. Im Falle der Prüfung des Jahresabschlusses legt zudem der Abschlussprüfer dem Aufsichtsrat den Prüfungsbericht vor: § 321 Abs. 5 Satz 2 HGB i.V.m. § 111 Abs. 2 Satz 3 AktG.

1238 §§ 171 Abs. 1 Satz 1 a.E. AktG i.V.m. 290 Abs. 1, 2 HGB.

1239 Vgl. §§ 312 Abs. 1 Satz 1, 314 Abs. 1 bis 3, 316 AktG.

1240 Vgl. nur: §§ 59 Abs. 3, 89 Abs. 1 Satz 1, 202 Abs. 3 Satz 2, 308 Abs. 3 Satz 2 a.E. AktG.

beschließen muss bzw. die wesentliche Geschäftsführungsmaßnahmen betreffen[1241]. Die Mitwirkung des Aufsichtsrats bei der Beschlussfassung setzt hier eine vollumfängliche Informationsgrundlage voraus.[1242]

C. Einsichtsrecht des Aufsichtsrats

Der Aufsichtsrat darf zum Zwecke der Überwachung der Geschäftsführung Unterlagen der Gesellschaft selbst einsehen und prüfen.[1243] Dies ermöglicht es ihm, sich die gewünschten Informationen selbst durch eigene und unmittelbare Einsichtnahme der Unterlagen der Gesellschaft zu besorgen und die Angaben des Vorstands anhand dieser zu überprüfen.[1244] Das Einsichtsrecht des Aufsichtsrats erstreckt sich über den Wortlaut des § 111 Abs. 2 Satz 1 AktG[1245] hinaus grundsätzlich auf alle Unterlagen und Vermögenswerte der Gesellschaft.[1246] Das Recht steht dem Aufsichtsrat als Organ zu, nicht jedem einzelnen Mitglied des Aufsichtsrats.[1247] Der Aufsichtsrat muss sich bei der Ausübung des Einsichtsrechts jedoch vom Interesse der Gesellschaft leiten lassen.[1248] Er muss vor allem berücksichtigen, dass hierdurch

---

1241 *Diekmann/Wurst*, NZG 2014, 121, 122.

1242 *Lutter/Krieger/Verse*, Rechte und Pflichten AR, § 6 Rn. 220; vgl. ferner: BGH, Urt. v. 11.12.2006 – II ZR 243/05, NJW-RR 2007, 390, 390f., der den fakultativen Aufsichtsrat einer GmbH daher als verpflichtet ansieht, vor der Abgabe von Zustimmungserklärungen *„die erforderlichen Erkundigungen [...] einzuholen"*.

1243 *Lutter/Krieger/Verse*, Rechte und Pflichten AR, § 6 Rn. 241.

1244 *Lutter/Krieger/Verse*, Rechte und Pflichten AR, § 6 Rn. 241; *Lutter*, Information und Vertraulichkeit, Rn. 283ff.

1245 Nach dem Wortlaut kann der Aufsichtsrat nur *„die Bücher und Schriften der Gesellschaft sowie die Vermögengegenstände, namentlich die Gesellschaftskasse und die Bestände an Wertpapieren und Waren, einsehen und prüfen"*.

1246 *Koch*, Hüffer/Koch, AktG, § 111 Rn. 19; *Israel*, Bürgers/Körber, AktG, § 111 Rn. 12; *Wilsing/v.d.Linden*, ZHR 178 (2014), 419, 424 m.w.N. (*„Zugriff auf den gesamten Datenbestand"*); *Hoffmann-Becking*, ZGR 2011, 136, 149; vgl. ferner: *Habersack*, MüKo-AktG, Band 2, § 111 Rn. 63f.; *Hambloch-Gesinn/Gesinn*, Hölters, AktG, § 111 Rn. 44. Vorstandsprotokolle hingegen darf der Aufsichtsrat nur bei konkretem Kontrollanlass einsehen: *Mertens/Cahn*, KK-AktG, § 111 Rn. 53; *Habersack*, MüKo-AktG, Band 2, § 111 Rn. 63; *Hambloch-Gesinn/Gesinn*, Hölters, AktG, § 111 Rn. 44; *Hoffmann-Becking*, ZGR 2011, 136, 149.

1247 BayObLG, Beschl. v. 25.4.1968 – Breg. 2 Z 56/67, BayObLGZ 1968, 118, 121; OLG Stuttgart, Urt. v. 30.5.2007 – 20 U 14/06, NZG 2007, 549, 550; *Mertens/Cahn*, KK-AktG, § 111 Rn. 56; *Koch*, Hüffer/Koch, AktG, § 111 Rn. 20; *Lutter/Krieger/Verse*, Rechte und Pflichten AR, § 6 Rn. 241; *Habersack*, MüKo-AktG, Band 2, § 111 Rn. 62; *Hambloch-Gesinn/Gesinn*, Hölters, AktG, § 111 Rn. 50.

1248 *Habersack*, MüKo-AktG, Band 2, § 111 Rn. 61; *Lutter/Krieger/Verse*, Rechte und Pflichten AR, § 6 Rn. 244; allgemein zum Umgang des Aufsichtsrats mit den Informationsrechten: *Seibt*, Hommelhoff u.a., Hdb. Corp. Gov., 391, 395f.

das Vertrauensverhältnis zwischen Vorstand und Aufsichtsrat belastet[1249] und (nicht zuletzt gegenüber der Belegschaft und damit *de facto* auch der Öffentlichkeit[1250]) Misstrauen gegenüber der Geschäftsleitung signalisiert werden kann[1251].

D. Offenlegung von Insiderinformationen

Der Vorstand darf dem Aufsichtsrat im Rahmen seiner Berichtspflichten auch Insiderinformationen offenlegen.[1252] Dies gilt jedenfalls dann, wenn die Weitergabe tatsächlich im sachlichen Zusammenhang mit der Aufsichts- und Überwachungsfunktion des Aufsichtsrats steht.[1253] Die Offenlegung muss jedoch nicht *zwingend notwendig* für die Erfüllung der Aufgaben des Aufsichtsrats sein.[1254] In der Praxis dürfte die Offenlegung von Insiderinformationen gegenüber dem Aufsichtsrat nur in Ausnahmefällen unzulässig sein.[1255]

E. Zusammenfassung

Die Mitglieder des Aufsichtsrats sind mit umfassenden Informationsrechten (und auch Informationsbeschaffungspflichten) ausgestattet. Sämtliche Mitglieder des Aufsichtsrats sollten daher in der Regel ein sehr umfassendes und aktuelles Bild von dem Portfolio-Unternehmen, seiner Geschäfts- und Finanzlage und seinen Geschäftsgeheimnissen haben.

§ 13. Dialog zwischen PE-Investor und Aufsichtsrat

Im Folgenden soll untersucht werden, ob und, wenn ja, inwieweit ein direkter Informationsaustausch zwischen dem PE-Investor und Mitgliedern des Aufsichtsrats des Portfolio-Unternehmens stattfinden darf.

1249 *Israel*, Bürgers/Körber, AktG, § 111 Rn. 12; *Habersack*, MüKo-AktG, Band 2, § 111 Rn. 66a; vgl.: *Hoffmann-Becking*, ZGR 2011, 136, 138.

1250 *Lutter/Krieger/Verse*, Rechte und Pflichten AR, § 6 Rn. 244.

1251 *Lutter/Krieger/Verse*, Rechte und Pflichten AR, § 6 Rn. 244, die das Recht der Einsichtnahme daher als „*Ultima Ratio*“ verstanden wissen möchten; *Habersack*, MüKo-AktG, Band 2, § 111 Rn. 66a; *Hambloch-Gesinn/Gesinn*, Hölters, AktG, § 111 Rn. 49; *Lutter*, Information und Vertraulichkeit, Rn. 307; relativierend: *Drygala*, Schmidt, K./Lutter, AktG, § 111 Rn. 33.

1252 *Assmann*, Assmann/Schneider, WpHR, Art. 10 MAR Rn. 28; vgl. zu § 14 WpHG a.F. statt vieler: *Schwark/Kruse*, Schwark/Zimmer, KMRK, WpHG, § 14 Rn. 48; *Klöhn*, KK-WpHG, § 14 Rn. 356.

1253 *Mennicke*, Fuchs, WpHG, § 14 Rn. 234; *Schneider/Singhof*, FS Kraft, S. 585, 593.

1254 Zur alten Rechtslage unter § 14 WpHG a.F.: *Schneider/Singhof*, FS Kraft, S. 585, 593; *Assmann*, WM 1996, 1337, 1351. Vgl. hierzu die Ausführungen unter: § 8.B.II.3.c), S. 154ff.

1255 *Mennicke*, Fuchs, WpHG, § 14 Rn. 234; vgl. auch: *Schneider/Singhof*, FS Kraft, S. 585, 593f.

A. Verschwiegenheitspflicht des Aufsichtsrats

Die Mitglieder des Aufsichtsrats sind nach den gleichen Grundsätzen[1256] wie die Mitglieder des Vorstands zur Verschwiegenheit über vertrauliche Angaben und Geheimnisse verpflichtet.[1257] Die Verschwiegenheitspflicht dient auch hier dem Schutz der Interessen der Gesellschaft.[1258] Sie ist insbesondere erforderlich, um das vertrauensvolle Zusammenarbeiten zwischen Vorstand und Aufsichtsrat zu gewährleisten.[1259] Der Vorstand kann seiner Pflicht, dem Aufsichtsrat sämtliche für diesen relevante Informationen und Berichte zur Verfügung zu stellen, nur dann nachkommen, wenn eine vertrauensvolle Behandlung der Informationen durch den Aufsichtsrat sichergestellt ist.[1260] Die Verschwiegenheitspflicht ist somit notwendiges Korrelat zur Informations- und Berichtspflicht des Vorstands.[1261] Die Verschwiegenheitspflicht des Aufsichtsrats erlischt, wenn der Vorstand eine geheime bzw. vertrauliche Tatsache öffentlich bekannt macht,[1262] bei börsennotierten Gesellschaften etwa durch die *Ad-hoc*-Veröffentlichung[1263]. Die Pflicht zur

---

1256 *v.Schenck*, Semler/v.Schenck, Der Aufsichtsrat, AktG, § 116 Rn. 411; *Mertens/Cahn*, KK-AktG, § 116 Rn. 37; vgl. ferner: *Hoffmann-Becking*, MünchHdb. GesR, Band 4, § 33 Rn. 57; *Wilsing/v.d.Linden*, ZHR 178 (2014), 419, 435. Siehe hierzu die Ausführungen unter: § 6, S. 85ff.

1257 §§ 116 Satz 1 und 2 i.V.m. 93 Abs. 1 Satz 3 AktG.

1258 *Veil*, ZHR 172 (2008), 239, 243 („*Zweck des Verschwiegenheitsgebots, die Gesellschaft zu schützen*"); siehe hierzu bereits die Ausführungen zum Vorstand unter: § 6.B, S. 89f.

1259 *Oetker*, Hommelhoff u.a., Hdb. Corp. Gov., 277, 296; *Israel*, Bürgers/Körber, AktG, § 116 Rn. 20; *Henssler*, Henssler/Strohn, GesR, AktG, § 116 Rn. 9; *Dittmar*, AG 2013, 498; *Habersack*, MüKo-AktG, Band 2, § 116 Rn. 49.

1260 BGH, Urt. v. 26.4.2016 – XI ZR 108/15, NZG 2016, 910, 912 Rn. 32; *Henssler*, Henssler/Strohn, GesR, AktG, § 116 Rn. 9; *Oetker*, Hommelhoff u.a., Hdb. Corp. Gov., 277, 296; *Wilsing/v.d.Linden*, ZHR 178 (2014), 419, 420; *v.d.Linden*, GWR 2011, 407, 409; *Dittmar*, AG 2013, 498; vgl. ferner Zf. 3.5 DCGK („*Gute Unternehmensführung setzt eine offene Diskussion zwischen Vorstand und Aufsichtsrat sowie in Vorstand und Aufsichtsrat voraus. Die umfassende Wahrung der Vertraulichkeit ist dafür von entscheidender Bedeutung*").

1261 BGH, Urt. v. 26.4.2016 – XI ZR 108/15, NZG 2016, 910, 912 Rn. 32; *Habersack*, MüKo-AktG, Band 2, § 116 Rn. 49; *Koch*, Hüffer/Koch, AktG, § 116 Rn. 9; *Schick*, Wachter, AktG, § 116 Rn. 7; *Dittmar*, AG 2013, 498; vgl. ferner: *Oetker*, Hommelhoff u.a., Hdb. Corp. Gov., 277, 296f.; *Vetter*, Marsch-Barner/Schäfer, Hdb. börs. AG, § 29 Rn. 13; *Keilich/Brummer*, BB 2012, 897, 897f. („*Korrektiv*"); *Veil*, ZHR 172 (2008), 239, 242; *Zieglmeier*, ZGR 2007, 144, 158 („*Kehrseite*"); *Schmidt-Aßmann/Ulmer*, BB 1988, Beil. Nr. 13, 1, 3; *Hengeler*, FS Schilling, 1973, 175, 187; vgl.: *Hopt/Roth*, GroßKomm-AktG, § 116 Rn. 218.

1262 *Drygala*, Schmidt, K./Lutter, AktG, § 116 Rn. 32; *Lutter/Krieger/Verse*, Rechte und Pflichten AR, § 6 Rn. 285; *Henssler*, Henssler/Strohn, GesR, AktG, § 116 Rn. 9.

1263 *Mertens/Cahn*, KK-AktG, § 116 Rn. 38. Siehe zur *Ad-hoc*-Publizität bereits die Ausführungen unter: § 4.B.II, S. 71ff.

Verschwiegenheit gilt auch gegenüber (Groß-)Aktionären der Gesellschaft,[1264] also etwa auch gegenüber dem PE-Investor.

B. Informationshoheit des Aufsichtsrats

Im Folgenden soll untersucht werden, ob der Aufsichtsrat oder einzelne seiner Mitglieder autark entscheiden dürfen, bestimmte der Verschwiegenheitspflicht unterliegende Information mit dem PE-Investor zu teilen, oder ob sie insoweit auf eine Entscheidung des Vorstands angewiesen ist.

I. Grundsatz: Informationshoheit des Vorstands

Die Entscheidung über die Weitergabe unternehmensinterner Daten fällt grundsätzlich in den Zuständigkeitsbereich des Vorstands als geschäftsführungsberechtigtem Leitungsorgan.[1265] Sofern nicht ausnahmsweise der Aufsichtsrat zuständig ist,[1266] steht den Aufsichtsratsmitgliedern keine eigene Entscheidung diesbezüglich zu[1267] und sie sind an die Entscheidung des Vorstands gebunden[1268]. Der Aufsichtsrat darf insbesondere keine eigene Informationspolitik betreiben.[1269] Die Verschwiegenheitspflicht des Aufsichtsrats erlischt erst, wenn der Vorstand signalisiert hat, dass ein Geheimhaltungsinteresse nicht (mehr) besteht.[1270] Die Weitergabe vertraulicher Informationen durch den Aufsichtsrat oder einzelne Mitglieder setzt daher grundsätzlich einen die Weitergabe legitimierenden Vorstandsbeschluss oder, bei entsprechender Geschäftsverteilung im Vorstand, einen Entschluss des ressortverantwortlichen Vorstandsmitglieds voraus.[1271] Ohne einen

---

1264 Statt vieler: *Spindler*, Spindler/Stilz, AktG, Band 1, § 116 Rn. 106; *Habersack*, MüKo-AktG, Band 2, § 116 Rn. 56; *Veil*, ZHR 172 (2008), 239, 244.

1265 Siehe Fundstellen in Fn. 262.

1266 Siehe hierzu die Ausführungen weiter unten unter § 13.B.II, S. 215ff.

1267 *Mertens/Cahn*, KK-AktG, § 116 Rn. 47; vgl.: *Spindler*, Spindler/Stilz, AktG, Band 1, § 116 Rn. 102.

1268 *Hopt/Roth*, GroßKomm-AktG, § 116 Rn. 239; *Lutter*, Information und Vertraulichkeit, Rn. 431.

1269 *Lutter/Krieger/Verse*, Rechte und Pflichten AR, § 6 Rn. 284, Rn. 287; *Rothweiler*, Der Informationsfluss, S. 105.

1270 *Drygala*, Schmidt, K./Lutter, AktG, § 116 Rn. 32; *Lutter/Krieger/Verse*, Rechte und Pflichten AR, § 6 Rn. 285; *Zieglmeier*, ZGR 2007, 144, 159.

1271 *Bank*, NZG 2013, 801, 805. Zur grundsätzlichen Zulässigkeit der Entscheidung über die Offenbarung von Geschäftsgeheimnissen durch das ressortverantwortliche Vorstandmitglied siehe: *Spindler*, MüKo-AktG, Band 2, § 93 Rn. 141; *Fleischer*, Spindler/Stilz, AktG, Band 1, § 93 Rn. 169; Mertens/Cahn, KK-AktG, § 93 Rn. 120; *Körber*, Fleischer, Hdb. VorstandsR, § 10 Rn. 19; *Bauer/Schmidt-Bendun*, FS Wegen, 2015, S. 105, 110; *Wilsing/v.d.Linden*, ZHR 178 (2014), 419, 431f.; *Bank*, NZG 2013, 801, 803; *Linker/Zinger*, NZG 2002, 497, 498.

solchen Vorstandsentschluss darf der Aufsichtsrat jedenfalls nicht eigenmächtig vertrauliche Informationen gegenüber dem PE-Investor offenlegen.

II. Ausnahme: Aufsichtsratsinterne Informationen

Die Verschwiegenheitspflicht des Aufsichtsrats umfasst neben den externen vom Vorstand übermittelten Informationen auch die internen vom Aufsichtsrat selbst generierten Informationen,[1272] etwa Inhalt und Verlauf von Beratungen des Aufsichtsrats und seiner Ausschüsse[1273]. Die Entscheidung über die Mitteilung bzw. Veröffentlichung von Vorgängen, die ausschließlich aus der Sphäre des Aufsichtsrats stammen, fällt in den Zuständigkeitsbereich des Aufsichtsrats als Gesamtorgan.[1274] Diesem steht dabei ein gerichtlich nur eingeschränkt überprüfbarer Ermessensspielraum zu.[1275] Einzelne Mitglieder des Aufsichtsrats haben hingegen keine Dispositionsbefugnis.[1276] Das Dispositionsrecht des Aufsichtsrats ist jedoch nur in engen Grenzen nach Maßgabe seiner funktionalen Zuständigkeit anzuerkennen.[1277] Eine Entscheidungsbefugnis des Aufsichtsrats ist etwa abzulehnen, wenn ein Vorgang zwar im Bereich des Aufsichtsrats entsteht, er diesbezüglich jedoch keine alleinige Offenbarungsbefugnis hat (etwa hinsichtlich seiner Mitwirkung bei zustimmungsbedürftigen Maßnahmen).[1278] Allein der Sphäre des Aufsichtsrats

---

1272 Begründung zum Regierungsentwurf zum TransPuG (s. Fn. 219), BT-Drucks. 14/8769, S. 18; vgl.: *Veil*, ZHR 172 (2008), 239, 245ff.; § 116 Satz 2 AktG *konkretisiert* (so: *Oetker*, FS Hopt, 1091) insoweit: *„Die Aufsichtsratsmitglieder sind insbesondere zur Verschwiegenheit über erhaltene vertrauliche Berichte und vertrauliche Beratungen verpflichtet"*.

1273 *Schick*, Wachter, AktG, § 116 Rn. 7; *Koch*, Hüffer/Koch, AktG, § 116 Rn. 9; *Veil*, ZHR 172 (2008), 239, 245.

1274 BGH, Urt. v. 5.6.1975 – II ZR 156/73, NJW 1975, 1412, 1413; *Spindler*, Spindler/Stilz, AktG, Band 1, § 116 Rn. 102; *Hoffmann-Becking*, MünchHdb. GesR, Band 4, § 33 Rn. 65; *Marsch-Barner*, Semler/v.Schenck, Arbeitshdb. AR-Mitglieder, § 13 Rn. 15; *v.Schenck*, Semler/v.Schenck, Der Aufsichtsrat, AktG, § 116 Rn. 415; *Mertens/Cahn*, KK-AktG, § 116 Rn. 47; *Lutter*, Information und Vertraulichkeit, Rn. 431; *Bachmann*, VGR, Bd. 22 (2016), 135, 163f.; *Leyendecker-Langner*, NZG 2015, 44, 47; *Fleischer/Bauer/Wansleben*, DB 2015, 360, 367: *„nur bei vertraulichen Angaben aus dem originären Aufgabenbereich"*; *Marsch-Barner*, FS Stilz, 2014, 397, 402, 404; einschränkend: *Wilsing/v.d.Linden*, ZHR 178 (2014), 419, 433f.

1275 BGH, Urt. v. 5.6.1975 – II ZR 156/73, NJW 1975, 1412, 1413; *Spindler*, Spindler/Stilz, AktG, Band 1, § 116 Rn. 102; *Hirt/Hopt/Mattheus*, AG 2016, 725, 736; *Wilsing/v.d.Linden*, ZHR 178 (2014), 419, 435; *Roth*, ZGR 2012, 343, 363f.; vgl.: *Bank*, NZG 2013, 801, 802.

1276 Vgl.: *Hoffmann-Becking*, MünchHdb. GesR, Band 4, § 33 Rn. 65.

1277 *Habersack*, MüKo-AktG, Band 2, § 116 Rn. 62; *Hopt/Roth*, GroßKomm-AktG, § 116 Rn. 240; *Spindler*, Spindler/Stilz, AktG, Band 1, § 116 Rn. 102; *v.Stebut*, S. 98ff.; Reichard, GWR 2017, 72, 74; vgl.: *Rittner*, FS Hefermehl, S. 365, 375f.

1278 *Lutter*, Information und Vertraulichkeit, Rn. 431; *Marsch-Barner*, Semler/v.Schenck, Arbeitshdb. AR-Mitglieder, § 13 Rn. 15; *v.Schenck*, Semler/v.Schenck, Der

zuzuordnen sind hingegen die Personalentscheidungen des Aufsichtsrats,[1279] insbesondere die Bestellung und Anstellung des Vorstands[1280]. Sachlich zuständig ist der Aufsichtsrat auch dann (ggf. gemeinsam mit dem Vorstand), wenn er selbst ausnahmsweise geschäftsführend tätig wird, etwa bei gerichtlichen oder außergerichtlichen Rechtsstreitigkeiten, in denen der Aufsichtsrat die Gesellschaft allein vertritt (vor allem bei Organhaftungsprozessen und Beschlussmängelstreitigkeiten gegenüber dem Vorstand).[1281] Ist eine alleinige Dispositionsbefugnis des Aufsichtsrats ausnahmsweise zu bejahen, steht ihm auch die Entscheidung über die Weitergabe der vertraulichen Informationen an den PE-Investor zu.

C. Außenkommunikationsbefugnis des Aufsichtsrats

Zu prüfen ist im Folgenden, ob der Aufsichtsrat nach der Organisationsverfassung der AG auch ermächtigt ist, Informationen des Portfolio-Unternehmens im Rahmen der oben aufgezeigten Befugnisse selbst nach außen bzw. gegenüber dem PE-Investor zu kommunizieren, oder ob dies allein die Aufgabe des Vorstands ist. Eine weit verbreitete Ansicht lehnt jegliche Kompetenz des Aufsichtsrats zur Kommunikation nach außen ab.[1282] Die Gegenansicht wiederum erachtet direkte Investorenkontakte grundsätzlich als zulässig.[1283] Wenngleich sich die gesellschaftsrechtliche Diskussion im Wesentlichen auf die Kapitalmarktkommunikation

---

Aufsichtsrat, AktG, § 116 Rn. 413; vgl. auch: *Spindler*, Spindler/Stilz, AktG, Band 1, § 116 Rn. 102.

1279 *Leyendecker-Langner*, NZG 2015, 44, 46f.; *Fleischer/Bauer/Wansleben*, DB 2015, 360, 367.

1280 BGH, Urt. v. 19.2.2013 – II ZR 56/12, AG 2013, 387, 389; *Spindler*, Spindler/Stilz, AktG, Band 1, § 116 Rn. 102; *Hoffmann-Becking*, MünchHdb. GesR, Band 4, § 33 Rn. 65 („*Personalentscheidungen des Aufsichtsrats*"); *Marsch-Barner*, Semler/v.Schenck, Arbeitshdb. AR-Mitglieder, § 13 Rn. 15; *v.Schenck*, Semler/v.Schenck, Der Aufsichtsrat, AktG, § 116 Rn. 415; *Mertens/Cahn*, KK-AktG, § 116 Rn. 47; *Lutter*, Information und Vertraulichkeit, Rn. 431; *Marsch-Barner*, FS Stilz, 2014, 397, 404; vgl. ferner: BGH, Urt. v. 23.4.2012 – II ZR 163/10, NZG 2012, 777, 780 Rn. 40; hingegen je nach Einzelfall differenzierend: *Wilsing/v.d.Linden*, ZHR 178 (2014), 419, 433f.

1281 *Wilsing/v.d.Linden*, ZHR 178 (2014), 419, 433; vgl. ferner: *Linker/Zinger*, NZG 2002, 497, 502.

1282 *Vetter*, AG 2016, 873, 874; *ders.*, AG 2014, 387ff., der jedoch eine Ausnahme für die Bekanntgabe von Aufsichtsratsbeschlüssen, etwa der Bestellung eines Vorstandsmitglieds, anerkennt (ebenda: S. 393); *Hexel*, Der Aufsichtsrat 2014, 121; *Lutter*, Information und Vertraulichkeit, Rn. 401ff., Rn. 562; *ders./Krieger/Verse*, Rechte und Pflichten AR, § 6 Rn. 284.

1283 *Hopt/Roth*, GroßKomm-AktG, § 107 Rn. 468, § 111 Rn. 245, 538; *Mertens/Cahn*, KK-AktG, § 107 Rn. 61; *Bachmann*, VGR, Bd. 22 (2016), 135, 141ff.; *Grunewald*, ZIP 2016, 2009, 2010f.; *Hirt/Hopt/Mattheus*, AG 2016, 725, 730ff.; *Leyendecker-Langner*, NZG 2015, 44, 45; *Fleischer/Bauer/Wansleben*, DB 2015, 360, 362ff.; *Drinhausen/Marsch-Barner*, AG 2014, 337, 349f.; *Roth*, ZGR 2012, 343, 368f.

von börsennotierten AGs gegenüber institutionellen Investoren beschränkt, lassen sich die Erwägungen gleichermaßen auf die Außenkommunikation nicht börsennotierter AGs übertragen.

I. Aufsichtsrat als reines „Binnenorgan“

Zum Teil wird dem Aufsichtsrat die Kompetenz zur Weitergabe von Information bereits mit dem Verweis darauf, dass es sich bei dem Aufsichtsrat um ein reines Innen- bzw. Binnenorgan handele, abgesprochen.[1284] Dieses Argument vermag nicht zu überzeugen. Schon das Gesetz weist dem Aufsichtsrat vereinzelt Aufgaben mit kommunikativem Außenwirken zu (etwa die Pflicht zur Abgabe der DCGK-Entsprechenserklärung[1285] und des Berichts an die Hauptversammlung[1286]).[1287] Aus diesen unbestrittenen Außenbefugnissen folgt, dass dem Aufsichtsrat nicht *per se* jedes Wirken nach außen untersagt ist; selbst im Falle der Bezeichnung des Aufsichtsrats als *Binnenorgan* folgt daraus allein somit keineswegs die Unzulässigkeit der direkten Weitergabe von Informationen durch den Aufsichtsrat.[1288]

II. Außenkompetenzen und Geschäftsführungsverbot

Des Weiteren wird gegen eine Außenkommunikationsbefugnis des Aufsichtsrats argumentiert, dass die Außenkommunikation Bestandteil der Geschäftsführung sei und jedes Betreiben einer eigenen Außenkommunikation durch den Aufsichtsrat einen Verstoß gegen das Verbot der Geschäftsführung[1289] darstelle.[1290] Dabei wird jedoch außer Acht gelassen, dass der Investorendialog Themenbereiche betrifft, die in die ausschließliche Sachkompetenz des Aufsichtsrats fallen.[1291] Ein genereller Ausschluss von der Außenkommunikation erscheint daher zu pauschal und wird der Rolle des Aufsichtsrats innerhalb der AG mit seinen weitreichenden, mitunter exklusiv zugeteilten Aufgaben nicht gerecht.[1292] Ferner ließen sich

1284 Statt vieler: *Lutter/Krieger/Verse*, Rechte und Pflichten AR, § 6 Rn. 284; *Vetter*, AG 2014, 387, 389; vgl. ferner: OLG Stuttgart, Urt. v. 29.2.2012 – 20 U 3/11, AG 2012, 298, 303.

1285 § 161 AktG.

1286 §§ 171, 176 AktG.

1287 So, jeweils mit weiteren Beispielen für dem Aufsichtsrat gesetzliche zugewiesene Aufgaben der Außenkommunikation: *Hirt/Hopt/Mattheus*, AG 2016, 725, 731ff.; *Fleischer/Bauer/Wansleben*, DB 2015, 360, 362f.

1288 *Koch*, Fleischer/Koch/Kropff/Lutter, 50 Jahre Aktiengesetz, 2016, 65, 88; *Bachmann*, VGR, Bd. 22 (2016), 135, 144f.; *Hirt/Hopt/Mattheus*, AG 2016, 725, 733.

1289 § 111 Abs. 4 Satz 1 AktG.

1290 *Vetter*, AG 2014, 387, 391.

1291 Vgl.: *Hirt/Hopt/Mattheus*, AG 2016, 725, 733; *Fleischer/Bauer/Wansleben*, DB 2015, 360, 363f.

1292 *Fleischer/Bauer/Wansleben*, DB 2015, 360, 363.

die Außenwahrnehmung und die Akzeptanz des Aufsichtsrats im Markt vom Vorstand nahezu beliebig steuern, wenn der Aufsichtsrat auch die Außenkommunikation bezüglich der Informationen aus seinem originären Aufgabenbereich über den Vorstand laufen bzw. von diesem absegnen lassen müsste.[1293] Schließlich dient es einer sachgerechten Information der Öffentlichkeit, wenn der Aufsichtsrat, der allein die Hintergründe der Entscheidung kennt, auch deren Außenkommunikation übernimmt.[1294] Richtigerweise ist eine Außenkommunikation durch den Aufsichtsrat im Rahmen seines originären Aufgabenbereichs daher grundsätzlich zulässig.[1295] Dabei sind jedoch die allgemeinen aktien- und kapitalmarktrechtlichen Grenzen für die Weitergabe von Informationen der Gesellschaft einzuhalten.[1296]

III. Zweckmäßigkeit des Investorendialogs

Darüber hinaus sprechen rechtsökonomische und Zweckmäßigkeitserwägungen für die Zulässigkeit eines direkten Kommunikationskanals zwischen Aufsichtsrat und einzelnen Investoren: Ein direkter Dialog mit dem Aufsichtsrat ermöglicht es den Investoren beispielsweise, sich aus erster Hand ein Bild über die richtige Besetzung und Arbeitsweise des Aufsichtsrats zu verschaffen; umgekehrt kann der Aufsichtsrat gerade ausländischen Investoren die *Corporate Governance*-Strukturen innerhalb des Portfolio-Unternehmens sowie der deutschen AG mit dem ihr zugrunde liegenden dualistischen System im Allgemeinen näherbringen.[1297] Bereits heute haben gerade Großinvestoren in der Praxis regelmäßig die Erwartungshaltung, dass der Aufsichtsratsvorsitzende mit ihnen in den direkten Dialog

---

1293 *Leyendecker-Langner*, NZG 2015, 44, 45; siehe ferner: *Fleischer/Bauer/Wansleben*, DB 2015, 360, 364, nach deren Ansicht *„eine verdrängende Vorstandskompetenz für sämtliche Investorenkontakte [...] Gefahr [liefe], die Gewichte innerhalb des sorgfältig austarierten Organisationsgefüges des deutschen Aktienrechts zulasten des Aufsichtsrats zu verschieben"*.

1294 *Leyendecker-Langner*, NZG 2015, 44, 45; *Mertens/Cahn*, KK-AktG, § 107 Rn. 61.

1295 Vgl.: *Bachmann*, VGR, Bd. 22 (2016), 135, 149ff., der eine Annexkompetenz des Aufsichtsrats zwar bejaht, jedoch eine einzelfallbezogene Abwägung der Außendarstellungskompetenz des Aufsichtsrats mit der im Grundsatz bestehenden Konzentration jeglicher Außendarstellung beim Vorstand als notwendig erachtet (*„praktische Konkordanz"*); *Grunewald*, ZIP 2016, 2009, 2010f., die darauf abstellt, dass diese Themenbereiche schon nicht zum Bereich der Geschäftsführung gehörten und eine Kollision mit der Geschäftsführungskompetenz des Vorstands daher nicht in Betracht käme; *Leyendecker-Langner*, NZG 2015, 44, 46 (*„Annexkompetenz"*); *Fleischer/Bauer/Wansleben*, DB 2015, 360, 363f., die dafür plädieren, zunächst die Befugnis des Aufsichtsrats zur Wahrnehmung von Investorenkontakten zu prüfen und anschließend mit der Querschnittskompetenz des Vorstands abzugleichen.

1296 Eingehend: *Fleischer/Bauer/Wansleben*, DB 2015, 360, 366f.; *Bachmann*, VGR, Bd. 22 (2016), 135, 161.

1297 Vorb. Abs. 2 der Leitsätze für den Investorendialog (siehe Fn. 745).

tritt.[1298] Sowohl auf europäischer als auch auf nationaler Ebene gibt es zudem Bestrebungen, institutionellen Investoren bei der Überwachung börsennotierter Unternehmen künftig eine aktivere Rolle zukommen zu lassen.[1299] Auch der DCGK sieht nunmehr vor, dass der *„Aufsichtsratsvorsitzende [...] in angemessenem Rahmen bereit sein [sollte], mit Investoren über aufsichtsratsspezifische Themen Gespräche zu führen"*.[1300] Die Regierungskommission begründet dies nicht zuletzt damit, dass *„Gespräche des Aufsichtsratsvorsitzenden mit Investoren [...] mittlerweile gelebte Praxis in vielen größeren Unternehmen und Bestandteil einer guten Corporate Governance"* seien.[1301]

IV. Zuständigkeit für den Investorendialog

In der Praxis führt den Investorendialog typischerweise der Aufsichtsratsvorsitzende.[1302] Dessen Zuständigkeit folgt aus seiner Funktion, den Aufsichtsrat nach

---

1298 *Grunewald*, ZIP 2016, 2009, 2010; *Drinhausen/Marsch-Barner*, AG 2014, 337, 349; dies geht indirekt auch aus den Vorb. Abs. 4 lit. b) der Leits. für den Dialog zwischen Investor und Aufsichtsrat in der Fassung vom 5.7.2016 hervor.

1299 Vgl.: Vorb. Abs. 1 der Leitsätze für den Investorendialog (siehe Fn. 745); *Principle* 3 des *UK Stewardship Code* (*„Institutional investors should monitor their investee companies"*); vgl. ferner zu den Bestrebungen in verschiedenen Ländern, institutionelle Investoren stärker in die interne *Corporate Governance* einzubinden: *Hopt*, Hopt/Wohlmannstetter, S. 11f.; *Fleischer/Strothotte*, AG 2011, 221, die jedoch auch Zweifel an dem Erfolg von Wohlverhaltensregeln entsprechend dem *UK Stewardship Code* anmelden (ebenda: S. 224ff.); vgl. zum bereits heute im anglo-amerikanischen Raum vorherrschenden Verständnis einer aktiven Teilhabe institutioneller Investoren an der *Corporate Governance* ihrer Beteiligungsunternehmen: *Hirt/Hopt/Mattheus*, AG 2016, 725; vgl. zu den Bestrebungen zur stärkeren Einbindung der institutionellen Investoren in die Überwachung auf EU-Ebene: Änderungsvorschlag zu Art. 3 Zf. 3f der EU-Aktionärsrechterichtlinie gemäß dem Vorschlag für eine Richtlinie des Europäischen Parlaments und des Rates zur Änderung der Richtlinie 2007/36/EG in Hinblick auf die Förderung der langfristigen Einbeziehung der Aktionäre sowie der Richtlinie 2013/34/EU mit Bezug auf bestimmte Elemente der Erklärung zur Unternehmensführung, COM/2014/0213 final – 2014/0121 (COD) („EU-Aktionärsrechterichtlinie"), wobei der Wortlaut der englischen Fassung an dieser Stelle etwas klarer formuliert ist.

1300 Zf. 5.2 Abs. 2 DCGK, der in der Fassung des DCGK vom 7.2.2017 komplett neu gefasst worden ist.

1301 Vgl. die Erläuterungen zu den Änderungsvorschlägen der *Regierungskommission Deutscher Corporate Governance Kodex* zum DCGK, S. 6, abrufbar unter: http://www.dcgk.de/de/konsultationen/aktuelle-konsultationen.html, zuletzt abgerufen am: 29.3.2017.

1302 *Hirt/Hopt/Mattheus*, AG 2016, 725, 729; *Drinhausen/Marsch-Barner*, AG 2014, 337, 349; vgl. die Erläuterungen zu den Änderungsvorschlägen der *Regierungskommission Deutscher Corporate Governance Kodex* zum DCGK (siehe Fn. 1301), S. 6; vgl.: *Vetter*, AG 2016, 873, 873f.

außen zu repräsentieren.[1303] Sowohl die Repräsentationsfunktion des Aufsichtsratsvorsitzenden als auch dessen Zuständigkeit für den Investorendialog sind im DCGK ausdrücklich vorgesehen.[1304] Der Aufsichtsratsvorsitzende kann weitere Personen für den Investorendialog zur Unterstützung hinzuziehen.[1305]

V. Pflicht zum loyalen Zusammenwirken

Für die Kapitalmarktkommunikation börsennotierter Unternehmen gilt der Grundsatz, dass Unternehmen in ihrer Außendarstellung mit einer Stimme sprechen sollen (*one voice policy*).[1306] Dies bedeutet indes nicht, dass nur der Vorstand oder bestimmte Personen nach außen kommunizieren dürfen, sondern dass alle, die Kommunikation nach außen betreiben, im Kern dieselbe Aussage treffen sollen.[1307] Daraus folgt, dass der Aufsichtsratsvorsitzende

- sich grundsätzlich[1308] nicht über eine vom Vorstand festgelegte Kommunikationsstrategie bezüglich bestimmter Themenkomplexe hinwegsetzen darf (zum Beispiel hinsichtlich des Verhaltens in einer Übernahmesituation);[1309]
- bei sensiblen Themen Zurückhaltung wahren[1310] oder sich vorab mit dem Vorstand auf eine einheitliche Kommunikation verständigen[1311] muss; und
- das Meinungsbild des Aufsichtsrats als Organ wiedergeben und auch aufsichtsratsintern die *one voice policy* wahren muss[1312].

1303 *Hirt/Hopt/Mattheus*, AG 2016, 725, 734; *Leyendecker-Langner*, NZG 2015, 44, 46; vgl.: *Spindler*, Spindler/Stilz, AktG, Band 1, § 107 Rn. 39f.; *Drinhausen/Marsch-Barner*, AG 2014, 337, 349f.; *Roth*, ZGR 2012, 343, 369; vgl. zur Repräsentationsfunktion des Aufsichtsratsvorsitzenden allgemein: *Israel*, Bürgers/Körber, AktG, § 107 Rn. 8; *Koch*, Hüffer/Koch, AktG, § 107 Rn. 8; *Hambloch-Gesinn/Gesinn*, Hölters, AktG, § 107 Rn. 54.

1304 Zf. 5.2 Abs. 1 Satz 2, Abs. 2 DCGK.

1305 *Hirt/Hopt/Mattheus*, AG 2016, 725, 735; kritisch: *Leyendecker-Langner*, NZG 2015, 44, 46.

1306 *Cromme/Claassen*, Hommelhoff u.a., Hdb. Corp. Gov., 603, 622; *Grunewald*, ZIP 2016, 2009, 2010; *Hirt/Hopt/Mattheus*, AG 2016, 725, 735; *Leyendecker-Langner*, NZG 2015, 44, 46; *Fleischer/Bauer/Wansleben*, DB 2015, 360, 365.

1307 *Cromme/Claassen*, Hommelhoff u.a., Hdb. Corp. Gov., 603, 622.

1308 Vgl.: *Leyendecker-Langner*, NZG 2015, 44, 46f., der entgegengesetzte Äußerungen in *„krassen Ausnahmefällen"* zulassen möchte.

1309 *Leyendecker-Langner*, NZG 2015, 44, 46; vgl. ferner: *Vetter*, AG 2014, 387, 392, der im Ergebnis jedoch jegliche Form der Kapitalmarktkommunikation seitens des Aufsichtsrats bzw. dessen Vorsitzenden ablehnt.

1310 *Hopt/Roth*, GroßKomm-AktG, § 107 Rn. 119; *Hambloch-Gesinn/Gesinn*, Hölters, AktG, § 107 Rn. 54 (*„bei besonderen und wichtigen Angelegenheiten"*); *Leyendecker-Langner*, NZG 2015, 44, 46; generelle Zurückhaltung anmahnend: *Hirt/Hopt/Mattheus*, AG 2016, 725, 735.

1311 *Hirt/Hopt/Mattheus*, AG 2016, 725, 735; *Leyendecker-Langner*, NZG 2015, 44, 46.

1312 *Fleischer/Bauer/Wansleben*, DB 2015, 360, 366.

Auch in Hinblick auf die Kommunikation mit Investoren sind Vorstand und Aufsichtsrat verpflichtet, vertrauensvoll zusammenzuarbeiten; in der Regel wird es daher angebracht und mitunter sogar geboten sein, dass der Aufsichtsratsvorsitzende den Vorstand über Gespräche mit Investoren und deren Inhalt informiert.[1313] Um die Kommunikationskompetenzen zwischen Aufsichtsrat und Vorstand klarer abzugrenzen, können sich beide Organe eine Kommunikationsordnung geben.[1314]

VI. Auswahl der Investoren für den Dialog

Fraglich ist, nach welchen Kriterien der Aufsichtsrat den Kreis der Investoren für den Investorendialog bestimmen muss. Zum Teil wird es dem Aufsichtsratsvorsitzenden scheinbar gänzlich freigestellt, mit welchen Investoren er Dialog führen möchte.[1315] Zu Recht hält *Bachmann* dem jedoch entgegen, dass sich die Auswahl des Teilnehmerkreises an den Anforderungen des Gleichbehandlungsgrundsatzes (§ 53a AktG) messen lassen muss.[1316] Soweit dieser jedoch fordert, der Aufsichtsrat solle vor dem Hintergrund der Wertungen der §§ 142 Abs. 2 Satz 1, 148 Abs. 1 Satz 1 AktG bereits sämtliche Aktionäre mit einer Beteiligung von mindestens einem Prozent hinzuziehen,[1317] erscheint dies zu schematisch. Richtiger erscheint es, dem Aufsichtsrat diesbezüglich einen Spielraum einzuräumen, der flexiblere und einzelfallgerechtere Lösungen ermöglicht. Insoweit kann auf die Wertungen zur Zulässigkeit der selektiven Information einzelner Aktionäre bzw. Aktionärsgruppen vor dem Hintergrund des Gebots der Gleichbehandlung verwiesen werden.[1318]

D. Gegenstände des Investorendialogs

Im Folgenden ist zu prüfen, welche Themen zulässigerweise Gegenstand des Dialogs zwischen Aufsichtsrat und PE-Investor und ggf. weiteren Investoren sein können und ob die Inhalte des zulässigen Informationsaustauschs dem Informationsbedürfnis des PE-Investors gerecht werden.

1313 *Hirt/Hopt/Mattheus*, AG 2016, 725, 735; *Leyendecker-Langner*, NZG 2015, 44, 47.

1314 Vgl. hierzu: *Bachmann*, VGR, Bd. 22 (2016), 135, 175f.; *Fleischer/Bauer/Wansleben*, DB 2015, 360, 365 m.w.N.; *Hirt/Hopt/Mattheus*, AG 2016, 725, 735, mit dem Hinweis, dass die Organe eine solche Kommunikationsordnung ggf. als „*unnötige Verrechtlichung und Komplizierung*" erachten könnten.

1315 So wohl: *Hirt/Hopt/Mattheus*, AG 2016, 725, 738.

1316 *Bachmann*, VGR, Bd. 22 (2016), 135, 167f.

1317 *Bachmann*, VGR, Bd. 22 (2016), 135, 168.

1318 Siehe hierzu die Ausführungen unter: § 7.C.II, S. 127ff.

I. Inhalte von Aufsichtsratssitzungen

Fraglich ist zunächst, ob ein Informationsaustausch bezüglich der Inhalte der Aufsichtsratssitzungen zulässig ist. Der Aufsichtsrat soll seine Entscheidungen im Wege der offenen Diskussion und Argumentation finden; dies setzt wiederum voraus, dass die Mitglieder des Aufsichtsrats das Beratungsgeheimnis strikt wahren.[1319] Dadurch soll eine möglichst unbefangene Meinungsbildung und -äußerung im Aufsichtsrat sichergestellt[1320] und insbesondere Beeinträchtigungen des Entscheidungsprozesses im Aufsichtsrat von außen verhindert werden[1321]. Andernfalls besteht die Gefahr, dass die Entscheidungsautonomie des einzelnen Aufsichtsratsmitglieds durch den Einfluss Dritter untergraben wird.[1322] Den Beratungen und Abstimmungen im Aufsichtsrat muss daher ein hohes Maß an Vertraulichkeit zukommen.[1323] Das Beratungsgeheimnis umfasst die Gegenstände und den Gang der Beratungen einschließlich des Ergebnisses und des Verhaltens der einzelnen Mitglieder (auch des eigenen Verhaltens[1324]) bei Abstimmungen.[1325] Ausnahmen von der Verschwiegenheitspflicht hinsichtlich der internen Beratungsprozesse im

---

1319 OLG Düsseldorf, Beschl. v. 13.7.2015 – I-26 W 16/14, NZG 2015, 1115, 1117; *Lutter/Krieger/Verse*, Rechte und Pflichten AR, § 6 Rn. 266.

1320 BGH, Urt. v. 5.6.1975 – II ZR 156/73, NJW 1975, 1412, 1413f.; *v.Schenck*, Semler/v. Schenck, Der Aufsichtsrat, AktG, § 116 Rn. 441; *Wilsing/v.d.Linden*, ZHR 178 (2014), 419, 420; *v.d.Linden*, GWR 2011, 407, 409; *Priester*, ZIP 2011, 2081, 2083; vgl. ferner: *Hoffmann-Becking*, MünchHdb. GesR, Band 4, § 33 Rn. 63.

1321 *Veil*, ZHR 172 (2008), 239, 245; vgl. ferner: Begründung zum Regierungsentwurf zum TransPuG (s. Fn. 219), BT-Drucks. 14/8769, S. 18; *Wilsing/v.d.Linden*, ZHR 178 (2014), 419, 420 (Schutz vor „*sachfremden Erwägungen oder äußeren Einflüssen*"); *v.d.Linden*, GWR 2011, 407, 409; vgl. ferner: *Hoffmann-Becking*, MünchHdb. GesR, Band 4, § 33 Rn. 63.

1322 *Lutter*, Information und Vertraulichkeit, Rn. 496; *Veil*, ZHR 172 (2008), 239, 246; vgl. auch: *Hoffmann-Becking*, MünchHdb. GesR, Band 4, § 33 Rn. 63.

1323 Vgl. nur: BGH, Urt. v. 5.6.1975 – II ZR 156/73, NJW 1975, 1412, 1413f.; *Drygala*, Schmidt, K./Lutter, AktG, § 116 Rn. 35; *Lutter*, Information und Vertraulichkeit, Rn. 496ff., 515; *Vetter*, AG 2016, 873, 875; *Dittmar*, AG 2013, 498, 504; *Veil*, ZHR 172 (2008), 239, 246; *Hengeler*, FS Schilling, 1973, 175, 187f.

1324 *Hoffmann-Becking*, MünchHdb. GesR, Band 4, § 33 Rn. 63; *Drygala*, Schmidt, K./Lutter, AktG, § 116 Rn. 35; *Dittmar*, AG 2013, 498, 504; jedenfalls dann zustimmend, wenn aus dem Stimmverhalten des sein Stimmverhalten offenlegenden Mitglieds auf das Stimmverhalten der anderen Aufsichtsratsmitglieder geschlossen werden kann: *v.Schenck*, Semler/v.Schenck, Der Aufsichtsrat, AktG, § 116 Rn. 444; *Lutter/Krieger/Verse*, Rechte und Pflichten AR, § 6 Rn. 267; *Mertens/Cahn*, KK-AktG, § 116 Rn. 54.

1325 BGH, Urt. v. 5.6.1975 – II ZR 156/73, NJW 1975, 1412, 1413; OLG Düsseldorf, Beschl. v. 13.7.2015 – I-26 W 16/14, NZG 2015, 1115, 1118; *Hoffmann-Becking*, MünchHdb. GesR, Band 4, § 33 Rn. 63 m.w.N.; *Priester*, ZIP 2011, 2081, 2083; vgl. ferner: *Mertens/Cahn*, KK-AktG, § 116 Rn. 53f.; *Wilsing/v.d.Linden*, ZHR 178 (2014), 419, 420f.; *Dittmar*, AG 2013, 498, 504.

Aufsichtsrat kommen nur im Einzelfall in Betracht,[1326] etwa im Falle eines drohenden erheblichen Schadens für die Gesellschaft.[1327] Allerdings steht es dem Aufsichtsrat grundsätzlich frei, sich in gewissen Grenzen selbst vom Beratungsgeheimnis zu befreien.[1328] Ein Informationsaustausch zwischen dem PE-Investor und einem Mitglied des Aufsichtsrats über interne Beratungsprozesse im Aufsichtsrat sowie das Verhalten der einzelnen Mitglieder bei Abstimmungen wird in der Regel jedoch nicht im Gesellschaftsinteresse liegen und somit unzulässig sein.

II. Leitsätze zum Investorendialog als Best Practice

Weitere potenzielle Inhalte des Dialogs zwischen Aufsichtsrat und ausgewählten Investoren im Sinne einer *Best Practice* schlägt die Initiative *Developing Shareholder Communication*, eine mit Repräsentanten von großen börsennotierten Gesellschaften, Investoren und der Wissenschaft besetzte Arbeitsgruppe,[1329] in ihren *„Leitsätze[n] für den Dialog zwischen Investor und Aufsichtsrat"*[1330] vor. Die Leitsätze sprechen rein private Handlungsempfehlungen aus und sollen die vom geltenden Recht vorgezeichneten Handlungsspielräume konkretisieren, sie haben ihrerseits jedoch keinen Rechtsnormcharakter und entfalten weder unmittelbare noch mittelbare Rechtswirkung.[1331] Hinsichtlich der Themen des Dialogs orientiert sich

---

1326 *Lutter*, Information und Vertraulichkeit, Rn. 513 (*„extreme Gestaltungen"*); *ders./Krieger/Verse*, Rechte und Pflichten AR, § 6 Rn. 267 (*„nur in extremen Konfliktsituationen geboten"*); *Hoffmann-Becking*, MünchHdb. GesR, Band 4, § 33 Rn. 65; vgl ferner: BGH, Urt. v. 5.6.1975 – II ZR 156/73, NJW 1975, 1412, 1413.

1327 *Veil*, ZHR 172 (2008), 239, 246; *Lutter/Krieger/Verse*, Rechte und Pflichten AR, § 6 Rn. 267; vgl. ferner: BGH, Urt. v. 5.6.1975 – II ZR 156/73, NJW 1975, 1412, 1413, wonach eine Ausnahme vom Beratungsgeheimnis ausnahmsweise bejaht werden kann, wenn die Maßnahme dazu dient, *„Missverständnisse auszuräumen, Gerüchten entgegenzutreten, Unruhen zu vermeiden oder sonst die Beziehungen und das Bild der Gesellschaft nach innen und außen günstig zu beeinflussen"*; noch weitergehend: BGH, Urt. v. 19.2.2013 – II ZR 56/12, AG 2013, 387, 389, der gar eine Pflicht des Aufsichtsrats zur Offenlegung von internen Beratungen annimmt, wenn dies zur Verteidigung gegen eine gegen die Gesellschaft gerichtete Anfechtungsklage erforderlich ist; eingehend hierzu: *Wilsing/v.d.Linden*, ZHR 178 (2014), 419, 426ff.

1328 BGH, Urt. v. 26.4.2016 – XI ZR 108/15, NZG 2016, 910, 912 Rn. 35; BGH, Urt. v. 23.4.2012 – II ZR 163/10, NZG 2012, 777, 780 Rn. 40; *Mertens/Cahn*, KK-AktG, § 116 Rn. 53; *Schulz*, Bürgers/Körber, AktG, § 116 Rn. 20; *Hirt/Hopt/Mattheus*, AG 2016, 725, 736f.; dies voraussetzend: *Bachmann*, VGR, Bd. 22 (2016), 135, 164; vgl. ferner zur Dispositionsbefugnis: *Hopt/Roth*, GroßKomm-AktG, § 116 Rn. 240.

1329 *Krämer*, Der Aufsichtsrat 2017, 18.

1330 Siehe Fn. 745.

1331 *Bachmann*, VGR, Bd. 22 (2016), 135, 139f.; insbesondere bleibt der Aufsichtsrat mit Blick auf die aktienrechtliche Kompetenzordnung auch hiernach nur zum Dialog über solche Themen berechtigt, die in seinen *„Aufgaben- und Verantwortungsbereich"* fallen (Vorb. Abs. 1 und 2, Leits. 1 Satz 4 der Leitsätze für den Investorendialog (siehe Fn. 745); vgl. ferner: *Bachmann*, VGR, Bd. 22 (2016), 135, 174), und muss

diese Untersuchung im Folgenden an den wesentlichen Empfehlungen der Leitsätze zur inhaltlichen Ausgestaltung des Investorendialogs.

1. *Personalentscheidungen des Aufsichtsrats*

Der Aufsichtsrat ist, wie oben dargestellt, für die Bestellung der Mitglieder des Vorstands zuständig.[1332] PE-Investoren dürften in der Regel ein großes Interesse daran haben, möglichst früh in den Auswahl- und Bestellungsprozess von Vorstandsmitgliedern eingebunden zu werden. Umgekehrt hat auch die Gesellschaft ein Interesse daran, dass vorhandene wesentliche Aktionäre oder Großaktionäre Vertrauen in die Vorstandsmitglieder und insbesondere den Vorstandsvorsitzenden haben.[1333] Die Leitsätze schränken den Dialog zwischen Aufsichtsrat und PE-Investor jedoch insoweit ein, als dieser lediglich das allgemeine Anforderungsprofil für die Bestellung von Vorstandsmitgliedern, die Geschäftsverteilung im Vorstand und das Vorstandsvergütungssystem zum Gegenstand haben soll.[1334] Um den Beratungsprozess nicht zu stören, sollen konkrete Vorschläge bzw. Einzelkandidaten hingegen nicht thematisiert werden.[1335] Allerdings betrifft diese Inhaltsbeschränkung nur die Kommunikation des Aufsichtsrats gegenüber dem PE-Investor. Letzterem bleibt es unbenommen, dem Aufsichtsrat konkrete Kandidaten vorzuschlagen, und der Aufsichtsrat wiederum darf diese Vorschläge auch entgegennehmen und würdigen.[1336]

2. *Umsetzung der Unternehmensstrategie*

Die Leitsätze für den Investorendialog sehen vor, dass der Aufsichtsrat mit Investoren auch über *„seine überwachende und mitwirkende Rolle im Strategieprozess und seine Einschätzung der Strategieumsetzung“* durch den Vorstand sprechen darf.[1337] Dies ist jedoch keineswegs unproblematisch. Die Entwicklung und die Umsetzung einer Unternehmensstrategie sind Leitungsaufgabe des Vorstands, sodass auch

---

die allgemeinen aktien- und kapitalmarktrechtlichen Schranken, insbesondere die Verschwiegenheitspflicht, das Gleichbehandlungsgebot und die insiderrechtlichen Beschränkungen, wahren (vgl. Vorb. Abs. 3 der Leitsätze für den Investorendialog (siehe Fn. 745)).

1332 Siehe hierzu die Ausführungen unter: § 3.B.II.4, S. 62f.

1333 Vgl. zur Zweckmäßigkeit der frühzeitigen Information von Großaktionären über Nachfolgekandidaten: *Veil*, ZHR 172 (2008), 239, 267, der diesbezüglich jedoch lediglich die kapitalmarktrechtliche Zulässigkeit überprüft und diese mangels *zwingender Notwendigkeit* der Informationserteilung im Ergebnis ablehnt.

1334 Leits. 4 Satz 1 und 3 der Leitsätze für den Investorendialog (siehe Fn. 745).

1335 Leits. 4 Satz 2 der Leitsätze für den Investorendialog (siehe Fn. 745); vgl.: *Bachmann*, VGR, Bd. 22 (2016), 135, 174.

1336 Vgl. *Bachmann*, VGR, Bd. 22 (2016), 135, 175, der insoweit vom *„Empfängermodus“* des Aufsichtsrats spricht.

1337 Leits. 5 Satz 2 der Leitsätze für den Investorendialog (siehe Fn. 745).

dieser primär zu deren Kommentierung berufen sein muss.[1338] Daher birgt jegliche diesbezügliche Außenkommunikation des Aufsichtsratsvorsitzenden auch die Gefahr, dass sich der Vorstand vor dem Hintergrund des Strebens nach einer *one voice policy* (faktisch) an die Aussagen des Aufsichtsratsvorsitzenden gebunden fühlt.[1339] Daher sollte der Aufsichtsratsvorsitzende hier in besonderem Maße Vorsicht walten lassen und sich in der Praxis stets vorab mit dem Vorstand abstimmen.[1340]

3. *Aufsichtsratsbericht und Überwachungsaufgabe*

Die Leitsätze erachten es ferner grundsätzlich als zulässig, wenn Aufsichtsrat und Investoren im Rahmen des Investorendialogs den Bericht des Aufsichtsrats nach § 171 Abs. 2 AktG erörtern.[1341] Da sich dieser jedoch auch intensiv mit der Durchführung der Überwachung des Vorstands durch den Aufsichtsrat befasst und somit zumindest inhaltliche Nähe zu den Themen der Geschäftsführung aufweist, muss der Aufsichtsratsvorsitzende den Dialog hier ebenfalls zurückhaltend führen, um nicht unzulässig in die Außendarstellungskompetenz des Vorstands einzugreifen.[1342] Ein Investorendialog des Aufsichtsrats in Hinblick auf die Überwachung des Vorstands muss jedoch allein schon deshalb grundsätzlich zulässig sein, weil andernfalls das Konzept der gegenseitigen Kontrolle (*checks and balances*) im Kompetenzgefüge der AG gestört werden könnte.[1343] Der Investorendialog kann sich ferner mit der Binnenorganisation, der Ausgestaltung der Überwachungs- und Mitwirkungsprozesse, der Ausschussbildung sowie der Effizienzprüfung befassen.[1344]

III. *Würdigung*

Der Investorendialog zwischen dem Aufsichtsrat und dem PE-Investor beschränkt sich im Wesentlichen auf Themen der Überwachung des Vorstands und sonstige Gegenstände der *Corporate Governance*. Der Dialog kann so dazu beitragen, dass sich ein institutioneller Investor aus erster Hand über Themen der *Corporate Governance* informieren kann und ein besseres Verständnis für bestimmte

1338 *Bachmann*, VGR, Bd. 22 (2016), 135, 175; vgl. ferner: *Grunewald*, ZIP 2016, 2009, 2011: „*inhaltliche Stellungnahmen oder Erläuterungen sowie eine Einschätzung der Strategieumsetzung greifen in die Geschäftsführungsbefugnis ein*".

1339 *Grunewald*, ZIP 2016, 2009, 2011.

1340 *Bachmann*, VGR, Bd. 22 (2016), 135, 175; strenger: *Grunewald*, ZIP 2016, 2009, 2011, die jegliche diesbezügliche Kommunikation des Aufsichtsrats nach außen gänzlich ablehnt; *Fleischer/Bauer/Wansleben*, DB 2015, 360, 365.

1341 Leits. 3 Satz 1 der Leitsätze für den Investorendialog (siehe Fn. 745).

1342 *Bachmann*, VGR, Bd. 22 (2016), 135, 175.

1343 *Fleischer/Bauer/Wansleben*, DB 2015, 360, 364.

1344 Leits. 3 Satz 1 der Leitsätze für den Investorendialog (siehe Fn. 745).

unternehmensindividuelle Lösungen für Fragen der *Corporate Governance* erlangt.[1345] Den hohen Anforderungen des PE-Investors an den Informationsaustausch mit dem Portfolio-Unternehmen wird der Dialog mit dem Aufsichtsrat jedoch nicht gerecht; gerade unternehmensstrategische und operative Fragestellungen sind weitgehend von dem Dialog mit dem Aufsichtsrat ausgeklammert. Der Investorendialog kann für die Zwecke des PE-Investors daher nur als ergänzende Informationsquelle verstanden werden. Allerdings erlangt der PE-Investor über den direkten Investorendialog die Möglichkeit, dem Aufsichtsrat Meinungen und Anregungen (insbesondere zu Personalfragen) mitzugeben, die dieser würdigen und ggf. erläuternd oder klarstellend kommentieren darf.[1346]

E. Zusammenfassung

Dem Aufsichtsrat steht hinsichtlich der Themen aus seinem originären Aufgabenbereich die alleinige Informationshoheit zu. Der Aufsichtsrat ist ferner berechtigt, hinsichtlich dieser Themen in den direkten Kontakt mit dem PE-Investor sowie ggf. weiteren Investoren zu treten. Innerhalb des Aufsichtsrats für den Investorendialog zuständig ist grundsätzlich der Aufsichtsratsvorsitzende. Dieser muss bei jeglicher Kommunikation nach außen jedoch die *one voice policy* wahren, sowohl gegenüber dem Vorstand als auch im Verhältnis zum Aufsichtsratsgremium insgesamt. Bei dem Investorendialog ist in der Regel ferner das Beratungsgeheimnis hinsichtlich der Aufsichtsratssitzungen strikt zu wahren.

Bei Personalentscheidungen des Aufsichtsrats darf der Aufsichtsratsvorsitzende etwa das Anforderungsprofil an ein neu zu bestellendes Vorstandsmitglied mit dem PE-Investor erörtern, nicht jedoch konkrete Wahlvorschläge. Dem PE-Investor steht es jedoch frei, dem Aufsichtsrat seinerseits Wahlvorschläge zu machen, die der Aufsichtsrat bei seiner Entscheidung auch berücksichtigen darf. Darüber hinaus betrifft die Kommunikation zwischen dem Aufsichtsrat und dem PE-Investor im Wesentlichen Themen der Überwachung der Geschäftsführung. Soweit die Geschäftsleitung oder Unternehmensstrategie hiervon (auch nur mittelbar) inhaltlich betroffen sind, muss der Aufsichtsrat besondere Vorsicht walten lassen und sich ggf. mit dem Vorstand abstimmen; andernfalls droht die Gefahr, dass sich der Vorstand (faktisch) an die Aussagen des Aufsichtsrats gebunden fühlt, um ein einheitliches Auftreten nach außen zu wahren (*one voice policy*).

Der Investorendialog mit dem Aufsichtsrat wird dem gesteigerten Informationsbedürfnis des PE-Investors nicht gerecht, kann jedoch als ergänzende Informationsquelle zu einem umfassenderen Bild von den Fragen der *Corporate Governance* des Portfolio-Unternehmens beitragen. Außerdem bietet der direkte Investorendialog dem PE-Investor die Möglichkeit, dem Aufsichtsrat Meinungen

1345 Vgl.: Vorb. Abs. 2 Satz 2 der Leitsätze für den Investorendialog (siehe Fn. 745).
1346 Vgl.: *Bachmann*, VGR, Bd. 22 (2016), 135, 141.

und Anregungen mitzugeben, die dieser in seine Würdigung einbeziehen und ggf. klarstellend oder erläuternd kommentieren darf.

§ 14. Folgen von Aufsichtsratspflichtverletzungen

Im Folgenden soll ein kurzer Überblick über die drohenden Rechtsfolgen für die Mitglieder des Aufsichtsrats im Falle des unzulässigen Informationsaustauschs mit dem PE-Investor gegeben werden.

A. Organschaftliche Folgen

Die Hauptversammlung kann die von ihr gewählten Mitglieder des Aufsichtsrats grundsätzlich jederzeit vor Ablauf ihrer Amtszeit mit einer Mehrheit von drei Vierteln der abgegebenen Stimmen abberufen.[1347] Hierfür bedarf es keines sachlichen oder gar wichtigen Grundes.[1348] Ebenso können entsandte Mitglieder im Aufsichtsrat jederzeit ohne sachlichen oder wichtigen Grund vom jeweiligen Entsendungsberechtigten abberufen werden.[1349] Ferner kann ein Aufsichtsratsmitglied, das gegen die Verschwiegenheitspflicht verstößt, ggf. auf Antrag des Aufsichtsrats aus wichtigem Grund gerichtlich abberufen werden.[1350] Dies gilt selbst dann, wenn der PE-Investor als Empfänger der Information (vertraglich) zur Verschwiegenheit verpflichtet ist.[1351] Über den Antrag beschließt der Aufsichtsrat mit einfacher Mehrheit der abgegebenen Stimmen, das betreffende Mitglied hat kein Stimmrecht.[1352]

1347 § 103 Abs. 1 Satz 1 und 2 AktG.

1348 Statt vieler: *Habersack*, MüKo-AktG, Band 2, § 103 Rn. 8, Rn. 12; *Spindler*, Spindler/Stilz, AktG, Band 1, § 103 Rn. 5 m.w.N.; *Koch*, in: Hüffer/Koch, AktG, § 103 Rn. 3; *Simons*, Hölters, AktG, § 103 Rn. 6.

1349 Statt vieler: *Habersack*, MüKo-AktG, Band 2, § 103 Rn. 23; *Spindler*, Spindler/Stilz, AktG, Band 1, § 103 Rn. 19 m.w.N.; *Koch*, in: Hüffer/Koch, AktG, § 103 Rn. 7; *Simons*, Hölters, AktG, § 103 Rn. 20; § 103 Abs. 2 Satz 1 AktG.

1350 *Spindler*, Spindler/Stilz, AktG, Band 1, § 103 Rn. 34 („*Hauptanwendungsfall des § 103 Abs. 2 [AktG] ist die Verletzung der Verschwiegenheitspflicht*"); *Drygala*, Schmidt, K./Lutter, AktG, § 103 Rn. 16, § 116 Rn. 33; *Habersack*, MüKo-AktG, Band 2, § 103 Rn. 41; *Lutter/Krieger/Verse*, Rechte und Pflichten AR, § 6 Rn. 288, § 12 Rn. 933; *Keilich/Brummer*, BB 2012, 897, 900; vgl.: OLG Stuttgart, Beschl. v. 7.11.2006 – 8 W 388/06, NZG 2007, 72, 73; vgl. ferner: *v.Schenck*, Semler/v.Schenck, Der Aufsichtsrat, AktG, § 116 Rn. 412, der dies zumindest im Falle einer *massiven* Verletzung der Verschwiegenheitspflicht bejaht; siehe: § 103 Abs. 3 AktG.

1351 Vgl. dahingehend zur Möglichkeit der Abberufung eines Aufsichtsratsmitglieds wegen der unzulässigen Weitergabe von vertraulichen Informationen an den Betriebsrat, selbst wenn dieser zur Verschwiegenheit verpflichtet ist: OLG Stuttgart, Beschl. v. 7.11.2006 – 8 W 388/06, NZG 2007, 72ff.; *Keilich/Brummer*, BB 2012, 897, 900.

1352 *Lutter/Krieger/Verse*, Rechte und Pflichten, § 6 Rn. 288.

B. Arbeitsrechtliche Sanktionen

Sofern ein Aufsichtsratsmitglied parallel Arbeitnehmer des Portfolio-Unternehmens ist, kommt neben der Abberufung aus wichtigem Grund auch eine außerordentliche Kündigung des Arbeitsverhältnisses in Betracht; dies setzt voraus, dass zugleich eine arbeitsvertragliche Pflicht verletzt ist und die Auswirkungen auf das Arbeitsverhältnis so schwerwiegend sind, dass dem Arbeitgeber eine Fortführung der Beschäftigung unzumutbar wird.[1353] Ein Verstoß gegen die Verschwiegenheitspflicht in Hinblick auf Informationen, die ein Arbeitnehmer in seiner Funktion als Mitglied des Aufsichtsrats erlangt hat, wird in der Regel jedoch auch einen Verstoß gegen die arbeitsvertragliche Geheimhaltungspflicht begründen; somit kann eine außerordentliche Kündigung des Arbeitsverhältnisses durchaus gerechtfertigt sein.[1354] Insbesondere greift zugunsten der Mitglieder des Aufsichtsrats (anders als bei den Mitgliedern des Betriebsrats, § 15 KSchG) kein Sonderkündigungsschutz.[1355]

C. Strafrechtliche Haftung

Aufsichtsratsmitglieder, die unrechtmäßig Betriebs- oder Geschäftsgeheimnisse[1356] oder, bei börsennotierten Portfolio-Unternehmen, Insiderinformationen[1357] gegenüber dem PE-Investor offenbaren, können sich ebenso wie die Mitglieder des Vorstands strafbar machen. Es wird insoweit auf die Ausführungen oben verwiesen.[1358]

1353 Vgl.: BAG, Beschl. v. 23.10.2008 – 2 ABR 59/07, NZA 2009, 855, 857 Rn. 20; *Keilich/Brummer*, BB 2012, 897, 900; vgl. ferner: BAG, Urt. v. 4.4.1974 – 2 AZR 452/73, NJW 1974, 1399f.; mit Bezug auf Mitglieder des Betriebsrats: *Kania*, Müller-Glöge u.a., EK-Arbeitsrecht, BetrVG, § 79 Rn. 20.

1354 Vgl.: *Keilich/Brummer*, BB 2012, 897, 900; so wohl auch: BAG, Beschl. v. 23.10.2008 – 2 ABR 59/07, NZA 2009, 855, 857 Rn. 25f. („*für den Wirkungsbereich der arbeitsvertraglichen Geheimhaltungspflicht grundsätzlich unbeachtlich [...], auf welche Art und Weise der Arbeitnehmer Kenntnis von einem Geschäfts- oder Betriebsgeheimnis erlangt hat*"); mit Bezug auf Mitglieder des Betriebsrats: *Thüsing*, Richardi, BetrVG, § 79 Rn. 39 m.w.N.; *Kania*, Müller-Glöge u.a., EK-Arbeitsrecht, BetrVG, § 79 Rn. 20.

1355 LAG Hamm, Urt. v. 7.9.2007 – 10 SaGa 33/07, BeckRS 2007, 49037 Zf. II.1.b)aa); *Keilich/Brummer*, BB 2012, 897, 900. Vgl. zu den Besonderheiten bei der Kündigung von Arbeitnehmervertretern vor dem Hintergrund des Benachteiligungsverbots (§ 26 MitbestG): *Keilich/Brummer*, BB 2012, 897, 900f.

1356 *Drygala*, Schmidt, K./Lutter, AktG, § 116 Rn. 33; *Spindler*, Spindler/Stilz, AktG, Band 1, § 116 Rn. 119; § 404 AktG.

1357 § 119 Abs. 3 Nr. 3, Abs. 1 WpHG i.V.m. Art. 14 lit. c) und Art. 30 Abs. 1 Satz 1 lit. a) MAR.

1358 Siehe hierzu die Ausführungen unter: § 11.B, S. 203f.

D. Zivilrechtliche Ansprüche

Verletzt ein Mitglied des Aufsichtsrats seine Verschwiegenheitspflicht, kann es ggf. vom Vorstand im Namen der Gesellschaft auf Unterlassung verklagt werden.[1359] Ferner kann das Aufsichtsratsmitglied gegenüber der Gesellschaft zum Ersatz des dadurch entstandenen Schadens verpflichtet sein.[1360] Die Haftungserleichterungen nach den Grundsätzen des innerbetrieblichen Schadensausgleichs finden dabei für Aufsichtsratsmitglieder keine Anwendung, da die Aufsichtsratstätigkeit keine betriebliche Tätigkeit ist; die Mitglieder des Aufsichtsrats sind in ihrer Funktion gerade nicht den Weisungen des Arbeitgebers unterworfen[1361].

E. Würdigung

Den Mitgliedern des Aufsichtsrats ist insbesondere vor dem Hintergrund der drohenden strafrechtlichen, aber auch der möglichen arbeits- und zivilrechtlichen Konsequenzen zu empfehlen, sich in Zweifelsfragen vor der Weitergabe von sensiblen Informationen an den PE-Investor nicht nur im Aufsichtsratsgremium, sondern, je nach Einzelfall, gerade bei Themen mit Bezug zur Unternehmensstrategie und Geschäftsleitung, auch mit dem Vorstand abzustimmen.

1359 *Drygala*, Schmidt, K./Lutter, AktG, § 116 Rn. 33; *Hoffmann-Becking*, MünchHdb. GesR, Band 4, § 33 Rn. 62; *Lutter/Krieger/Verse*, Rechte und Pflichten AR, § 6 Rn. 288; *Lutter*, Information und Vertraulichkeit, Rn. 574f.; *Marsch-Barner*, Semler/v. Schenck, AH AR-Mitglieder, § 13 Rn. 70; *Rothweiler*, Der Informationsfluss, S. 97.

1360 *Drygala*, Schmidt, K./Lutter, AktG, § 116 Rn. 33; *Dittmar*, AG 2013, 498, 499f.; *Keilich/Brummer*, BB 2012, 897, 900; *v.Kann/Keiluweit*, DB 2009, 2251, 2255; mit einer Einschränkung für den Fall, dass das Aufsichtsratsmitglied *„auf Grund sorgfältiger Prüfung handelt und die Grenzen des Vertretbaren nicht überschreitet“*: *Hoffmann-Becking*, MünchHdb. GesR, Band 4, § 33 Rn. 62.

1361 *Keilich/Brummer*, BB 2012, 897, 900 m.w.N.

5. Teil: Optimierung des Informationsflusses

Während sich die Arbeit in den vorangegangenen Kapiteln vor allem mit der Frage befasst hat, welche Informationsansprüche der PE-Investor gegenüber dem Portfolio-Unternehmen hat und inwieweit ein freiwilliger, überobligatorischer Informationsaustausch zwischen den Organen des Portfolio-Unternehmens und dem PE-Investor zulässig ist, soll im nun folgenden Teil der Arbeit untersucht werden, mit welchen Gestaltungsmitteln der PE-Investor den Informationsfluss ggf. optimieren kann.

§ 15. Konzernrechtliche Gestaltungsmittel

Zunächst soll untersucht werden, mit welchen Gestaltungsmitteln der PE-Investor den Informationsfluss als herrschendes Unternehmen im faktischen Konzern optimieren kann.

A. Abschluss eines Beherrschungsvertrages

Denkbar wäre zunächst der Abschluss eines Beherrschungsvertrages zwischen der Erwerbsgesellschaft des PE-Investors und dem Portfolio-Unternehmen.[1362] Dies setzt einen Hauptversammlungsbeschluss mit einer Mehrheit von drei Vierteln des bei der Beschlussfassung vertretenen Grundkapitals voraus.[1363]

I. Informationshoheit im Vertragskonzern

Während es im faktischen Konzern im Ermessen des Vorstands des Portfolio-Unternehmens liegt, ob er dem PE-Investor vertrauliche Informationen offenlegt,[1364] hat der PE-Investor als herrschendes Unternehmen im Vertragskonzern gegenüber dem Portfolio-Unternehmen ein umfassendes Auskunftsrecht bezüglich sämtlicher Umstände, die für die Ausübung der Konzernleitung relevant sind.[1365]

1362 § 291 Abs. 1 Satz 1 Alt. 1 AktG.

1363 § 293 Abs. 1 Satz 2 AktG.

1364 Siehe hierzu bereits ausführlich die Ausführungen unter: § 9.B.I.1, 179f.

1365 LG München I, Beschl. v. 4.9.1997 – 5HKO 14614/96, AG 1999, 138, 138f.; *Veil*, Spindler/Stilz, AktG, Band 2, § 308 Rn. 20; *Emmerich*, Emmerich/Habersack, KonzernR, § 308 Rn. 39a; *Leuering/Goertz*, Hölters, AktG, § 308 Rn. 23; *Krieger*, MünchHdb. GesR, Band 4, § 71 Rn. 156; *Rothweiler*, Der Informationsfluss, S. 37ff.; *Bauer/Schmidt-Bendun*, FS Wegen, 2015, S. 105, 107f.; *Fleischer*, ZGR 2009, 505, 530; *Pentz*, FS Priester, 2007, 593, 599; *Decher*, ZHR 158 (1994), 473, 480; *Duden*, FS Caemmerer, 499, 504; vgl.: *Langenbucher*, Schmidt, K./Lutter, AktG, § 308 Rn. 21.

Begründet wird das Auskunftsrecht insbesondere mit dem Weisungsrecht des herrschenden Unternehmens im Vertragskonzern gegenüber dem Vorstand des abhängigen Unternehmens.[1366] Das Weisungsrecht umfasst sämtliche Bereiche der Geschäftsführung des abhängigen Unternehmens,[1367] also sowohl alle wesentlichen Leitungsmaßnahmen als auch das normale Tagesgeschäft[1368]. Eine sinnvolle Ausübung dieses Weisungsrechts setzt jedoch auch eine sachgerechte Informationsgrundlage voraus.[1369] Darüber hinaus trägt die herrschende Gesellschaft bei Bestehen eines Beherrschungsvertrages letztlich das wirtschaftliche Risiko der abhängigen Gesellschaft, da sich die herrschende Gesellschaft zum Ausgleich von Verlusten der abhängigen Gesellschaft verpflichtet.[1370] Will das herrschende Unternehmen daher Maßnahmen zur Verringerung dieses Ausgleichsrisikos

---

1366 § 308 Abs. 1 Satz 1 AktG; leidglich die dogmatische Herleitung des Auskunftsrechts ist umstritten; Informationsbegehren der herrschenden Gesellschaft ihrerseits schlichtweg als Weisung erachtend: *Veil*, Spindler/Stilz, AktG, Band2, § 308 Rn. 20; *Götz*, AG 1995, 337, 349; a.A., die das Auskunftsrecht als Annex zum bzw. Ausfluss oder Bestandteil des Weisungsrecht(s) erachtet: *Kubis*, MüKo-AktG, Band 3, § 131 Rn. 163; *Leuering/Goertz*, Hölters, AktG, § 308 Rn. 23 („*Weisungsrecht [wird] durch ein Auskunftsrecht flankiert*"); *Langenbucher*, Schmidt, K./Lutter, AktG, § 308 Rn. 21 („*korrespondiert*"); *Emmerich*, Emmerich/Habersack, KonzernR, § 308 Rn. 39a; *Rothweiler*, Der Informationsfluss, S. 36ff.; lediglich allgemein auf das Weisungsrecht abstellend: *Fleischer*, Hdb. VorstandsR, § 18 Rn. 34; *ders.*, DB 2005, 759, 765; *Lutter*, FS Goette, 2011, 289, 291; *Bauer/Schmidt-Bendun*, FS Wegen, 2015, S. 105, 108; *Fleischer*, ZGR 2009, 505, 530; *Fabritius*, FS Huber, 705, 709; *Decher*, ZHR 158 (1994), 473, 480.

1367 *Altmeppen*, MüKo-AktG, Band 5, § 308 Rn. 87; *Koch*, Hüffer/Koch, AktG, § 308 Rn. 12; *Krieger*, MünchHdb. GesR, Band 4, § 71 Rn. 151; *Emmerich*, Emmerich/Habersack, KonzernR, § 308 Rn. 38; *Rothweiler*, Der Informationsfluss, S. 36f.

1368 *Veil*, Spindler/Stilz, AktG, Band 2, § 308 Rn. 20; *Krieger*, MünchHdb. GesR, Band 4, § 71 Rn. 151; *Leuering/Goertz*, Hölters, AktG, § 308 Rn. 22. Nach ganz herrschender Meinung dürfen die mit einer nachteiligen Weisung verbundenen Nachteile für die abhängige Gesellschaft jedoch nicht außer Verhältnis zu den Vorteilen für den Konzern stehen (*Langenbucher*, Schmidt, K./Lutter, AktG, § 308 Rn. 31; *Deilmann*, Hölters, AktG, § 291 Rn. 20; *Koch*, Hüffer/Koch, AktG, § 308 Rn. 17; *Emmerich*, Emmerich/Habersack, KonzernR, § 308 Rn. 51, Rn. 61; *Krieger*, MünchHdb. GesR, Band 4, § 71 Rn. 153; *Sina*, AG 1991, 1; a.A.: *Altmeppen*, MüKo-AktG, Band 5, § 308 Rn. 116ff.).

1369 *Emmerich*, Emmerich/Habersack, KonzernR, § 308 Rn. 39a; *Rothweiler*, Der Informationsfluss, S. 40; *Bauer/Schmidt-Bendun*, FS Wegen, 2015, S. 105, 108; *Fleischer*, ZGR 2009, 505, 530; *ders.*, DB 2005, 759, 765; vgl.: *Leuering/Goertz*, Hölters, AktG, § 308 Rn. 23.

1370 § 302 Abs. 1 AktG; *Singhof*, ZGR 2001, 146, 158; *Lutter*, Information und Vertraulichkeit, Rn. 178; *Rothweiler*, Der Informationsfluss, S. 42.

implementieren, ist es auf rechtlich abgesicherte Informationskanäle angewiesen.[1371] Die vertraglich abgesicherte Konzernleitungsmacht vermittelt somit eine konzernweite Informationshoheit[1372] sowie das Recht, ein konzernweites Informationssystem einzurichten[1373]. Das Auskunftsrecht umfasst auch Insiderinformationen, sofern und soweit deren Offenlegung in Zusammenhang mit der Ausübung der Konzernleitungsmacht geschieht.[1374] Dem herrschenden PE-Investor auf dieser Grundlage erteilte Auskünfte unterliegen nicht dem erweiterten Auskunftsrecht der übrigen Aktionäre.[1375] Die Auskünfte werden ihm nicht aufgrund seiner Aktionärsstellung, sondern aufgrund des Beherrschungsvertrages bzw. leitungsbezogen erteilt.[1376]

II. Zweckmäßigkeit eines Beherrschungsvertrages

Die Gewährung umfassender Informations- und Auskunftsrechte zugunsten des herrschenden Unternehmens sind nur ein Aspekt unter vielen beim Abschluss eines Beherrschungsvertrages. Daneben gehen mit dem Abschluss des Beherrschungsvertrages weitere Vorteile, aber auch einige gewichtige Nachteile einher. Im Folgenden soll daher untersucht werden, ob der Abschluss eines Beherrschungsvertrages für den PE-Investor unter Berücksichtigung der Vor- und Nachteile tendenziell zweckmäßig ist.

1371 *Bauer/Schmidt-Bendun*, FS Wegen, 2015, S. 105, 108; *Fleischer*, ZGR 2009, 505, 530; *ders.*, DB 2005, 759, 765; *Löbbe*, Unternehmenskontrolle im Konzern, S. 108; vgl.: *Pentz*, FS Priester, 2007, 593, 599.

1372 *Fleischer*, ZGR 2009, 505, 531; *S.H. Schneider*, Informationspflichten, S. 152.

1373 Zur Möglichkeit der Einrichtung eines Informationssystems allgemein: *Fleischer*, ZGR 2009, 505, 531; *ders.*, DB 2005, 759, 765.

1374 Siehe zur Zulässigkeit der Offenlegung von Insiderinformationen in Konzernlagen bereits die Ausführungen zum faktischen Konzern unter: § 9.B.II.3, S. 190ff.

1375 § 131 Abs. 4 Satz 1 AktG; LG München I, Beschl. v. 4.9.1997 – 5HKO 14614/96, AG 1999, 138, 139; *Koch*, Hüffer/Koch, AktG, § 131 Rn. 38; *Kubis*, MüKo-AktG, Band 3, § 131 Rn. 163; *Emmerich*, Emmerich/Habersack, KonzernR, § 308 Rn. 39a; *Leuering/Goertz*, Hölters, AktG, § 308 Rn. 23; *Bauer/Schmidt-Bendun*, FS Wegen, 2015, S. 105, 108; *Kocher*, Der Konzern 2008, 611, 612 Fn. 1; *Fleischer*, ZGR 2009, 505, 538; *ders.*, DB 2005, 759, 765; *Habersack/Verse*, AG 2003, 300, 305; *Decher*, ZHR 158 (1994), 473, 480f.; *Duden*, FS Caemmerer, S. 499, 504; *Hoffmann-Becking*, FS Rowedder, S. 155, 167.

1376 LG München I, Beschl. v. 4.9.1997 – 5HKO 14614/96, AG 1999, 138, 139; *Kubis*, MüKo-AktG, Band 3, § 131 Rn. 163; *Koch*, Hüffer/Koch, AktG, § 131 Rn. 38; *Emmerich*, Emmerich/Habersack, KonzernR, § 308 Rn. 39a; *Bauer/Schmidt-Bendun*, FS Wegen, 2015, S. 105, 108; *Fleischer*, ZGR 2009, 505, 538; *ders.*, DB 2005, 759, 765: „*Auskünfte [...] sind als leitungsbezogen anzusehen und nicht durch die Aktionärseigenschaft des herrschenden Unternehmens veranlasst*“; *Kirchner/Iversen*, NZG 2008, 921, 922.

1. Vorteile des Beherrschungsvertrages

Der PE-Investor wird einen Beherrschungsvertrag nicht allein wegen der erweiterten Informationsmöglichkeiten abschließen. Das Weisungsrecht[1377] ermöglicht es dem PE-Investor, Einfluss auf wesentliche unternehmensstrategische Entscheidungen zu nehmen, etwa im Rahmen von *M & A*-Verhandlungen oder bei Finanzierungsfragen jeglicher Art. Gleichwohl wird der PE-Investor das Weisungsrecht in der Regel behutsam ausüben, da er sich primär in einer beratenden, unterstützenden Rolle sieht und Managementverantwortung typischerweise scheut. Neben den erweiterten Kontrollrechten gewährt der Beherrschungsvertrag dem PE-Investor auch spezifische wirtschaftliche Vorteile. Zunächst finden die Vorschriften über die Einlagenrückgewähr im Vertragskonzern keine Anwendung.[1378] Dies ermöglicht dem PE-Investor die Durchführung eines sog. *Cash Poolings*,[1379] bei dem ein Liquiditätsausgleich zwischen den Konzerngesellschaften stattfindet[1380]. Der PE-Investor kann sich somit ohne Rücksicht auf die Grundsätze der Kapitalerhaltung auch unterjährig und außerhalb von Dividendenzahlungen *Cash* des Portfolio-Unternehmens abführen.[1381] Ferner ist im Vertragskonzern die Bestellung von aufsteigenden Sicherheiten durch das Portfolio-Unternehmen zulässig; dieses kann insbesondere auch Sicherheiten für die Akquisitionsfinanzierung des PE-Investors stellen.[1382] Sofern der PE-Investor zusätzlich zum Beherrschungsvertrag noch einen Ergebnisabführungsvertrag mit dem Portfolio-Unternehmen abschließt, kann er zudem eine steuerliche Organschaft zwischen den Unternehmen herstellen, aufgrund derer eine ertragssteuerliche Einheit zwischen Erwerbsgesellschaft und Portfolio-Unternehmen geschaffen und somit eine Verrechnung

---

1377 § 308 Abs. 1 AktG; siehe hierzu bereits die Ausführungen unter: § 15.A.I, S. 231ff.

1378 §§ 291 Abs. 3, 57 AktG; *Emmerich*, Emmerich/Habersack, KonzernR, § 291 Rn. 74; *Deilmann*, Hölters, AktG, § 291 Rn. 67; *Langenbucher*, Schmidt, K./Lutter, AktG, § 291 Rn. 70; *Servatius*, Grigoleit, AktG, § 291 Rn. 3; *Schenk*, Bürgers/Körber, AktG, § 291 Rn. 32; *Altmeppen*, MüKo-AktG, Band 5, § 291 Rn. 228.

1379 Vgl.: *Veil*, Spindler/Stilz, AktG, Band 2, § 291 Rn. 72; *Altmeppen*, MüKo-AktG, Band 5, § 291 Rn. 231; *Koch*, Hüffer/Koch, AktG, § 57 Rn. 25; *Laubert*, Hölters, AktG, § 57 Rn. 15; *Emmerich*, Emmerich/Habersack, KonzernR, § 291 Rn. 75; vgl.: Begründung zum RegE des Entwurfs eines Gesetzes zur Modernisierung des GmbH-Rechts und zur Bekämpfung von Missbräuchen (MoMiG) vom 25.7.2007, BT-Drucks. 16/6140, S. 41.

1380 *Altmeppen*, MüKo-AktG, Band 5, § 311 Rn. 225.

1381 *Fromholzer/Hasselbach/v.Werder*, Eilers/Koffka u.a., Private Equity, Kapitel II.4 Rn. 129f.

1382 §§ 291, 71a Abs. 1 S. 3 AktG; *Fromholzer/Hasselbach/v.Werder*, Eilers/Koffka u.a., Private Equity, Kapitel II.4 Rn. 130, 139; vgl. ferner: *Laubert*, Hölters, AktG, § 57 Rn. 25. Siehe zur grundsätzlichen Unzulässigkeit von *Up-stream-Sicherheiten* bei der AG die Ausführungen unter: § 6.C.III.2.a), S. 110f.

der Gewinne des Portfolio-Unternehmens mit den Zinskosten der Akquisitionsfinanzierung ermöglicht wird.[1383]

2. *Kosten und Prozessrisiken*

Der wirksame Abschluss eines Beherrschungsvertrages ist unter Umständen mit erheblichen Kosten und Prozessrisiken verbunden.[1384] Zunächst sehen die Regelungen zu Beherrschungs- und Gewinnabführungsverträgen ein umfassendes System zum Schutz der außenstehenden Aktionäre vor.[1385] Danach ist den außenstehenden Aktionären eines Beherrschungs- oder Gewinnabführungsvertrages unter anderem eine Ausgleichszahlung zu gewähren, mit denen die erlittenen Verluste ihrer mitgliedschaftlichen Vermögensrechte kompensiert werden sollen.[1386] Zudem muss den außenstehenden Aktionären eine Abfindung angeboten werden.[1387] Hinsichtlich der Art der Abfindung (Aktien der Obergesellschaft bzw. der Konzernspitzengesellschaft oder Barabfindung[1388]) haben die Vertragsparteien des Beherrschungs- oder Gewinnabführungsvertrages ein Wahlrecht.[1389] Da ein PE-Investor in der Regel kein Interesse an Minderheitsbeteiligungen innerhalb seiner Struktur hat, wird der Beherrschungsvertrag aber wohl stets eine Barabfindung vorsehen.

Schließlich birgt der Abschluss eines Beherrschungsvertrages ein nicht zu unterschätzendes Prozessrisiko; in der Praxis sehen sich andere Aktionäre hierdurch häufig veranlasst, ein Spruchverfahren oder Anfechtungsklagen gegen den Hauptversammlungsbeschluss einzuleiten, in denen sie sich auf die fehlende Angemessenheit der Abfindung berufen.[1390]

3. *Wirtschaftliche Abwägung im Einzelfall*

Angesichts der oben umschriebenen Kosten und Prozess-risiken wird der PE-Investor im Einzelfall abzuwägen haben, inwieweit er im Rahmen seines Investments

---

1383 *Fromholzer/Hasselbach/v.Werder*, Eilers/Koffka u.a., Private Equity, Kapitel II.4 Rn. 92, Rn. 129; *Ettinger*, Ettinger/Jaques, Beck'sches Hdb. Unternehmenskauf, E. Rn. 66.

1384 *Fromholzer/Hasselbach/v.Werder*, Eilers/Koffka u.a., Private Equity, Kapitel II.4 Rn. 130.

1385 §§ 304ff. AktG.

1386 *Veil*, Spindler/Stilz, AktG, Band 2, § 304 Rn. 3; *Deilmann*, Hölters, AktG, § 304 Rn. 1; *Koch*, Hüffer/Koch, AktG, § 304 Rn. 1; vgl.: BGH, Beschl. v. 12.3.2001 – II ZB 15/00, NJW 2001, 2080, 2081; siehe: § 304 AktG.

1387 Vgl.: *Koch*, Hüffer/Koch, AktG, § 304 Rn. 1, § 305 Rn. 1; siehe: § 305 AktG.

1388 *Paulsen*, MüKo-AktG, Band 5, § 305 Rn. 54ff.

1389 *Koch*, Hüffer/Koch, AktG, § 305 Rn. 19 m.w.N.; *Paulsen*, MüKo-AktG, Band 5, § 305 Rn. 58; *Deilmann*, Hölters, AktG, § 305 Rn. 8; *Krieger*, MünchHdb. GesR., Band 4, § 71 Rn. 121 m.w.N.

1390 Vgl. hierzu: *Fromholzer/Hasselbach/v.Werder*, Eilers/Koffka u.a., Private Equity, Kapitel II.4 Rn. 128, 130.

auf die Vorzüge eines Beherrschungsvertrages verzichten kann.[1391] Im Fokus dieser Überlegungen werden insbesondere die Frage nach der Wahrscheinlichkeit, das für den Abschluss des Vertrages erforderliche Quorum zu erreichen, aber auch die Erwägungen, inwieweit sich der Abschluss des Vertrages angesichts der drohenden Kosten und (Prozess-)Risiken wirtschaftlich überhaupt lohnt, stehen.[1392] Ein weiterer Aspekt bei der Abwägung wird sein, ob und inwieweit die den *Buy-Out* finanzierende Bank bereit ist, auf eine Bestellung von Sicherheiten durch das Portfolio-Unternehmen zur Besicherung der Akquisitionsfinanzierung zu verzichten.[1393]

III. Zwischenergebnis

Der Abschluss eines Beherrschungsvertrages ist mitunter mit erheblichen Kosten und Prozessrisiken behaftet. Kommt der PE-Investor zu dem Entschluss, dass er die für den Abschluss des Vertrages erforderliche Mehrheit in der Hauptversammlung erreicht und sich der Vertrag auch unter Berücksichtigung der Kosten und Prozessrisiken wirtschaftlich lohnt, stellt dies ein äußerst geeignetes Instrument zur Ausweitung der Kontroll- und speziell auch Informationsmöglichkeiten dar. So hat das herrschende Unternehmen im Vertragskonzern gegenüber dem abhängigen Unternehmen etwa neben einem Weisungsrecht gegenüber dem Vorstand auch ein umfassendes Auskunftsrecht hinsichtlich sämtlicher Umstände, die in Zusammenhang mit der Konzernleitung stehen. Darüber hinaus eröffnen sich durch den Abschluss des Beherrschungsvertrages auch zahlreiche wirtschaftliche Vorteile für den PE-Investor, etwa die Möglichkeit der Errichtung eines konzernweiten *Cash Poolings* oder, sofern zusätzlich ein Gewinnabführungsvertrag geschlossen wird, einer steuerlichen Organschaft.

B. Erlass von Konzernrichtlinien

Um den konzerninternen Informationsfluss sachgerecht zu organisieren, kann der PE-Investor sog. Konzernrichtlinien bzw. Konzerngrundsätze aufstellen.[1394] Mithilfe dieser kann er auf einen kontinuierlichen, periodengerechten und standardisierten Informationsfluss im Konzern hinwirken, insbesondere um den Anforderungen der Finanzberichterstattung gerecht zu werden.[1395] Von diesem Gestaltungsmittel

---

1391 *Fromholzer/Hasselbach/v.Werder*, Eilers/Koffka u.a., Private Equity, Kapitel II.4 Rn. 130.

1392 *Fromholzer/Hasselbach/v.Werder*, Eilers/Koffka u.a., Private Equity, Kapitel II.4 Rn. 130.

1393 *Fromholzer/Hasselbach/v.Werder*, Eilers/Koffka u.a., Private Equity, Kapitel II.4 Rn. 139.

1394 Mit Bezug zur Organisation des konzerninternen Informationsflusses allgemein: *Hüffer*, FS Schwark, 185, 195.

1395 *Hüffer*, FS Schwark, 185, 195.

kann der PE-Investor nicht nur im faktischen oder Vertragskonzern, sondern auch in bloßen Abhängigkeitslagen Gebrauch machen.[1396] Anders als im Vertragskonzern sind die Konzernrichtlinien jedoch weder im faktischen Konzern noch in bloßen Abhängigkeitslagen rechtsverbindlich für das Portfolio-Unternehmen.[1397] Doch selbst wenn die Konzernrichtlinien keine Rechtsverbindlichkeit entfalten, dienen sie zumindest der Konkretisierung, Systematisierung und Automatisierung des vom PE-Investor angestrebten Informationsaustauschs.

C. Begründung von Zustimmungsvorbehalten

Sofern sich der PE-Investor entschließt, aus Kostengründen keinen Beherrschungsvertrag mit dem Portfolio-Unternehmen abzuschließen, kann er versuchen, bestehende Informationsdefizite dadurch einzudämmen, dass er über die Änderung der Satzung zusätzliche Geschäftsführungsmaßnahmen an die Zustimmung der Hauptversammlung knüpft.[1398] Zugleich erhöht er hierdurch seine Kontrollmöglichkeiten über das Management des Portfolio-Unternehmens. Gleichwohl wird der PE-Investor dieses Mittel nur in Maßen einsetzen können, um den Handlungsspielraum und damit die Flexibilität der Geschäftsführung des Portfolio-Unternehmens nicht zu sehr einzuschränken. Darüber hinaus erhält der PE-Investor hier nur punktuell und zu stark eingeschränkten Inhalten Informationen; als fortlaufende Informationsquelle eignet sich dieses Mittel daher nicht.

§ 16. Mitglieder des PE-Investors im Aufsichtsrat

Wie bereits erörtert,[1399] sind PE-Investoren häufig bestrebt, die Aufsichtsräte ihrer Portfolio-Unternehmen mit Personen aus ihrem Umfeld zu besetzen. Dies können sie sowohl bei der börsennotierten als auch bei der nicht börsennotierten AG etwa über ihren Einfluss in der Hauptversammlung im Wege der gewöhnlichen Abstimmung oder über statutarische Entsendungs- oder schuldrechtliche Benennungsrechte erwirken.[1400] In der Praxis betrachten PE-Investoren die Aufsichtsratsmitglieder aus ihrem Umfeld oftmals als deren Interessenvertreter.[1401] Im Folgenden soll untersucht werden, ob dieses Rollenbild zutrifft und inwieweit ein

---

1396 *Hüffer*, FS Schwark, 185, 195.

1397 *Hüffer*, FS Schwark, 185, 196.

1398 *Singhof*, ZGR 2001, 146, 158; *Götz*, ZGR 1998, 524, 542ff.; vgl. ferner: *U.H. Schneider*, BB 1986, 1993, 1996, der die Aufnahme weiterer Berichtspflichten in der Satzung empfiehlt.

1399 Siehe hierzu bereits die Ausführungen unter: § 3.B.II, S. 60f.

1400 Siehe zu den Entsendungs- und Benennungsrechten bereits die Ausführungen unter: § 3.B.II.4, S. 62f.

1401 Vgl. hierzu mit Bezug auf die Rolle der von VC-Investoren entsandten Mitglieder im fakultativen Aufsichtsrat einer GmbH: *Strassner/Mayston/Rebholz*, Der Aufsichtsrat 2017, 5, 7.

Informationsaustausch zwischen diesen Aufsichtsratsmitgliedern und dem PE-Investor zulässig ist.

A. Auswirkungen auf die Pflicht zur Verschwiegenheit

Die Verschwiegenheitspflicht gilt auch für Mitglieder des Aufsichtsrats, die von einzelnen (Groß-)Aktionären gewählt oder entsandt wurden,[1402] betrifft also auch das Verhältnis zwischen dem PE-Investor und Aufsichtsratsmitgliedern aus seinem Umfeld. Trotz der irreführenden Betrachtung als „(Interessen-)Vertreter" oder „Repräsentanten" des PE-Investors im Aufsichtsrat sind auch sie allein dem Interesse des Portfolio-Unternehmens verpflichtet.[1403] Mögliche Interessenkonflikte muss das Aufsichtsratsmitglied vorrangig im Interesse der Gesellschaft lösen, darf sich also nicht von den Interessen des PE-Investors gebunden fühlen; erst recht darf es einen Interessenkonflikt nicht zulasten des Portfolio-Unternehmens lösen.[1404] Die Pflicht gegenüber dem Portfolio-Unternehmen zur Wahrung der Verschwiegenheit gilt grundsätzlich selbst dann, wenn das Aufsichtsratsmitglied zugleich Mitglied eines Organs des PE-Investors ist, beispielsweise also die Funktion des Geschäftsführers bei der Erwerbsgesellschaft bekleidet. Ein Organmitglied, das gleichzeitig Ämter in Organen mehrerer Gesellschaften innehat, ist den einzelnen Gesellschaften gegenüber jeweils zur Verschwiegenheit verpflichtet.[1405] Der Doppelmandatsträger darf im Aufsichtsrat des Portfolio-Unternehmens erlangte

1402 BGH, Urt. v. 26.4.2016 – XI ZR 108/15, NJW 2016, 2569, 2570f. Rn. 32f.; BGH, Urt. v. 29.1.1962 – II ZR 1/61, NJW 1962, 864, 866; *v.Schenck*, Semler/v.Schenck, Der Aufsichtsrat, AktG, § 116 Rn. 416; *Spindler*, Spindler/Stilz, AktG, Band 1, § 116 Rn. 103 („*selbst wenn er 100% an der AG halten sollte*"); *Habersack*, MüKo-AktG, Band 2, § 116 Rn. 55; *Mertens/Cahn*, KK-AktG, § 116 Rn. 56; *Hopt/Roth*, GroßKomm-AktG, § 116 Rn. 224, 246; *Mutter/Kruchen*, Bürkle, Compl. Vers., § 3 Rn. 39; *Lutter/Krieger/Verse*, Rechte und Pflichten AR, § 6 Rn. 276; *Reichard*, GWR 2017, 72, 73; *Wilsing/v.d.Linden*, ZHR 178 (2014), 419, 420; *Schmidt-Assmann/Ulmer*, BB 1988, Beil. Nr. 13, 1, 4; *Hengeler*, FS Schilling, 1973, 175, 192f.

1403 BGH, Urt. v. 29.1.1962 – II ZR 1/61, NJW 1962, 864, 866; BGH, Urt. v. 18.9.2006 – II ZR 137/05, BKR 2006, 496, 498; *Veil*, ZHR 172 (2008), 239, 246 („*Unternehmensinteresse*"); *Lutter/Krieger/Verse*, Rechte und Pflichten AR, § 6 Rn. 276; vgl.: *Hengeler*, FS Schilling, 1973, 175, 191f.

1404 Mit Bezug auf die Rolle der von VC-Investoren entsandten Mitglieder im fakultativen Aufsichtsrat einer GmbH: *Strassner/Mayston/Rebholz*, Der Aufsichtsrat 2017, 5, 7, die jedoch auf das *Unternehmensinteresse* abstellen; vgl. ferner zu der Problematik allgemein: Habersack, MüKo-AktG, Band 2, Vorb. §§ 95ff. Rn. 15; *Dittmar*, AG 2013, 498, 505.

1405 *Verse*, AG 2015, 413, 414; *Schwintowski*, ZIP 2015, 617; *Bank*, NZG 2013, 801, 803; allgemein zum „*Grundsatz der Rollentrennung*", nach dem das betroffene Mitglied im Aufsichtsrat zwischen seinen verschiedenen, die Pflichtenkollision begründenden Rollen unterscheiden und die jeweiligen Interessen beachten muss: *Lutter/Krieger/Verse*, Rechte und Pflichten AR, § 12 Rn. 897 m.w.N.

vertrauliche Informationen selbst dann nicht an den PE-Investor weitergeben, wenn diese einen großen wirtschaftlichen Wert für den PE-Investor haben.[1406] Ausnahmen hierzu werden, soweit ersichtlich, nur für den faktischen und den Vertragskonzern diskutiert.[1407] Ferner sind auch die vom PE-Investor entsandten bzw. gewählten Aufsichtsratsmitglieder an die Kompetenzordnung in der AG gebunden; folgerichtig bleibt es auch hier bei der primären Informationsverantwortung des Vorstands.[1408]

B. Besonderheiten bei Konzernsachverhalten

I. Informationsweitergabe im Vertragskonzern

Fraglich ist, ob Aufsichtsratsmitglieder, die bei einem beherrschenden PE-Investor ein Organ bekleiden oder angestellt sind, vertrauliche Informationen an Organe oder Mitarbeiter des PE-Investors weitergeben dürfen. Dies ist umstritten.

1. Meinungsstand

Zum Teil wird eine Informationsweitergabe von Aufsichtsratsmitgliedern des abhängigen Unternehmens an das herrschende Unternehmen selbst im Vertragskonzern mit Hinweis auf die Kompetenzordnung innerhalb der AG kategorisch abgelehnt.[1409] Dies gelte auch für Doppelmandatsträger, denen es ebenso untersagt sei, die im Aufsichtsrat der abhängigen Gesellschaft erlangten Informationen gegenüber ihren Kollegen im Vorstand der herrschenden Gesellschaft offenzulegen.[1410] Nach der ganz herrschenden Meinung hingegen sind die Mitglieder im Aufsichtsrat einer konzernverbundenen Tochtergesellschaft, die der Obergesellschaft als Mitglieder des Vertretungsorgans oder Angestellte angehören, berechtigt, vertrauliche Informationen zum Zwecke der sachgemäßen Konzernleitung an andere Organe und Angestellte der Obergesellschaft weiterzugeben.[1411]

1406 *Bank*, NZG 2013, 801, 803; vgl. ferner: *Möllers*, Hommelhoff u.a., Hdb. Corp. Gov., 423, 434, 438; Schwintowski, ZIP 2015, 617; *Verse*, AG 2015, 413, 414.

1407 Siehe hierzu die Ausführungen weiter unten unter: § 16.B.I, S. 239ff.; § 16.B.II, S. 241ff.

1408 Siehe hierzu bereits die Ausführungen unter: § 3.B.I, S. 59f.; § 13.B.I, S. 214f.

1409 *Spindler*, Spindler/Stilz, AktG, Band 1, § 116 Rn. 121; *Habersack*, MüKo-AktG, Band 2 § 116 Rn. 57; im Grundsatz auch einen direkten Aufsichtsratsdialog ablehnend: *Marsch-Barner*, Semler/v.Schenck, Arbeitshdb. AR-Mitglieder, § 13 Rn. 39.

1410 *Habersack*, MüKo-AktG, Band 2, § 116 Rn. 57; vgl. ferner: *Löbbe*, Unternehmenskontrolle im Konzern, S. 122, nach dem Aufsichtsratsmitglieder vertrauliche Informationen nicht gegen den Willen des Vorstands an die Obergesellschaft weitegeben dürfen.

1411 *Hoffmann-Becking*, MünchHdb. GesR, Band 4, § 33 Rn. 60; *Drygala*, Schmidt, K./ Lutter, AktG, § 116 Rn. 37; *Mertens/Cahn*, KK-AktG, § 116 Rn. 42; *Breuer/Fraune*,

2. Stellungnahme

Die Mindermeinung stützt ihre Argumentation darauf, dass sich das Weisungsrecht des herrschenden Unternehmens nur gegen den Vorstand des abhängigen Unternehmens richte, nicht gegen dessen Aufsichtsrat.[1412] Daher könne eine Durchbrechung der Verschwiegenheitspflicht der Aufsichtsratsmitglieder nicht mit dem Leitungsanspruch des herrschenden Unternehmens begründet werden.[1413] Darüber hinaus bleibe es auch im Vertragskonzern bei der Zuständigkeit des Vorstands des abhängigen Unternehmens für die Informationserteilung gegenüber dem herrschenden Unternehmen; selbst für die Zwecke einer einheitlichen Konzernleitung scheide eine unmittelbare Informationsweitergabe durch den Aufsichtsrat bzw. seine Mitglieder aus.[1414]

Indes erscheint eine strikte Bindung an die Informationskanäle zwischen dem Vorstand des abhängigen Unternehmens und der herrschenden Gesellschaft keinesfalls zwingend.[1415] Zunächst ist es dem Aufsichtsrat, wie oben dargelegt,[1416] nicht *per se* untersagt, nach außen aufzutreten. Hinzu kommt, dass der abhängigen Gesellschaft im Vertragskonzern selbst im Falle der späteren nachteiligen Verwendung einer unmittelbar vom Aufsichtsrat an den PE-Investor weitergeleiteten Information kein Schaden entstehen kann; da die Obergesellschaft zum Ausgleich der Verluste verpflichtet ist,[1417] trägt der PE-Investor letztlich auch das volle wirtschaftliche Risiko des Portfolio-Unternehmens.[1418] Es scheint nicht nur

---

Heidel, AktG, § 116 Rn. 12; *Hopt/Roth*, GroßKomm-AktG, § 116 Rn. 273ff.; vgl. ferner: *Veil*, ZHR 172 (2008), 239, 268 („*im Vertragskonzern sowohl aktien- als auch kapitalmarktrechtlich unbedenklich*"); *Lutter/Krieger/Verse*, Rechte und Pflichten AR, § 6 Rn. 282, die jedoch darauf hinweisen, dass dies den Aufsichtsrat nicht zu einer eigenen Informationspolitik berechtigt (ebenda: Rn. 284).

1412 *Spindler*, Spindler/Stilz, AktG, Band 1, § 116 Rn. 121; a.A.: *Frhr.v.Falkenhausen*, ZIP 2014, 1205, 1207f.

1413 *Spindler*, Spindler/Stilz, AktG, Band 1, § 116 Rn. 121; *Schmidt-Assmann/Ulmer*, BB 1988, Beil. Nr. 13, 1, 4f.

1414 *Habersack*, MüKo-AktG, Band 2, § 116 Rn. 57; *Ulmer/Habersack*, Ulmer u.a., Mitbestimmungsrecht, § 25 Rn. 101a; *Schmidt-Aßmann/Ulmer*, BB 1988, Beil. Nr. 13, 1, 4f.; *Spindler*, Spindler/Stilz, AktG, Band 1, § 116 Rn. 121; etwas abgeschwächt: *Bank*, NZG 2013, 801, 803ff.

1415 *Mertens/Cahn*, KK-AktG, § 116 Rn. 42; vermittelnd: *Lutter*, Information und Vertraulichkeit, Rn. 479, der zwar an der grundsätzlichen Zuständigkeit des Vorstands der Untergesellschaft festhält, für den Fall, dass sich ein Organmitglied der Untergesellschaft nicht an die Zuständigkeitsordnung hält, gleichwohl eine Verletzung der Verschwiegenheitspflicht ablehnt.

1416 Vgl. hierzu die Ausführungen unter: § 13.C.I, S. 217ff.

1417 § 302 Abs. 1 AktG.

1418 *Rothweiler*, Der Informationsfluss, S. 100.

praxisfern,[1419] die Obergesellschaft gleichwohl zwingend auf die Informationskanäle mit dem Vorstand der Untergesellschaft zu verweisen; angesichts der personellen Verflechtungen zwischen dem Aufsichtsratsmitglied und dem PE-Investor wäre dies auch äußerst impraktikabel, formalistisch[1420] und ineffizient. Folglich ist ein unmittelbarer Informationsaustausch zwischen PE-Investor und dem von ihm entsandten bzw. gewählten Doppelmandatsträger im Aufsichtsrat zulässig, soweit die Informationen Bezug zur einheitlichen Konzernleitung haben.[1421] Sofern das Aufsichtsratsmitglied hinsichtlich der von der Obergesellschaft angeforderten Informationen Zweifel an deren Konzernbezug oder der Haltung des Vorstands hierzu hat (*one voice policy*), sollte es vor der Weitergabe jedoch Rücksprache mit diesem halten.

II. Informationsweitergabe im faktischen Konzern

Fraglich ist, ob eine direkte Informationsweitergabe seitens des vom PE-Investor in den Aufsichtsrat entsandten bzw. gewählten Doppelmandatsträgers an den PE-Investor auch dann zulässig ist, wenn der PE-Investor lediglich herrschendes Unternehmen im faktischen Konzern ist. Diese Frage ist für den PE-Investor vor allem dann relevant, wenn er sich im Rahmen einer Einzelfallabwägung gegen den Abschluss eines Beherrschungsvertrages zwischen der Erwerbsgesellschaft und dem Portfolio-Unternehmen entscheidet.[1422]

1. Meinungsstand

Nach der (wohl) überwiegenden Ansicht sind Organmitglieder oder Angestellte eines herrschenden Unternehmens im faktischen Konzern, die von diesem in den Aufsichtsrat der abhängigen Gesellschaft gewählt bzw. entsandt wurden, berechtigt, im Aufsichtsrat des abhängigen Unternehmens erlangte Informationen an die herrschende Gesellschaft weiterzureichen, sofern dies der einheitlichen Konzernleitung dient.[1423] Nach der weit verbreiteten Gegenansicht ist es

1419 Altmeppen, MüKo-AktG, Band 5, § 311 Rn. 427, der von einem „*Spannungsverhältnis zur Praxis*" spricht; *Mertens/Cahn*, KK-AktG, § 116 Rn. 42 („*lebensfremd*"); *Rothweiler*, Der Informationsfluss, S. 101.

1420 *Löbbe*, Unternehmenskontrolle im Konzern, S. 121f. („*wenig praxisgerechter Formalismus*").

1421 *Rothweiler*, Der Informationsfluss, S. 100ff.

1422 Siehe hierzu die Ausführungen unter: § 15.A.II, S. 233ff.

1423 *Mertens/Cahn*, KK-AktG, § 116 Rn. 42; *Drygala*, Schmidt, K./Lutter, AktG, § 116 Rn. 37; *Hoffmann-Becking*, MünchHdb. GesR, Band 4, § 33 Rn. 60; *Breuer/Fraune*, Heidel, AktG, § 116 Rn. 12; *Hopt/Roth*, GroßKomm-AktG, § 116 Rn. 274f.; *Dittmar*, AG 2013, 498, 500ff.; *Mertens*, AG 1997, 541, 543.

Doppelmandatsträgern hingegen nicht gestattet, im Aufsichtsrat erlangte Informationen gegenüber der herrschenden Gesellschaft offenzulegen.[1424]

2. *Stellungnahme*

a) Schlussfolgerungen aus den §§ 394, 395 AktG

Zum Teil wird gegen eine Durchbrechung der Verschwiegenheitspflicht der Aufsichtsratsmitglieder gegenüber der Obergesellschaft mit dem Ausnahmecharakter des § 394 AktG argumentiert, der für die Vertreter von Gebietskörperschaften im Aufsichtsrat explizit eine Befreiung von der Verschwiegenheitspflicht vorsieht.[1425] In einem älteren Beitrag von *Hengeler* aus dem Jahre 1973 hat dieser argumentiert, die §§ 394, 395 AktG wären gar überflüssig, wenn auch ein Repräsentant eines gewöhnlichen *„Mehrheitsaktionärs"* berechtigt wäre, ohne Beachtung der Verschwiegenheitspflicht gegenüber dem Mehrheitsaktionär Bericht zu erstatten.[1426] Dagegen spricht, dass die Anwendbarkeit der §§ 394, 395 AktG keine Mindestbeteiligungshöhe voraussetzt;[1427] den Vorschriften verbliebe somit zumindest bei Beteiligungen der öffentlichen Hand unterhalb der Schwelle zum faktischen Konzern eine eigenständige Bedeutung. Darüber hinaus bezwecken die §§ 394, 395 AktG einen Ausgleich zwischen der aktienrechtlichen Pflicht zur Verschwiegenheit einerseits und der Pflicht zur haushaltsrechtlichen Kontrolle der wirtschaftlichen Betätigung der öffentlichen Hand andererseits herzustellen.[1428] Die Durchbrechung der Verschwiegenheitspflicht ist hier dem besonderen staatlichen Interesse an einer möglichst umfassenden Prüfung der Vermögensvorgänge in der AG geschuldet.[1429] Wegen des gesteigerten Regelungsbedürfnisses hinsichtlich der

1424 *Spindler*, Spindler/Stilz, AktG, Band 1, § 116 Rn. 121f.; *Habersack*, MüKo-AktG, Band 2, § 116 Rn. 57; *Grigoleit/Tomasic*, Grigoleit, AktG, § 116 Rn. 21; *Mutter/Kruchen*, Bürkle, Compl. Vers., § 3 Rn. 39; *Passarge*, NZG 2007, 441, 443; *Schmidt-Aßmann/Ulmer*, BB 1988, Beil. Nr. 13, 1, 4f.; so im Grundsatz auch: *Marsch-Barner*, Semler/v. Schenck, Arbeitshdb. AR-Mitglieder, § 13 Rn. 40.

1425 *Koch*, Hüffer/Koch, AktG, § 116 Rn. 12; *Mutter/Kruchen*, Bürkle, Compl. Vers., § 3 Rn. 39, die die §§ 394, 395 AktG als Ausnahmeregelungen bezeichnen, aus denen *„sich unmittelbar [ergebe], dass eine eigenmächtige Weitergabe von Informationen durch ein Aufsichtsratsmitglied nicht erlaubt ist"*; *Bauer/Schmidt-Bendun*, FS Wegen, 105, 113; *Hengeler*, FS Schilling, 1973, 175, 193.

1426 *Hengeler*, FS Schilling, 1973, 175, 193.

1427 Vgl. hierzu: *Schürnbrand*, MüKo-AktG, Band 6, § 394 Rn. 9; *Koch*, Hüffer/Koch, AktG, § 394 Rn. 33; *Pelz*, Bürgers/Körber, AktG, § 394 Rn. 2; *Oetker*, Schmidt, K./Lutter, AktG, § 394 Rn. 8; a.A.: *Martens*, AG 1984, 29, 36.

1428 Statt vieler: *Schall*, Spindler/Stilz, AktG, Band 2, § 394 Rn. 1; *Oetker*, Schmidt, K./Lutter, AktG, Vorb. §§ 394, 395 Rn. 1; *Koch*, Hüffer/Koch, AktG, § 394 Rn. 44; *Schürnbrand*, MüKo-AktG, Band 6, § 394 Rn. 24.

1429 Vgl.: *Oetker*, Schmidt, K./Lutter, AktG, Vorb. §§ 394, 395 Rn. 1, § 394 Rn. 1.

öffentlich-rechtlichen Belange der Haushaltskontrolle kann allein aus der Existenz der §§ 394, 395 AktG nicht geschlossen werden, der Gesetzgeber habe die Möglichkeit der Durchbrechung der Verschwiegenheitspflicht von vornherein auf diesen Fall beschränken wollen.

b) Privilegierung personeller Verflechtungen im Konzern

Zum Teil wird die Zulässigkeit der Weitergabe von Informationen an die herrschende Gesellschaft durch Aufsichtsratsmitglieder, die zugleich Mitglieder des Vertretungsorgans der herrschenden Gesellschaft sind, mit dem Konzernprivileg des § 100 Abs. 2 Satz 2 AktG begründet.[1430] Danach werden auf die Höchstzahl von bis zu zehn Aufsichtsratsmandaten, die eine Person innehaben darf, bis zu fünf Aufsichtsratsmandate, die ein gesetzlicher Vertreter des herrschenden Unternehmens im Konzern bei Konzerntochtergesellschaften innehat, nicht angerechnet.[1431] Dies gilt nicht nur für den Vertragskonzern, sondern auch für den faktischen Konzern.[1432] Dem Konzernprivileg liegt die Annahme des Gesetzgebers zugrunde, dass es zu den typischen Aufgaben der Vorstandsmitglieder einer herrschenden Gesellschaft im Konzern gehört, Aufsichtsratsmandate bei Konzerntöchtern zu übernehmen.[1433] Personelle Verflechtungen sind als ein Mittel zur Ausübung der einheitlichen Leitung im faktischen Konzern auch anerkannt.[1434] Durch das Konzernprivileg wurden diese nicht nur vom Gesetzgeber zur Kenntnis genommen, sondern explizit bevorrechtigt.[1435] Das Aktiengesetz nimmt damit auch etwaige aus

---

1430 *Dittmar*, AG 2013, 498, 501f.; a.A.: *Koch*, Hüffer/Koch, AktG, § 116 Rn. 12.

1431 § 100 Abs. 2 Satz 1 Nr. 1, Satz 2 AktG. Zu beachten ist jedoch die doppelte Anrechnung von Aufsichtsratsvorsitzen bei der Bestimmung der Anzahl der Mandate, § 100 Abs. 2 Satz 3 AktG.

1432 *Spindler*, Spindler/Stilz, AktG, Band1, § 100 Rn. 18; *Habersack*, MüKo-AktG, Band 2 § 100 Rn. 23; *Hopt/Roth*, GroßKomm-AktG, § 100 Rn. 43; *Israel*, Bürgers/Körber, AktG, § 100 Rn. 4.

1433 *Dittmar*, AG 2013, 498, 501; vgl. Begründung zum Regierungsentwurf des KonTraG: BT-Drucks. 13/9712, S. 16.

1434 *Dittmar*, AG 2013, 498, 501; *Bayer*, MüKo-AktG, Band 1, § 18 Rn. 35; vgl. ferner: *Schall*, Spindler/Stilz, AktG, Band 1, § 18 Rn. 16; *Krieger*, MünchHdb. GesR, § 69 Rn. 71 m.w.N.; *Emmerich*, Emmerich/Habersack, KonzernR, § 18 Rn. 14a; zur Zulässigkeit der Besetzung des Aufsichtsrats einer abhängigen Gesellschaft mit Organen und Vertretern der herrschenden Gesellschaft ausführlich: *Bürgers/Schilha*, AG 2010, 221, 224ff., 229; vgl. ferner: LG Hannover, Beschl. vom 12.03.2009 – 21 T 2/09, AG 2009, 341, 342, welches jedoch die Entsendung des maßgeblichen Rechtsberaters des Mehrheitsaktionärs in den Aufsichtsrat des abhängigen Unternehmens in dem streitgegenständlichen Fall nur wegen der Besonderheiten des Einzelfalles zugelassen hat, hierin jedoch wohl grundsätzlich einen Interessenkonflikt sieht.

1435 *Dittmar*, AG 2013, 498, 502.

diesen personellen Verflechtungen resultierende Interessenkonflikte in Kauf.[1436] *Dittmar* ist beizupflichten, dass es *„sinnwidrig [wäre], wenn der Vorstand der herrschenden Gesellschaft Informationen, die er über die Entsendung von Mitgliedern in den Aufsichtsrat der abhängigen Gesellschaft gewinnt, nicht für die Konzernleitung verwenden dürfte"*.[1437] Allerdings beinhaltet das Recht des entsandten Vorstandsmitglieds der Obergesellschaft, die in der Untergesellschaft erlangten Informationen bei der Vorstandstätigkeit in der Obergesellschaft zu *verwenden* (etwa bei Abstimmungen im Vorstand oder Geschäftsführungsmaßnahmen innerhalb des Ressorts des jeweiligen Vorstandsmitglieds), nicht zwingend auch das Recht, die Informationen an die übrigen Organmitglieder der Obergesellschaft *weiterzugeben.*

c) Kompetenzordnung versus Praktikabilität

Die Zulässigkeit des direkten Informationsaustauschs zwischen einem doppelmandatierten Aufsichtsratsmitglied der Untergesellschaft mit den übrigen Mitgliedern des Vertretungsorgans der Obergesellschaft im faktischen Konzern wird von zahlreichen Stimmen ebenfalls mit Hinweis auf die Kompetenzordnung in der AG abgelehnt.[1438] Hiergegen argumentieren die Befürworter des unmittelbaren Informationsaustauschs, dass sich eine strikte Bindung an die Informationskanäle zwischen dem Vorstand des abhängigen Unternehmens und der herrschenden Gesellschaft in der Praxis kaum durchführen ließe.[1439] *Mertens/Cahn* bezeichnen die Forderung, die herrschende Gesellschaft dürfe ihre Informationen selbst dann nur vom Vorstand der abhängigen Gesellschaft beziehen, wenn Mitglieder der Geschäftsleitung der herrschenden Gesellschaft im Aufsichtsrat der abhängigen Gesellschaft vertreten sind, daher als *„so lebensfremd, dass man aus ihr kein Rechtsgebot machen sollte"*.[1440] Diese rein praktischen Erwägungen vermögen jedoch eine Durchbrechung der Kompetenzordnung nicht zu begründen.[1441]

1436 *Dittmar*, AG 2013, 498, 501; *Bürgers/Schilha*, AG 2010, 221, 224f.; *Wettich*, AG 2012, 725, 726; *Mader*, Der Informationsfluss im Unternehmensverbund, 2016, § 16, S. 493ff.

1437 *Dittmar*, AG 2013, 498, 502.

1438 *Spindler*, Spindler/Stilz, AktG, Band 1, § 116 Rn. 121f.; *Habersack*, MüKo-AktG, Band 2, § 116 Rn. 57; *Schmidt-Aßmann/Ulmer*, BB 1988, Beil. Nr. 13, 1, 5.

1439 *Mertens/Cahn*, KK-AktG, § 116 Rn. 42; *Dittmar*, AG 2013, 498, 502; zustimmend, was die Schwierigkeiten der Einhaltung der Informationskanäle in der praktischen Handhabung anbelangt: *Koch*, Hüffer/Koch, AktG, § 116 Rn. 12; *Bauer/Schmidt-Bendun*, FS Wegen, 2015, S. 105, 114; *Hüffer*, FS Schwark, 185, 186, für den eine Informationsweitergabe an das herrschende Unternehmen zwar nahe liegt, deren Zulässigkeit er im Ergebnis jedoch offen lässt.

1440 *Mertens/Cahn*, KK-AktG, § 116 Rn. 42; vermittelnd: *Koch*, Hüffer/Koch, AktG, § 116 Rn. 12.

1441 Vgl.: *Mader*, Der Informationsfluss im Unternehmensverbund, 2016, § 16., S. 482; *Bauer/Schmidt-Bendun*, FS Wegen, 2015, S. 105, 114.

Da die Obergesellschaft im faktischen Konzern gerade kein allgemeines Auskunftsrecht[1442] gegenüber der abhängigen Gesellschaft hat, muss es hier bei der grundsätzlichen Befugnis des Vorstands der Untergesellschaft bleiben, über die Weitergabe von Informationen im Gesellschaftsinteresse zu entscheiden.[1443] Eine unmittelbare Informationserteilung durch den Aufsichtsrat würde den Vorstand seiner Möglichkeit berauben, über das *Ob* und *Wie* der Informationserteilung im Allgemeinen sowie im Einzelfall zu entscheiden.[1444] Er allein ist nach der Systematik des § 311 AktG zuständig für die Kontrolle, ob und inwieweit für die Informationserteilung ein Nachteilsausgleich zu gewähren ist.[1445] Somit bleibt es auch gegenüber Doppelmandatsträgern im faktischen Konzern bei der grundsätzlichen Informationshoheit des Vorstands. Der vom PE-Investor gewählte bzw. entsandte Doppelmandatar darf die im Aufsichtsrat des Portfolio-Unternehmens erlangten vertraulichen Informationen also selbst dann nicht an andere Organmitglieder des PE-Investors weitergeben, wenn die Informationsweitergabe der einheitlichen Konzernleitung dient.

3. *Verwendungsbefugnis*

Mit der wohl einhelligen Meinung darf ein vom PE-Investor in das Portfolio-Unternehmen gewähltes bzw. entsandtes Aufsichtsratsmitglied im faktischen Konzern die im Aufsichtsrat des Unternehmens erlangten Informationen jedenfalls bei seiner Tätigkeit in der Obergesellschaft für die Zwecke einer sachgemäßen Konzernleitung *verwenden.*[1446] Ein Aufsichtsratsmitglied, das zugleich Organ oder Angestellter in der Obergesellschaft ist, wird die Informationen, die es durch die Zugehörigkeit im Aufsichtsrat erlangt hat, bei der Wahrnehmung seiner Tätigkeit nicht ausblenden können.[1447] Demnach darf ein Vertreter des PE-Investors die im Aufsichtsrat des Portfolio-Unternehmens erlangten Informationen etwa auch bei seinem Abstimmungsverhalten berücksichtigen.[1448]

1442 Siehe hierzu bereits die Ausführungen unter: § 9.B.I.1, S. 179f.

1443 *Altmeppen*, MüKo-AktG, Band 5, § 311 Rn. 426.

1444 *Bauer/Schmidt-Bendun*, FS Wegen, 2015, S. 105, 113; vgl. ferner: *Henssler*, Henssler/Strohn, GesR, AktG, § 116 Rn. 9a; *Rothweiler*, Der Informationsfluss, S. 106f.

1445 *Koch*, Hüffer/Koch, AktG, § 116 Rn. 12; *Henssler*, Henssler/Strohn, GesR, AktG, § 116 Rn. 9a.

1446 *Marsch-Barner*, Semler/v.Schenck, Arbeitshdb. AR-Mitglieder, § 13 Rn. 39f.; *Mertens/Cahn*, KK-AktG, § 116 Rn. 42; *Hoffmann-Becking*, MünchHdb. GesR, Band 4, § 33 Rn. 60; *Habersack*, MüKo-AktG, Band 2, § 116 Rn. 57; *Hambloch-Gesinn/Gesinn*, Hölters, AktG, § 116 Rn. 66.

1447 *Habersack*, MüKo-AktG, Band 2, § 116 Rn. 57; *Koch*, Hüffer/Koch, AktG, § 116 Rn. 12 („*Eine „chinese wall" im Kopf des einzelnen AR-Mitglieds, die auch der „inneren Informationsweitergabe" entgegensteht, kann nicht gezogen werden*"); vgl. zu dieser Problematik in anderem Zusammenhang: *Semler/Stengel*, NZG 2003, 1, 4; *Reichert/Schlitt*, AG 1995, 241, 244.

1448 *Koch*, Hüffer/Koch, AktG, § 116 Rn. 12.

4. *Würdigung*

Wie dargelegt, ist ein vom PE-Investor in den Aufsichtsrat des Portfolio-Unternehmens gewähltes bzw. entsandtes Mitglied im faktischen Konzern darauf beschränkt, im Aufsichtsrat erlangte Informationen selbst zu verwenden, ohne diese an andere Organmitglieder des PE-Investors weitergeben zu dürfen. Häufig sind PE-Investoren jedoch so organisiert, dass Entscheidungen nicht von Einzelpersonen, sondern vom Management bzw. internen Gremien, bei besonders gewichtigen Entscheidungen sogar dem sog. *Investment Committee*[1449], getroffen werden.[1450] Insbesondere die Entscheidung über die Durchführung und den Zeitpunkt des *Exits* des PE-Investors, die neben äußeren Faktoren, etwa dem gegenwärtigen Marktumfeld, auch von unternehmensinternen Informationen abhängt, kann der Doppelmandatar nicht autark treffen. Unter Umständen ist diesem wenig geholfen, wenn er die im Aufsichtsrat erlangten Informationen theoretisch zwar verwenden dürfte, ohne die Weitergabe der entsprechenden Informationen aber nicht die Zustimmung der internen Gremien erhalten würde. Weniger gewichtige Entscheidungen, insbesondere solche betreffend das Tagesgeschäft des Portfolio-Unternehmens, bei denen die Mitwirkung der Erwerbsgesellschaft erforderlich oder zweckmäßig ist, wird ein im Aufsichtsrat des Portfolio-Unternehmens vertretenes Mitglied des PE-Investors jedoch oftmals auch ohne die Zustimmung interner Gremien treffen können. Sofern dies nach den internen Richtlinien des PE-Investors zulässig ist, bietet es sich an, dem Doppelmandatar in seiner Funktion als Geschäftsführer der Erwerbsgesellschaft Einzelvertretungsbefugnis zu erteilen. Dies versetzt ihn in die Lage, die im Aufsichtsrat des Portfolio-Unternehmens erlangten Informationen zumindest bei weniger gewichtigen Entscheidungen im Sinne des PE-Investors zu verwerten, ohne sie weitergeben zu müssen.

C. Informationsfluss mit Einverständnis des Vorstands

Die grundsätzliche Bindung des PE-Investors an die Informationskanäle zwischen ihm und dem Vorstand des Portfolio-Unternehmens ist, wie dargelegt,[1451] wenig praxisgerecht[1452] und wird in den Unternehmen häufig so auch nicht gelebt[1453]. Im Folgenden soll geprüft werden, inwieweit der Vorstand seine Kommunikationskompetenz auf den Aufsichtsrat delegieren kann bzw. unter welchen Umständen

1449 Vgl. zur Zustimmungspflicht des *Investment Commitees* bezüglich des Abschlusses von Transaktionen: *v.Rosenberg*, Eilers/Koffka u.a., Private Equity, Kapitel I.8 Rn. 13.

1450 Diese Ausführungen basieren auf praktischen Erfahrungen des Verfassers.

1451 Siehe hierzu die Ausführungen unter: § 16.B.II.2.c), S. 244.

1452 Siehe Fn. 1439.

1453 Vgl.: Altmeppen, MüKo-AktG, Band 5, § 311 Rn. 427, der von einem „*Spannungsverhältnis zur Praxis*" spricht; *Mertens/Cahn*, KK-AktG, § 116 Rn. 42 („*lebensfremd*"); in abgeschwächter Form: *Rothweiler*, Der Informationsfluss, S. 105f.

von einem Einverständnis des Vorstands mit einem direkten Informationskanal zwischen PE-Investor und Aufsichtsrat auszugehen ist.

I. Ausdrückliches Einverständnis des Vorstands

Zulässig ist ein direkter Informationsaustausch zwischen dem PE-Investor und Mitgliedern des Aufsichtsrats des Portfolio-Unternehmens jedenfalls dann, wenn sich der Vorstand hiermit ausdrücklich einverstanden erklärt.[1454] Dem Aufsichtsrat bzw. seinen Mitgliedern wird dadurch keine eigenständige Kompetenz zur Entscheidung über die Weitergabe der Informationen übertragen, sie fungieren lediglich als Mittler des Vorstands bei dessen Kommunikation gegenüber der Obergesellschaft.[1455] Die Entscheidung über die Informationsweitergabe und die Kontrolle über einen ggf. erforderlichen Nachteilsausgleich verbleiben beim Vorstand, sodass ein Verstoß gegen die Kompetenzordnung nicht gegeben ist.

II. Konkludentes Einverständnis des Vorstands

1. Grundsätzliches konkludentes Einverständnis

Nach einigen Stimmen in der Literatur kann im faktischen Konzern grundsätzlich von einem konkludenten Einverständnis des Vorstands mit der unmittelbaren Informationsweitergabe durch Mitglieder des Aufsichtsrats an die Obergesellschaft ausgegangen werden.[1456] Die Geschäftsleitung der abhängigen Gesellschaft habe hier selbst ein Interesse daran, dass die Informationen der Obergesellschaft und deren Stabsabteilungen zügig und informell zugingen.[1457] Andere Stimmen in der Literatur empfehlen hingegen eine restriktivere Handhabung, wonach das betreffende Aufsichtsratsmitglied vor jeder direkten Weitergabe von Informationen an das herrschende Unternehmen die Einwilligung des jeweiligen Vorstandsmitglieds bzw. des Gesamtvorstands einholen müsse und dies auch entsprechend dokumentieren solle.[1458]

1454 Mit Bezug zur praxisgerechten Handhabung des Informationsflusses im faktischen Konzern: *Koch*, Hüffer/Koch, AktG, § 116 Rn. 12; *Altmeppen*, MüKo-AktG, Band 5, § 311 Rn. 427; *Henssler*, Henssler/Strohn, GesR, AktG, § 116 Rn. 9a; *Bank*, NZG 2013, 801, 806; vgl. ferner: *Löbbe*, Unternehmenskontrolle im Konzern, S. 121f., der eine Ermächtigung der Aufsichtsratsmitglieder durch den Vorstand für erforderlich und ausreichend hält.

1455 *Koch*, Hüffer/Koch, AktG, § 116 Rn. 12; *Mader*, Der Informationsfluss im Unternehmensverbund, 2016, § 16, S. 489ff.

1456 *Hopt/Roth*, GroßKomm-AktG, § 116 Rn. 274; *Altmeppen*, MüKo-AktG, Band 5, § 311 Rn. 427; *Henssler*, Henssler/Strohn, GesR, AktG, § 116 Rn. 9a; *Bank*, NZG 2013, 801, 806.

1457 *Bank*, NZG 2013, 801, 806; *Altmeppen*, MüKo-AktG, Band 5, § 311 Rn. 427.

1458 *Löbbe*, Unternehmenskontrolle im Konzern, S. 121f.; *Bauer/Schmidt-Bendun*, FS Wegen, 2015, S. 105, 114.

Damit die grundsätzliche Informationshoheit des Vorstands gewahrt ist und die tatsächliche Kontrolle über einen etwaig erforderlichen Nachteilsausgleich bei diesem verbleibt, ist eine Vorbefassung des Vorstands (und sei es in abstrakter Form) mit der direkten Informationsweitergabe durch Mitglieder des Aufsichtsrates an die Obergesellschaft zwingende Voraussetzung. Allein aus dem Vorliegen eines faktischen Konzerns in Kombination mit den personellen Verflechtungen zwischen dem herrschendem Aktionär und Mitgliedern des Aufsichtsrates kann ein konkludentes Einverständnis nicht gefolgert werden. Andernfalls würde man dem Vorstand im Falle des Fehlens des Einverständnisses gar eine Pflicht auferlegen, das fehlende Einverständnis ausdrücklich gegenüber dem Aufsichtsrat zu kommunizieren. Dies erscheint insbesondere vor dem Hintergrund, dass der Vorstand weder auf die Aktionärsstruktur noch auf die Besetzung des Aufsichtsrates Einfluss ausüben kann, nicht sachgerecht. Darüber hinaus werden sich Aufsichtsratsmitglieder in der Praxis angesichts der drohenden persönlichen Rechtsfolgen[1459] typischerweise nicht ohne jegliche vorherige Rücksprache mit dem bzw. Signale vom Vorstand auf dessen konkludentes Einverständnis mit der Weitergabe von Unternehmensinformationen verlassen. Dies gilt selbst bei Bestehen eines faktischen Konzerns, sodass dieser Punkt hier nicht vertiefend erörtert werden soll. Denkbar ist jedoch, dass sich aus der gelebten Unternehmenspraxis und Informationspolitik in der Vergangenheit ein konkludentes Einverständnis des Vorstands mit der direkten Informationsweitergabe durch Mitglieder des Aufsichtsrates ableiten lässt.

2. Gelebte Unternehmenspraxis in der Vergangenheit

Auch unabhängig von dem Bestehen eines faktischen Konzerns wird oftmals von einem konkludenten Einverständnis des Vorstands mit der direkten Informationsweitergabe an den PE-Investor auszugehen sein, wenn dies der bisherigen gelebten Praxis im Portfolio-Unternehmen entspricht. Dabei ist jedoch zwischen den Gegenständen der Regelberichterstattung und denen der Sonderberichterstattung des Vorstands zu differenzieren.[1460] Hinsichtlich der Regelberichterstattung wird wegen der typischerweise gegebenen Gleichartigkeit und Gleichwertigkeit der darin enthaltenen Informationen aus einem Einverständnis in der Vergangenheit regelmäßig auch auf ein Einverständnis für die Folgeberichterstattung geschlossen werden können. Hat das vom PE-Investor in den Aufsichtsrat gewählte bzw. entsandte Mitglied im Aufsichtsrat beispielsweise in der Vergangenheit bestimmte Informationen, etwa die monatlichen betriebswirtschaftlichen Auswertungen („BWA“) des Portfolio-Unternehmens, mit dem Einverständnis des Managements an weitere Mitglieder des PE-Investors weitergeleitet, so kann man daraus grundsätzlich auch

1459 Siehe hierzu die Ausführungen unter: § 14, S. 227ff.
1460 Vgl. hierzu die Ausführungen unter: § 12, S. 205ff.

auf ein konkludentes Einverständnis für die Zukunft folgeRn. Will der Vorstand die bisherige Praxis mit Wirkung für die Zukunft ändern, so muss er dies gerade in Konstellationen wie diesen, in denen ein Informationsaustausch zwischen dem PE-Investor und dem doppelmandatierten Aufsichtsratsmitglied evident ist, ausdrücklich erklären. Dies betrifft neben den regelmäßig wiederkehrenden Berichten über die betriebswirtschaftlichen Kennzahlen zum Beispiel auch periodische Berichte über die Entwicklung des operativen Geschäfts des Portfolio-Unternehmens, etwa laufende Projekte oder den Auftragsbestand. Die Weitergabe durch den Aufsichtsrat ist hier auch vor dem Hintergrund der *one voice policy* in der Regel unkritisch, da diese Informationen direkt vom Vorstand bzw. auf dessen Anordnung erstellt werden (etwa in Form von *Excel*-Tabellen) und kaum Spielraum für Fehlkommunikationen des Aufsichtsrats bieten.

Anders verhält es sich hingegen bei den Gegenständen der Sonderberichterstattung, deren Inhalte sehr stark variieren können. Die Bandbreite umfasst von Unglücksfällen mit Umweltschäden bis hin zum Abschluss wesentlicher Verträge die unterschiedlichsten Lebensbereiche des Unternehmens. Im Einzelfall mag auch hier aufgrund der Gleichartigkeit bestimmter Berichtsgegenstände (etwa bestimmte Arten von Geschäften) von einem konkludenten Einverständnis auszugehen sein. In der Praxis werden und sollten Aufsichtsratsmitglieder insoweit jedoch explizit nach der Befugnis zur Weitergabe fragen und dies ggf. hinreichend dokumentieren.

Zwingende Voraussetzung für die Annahme eines konkludenten Einverständnisses ist in jedem Falle, dass der Empfänger der Informationen zur Verschwiegenheit verpflichtet ist, wie dies beim PE-Investor in der Regel der Fall ist. Das Bestehen eines faktischen Konzerns zwischen PE-Investor und Portfolio-Unternehmen hingegen mag ein (weiteres) Indiz für die Annahme eines konkludenten Einverständnisses des Vorstands sein, zwingende Voraussetzung ist das Vorliegen eines faktischen Konzerns jedoch nicht. Sofern das Management schon in der Vergangenheit mit der Weitergabe sensibler Informationen an den nicht beherrschenden PE-Investor einverstanden war, ist nicht ersichtlich, warum sich dies in Zukunft ändern soll.

D. Auskunftsanspruch der übrigen Aktionäre

Informationen, die Vertreter eines PE-Investors im Aufsichtsrat erhalten haben, müssen den übrigen Aktionären des Portfolio-Unternehmens nicht auf deren Verlangen in der Hauptversammlung zur Verfügung gestellt werden.[1461] Die Vertreter des PE-Investors erhalten die Informationen nicht in ihrer Eigenschaft als Aktionär, sondern in ihrer Eigenschaft als Aufsichtsratsmitglied.[1462]

1461 § 131 Abs. 4 Satz 1 AktG.

1462 *Rothweiler*, Der Informationsfluss, S. 114ff. m.w.N.; *Dittmar*, AG 2013, 498, 502.

E. Nutzen-Risiko-Relation in Sonderlagen

Mit der Tätigkeit im Aufsichtsrat geht aufgrund der gesteigerten Anforderungen an die Amtsausübung nicht nur ein hoher Zeitaufwand, sondern auch ein enormes Haftungsrisiko einher.[1463] Angesichts dessen wird es auf den Einzelfall ankommen, ob die Vorteile der Besetzung des Aufsichtsrats mit Personen aus dem Umfeld des PE-Investors oder die Nachteile der Haftungsrisiken und des Zeitaufwands überwiegen. Im Folgenden soll untersucht werden, in welchen Konstellationen eine Einflussnahme des PE-Investors auf die Besetzung des Aufsichtsrats des Portfolio-Unternehmens zur Optimierung des Informationsflusses typischerweise ratsam ist und wann nicht.

I. Besonderheiten im Vertragskonzern

Da der PE-Investor als Obergesellschaft im Vertragskonzern, wie dargelegt,[1464] bereits sämtliche in Zusammenhang mit der Konzernleitung stehenden Informationen vom Vorstand des Portfolio-Unternehmens verlangen kann, kommt der Entsendung von Aufsichtsratsmitgliedern aus dem Umfeld des PE-Investors nur eine geringe Bedeutung zu.[1465] Der Vorstand verfügt naturgemäß ohnehin über umfassendere und aktuellere Informationen als der Aufsichtsrat (der seine Informationen ja überwiegend vom Vorstand erhält).[1466] Auch wird die Bedeutung der Kontrollfunktion des Aufsichtsrats gegenüber dem Vorstand generell im Vertragskonzern dadurch relativiert, dass der PE-Investor dem Management Weisungen erteilen darf und so die Einflussmöglichkeiten aus seiner Aktionärsstellung heraus signifikant wachsen. Allerdings kann die Besetzung des Aufsichtsrats mit Personen aus dem Umfeld des PE-Investors in informationeller Hinsicht insbesondere dann einen eigenen Mehrwert generieren, wenn sich der informelle Informationsaustausch mit dem nahestehenden Aufsichtsratsmitglied gerade in großen Unternehmen nach den Gegebenheiten des Einzelfalls regelmäßiger, unkomplizierter oder diskreter realisieren lässt als mit dem Vorstand.

II. Mehrheitsbeteiligung und faktischer Konzern

Anders als im Vertragskonzern ist der Vorstand des Portfolio-Unternehmens selbst im faktischen Konzern nicht zur Informationsweitergabe gegenüber dem PE-Investor verpflichtet, sondern lediglich berechtigt, zum Zwecke der

---

1463 *Faber*, Hommelhoff u.a., Hdb. Corp. Gov., S. 219, 226.

1464 Siehe hierzu die Ausführungen unter: § 15.A.I262, S. 231ff.

1465 *Spindler*, Spindler/Stilz, AktG, Band 1, § 116 Rn. 121.

1466 Vgl. zum Informationsbedürfnis der Obergesellschaft im faktischen Konzern: *Hüffer*, FS Schwark, 185, 186: *„Die für die Wahrnehmung von Leitungsaufgaben erforderliche Frühzeitigkeit, Kontinuität und wohl auch formale Standardisierung des Informationsflusses lässt sich [...] über den Aufsichtsrat nicht erreichen"*.

einheitlichen Konzernleitung Informationen an den PE-Investor weiterzugeben. Die Entsendung bzw. Wahl von Personen aus dem Umfeld des PE-Investors in den Aufsichtsrat wird hier daher eher zur Optimierung des Informationsflusses in Betracht kommen. Zwar sind die Mitglieder des Aufsichtsrats selbst im faktischen Konzern grundsätzlich nicht zur direkten Informationsweitergabe an den PE-Investor berechtigt. Allerdings wird in der Praxis häufig ein ausdrückliches oder konkludentes, auf die bisherige Praxis des Unternehmens zu stützendes Einverständnis des Vorstands des Portfolio-Unternehmens mit der direkten Weitergabe durch das Aufsichtsratsmitglied anzunehmen sein. Verglichen mit dem Vertragskonzern ist es für den PE-Investor im faktischen Konzern zudem von gesteigerter Bedeutung, über den Aufsichtsrat (mittelbar) Einfluss auf den Vorstand nehmen zu können.

III. PIPE- und Minderheitsbeteiligungen

Der PE-Investor wird nur in seltenen Ausnahmefällen im Rahmen einer PIPE-Beteiligung unterhalb der Kontrollschwelle faktische Konzernleitungsmacht auf das Portfolio-Unternehmen ausüben können.[1467] Dies gilt auch für gewöhnliche Minderheitsbeteiligungen des PE-Investors an nicht börsennotierten AGs. Seine Informationsrechte entsprechen daher grundsätzlich den gewöhnlichen Aktionärsinformationsrechten.[1468] Die Vertretung im Aufsichtsrat des Portfolio-Unternehmens kann für den PE-Investor daher, je nach Einzelfall, von gesteigerter Bedeutung sein, um Einfluss ausüben zu können und Informationen zu erlangen.[1469] Eine Hürde besteht jedoch darin, dass der PIPE-Investor seinen Einfluss auf die Besetzung des Aufsichtsrats häufig nur über Entsendungs- oder Benennungsrechte sicherstellen kann.[1470] Will sich der PE-Investor nicht auf Zufallsmehrheiten in der Hauptversammlung verlassen, ist er somit zwingend auf die Hilfe weiterer Aktionäre angewiesen.

F. Zusammenfassung

Auch die Mitglieder im Aufsichtsrat des Portfolio-Unternehmens, die aus dem Umfeld des PE-Investors stammen und von diesem in den Aufsichtsrat entsandt oder gewählt worden sind, unterliegen im Verhältnis zum PE-Investor grundsätzlich der Verschwiegenheitspflicht gegenüber dem Portfolio-Unternehmen.

1467 *Fromholzer/Hasselbach/v.Werder*, Eilers/Koffka u.a., Private Equity, Kapitel II.7 Rn. 184.

1468 Siehe hierzu die Ausführungen unter: 2. Teil:, S. 65ff.

1469 *Fromholzer/Hasselbach/v.Werder*, Eilers/Koffka u.a., Private Equity, Kapitel II.7 Rn. 185.

1470 *Fromholzer/Hasselbach/v.Werder*, Eilers/Koffka u.a., Private Equity, Kapitel II.7 Rn. 185.

Dies gilt auch dann, wenn sie zugleich ein Organ bei dem PE-Investor bekleiden oder dort angestellt sind. Im Vertragskonzern sind Doppelmandatsträger jedoch grundsätzlich berechtigt, im Aufsichtsrat des Portfolio-Unternehmens erlangte Informationen an den PE-Investor weiterzugeben. Darüber hinaus ist eine direkte Informationsweitergabe seitens der Mitglieder des Aufsichtsrats an den PE-Investor grundsätzlich nur mit ausdrücklichem oder konkludentem, aus der bisherigen Praxis im Unternehmen abzuleitendem, Einverständnis zulässig. Doppelmandatsträger im faktischen Konzern dürfen die im Aufsichtsrat erlangten Informationen zudem für die Zwecke der einheitlichen Konzernleitung im Rahmen ihrer Organtätigkeit bei der Obergesellschaft verwenden. Ob sich die Besetzung des Aufsichtsrats des Portfolio-Unternehmens mit Personen aus dem Umfeld des PE-Investors lohnt, wird insbesondere angesichts der gestiegenen Anforderungen an die Amtsausübung sowie des Haftungsrisikos des Aufsichtsratsmitglieds einzelfallabhängig zu beurteilen sein.

§ 17. Statutarische Sonderinformationsrechte

A. Ausgabe von „Informationsaktien“

Fraglich ist, ob die Informationsmöglichkeiten des PE-Investors dadurch optimiert werden können, dass ihm im Rahmen einer Kapitalerhöhung Aktien einer gesonderten Aktiengattung mit speziellen Informationsrechten ausgegeben oder bestehende Aktien des PE-Investors nachträglich mit solchen Informationsrechten ausgestattet werden.[1471] Anteile mit bestimmten Vorzugsrechten, sog. *Preferred Shares* (auch *Preferred Stock*), sind gerade bei VC-Transaktionen üblich.[1472] Diese können dem VC-Investor, zumindest bei der GmbH, etwa Mehrstimmrechte[1473], einen Gewinnvorzug[1474] oder Entsendungsrechte für den Aufsichtsrat[1475] gewähren.

1471 Vgl. § 11 Satz 1 AktG.

1472 Mit Bezug auf Vorzugsaktien bei der AG: *Loges/Distler*, ZIP 2002, 467; vgl. ferner: *Weitnauer*, Hdb. VC, Teil F Rn. 260f.

1473 Bei der AG sind Mehrstimmrechte *per se* unzulässig (§ 12 Abs. 2 AktG); dem Investor können hier lediglich Aktien einer bestimmten Aktiengattung zugewiesen werden, deren Inhaber zusätzlich zur Hauptversammlung in einem gesonderten Beschluss über bestimmte Beschlussgegenstände abstimmen können (etwa bezüglich Satzungsänderungen oder der Durchführung einer Kapitalerhöhung, §§ 179 Abs. 2 Satz 3, 182 Abs. 2 AktG) und denen somit ein Vetorecht zukommt (*Weitnauer*, Hdb. VC, Teil F Rn. 173, 261).

1474 Ob und inwieweit abweichende Regelungen zur Verteilung der Gewinne (§ 60 Abs. 3 AktG) oder eines Liquidationsüberschusses (§ 271 Abs. 2 AktG) außerhalb der Satzung zulässig sind, ist umstritten (dies wohl verneinend: *Bayer*, in: MüKo-AktG, Band 1, § 60 Rn. 16; *Weitnauer*, Hdb. VC, Teil F Rn. 261; dies bejahend: *Koch*, Hüffer/Koch, AktG, § 60 Rn. 6 m.w.N.; *Lange*, Henssler/Strohn, GesR, AktG, § 60 Rn. 5).

1475 *Weitnauer*, Hdb. VC, Teil F Rn. 260.

Ebenso denkbar wäre es, gesonderte Informationsrechte an eine Aktiengattung zu koppeln.

I. Bindungswirkung von Vorzugsanteilen

Vorzugsrechte für bestimmte Anteile oder Anteilsgattungen können grundsätzlich zunächst rein schuldrechtlich vereinbart werden (etwa über die Beteiligungs- und Gesellschaftervereinbarung), dann jedoch nur mit Bindung für die Parteien des Vertrages.[1476] Sollen die Sonderrechte hingegen auch über den Kreis der Parteien der Beteiligungs- und Gesellschaftervereinbarung hinaus korporationsrechtlich bindend sein, bedarf es einer Verankerung in der Satzung.[1477] Sofern die mit besonderen Informationsrechten des PE-Investors ausgestattete Aktiengattung rein schuldrechtlich abgebildet werden soll, beurteilt sich die Zulässigkeit solcher „Informationsaktien" nach den gleichen Grundsätzen wie die von beteiligungsvertraglichen Sonderinformationsrechten; insoweit wird auf die Ausführungen unten verwiesen.[1478] Im Folgenden soll geprüft werden, ob und unter welchen Voraussetzungen die Bildung „echter" Informationsaktien im Sinne einer eigenen satzungsrechtlichen Aktiengattung zulässig ist.

II. Zulässigkeit von Informationsaktien

Zahlreiche Stimmen in der Literatur halten die Ausgabe von Vorzugsaktien in Form von Informationsaktien für unvereinbar mit dem Grundsatz der Satzungsstrenge.[1479] So wird unter anderem argumentiert, durch die Erweiterung der Auskunftsrechte der Aktionäre und die damit einhergehende funktionale Angleichung an die Stellung eines GmbH-Gesellschafters werde in das durch § 23 Abs. 5 AktG geschützte Organisationsgefüge der AG eingegriffen.[1480] Insbesondere würden hierdurch die ganzjährige Kompetenz des Aufsichtsrats und die nur singulären Kompetenzen der Aktionäre in unzulässiger Weise vermengt.[1481] Wie

1476 Mit Bezug auf die GmbH: *Reichert/Weller*, MüKo-GmbHG, Band 1, § 14 Rn. 102; *Frank/Möllmann*, VC Germany, Teil 4 Rn. 13.

1477 *Reichert/Weller*, MüKo-GmbHG, Band 1, § 14 Rn. 102; *Frank/Möllmann*, VC Germany, Teil 4 Rn. 13.

1478 Siehe hierzu die Ausführungen weiter unten unter: § 18.B, S. 258ff.

1479 § 23 Abs. 5 AktG; siehe nur: *Fleischer*, ZGR 2009, 505, 525; *Zetzsche*, Aktionärsinformation, 2006, S. 318f.; *Neumann*, Rechtliche Probleme von PIPE-Transaktionen, S. 248; vgl. ferner: *Ziemons*, Schmidt, K./Lutter, AktG, § 11 Rn. 12; kritisch: *Butzke*, Marsch-Barner/Schäfer, Hdb. börs. AG, § 6 Rn. 2 Fn. 3; im Ergebnis offen: *Polte*, Aktiengattungen, S. 42; *Westermann*, Bürgers/Körber, AktG, § 11 Rn. 7f., der Unzulässigkeit jedenfalls annimmt, wenn hierdurch Informations- und Auskunftsrechte beschnitten werden.

1480 *Zetzsche*, Aktionärsinformation, S. 318; *Neumann*, Rechtliche Probleme von PIPE-Transaktionen, S. 248.

1481 *Zetzsche*, Aktionärsinformation, S. 318.

gezeigt,[1482] wird die Kompetenzordnung in der AG durch die bloße Ausweitung des Informationsaustauschs mit dem PE-Investor jedoch nicht beeinträchtigt, solange der Aufsichtsrat gegenüber dem PE-Investor zumindest nicht informationell benachteiligt wird. Es spricht somit viel für die aktienrechtliche Zulässigkeit von Informationsaktien.[1483]

Allerdings ist die Schaffung von Aktiengattungen mit Vorzugsrechten an sehr hohe Voraussetzungen geknüpft. Neben einem satzungsändernden Beschluss der Hauptversammlung mit einer Mehrheit von mindestens drei Vierteln des bei der Beschlussfassung vertretenen Grundkapitals[1484] und ggf. Sonderbeschlüssen bereits bestehender Aktiengattungen[1485] bedarf es nach der ganz herrschenden Meinung[1486] bei der Schaffung neuer Aktiengattungen, welche mehr Rechte gewähren als die bereits bestehenden, zusätzlich der Zustimmung aller benachteiligten Aktionäre. Unabhängig davon, ob die Schaffung von Informationsaktien für Misstrauen unter den übrigen Aktionären sorgen könnte und daher ggf. schon deshalb hiervon abzuraten wäre, dürften die hohen formellen Hürden in der Praxis ohnehin wohl kaum zu nehmen sein, zumindest nicht ohne Gewährung einer Gegenleistung seitens des PE-Investors. Der Meinungsstreit über die aktienrechtliche Zulässigkeit von Informationsaktien soll hier daher nicht abschließend entschieden werden.

B. Sonderinformationsrechte in der Satzung

Alternativ wäre es denkbar, dem PE-Investor unmittelbar in der Satzung gesonderte Informationsrechte einzuräumen. Auch statutarische Sonderinformationsrechte einzelner Aktionäre sind mit dem Grundsatz der Satzungsstrenge vereinbar.[1487] Vorbehaltlich abweichender Regelungen in der Satzung, wäre hierfür, wie bei jeder Satzungsänderung, ein Beschluss der Hauptversammlung mit einer Mehrheit von mindestens drei Vierteln des vertretenen Grundkapitals erforderlich.[1488] Erreicht der PE-Investor dieses Quorum nicht aus eigener Kraft, ist er auf die Mitwirkung

---

1482 Siehe bereits die Ausführungen zu den Auswirkungen auf die aktienrechtliche Kompetenzordnung: § 7.C.I.1, S. 125f.

1483 *Loges/Distler*, ZIP 2002, 467, 470f.; *Vatter*, Spindler/Stilz, AktG, Band 1, § 11 Rn. 14; *Noack*, Bayer/Habersack, Aktienrecht im Wandel, Bd. II, 2007, S. 523; im Ergebnis offen: *Dauner-Lieb*, KK-AktG, § 11 Rn. 16; a.A.: *Fleischer*, ZGR 2009, 505, 525 m.w.N.; kritisch: *Butzke*, Marsch-Barner/Schäfer, Hdb. börs. AG, § 6 Rn. 2 Fn. 3.

1484 § 179 Abs. 1 Satz 1, Abs. 2 Satz 1 AktG.

1485 Siehe hierzu: *Vatter*, Spindler/Stilz, AktG, Band 1, § 11 Rn. 25; *Heider*, MüKo-AktG, Band 1, § 11 Rn. 41.

1486 *Heider*, MüKo-AktG, Band 1, § 11 Rn. 43; *Solveen*, Hölters, AktG, § 11 Rn. 12; *Dauner-Lieb*, KK-AktG, § 11 Rn. 31, Rn. 37; *Vatter*, Spindler/Stilz, AktG, Band 1, § 11 Rn. 26.

1487 *Kuntz*, Gestaltung von Kapitalgesellschaften, 588ff.; *Loges/Distler*, ZIP 2002, 467, 470. Siehe zu der Thematik ausführlich die Ausführungen unter: § 7.C.I.1, S. 125ff.

1488 § 179 Abs. 1 Satz 1, Abs. 2 Satz 1 AktG.

weiterer Aktionäre angewiesen. Je nach Zusammensetzung der Aktionäre darf bereits bezweifelt werden, dass die außenstehenden Mitaktionäre einer eigenen Benachteiligung gegenüber dem PE-Investor zustimmen würden, ohne im Gegenzug ihrerseits einen Vorteil eingeräumt zu bekommen (insbesondere bei börsennotierten Unternehmen mit heterogener Aktionärsstruktur). Doch selbst wenn der PE-Investor die erforderliche Mehrheit erreichen würde, wäre bereits der Antrag auf Einräumung solcher Sonderinformationsrechte geeignet, Misstrauen unter den übrigen Aktionären hervorzurufen. Nicht selten dürften sich außenstehende Aktionäre gar veranlasst sehen, gegen den sie benachteiligenden Beschluss eine Anfechtungsklage zu erheben. Vor allem jedoch sind sämtliche Satzungsänderungen sowie die Satzung als solche in ihrer jeweils aktuellen Fassung zum Handelsregister einzureichen, wo sie eingetragen und öffentlich verfügbar werden.[1489] In der Praxis mögen weitere Parteien, die etwa in einer schuldrechtlichen Beziehung zum Portfolio-Unternehmen stehen (insbesondere Gläubiger wie finanzierende Banken), dies zum Anlass nehmen, Informationen in demselben Umfang für sich einzufordeRn. Zur Wahrung der Vertraulichkeit bietet es sich an, nur die zwingend erforderlichen Regelungen in der Satzung zu verankern und alle darüber hinausgehenden Regelungen in den Beteiligungs- und Gesellschaftervereinbarungen zu treffen.[1490] Somit ist die Satzung kein geeigneter Regelungsort für Sonderinformationsrechte des PE-Investors. Allerdings kann es sich anbieten, über die Satzung die Informationslage aller Aktionäre zu optimieren, etwa durch eine Verpflichtung des Portfolio-Unternehmens zur Veröffentlichung von Quartalsberichten.[1491]

§ 18. Schuldrechtliche Gestaltungen

A. Installation eines Investorenbeirats

Im Folgenden ist zu prüfen, ob der Informationsfluss zwischen dem Vorstand des Portfolio-Unternehmens und dem PE-Investor dadurch optimiert werden kann, dass bei dem Unternehmen ein Beirat installiert wird, dem ggf. neben Mitgliedern des PE-Investors weitere Parteien angehören. Beiräte werden in der Praxis etwa als Vehikel eingesetzt, um Fachexperten, Aktionäre oder Geschäftspartner der Gesellschaft stärker zu integrieren.[1492]

1489 § 181 Abs. 1 AktG.

1490 *Jaques*, Ettinger/Jaques, Beck'sches Hdb. Unternehmenskauf, E. Rn. 35.

1491 *Eckardt*, Geßler/Hefermehl, Band 1, § 23 Rn. 118; *Zetzsche*, NZG 2002, 942f.

1492 *Bayer/Hoffmann*, AG 2009, R243; vgl. zur Funktion des Beirats zur Kontaktpflege mit wesentlichen Kunden: *Hoffmann-Becking*, MünchHdb. GesR, Band 4, § 29 Rn. 21; vgl. zur Beratungs- und Kontrollfunktion des Beirats: *Koeberle-Schmid/Groß/Lehmann-Tolkmitt*, BB 2011, 899, 900f.; *Cichy/Jander-McAlister*, BB 2012, 723, 725; vgl. zur Bedeutung von Beiräten in Familienunternehmen: *Koeberle-Schmid/Groß/Lehmann-Tolkmitt*, BB 2011, 899ff.

I. Errichtung und Wesen des Beirats

Die Errichtung eines Beirats als zusätzlichen Gremiums neben den Organen der Hauptversammlung, des Vorstands und des Aufsichtsrats ist auch bei der AG nach einhelliger Meinung zulässig.[1493] Der Beirat kann jedoch nie Organ der AG sein.[1494] Insbesondere dürfen gesetzliche Zuständigkeiten und Aufgaben von den drei Organen der AG nicht auf den Beirat übertragen werden.[1495] Der Beirat wird vom Vorstand errichtet, die Rechtsbeziehungen seiner Mitglieder zur Gesellschaft sind rein schuldrechtlicher Natur.[1496] Die Verpflichtung des Vorstands zur Errichtung des Beirats kann auch direkt in der Satzung geregelt werden.[1497] Wegen der damit einhergehenden Publizität der Befugnisse und Rechte des Beirats wird ebenso wie hinsichtlich der Regelung von Sonderinformationsrechten in der Satzung[1498] jedoch eher zu einer schuldrechtlichen Lösung anzuraten sein.

II. Funktionsbedingte Information des Beirats

Sofern ein Beirat allein der Meinungsbildung wesentlicher Aktionäre dient, die sich zu diesem Zweck regelmäßig mit dem Vorstand zu Informations- und Beratungsgesprächen treffen (auch Aktionärsausschüsse genannt), ist eine informationelle Bevorzugung des Beirats nur in Einklang mit den allgemeinen Grundsätzen, insbesondere unter Beachtung der Pflicht zur Verschwiegenheit und des Gebots der Gleichbehandlung der Aktionäre, zulässig.[1499] Eine bevorzugte Information der Mitglieder des Beirats über Geschäftsgeheimnisse wird jedoch regelmäßig gerechtfertigt sein, wenn diese den Vorstand (wie gewöhnliche Berater) bei dessen

---

1493 *Drygala*, Schmidt, K./Lutter, AktG, § 95 Rn. 2; *Mertens/Cahn*, KK-AktG, Vorb. § 76 Rn. 18; *Hoffmann-Becking*, MünchHdb. GesR, Band 4, § 29 Rn. 22; *Wiesner*, ebenda, § 19 Rn. 10; *Habersack*, MüKo-AktG, Band 2, § 95 Rn. 6; *Israel*, Bürgers/Körber, AktG, § 95 Rn. 2; *Spindler*, Spindler/Stilz, AktG, Band 1, § 95 Rn. 4; *Koch*, Hüffer/Koch, AktG, § 95 Rn. 4; *Robertz*, MittRhNotK 1991, 239, 250.

1494 *Hoffmann-Becking*, MünchHdb. GesR, Band 4, § 29 Rn. 23; *Simons*, Hölters, AktG, § 95 Rn. 9; *Koch*, Hüffer/Koch, AktG, § 95 Rn. 4; *Robertz*, MittRhNotK 1991, 239, 250.

1495 Vgl. hierzu: BGH, Urt. v. 17.11.2011 – III ZR 103/10, BB 2012, 210 211 Rn. 18; *Hoffmann-Becking*, MünchHdb. GesR, Band 4, § 29 Rn. 23; *Wiesner*, ebenda, § 19 Rn. 10; *Habersack*, MüKo-AktG, Band 2, § 95 Rn. 6; *Israel*, Bürgers/Körber, AktG, § 95 Rn. 2; *Bayer/Hoffmann*, AG 2009, R243; *Robertz*, MittRhNotK 1991, 239, 250; vgl. ferner: *Koch*, Hüffer/Koch, AktG, § 76 Rn. 6; vgl.: *Kort*, GroßKomm-AktG, § 76 Rn. 14f.

1496 *Hoffmann-Becking*, MünchHdb. GesR, Band 4, § 29 Rn. 24; *Habersack*, MüKo-AktG, Band 2, § 95 Rn. 6; *Robertz*, MittRhNotK 1991, 239, 250.

1497 So jedenfalls: *Hoffmann-Becking*, MünchHdb. GesR, Band 4, § 29 Rn. 23; *Koch*, Hüffer/Koch, AktG, § 95 Rn. 4; *Mertens/Cahn*, KK-AktG, Vorb. § 76 Rn. 18; a.A.: *Habersack*, MüKo-AktG, Band 2, § 95 Rn. 6.

1498 Vgl. hierzu bereits die Ausführungen unter: § 17.B, S. 254f.

1499 Vgl.: *Hoffmann-Becking*, MünchHdb. GesR, Band 4, § 29 Rn. 21, 25.

Tätigkeit beraten und unterstützen, die Informationsweitergabe für die Zwecke dieser Beratung erforderlich ist und zudem gewährleistet ist, dass die Beiratsmitglieder die Informationen nicht an außenstehende Personen bzw. Institutionen weitergeben.[1500] Die Information des Beiratsmitglieds erfolgt hier also funktionsbezogen. Dieser Funktionsbezug ist nicht gewahrt, wenn der Vertreter des PE-Investors die Informationen an weitere Organmitglieder bzw. Angestellte des PE-Investors weiterleitet. Sofern eine solche Weiterleitung nicht auszuschließen ist oder der Vorstand dies sogar billigt, muss er auch dies bei der Weitergabe der Informationen an das Beiratsmitglied berücksichtigen und die Weiterleitung – wie üblich – streng nach den oben dargestellten allgemeinen gesellschafts- und ggf. kapitalmarktrechtlichen Grundsätzen beurteilen. Der Beirat kann also nicht zur Umgehung des Minderheitenschutzes, insbesondere des Gebots der Gleichbehandlung der Aktionäre, eingesetzt werden.

III. Würdigung

Die Mitwirkung im Beirat vermittelt dem Mitglied des PE-Investors nicht das Recht, sämtliche dort erlangten Informationen an die übrigen Mitglieder und Gremien des PE-Investors weiterzuleiten.[1501] Verglichen mit einer Mitwirkung im Aufsichtsrat erfolgt die Information der Beiratsmitglieder zudem ausschließlich funktions- und damit anlassbezogen. Die Zulässigkeit einer fortlaufenden Information der Mitglieder des Beirats richtet sich auch beim Beirat streng nach den allgemeinen gesellschafts- und ggf. kapitalmarktrechtlichen Grundsätzen. Durch die Mitwirkung im Beirat erlangt der PE-Investor insoweit also keine spezifischen informationellen Vorteile. Ferner haften auch die Mitglieder des Beirats im Falle der unbefugten Weitergabe von Informationen ggf. analog §§ 93, 116 AktG.[1502] Angesichts des Fehlens spezifischer informationeller Vorteile der Beteiligung im Beirat der AG und der insgesamt weitreichenderen Kompetenzen des Aufsichtsrats (insbesondere der Personalentscheidungskompetenzen, Zustimmungsvorbehalte, umfassenderen Informationsrechte etc.) wird es für den PE-Investor bei der Beteiligung an einem Portfolio-Unternehmen in der Rechtsform der AG daher tendenziell sinnvoller sein, direkt im Aufsichtsrat als eigentlichem Überwachungs- und Beratungsorgan mitzuwirken. Allerdings erlangt der PE-Investor über die Beteiligung am Beirat ebenso wie ein Mitglied des Aufsichtsrats die Gelegenheit, beratenden Einfluss auf das Management zu nehmen, ihm insbesondere

---

1500 *Hoffmann-Becking*, MünchHdb. GesR, Band 4, § 29 Rn. 25.

1501 Vgl. zu der ähnlich gelagerten Problematik beim Aufsichtsrat die Ausführungen unter: § 16, S. 237ff.

1502 Vgl. zur analogen Anwendbarkeit der §§ 93, 116 AktG auf Aufsichtsorgane in Publikumsgesellschaften: *Hopt*, Baumbach/Hopt, HGB, Anh. § 177a Rn. 75; *Neumann/Böhme*, DB 2007, 844ff.; vgl. zur Anwendbarkeit der *business judgement rule* (§ 93 Abs. 1 Satz 2 AktG) auf die Mitglieder eines fakultativen Beirats bei einer Stiftung: *Gräwe/Frhr.v.Maltzahn*, BB 2013, 329, 336.

Meinungen und Anregungen zu unternehmensstrategischen Themen mitzugeben. Der Vorstand darf diese Meinungen und Anregungen auch entgegennehmen und würdigen.[1503] Die beratende Einflussnahme über den Beirat mag abhängig von der konkreten Besetzung des Beirats und angesichts der tendenziell geringeren formellen Anforderungen an die Einberufung und Abhaltung von Beiratssitzungen im Einzelfall jedoch diskreter erfolgen als beim Aufsichtsrat. Wenngleich also der PE-Investor seine Informationsrechte über die Beteiligung am Beirat nicht optimieren kann, kann es aus genannten Gründen aus Sicht des PE-Investors unter Umständen gleichwohl zweckmäßig sein, einen Beirat zu errichten und sich an diesem zu beteiligen.

B. Beteiligungsvertragliche Informationsrechte

Wie oben dargestellt, verpflichten sich Portfolio-Unternehmen gegenüber dem PE-Investor in der Praxis üblicherweise über Beteiligungsvereinbarungen zu einem regelmäßigen, häufig sogar monatlichem *Reporting*.[1504]

I. Aktienrechtliche Zulässigkeit

Fraglich ist zunächst, ob solche beteiligungsvertraglichen Sonderinformationsrechte aktienrechtlich zulässig sind.

1. Informationsrechte als korporativer Satzungsinhalt

Zunächst soll geprüft werden, ob und inwieweit Sonderinformationsrechte zwingender Satzungsbestandteil sein müssen.

a) Zulässigkeit schuldrechtlicher Sonderinformationsrechte

Loges/Distler wenden gegen die Zulässigkeit schuldrechtlicher Vereinbarungen über die Ausweitung von Informations- und Auskunftsrechten ein, dass die gesetzliche Verschwiegenheitspflicht nicht durch schuldrechtliche Vereinbarungen durchbrochen werden dürfe; erweiterte Informations- und Auskunftsrechte seien zwingender Satzungsbestandteil.[1505] Von einer Durchbrechung der Verschwiegenheitspflicht kann indes nicht die Rede sein; die bloße Vereinbarung einer beteiligungsvertraglichen *Reporting*-Verpflichtung ist klar zu trennen von dem eigentlichen Akt der Informationsweitergabe; Letzterer muss sich stets strikt an den oben dargestellten Grenzen der Verschwiegenheitspflicht[1506] orientieren.

1503 Siehe zur ähnlich gelagerten Thematik des *Empfängermodus* des Aufsichtsrats beim Investorendialog die Ausführungen unter: § 13.D.IIIS. 225f.

1504 Siehe Fn. 73.

1505 *Loges/Distler*, ZIP 2002, 467, 473.

1506 Siehe hierzu die Ausführungen unter: § 6.C, S. 85ff.

Sofern die Weitergabe von Informationen danach zulässig ist, kann es für den Regelungszweck der Verschwiegenheitspflicht des Weiteren keinen Unterschied machen, wo das zugrunde liegende Informationsrecht geregelt ist.[1507]

b) Sondervorteile im Sinne des § 26 Abs. 1 AktG

Die Sonderinformationsrechte des PE-Investors stellen ferner keine Sondervorteile im Sinne des § 26 Abs. 1 AktG dar.[1508] Nach dessen Wortlaut sind alle einem einzelnen Aktionär gewährten Sondervorteile zwingend in der Satzung zu regeln. Mit der mittlerweile wohl einhelligen Meinung kommen erweiterte Auskunftsrechte grundsätzlich auch als Sondervorteile im Sinne dieser Vorschrift in Betracht.[1509] Allerdings erfasst die Vorschrift nur Sondervorteile, die anlässlich der Gründung gewährt werden.[1510] Die nachträglich vereinbarten Informationsrechte des PE-Investors bedürfen daher keiner statutarischen Festsetzung.[1511]

2. Verbot der Vorwegbindung des Vorstands

Fraglich ist, ob sich der Vorstand des Portfolio-Unternehmens gegenüber dem PE-Investor vor dem Hintergrund des Verbots der Vorwegbindung zu einem umfassenden, fortlaufenden *Reporting* über die gesetzlichen Pflichten hinaus verpflichten kann. Das Verbot der Vorwegbindung des Vorstands ergibt sich aus seiner indisponiblen Rechtsstellung als eigenverantwortlichem Leitungsorgan.[1512] Der Vorstand darf sich dieser Leitungsautonomie nicht im Wege der Vorwegbindung entäußern.[1513] So soll ihm die Möglichkeit erhalten bleiben, seine Entscheidungen stets unter Berücksichtigung des Sorgfaltsmaßstabs des § 93 Abs. 1 AktG zu überprüfen und ggf. zu korrigieren.[1514] Die Organe einer AG dürfen sich insbesondere

1507 Vgl. dahingehend: *Winkler*, Rechtsfragen VC-Finanzierung, S. 120.

1508 Vgl. mit Bezug auf die erweiterten Informationsrechte bei VC-Finanzierungen: *Weitnauer*, Hdb. VC, Teil F Rn. 104, Rn. 168; *Winkler*, Rechtsfragen VC-Finanzierung, S. 120.

1509 *Koch*, *Hüffer/Koch*, AktG, § 26 Rn. 3; *Pentz*, MüKo-AktG, Band 1, § 26 Rn. 12; *Röhricht/Schall*, GroßKomm-AktG, § 26 Rn. 17; *Winkler*, Rechtsfragen VC-Finanzierung, S. 120; Siehe hierzu ferner: *Kuntz*, Gestaltung von Kapitalgesellschaften, 568f.

1510 *Wennekers/Bank*, Bank/Möllmann, VC Germany, Teil 7 Rn. 46; *Pentz*, MüKo-AktG, Band 1, § 23 Rn. 19; *Weitnauer*, Hdb. VC, Teil F Rn. 104, Rn. 168; *Winkler*, Rechtsfragen VC-Finanzierung, S. 120.

1511 Siehe Fundstellen in Fn. 1508.

1512 *Fleischer*, Hdb. VorstandsR, § 1 Rn. 60; *Hüffer*, FS Schwark, 185, 196; vgl.: *Mertens*, KK-AktG, § 76 Rn. 45.

1513 *Fleischer*, Spindler/Stilz, AktG, Band 1, § 76 Rn. 68; *Koch*, Hüffer/Koch, § 76 Rn. 27; *Paschos*, NZG 2012, 1142, 1143; vgl. ferner: BGH, Urt. v. 5.5.2008 – II ZR 108/07, NZG 2008, 507, 508 Rn. 13.

1514 *Hüffer*, FS Schwark, 185, 196.

nicht im Vorhinein von ihrer Schweigepflicht entbinden.[1515] Eine spätere Überprüfung der Weitergabe von Informationen im Einzelfall hinsichtlich ihrer Vereinbarkeit mit der Verschwiegenheitspflicht, dem Gebot der Gleichbehandlung und dem Verbot der Offenlegung von Insiderinformationen muss möglich bleiben. Sofern die Weitergabe einer Information an den PE-Investor danach unzulässig ist, bleibt es dem Vorstand trotz des Bestehens der beteiligungsvertraglichen *Reporting*-Verpflichtung im Einzelfall unbenommen, die Auskunft zu verweigern.[1516] Das Auskunftsverweigerungsrecht des Vorstands gilt unabhängig von dem Vorliegen einer entsprechenden Öffnungsklausel in der Beteiligungs- und Gesellschaftervereinbarung, wonach beispielsweise bei börsennotierten Portfolio-Unternehmen eine insiderrechtswidrige Exklusivinformation des PE-Investors explizit ausgeschlossen wird; eine solche Klarstellung kann in der Praxis gleichwohl zur Rechtssicherheit beitragen. Unzulässig dürfte es vor dem Hintergrund des Verbots der Vorwegbindung sein, wenn der Vorstand das Portfolio-Unternehmen einer Vertragsstrafe für den Fall unterwirft, dass der Vorstand seinen nach dem Vertrag bestehenden Informationspflichten (unabhängig davon, ob dies nach dem Gesetz geboten ist) nicht nachkommt.[1517]

3. Zwischenergebnis

Das Portfolio-Unternehmen kann dem PE-Investor über die Beteiligungs- und Gesellschaftervereinbarung somit aktienrechtlich zulässig Sonderinformationsrechte einräumen. Notwendiges Korrelat für die Zulässigkeit solcher Informationsrechte ist jedoch auch hier, dass sich der PE-Investor zur Verschwiegenheit über die auf diesem Wege erlangten Informationen verpflichtet. Eine solche Vertraulichkeitsverpflichtung des PE-Investors wird typischerweise jedoch ohnehin bereits Gegenstand der Vereinbarung sein.

II. Formelle Voraussetzungen

1. Zuständigkeit und Zustimmungserfordernisse

Die grundlegende Entscheidung über die Einräumung von Sonderinformationsrechten zugunsten des PE-Investors in Beteiligungsverträgen und die damit einhergehende Verpflichtung zur Offenlegung von Informationen ist (ebenso wie die

---

1515 Vgl. mit Bezug auf die Verschwiegenheitspflicht von Aufsichtsratsmitgliedern: BGH, Urt. v. 26.4.2016 – XI ZR 108/15, NJW 2016, 2569, 2571 Rn. 34; *Reichard*, GWR 2017, 72, 73.

1516 Mit Bezug auf die Verschwiegenheitspflicht des Vorstands: *Kuntz*, Gestaltung von Kapitalgesellschaften, 589 („*situationsbezogene rechtshindernde Einrede*"); vgl. mit Bezug auf die Verpflichtung zur Weitergabe von Insiderinformationen gegenüber dem Aktionärspool im Rahmen einer Poolvereinbarung: *Schäfer*, Marsch-Barner/Schäfer, Hdb. börs. AG, § 14 Rn. 70.

1517 Vgl. in etwas anderem Zusammenhang: *Reichert*, ZGR 2015, 1, 30.

Entscheidung über die Zulassung einer *Due Diligence*[1518]) wegen ihrer Bedeutung für das Portfolio-Unternehmen dem Gesamtvorstand vorbehalten. Der Zustimmung des Aufsichtsrats bedarf es grundsätzlich nicht.[1519] Ebenso wenig muss die Hauptversammlung hierzu befragt werden.[1520] Hiergegen spricht schon, dass der Katalog des § 119 Abs. 1 AktG eine entsprechende Hauptversammlungskompetenz nicht vorsieht.[1521] Darüber hinaus würde die Einschaltung der Hauptversammlung den Schutz der Unbekanntheit der dem *Reporting* zugrunde liegenden Tatsachen aufgrund des mit der Befragung der Hauptversammlung verbundenen Publizitätseffekts gefährden;[1522] selbst wenn ein Nachauskunftsanspruch der übrigen Aktionäre in der Regel nicht bestehen sollte,[1523] könnten diese versucht sein, in der Hauptversammlung einfach den Katalog der Sonderinformationsrechte des PE-Investors durchzugehen und den Vorstand um entsprechende Auskünfte zu ersuchen.

2. Mehrheitserfordernisse im Vorstand

Soweit die Satzung oder die Geschäftsordnung des Vorstands vom Einstimmigkeitsprinzip abweichen,[1524] kann dieser den Beschluss über die Einräumung beteiligungsvertraglicher Sonderinformationsrechte zugunsten des PE-Investors bereits mit einer einfachen Stimmenmehrheit fassen; im Übrigen muss der Vorstand einstimmig hierüber beschließen.[1525] Die Einräumung beteiligungsvertraglicher

---

1518 Vgl. hierzu statt vieler: *Krieger/Sailer-Coceani*, Schmidt, K./Lutter, AktG, § 93 Rn. 27; *K. J. Müller*, NJW 2000, 3452, 3455; *Linker/Zinger*, NZG 2002, 497, 498; *Körber*, NZG 2002, 263, 268.

1519 Vgl. mit Bezug auf die Frage der Durchführung einer *Due Diligence*: *Fleischer*, Spindler/Stilz, AktG, Band 1, § 93 Rn. 170; *ders.*, ZIP 2002, 651; *Körber*, Fleischer, Hdb. VorstandsR, § 10 Rn. 19; *Roschmann/Frey*, AG 1996, 449, 451; *Linker/Zinger*, NZG 2002, 497; *Hemeling*, ZHR 169 (2005), 274, 282; einen Beschluss des Aufsichtsrats nahelegend: *Ziemons*, AG 1999, 492, 494 („*sollte*").

1520 Vgl. mit Bezug auf die Frage der Durchführung einer *Due Diligence*: *Körber*, Fleischer, Hdb. VorstandsR, § 10 Rn. 19; *ders.*, NZG 2002, 263, 268; *Roschmann/Frey*, AG 1996, 449, 452; *Hemeling*, ZHR 169 (2005), 274, 282.

1521 Vgl. mit Bezug auf die Frage der Durchführung einer *Due Diligence*: *Roschmann/Frey*, AG 1996, 449, 451.

1522 Vgl. zum Publizitätseffekt beim etwas anders gelagerten Fall der Befragung der Hauptversammlung bezüglich zur Durchführung einer *Due Diligence*: *Roschmann/Frey*, AG 1996, 449, 451; vgl.: *Linker/Zinger*, NZG 2002, 497, 498.

1523 Siehe hierzu die Ausführungen unter: § 10.A, S. 193ff.

1524 § 77 Abs. 1 AktG; vgl. hierzu: *Weber*, Hölters, AktG, § 77 Rn. 5, Rn. 8; *Spindler*, MüKo-AktG, Band 2, § 77 Rn. 11ff.; *Fleischer*, Spindler/Stilz, AktG, Band 1, § 77 Rn. 8, Rn. 12.

1525 So zur Beschlussfassung über die Zulassung einer *Due Diligence*: *K.J.Müller*, NJW 2000, 3452, 3455; *Linker/Zinger*, NZG 2002, 497, 498; *Hemeling*, ZHR 169 (2005), 274, 282.

Sonderinformationsrechte unterliegt insbesondere keinem generellen Einstimmigkeitserfordernis, wie dies einige Stimmen in der Literatur[1526] beispielsweise für die Durchführung einer *Due Diligence* fordeRn. *Meincke* begründet ein generelles Einstimmigkeitserfordernis in diesem Zusammenhang damit, dass das Fehlen einer einheitlichen Meinung innerhalb des Vorstands als ein starkes Indiz zu werten sei, dass das Unternehmensinteresse an der Weitergabe das Geheimhaltungsinteresse nicht zweifelsfrei überwiege.[1527] Darauf kann es jedoch nicht ankommen; Ermessensentscheidungen ist es gerade immanent, dass innerhalb eines vorgegebenen Spielraums verschiedene Ansichten verfolgt werden können.[1528] Die mehrheitliche Willensbildung kennzeichnet, dass es auch verschiedene Meinungen geben kann.[1529]

III. Würdigung

Dem PE-Investor können über eine Beteiligungs- und Gesellschaftervereinbarung wirksam Sonderinformationsrechte gegenüber dem Portfolio-Unternehmen eingeräumt werden. Im Folgenden soll gewürdigt werden, ob dies auch zweckmäßig ist und den Ansprüchen des PE-Investors genügt.

Beteiligungsvertragliche Sonderinformationsrechte des PE-Investors bieten zunächst den Vorteil, dass sie, wie oben dargestellt,[1530] an relativ geringe formelle Voraussetzungen geknüpft sind. Der Beteiligungsvertrag wird zudem nicht publiziert, sodass beteiligungsvertragliche Sonderinformationsrechte sehr diskret vereinbart werden können und nur geringes Konfliktpotenzial im Verhältnis zu etwaigen außenstehenden Aktionären bzw. im Verhältnis des Portfolio-Unternehmens zu dessen Gläubigern aufweisen.[1531]

Gegenüber der Entsendung von Mitgliedern des PE-Investors in den Aufsichtsrat bzw. einen möglichen Beirat der Gesellschaft bieten beteiligungsvertragliche Sonderinformationsrechte den Vorteil, dass der PE-Investor als solches informationsberechtigt ist, nicht bloß das jeweils entsandte bzw. abgeordnete Gremienmitglied. Darüber hinaus entfallen hier der durch die Mitwirkung in den Gremien bedingte persönliche Einsatz einzelner Mitglieder des PE-Investors sowie das nicht unerhebliche Haftungsrisiko.

Beteiligungsvereinbarungen binden die Parteien und somit auch den Vorstand des Portfolio-Unternehmens jedoch nur schuldrechtlich, nicht

1526 So: *Ziemons*, AG 1999, 492, 494; *Meincke*, WM 1998, 749, 751; *Körber*, NZG 2002, 263, 268; a.A.: Auf einen Mehrheitsbeschluss abstellend: *Schroeder*, DB 1997, 2161, 2163.
1527 *Meincke*, WM 1998, 749, 751 Fn. 25.
1528 *Linker/Zinger*, NZG 2002, 497, 498.
1529 *K. J. Müller*, NJW 2000, 3452, 3455.
1530 Siehe bereits die Ausführungen unter: § 18.B.II, S. 260f.
1531 Siehe zum Vergleich die Ausführungen zur obligatorischen Publizierung der Satzung: § 17.B, S. 254f.

korporationsrechtlich.[1532] Seine Ansprüche kann der PE-Investor also nur auf dem Weg der ordentlichen Gerichtsbarkeit durchsetzen.[1533] Im Streitfall kann dies die Durchsetzung der Informationsrechte erschweren. Das Recht des Vorstands, die Vereinbarkeit der Informationsweitergabe an den PE-Investor mit den allgemeinen Regeln des Aktien- und Kapitalmarktrechts im Einzelfall zu überprüfen,[1534] berechtigt den Vorstand indes nicht, dem PE-Investor vertraglich zugesicherte Informationen willkürlich zu versagen. Erforderlich ist vielmehr, dass durch die Informationsweitergabe an den PE-Investor ein Schaden droht, etwa wenn im konkreten Fall mit einer Weitergabe einer Information an einen Wettbewerber im Portfolio des PE-Investors zu rechnen ist und die Verschwiegenheitspflicht somit Stillschweigen gebietet.[1535] Selbiges gilt bei börsennotierten Portfolio-Unternehmen, wenn die Offenlegung der Information einen Verstoß gegen das Verbot der Offenlegung von Insiderinformationen darstellen würde.[1536] Dieselben Grundsätze würden jedoch auch bei einer statutarischen Verankerung der Informationsrechte des PE-Investors Anwendung finden. Allein deren Regelung in der Satzung vermag eine Verletzung der Verschwiegenheitspflicht oder des Verbots der Offenlegung von Insiderinformationen nicht zu rechtfertigen.[1537] Durch die bloß schuldrechtliche Vereinbarung der Informationsrechte wird der PE-Investor in materieller Hinsicht also nicht schlechter gestellt als bei einer statutarischen Regelung. Weigert sich der Vorstand des Portfolio-Unternehmens auch ohne Bestehen eines sachlichen Grundes, den PE-Investor vertragsgemäß mit Informationen zu versorgen, dürfte das Vertrauensverhältnis zwischen Management und PE-Investor bereits so gestört sein, dass dem PE-Investor oft nur die Möglichkeit verbleiben wird, auf eine Abberufung und Neubesetzung des Vorstands hinzuwirken.

Die Vereinbarung von beteiligungsvertraglichen Sonderinformationsrechten kann schließlich ebenso wie die Aufstellung von Konzernrichtlinien[1538] dazu verhelfen, den Informationsfluss zwischen dem Portfolio-Unternehmen und dem PE-Investor zu konkretisieren, systematisieren und automatisieren. Zur Optimierung des Informationsflusses wird dem PE-Investor demnach entsprechend der gängigen Praxis zu raten sein, sich über die Beteiligungs- und Gesellschaftervereinbarung schuldrechtliche Sonderinformationsrechte gegenüber Portfolio-Unternehmen einräumen zu lassen.

1532 *Zetzsche*, NZG 2002, 942, 947.

1533 *Zetzsche*, NZG 2002, 942, 947.

1534 Siehe hierzu die Ausführungen unter: § 18.B.I.2, S. 259f.

1535 Vgl.: *Kuntz*, Gestaltung von Kapitalgesellschaften, 589 („*situationsbezogene rechtshindernde Einrede*"); Siehe hierzu bereits die Ausführungen unter: § 6.C.I.2, S. 103f.

1536 Siehe hierzu die Ausführungen unter: § 8.B.III, S. 158.

1537 Vgl. zur Uneinschränkbarkeit der Reichweite der Verschwiegenheitspflicht durch die Satzung bereits die Ausführungen unter: § 6.A, S. 86.

1538 Siehe hierzu die Ausführungen unter: § 15.B, S. 236f.

IV. Zwischenergebnis

Der PE-Investor sollte darauf hinwirken, dass ihm das Portfolio-Unternehmen zur Optimierung des Informationsflusses in der Beteiligungs- und Gesellschaftervereinbarung Sonderinformationsrechte gewährt. Die Einräumung solcher schuldrechtlicher Sonderinformationsrechte ist grundsätzlich aktienrechtlich zulässig. Insbesondere sind diese Sonderinformationsrechte kein zwingender Satzungsbestandteil. Darüber hinaus sind beteiligungsvertragliche Informationsrechte mit dem Verbot der Vorwegbindung vereinbar; dem Vorstand des Portfolio-Unternehmens bleibt es unbenommen, im Einzelfall von der Informationsweitergabe an den PE-Investor abzusehen, wenn er mit der Weitergabe gegen die Verschwiegenheitspflicht, das Gebot der Gleichbehandlung oder das Verbot der Offenlegung von Insiderinformationen verstoßen würde. Wegen ihrer erheblichen Bedeutung ist die Entscheidung über die Einräumung von Sonderinformationsrechten dem Gesamtvorstand vorbehalten. Sofern die Satzung oder die Geschäftsordnung des Vorstands Abweichungen von dem Einstimmigkeitsprinzip vorsehen, kann der Beschluss über die Einräumung von Sonderinformationsrechten ggf. schon mit einfacher Mehrheit erfolgen; im Übrigen muss der Vorstand einstimmig hierüber beschließen. Anders als bei der Entsendung von Mitgliedern des PE-Investors in den Aufsichtsrat oder einen etwaigen Beirat steht das Recht auf Informationen bei beteiligungsvertraglichen Sonderinformationsrechten dem PE-Investor bzw. der Erwerbsgesellschaft insgesamt zu, nicht nur den einzelnen GremienmitgliedeRn. Darüber hinaus entfallen hier der gegenüber der Mitwirkung im Aufsichtsrat zu veranschlagende hohe Zeitaufwand sowie das nicht unerhebliche Haftungsrisiko des Aufsichtsratsmitglieds. Schließlich können beteiligungsvertragliche Informationsrechte des PE-Investors einer Konkretisierung, Systematisierung und Automatisierung des Informationsflusses zwischen Portfolio-Unternehmen und PE-Investor dienen. Allerdings binden Beteiligungsvereinbarungen die Parteien und somit auch den Vorstand des Portfolio-Unternehmens nur schuldrechtlich, nicht korporationsrechtlich. Im Streitfall kann die Durchsetzung der Informationsrechte hierdurch erschwert werden. Allerdings bedarf es eines berechtigten Interesses des Vorstands, um dem PE-Investor die Information verweigern zu dürfen (z.B. eine drohende Verletzung der Vertraulichkeit einer Information oder ein Verstoß gegen das Verbot der Offenlegung von Insiderinformationen). Weigert sich der Vorstand auch ohne Bestehen eines sachlichen Grundes, dem PE-Investor die vertraglich geschuldeten Informationen zu gewähren, wird dem PE-Investor oftmals nur die Möglichkeit verbleiben, auf eine Abberufung und Neubesetzung des Vorstands hinzuwirken.

§ 19. Durchführung von Strukturmaßnahmen

Als Maßnahmen zur Optimierung der Einflussmöglichkeiten des PE-Investors kommen ferner diverse Strukturmaßnahmen in Betracht. Nachfolgend sollen kurz die wesentlichen Strukturmaßnahen und deren Auswirkungen auf die

Informationsmöglichkeiten des PE-Investors dargestellt werden. Entscheidend für die Durchführung dieser Maßnahmen sind jedoch nicht allein ihre Auswirkungen auf die Informationsmöglichkeiten des PE-Investors; neben mitunter erheblich gesteigerten Einflussmöglichkeiten des PE-Investors spielen vor allem ökonomische und steuerliche Vorteile eine Rolle bei den Erwägungen des PE-Investors.

A. Delisting

Sofern das Portfolio-Unternehmen zum Handel im regulierten Markt zugelassen ist, könnte der PE-Investor in Betracht ziehen, auf einen Rückzug des Portfolio-Unternehmens von der Börse hinzuwirken (auch *Going Private* genannt). Die vollständige Beendigung der Zulassung von Wertpapieren zum Börsenhandel (sei es auf Antrag des Emittenten oder auf sonstigem Wege) bezeichnet man als *Delisting*.[1539] Ein vollständiger Rückzug von der Börse bietet aus Sicht des PE-Investors in informationeller Hinsicht den Vorteil, dass die insiderrechtlichen Restriktionen und damit das Verbot der Offenlegung von Insiderinformationen keine Anwendung mehr finden. Darüber hinaus würde die Pflicht zur Abgabe der DCGK-Entsprechenserklärung und damit einhergehend auch die ggf. selbst auferlegte Pflicht zur Einhaltung der *Fair Disclosure*-Empfehlung nach dem DCGK entfallen.[1540] Ein vollständiger Rückzug vom regulierten Markt auf Antrag des Emittenten setzt keinen vorhergehenden Hauptversammlungsbeschluss voraus.[1541] Nach § 39 Abs. 2 Satz 3 Nr. 1 BörsG müsste der PE-Investor den außenstehenden Aktionären für den Rückzug vom regulierten Markt jedoch ein Angebot im Sinne des WpÜG bezüglich des Erwerbs aller Wertpapiere an dem Portfolio-Unternehmen machen, welches mindestens dem gewichteten Börsenkurs der vergangenen sechs Monate vor der Veröffentlichung entspricht und als Gegenleistung eine Geldleistung in Euro vorsieht.[1542] Ob und inwieweit die Vorteile die Nachteile eines *Delistings* überwiegen, hängt vom Einzelfall ab.[1543] Die gleichen Voraussetzungen gelten auch beim bloßen *Downlisting* bzw. *Downgrading*, also dem Rückzug des Portfolio-Unternehmens in

---

1539 *Groß*, Groß, KMR, § 39 BörsG Rn. 11 m.w.N.; *Fromholzer/Hasselbach/v.Werder*, Eilers/Koffka u.a., Private Equity, Kapitel II.4 Rn. 132; vgl.: Begründung zum Regierungsentwurf eines Gesetzes zur weiteren Fortentwicklung des Finanzplatzes Deutschland (Drittes Finanzmarktförderungsgesetzt) vom 6.11.1997, BT-Drucks. 12/8933, S. 74 („*Beendigung einer Zulassung (sog. De-Listing)*").

1540 Vgl. zur *Fair Disclosure* die Ausführungen unter: § 10.B, S. 198ff.

1541 *Gegler*, BKR 2016, 273, 274f.; *Bayer*, NZG 2015, 1169; vgl. ferner: Beschlussempfehlung und Bericht des Finanzausschusses zum Entwurf eines Gesetzes zur Umsetzung der Transparenzrichtlinie-Änderungsrichtlinie (siehe Fn. 1544), S. 86.

1542 Vgl.: *Groß*, Groß, KMR, § 39 BörsG Rn. 19b; *Zimmer/v.Imhoff*, NZG 2016, 1056ff.; *Gegler*, BKR 2016, 273, 274; *Bayer*, NZG 2015, 1169, 1173; siehe: §§ 39 Abs. 3 Satz 2 BörsG i.V.m. 31 WpÜG.

1543 Vgl. hierzu vertiefend: *Fromholzer/Hasselbach/v.Werder*, Eilers/Koffka u.a., Private Equity, Kapitel II.4 Rn. 132ff.

den (qualifizierten) Freiverkehr.[1544] Wie oben dargestellt,[1545] finden die insiderrechtlichen Beschränkungen nach neuer Rechtslage unter der MAR auch hier uneingeschränkt Anwendung. Ein *Downlisting* wird für den PE-Investor daher in der Regel nicht in Betracht kommen. Zu der Möglichkeit eines sog. *kalten Delistings* im Wege der Verschmelzung des börsennotierten Portfolio-Unternehmens auf einen nicht börsenfähigen Rechtsträger oder eine nicht börsennotierte AG und dem damit einhergehenden Verlust der Börsennotierung siehe die Ausführungen weiter unten.[1546]

B. Squeeze-out

Als weitere Strukturmaßnahme zur Vereinfachung und Verbesserung des Informationsflusses zwischen Portfolio-Unternehmen und PE-Investor kommt ein Ausschluss sämtlicher Minderheitsaktionäre des Portfolio-Unternehmens in Betracht, ein sog. *Squeeze-out*[1547].

I. Anreize für einen Squeeze-out

Der *Squeeze-out* versetzt den PE-Investor in die Lage, das Portfolio-Unternehmen *„wie eine private Gesellschaft"* zu führen.[1548] Aufgrund seiner Stellung als Alleinaktionär kann er sämtliche Hauptversammlungsbeschlüsse fassen und Personalentscheidungen im Portfolio-Unternehmen autark treffen (wenn auch hinsichtlich der Personalkompetenzen des Aufsichtsrats nur mittelbar über die wiederum von ihm bestellten Aufsichtsratsmitglieder). Das Portfolio-Unternehmen kann als 100-Prozent-Tochter des PE-Investors sehr viel einfacher und kostengünstiger geführt werden, insbesondere weil Interessen von Minderheitsaktionären nicht berücksichtigt werden müssen und formaler Aufwand in Zusammenhang mit Schutzvorschriften und Mitwirkungsrechten zugunsten der Minderheitsaktionäre entfällt.[1549] So entfallen neben den Anforderungen an die förmliche Einberufung

---

1544 *Groß*, Groß, KMR, § 39 BörsG Rn. 19a (*„Downgrading"*); *Gegler*, BKR 2016, 273 (*„Downlisting bzw. Downgrading"*); *Bayer*, NZG 2015, 1170; vgl. ferner: Beschlussempfehlung und Bericht des Finanzausschusses (7. Ausschuss) zu dem Gesetzentwurf der Bundesregierung zum Entwurf eines Gesetzes zur Umsetzung der Transparenzrichtlinie-Änderungsrichtlinie vom 30.9.2015, BT-Drucks. 18/6220, S. 86.

1545 Siehe hierzu die Ausführungen unter: § 4.B.II, S. 71ff., § 8, S. 143ff.

1546 *Stratz*, Schmitt u.a., UmwG, § 29 Rn. 9; *Fromholzer/Hasselbach/v.Werder*, Eilers/Koffka u.a., Private Equity, Kapitel II.4 Rn. 132; vgl.: Begründung zum Regierungsentwurf des Zweiten Gesetzes zur Änderung des Umwandlungsgesetzes vom 12.10.2006, BT-Drucks. 16/2919, S. 13; siehe die Ausführungen unter: § 19.C.II, S. 274f.

1547 Zum Begriff siehe: *Koch*, Hüffer/Koch, AktG, § 327a Rn. 1.

1548 So: *Fromholzer/Hasselbach/v.Werder*, Eilers/Koffka u.a., Private Equity, Kapitel II.4 Rn. 119.

1549 *Krieger*, BB 2002, 53; vgl. ferner: Begründung zum Regierungsentwurf eines Gesetzes zur Regelung von öffentlichen Angeboten zum Erwerb von Wertpapieren und

der Hauptversammlung beispielsweise auch etwaige Auskunftsansprüche der Minderheitsaktionäre (allen voran das Nachauskunftsrecht in der Hauptversammlung[1550]) sowie die Pflicht des Vorstands zur Beachtung des Grundsatzes der Gleichbehandlung (§ 53a AktG).[1551] Ferner dürfte auch vor dem Hintergrund der Verschwiegenheitspflicht des Managements des Portfolio-Unternehmens eine Weitergabe vertraulicher Informationen in der Regel im Gesellschaftsinteresse liegen, da letzteres letztlich aus dem Interesse der Aktionäre, hier also des PE-Investors, abzuleiten wäre.[1552] Da zudem bereits im faktischen Konzern das Verbot der Offenlegung von Insiderinformationen weitgehend nicht greift,[1553] wäre das Portfolio-Unternehmen nach einem *Squeeze-out* hinsichtlich der Weitergabe sensibler Informationen an den PE-Investor nahezu unbeschränkt. Um seine Informationsposition zu sichern, könnte der PE-Investor einen Beherrschungs- und Gewinnabführungsvertrag mit dem Portfolio-Unternehmen abschließen. Dies wäre hier sogar möglich, ohne weiteren Aktionären eine Ausgleichszahlung gewähren zu müssen.[1554] Darüber hinaus könnte er über beteiligungsvertragliche Informationsrechte den Informationsfluss mit dem Portfolio-Unternehmen systematisieren, konkretisieren und automatisieren.

II. Arten des Squeeze-outs

1. Aktien- und umwandlungsrechtlicher Squeeze-out

Hält der PE-Investor über die Erwerbsgesellschaft mindestens 95 Prozent des Grundkapitals des Portfolio-Unternehmens, kann er verlangen, dass ihm sämtliche Aktien der übrigen Aktionäre gegen Gewährung einer angemessenen Barabfindung übertragen werden.[1555] Dies setzt zunächst einen Beschluss der Hauptversammlung über die Übertragung der Aktien voraus, der vorbehaltlich abweichender Regelungen mit der einfachen Mehrheit gefasst wird.[1556] Ferner muss der PE-Investor den Minderheitsaktionären für den Verlust der Mitgliedschaft eine Barabfindung

---

von Unternehmensübernahmen vom 17.8.2001, BR-Drucks. 574/01, S. 73f.; *Müller-Michaels*, Hölters, AktG, Vorb. § 327a Rn. 4; *Hoffmann-Becking/Kneiger/u.a.*, NZG 1999, 850.

1550 § 131 Abs. 4 AktG.

1551 Vgl.: *Müller-Michaels*, Hölters, AktG, Vorb. § 327a Rn. 4; *Krieger*, BB 2002, 53; *Kossmann*, NZG 1999, 1198, 1199 Fn. 11.

1552 Siehe zur Ermittlung des Gesellschaftsinteresses bereits die Ausführungen unter: § 6.B, S. 89ff.

1553 Siehe hierzu die Ausführungen unter: § 9.B.II.3, S. 190ff.

1554 Siehe hierzu bereits die Ausführungen unter: § 15.A.II.2, S. 235f.

1555 § 327a Abs. 1 Satz 1 AktG.

1556 OLG Düsseldorf, Urt. v. 14.1.2005 – 16 U 59/04, NZG 2005, 347, 351; *Müller-Michaels*, Hölters, AktG, § 327a Rn. 18; *Grunewald*, MüKo-AktG, Band 5, § 327a Rn. 15; *Koch*, Hüffer/Koch, AktG, § 327a Rn. 14.

gewähren.[1557] Für die Abfindungshöhe maßgeblich ist der volle Wert des Unternehmens, aus dem wiederum der volle Beteiligungswert des Minderheitsaktionärs abgeleitet werden kann.[1558] Der *Squeeze-out* birgt ein erhöhtes Risiko, dass Minderheitsaktionäre den zugrunde liegenden Hauptversammlungsbeschluss anfechten, um die Eintragung[1559] zu verhindern oder zumindest zu verzögern, und/oder ein Spruchverfahren[1560] einleiten, mit dem sie die Angemessenheit der Barabfindung überprüfen lassen wollen.[1561]

Beim umwandlungsrechtlichen *Squeeze-out* kann der PE-Investor einen Beschluss über den Ausschluss der Minderheitsaktionäre nach § 327a Abs. 1 Satz 1 AktG bereits bei Bestehen einer 90-Prozent-Beteiligung der Erwerbsgesellschaft am Grundkapital des Portfolio-Unternehmens herbeiführen, wenn das Portfolio-Unternehmen auf eine Erwerbsgesellschaft in der Rechtsform einer AG, KGaA[1562] oder SE[1563] verschmolzen wird.[1564]

2. Übernahmerechtlicher Squeeze-out

Beim *übernahmerechtlichen Squeeze-out*[1565] kann sich die Erwerbsgesellschaft des PE-Investors, sofern diese nach einem Übernahme- oder Pflichtangebot mindestens 95 Prozent des stimmberechtigten Grundkapitals des Portfolio-Unternehmens hält, auf Antrag auch die übrigen stimmberechtigten Aktien gegen angemessene Abfindung übertragen lassen.[1566] Gehören der Erwerbsgesellschaft zugleich auch insgesamt Aktien in Höhe von mindestens 95 Prozent des Grundkapitals des Portfolio-Unternehmens, sind ihm auf Antrag ferner auch die übrigen Vorzugsaktien

1557 §§ 327a Abs. 1 Satz 1, 327b AktG; vgl.: *Müller-Michaels*, Hölters, AktG, § 327b Rn. 1; vgl.: BVerfG, Beschl. v. 23.8.2000 – 1 BvR 68/95 und 1 BvR 147/97, NJW 2001, 270.

1558 OLG Frankfurt, Beschl. v. 7.6.2011 – 21 W 2/11, NZG 2011, 990, 991; OLG Frankfurt, Beschl. v. 17.6.2010 – 5 W 39/09, AG 2011, 717, 718; OLG München, Urt. v. 11.10.2006 – 7 U 3515/06, AG 2007, 334, 335; OLG München, Beschl. v. 10.5.2007 – 31 Wx 119/06, AG 2008, 37; *Koch*, Hüffer/Koch, AktG, § 327b Rn. 5; *Müller-Michaels*, Hölters, AktG, § 327b Rn. 7.

1559 § 327e AktG.

1560 § 327f AktG i.V.m. § 1 Nr. 3 SpruchG.

1561 *Fromholzer/Hasselbach/v.Werder*, Eilers/Koffka u.a., Private Equity, Kapitel II.4 Rn. 121f.

1562 §§ 62 Abs. 1 Satz 1, Abs. 5 Satz 1, 78 Satz 1 UmwG.

1563 Zur Anwendbarkeit der Vorschriften des UmwG bezüglich Aktiengesellschaften für die SE (*Societas Europaea*): *Simon*, KK-UmwG, § 3 Rn. 27; *Heidinger*, Henssler/Strohn, GesR, UmwG, § 3 Rn. 14 m.w.N.

1564 § 62 Abs. 5 UmwG i.V.m. § 327a Abs. 1 Satz. 1 AktG; vgl.: *Koch*, Hüffer/Koch, AktG, § 327a Rn. 3; *Grunewald*, MüKo-AktG, Band 5, § 327a Rn. 11; *Müller-Michaels*, Hölters, AktG, Vorb. § 327a Rn. 11a.

1565 Zum Begriff siehe: *Seiler*, in: Assmann u.a., WpÜG, § 39a Rn. 1.

1566 § 39a Abs. 1 Satz 1 WpÜG.

ohne Stimmrecht zu übertragen.[1567] Die Abfindung muss angemessen sein und der Art nach der im Übernahmeangebot gewährten Gegenleistung entsprechen.[1568] Hat der PE-Investor aufgrund des Übernahme- oder Pflichtangebots mindestens 90 Prozent des vom Angebot betroffenen Grundkapitals erworben, ist die in dem Angebot enthaltene Gegenleistung als *angemessen* anzusehen (sog. „*Markttest*“[1569]). Wird die 90-Prozent-Grenze hingegen nicht erreicht (was in der Praxis häufig der Fall sein dürfte[1570]), kann die Angemessenheit nicht in einem Spruchverfahren überprüft werden.[1571] Mithin hängt die Durchführung des übernahmerechtlichen *Squeeze-outs* von der Einigung über die Angemessenheit der Gegenleistung ab,[1572] notfalls im Wege eines gerichtlichen Verfahrens vor dem den Ausschluss durchführenden Gericht[1573]. Angesichts des dadurch bedingten Verzögerungspotenzials[1574] und der hohen Hürden für die Durchführung[1575], dürfte ein übernahmerechtlicher *Squeeze-out* für den PE-Investor in der Regel nicht in Betracht kommen.[1576]

3. *Übertragende Auflösung*

In Betracht kommt schließlich noch ein *Squeeze-out* im Wege der übertragenden Auflösung, bei der das gesamte Vermögen des Portfolio-Unternehmens auf die Erwerbsgesellschaft des PE-Investors übertragen[1577] und sodann die Gesellschaft aufgelöst[1578] wird.[1579] Die Minderheitsaktionäre des Portfolio-Unternehmens werden hierbei nicht Aktionäre der Erwerbsgesellschaft, sondern nehmen lediglich

---

1567 § 39a Abs. 1 Satz 2 WpÜG.

1568 § 39a Abs. 1 Satz 1, Abs. 3 Satz 1 WpÜG.

1569 Siehe zu dem Begriff: *Seiler*, in: Assmann u.a., WpÜG, § 39a Rn. 70; *Müller-Michaels*, Hölters, AktG, § 39a WpÜG Rn. 11; *Bork*, NZG 2011, 650, 651.

1570 *Fromholzer/Hasselbach/v.Werder*, Eilers/Koffka u.a., Private Equity, Kapitel II.4 Rn. 124; vgl. ferner kritisch: *Seiler*, in: Assmann u.a., WpÜG, § 39a Rn. 32.

1571 OLG Stuttgart, Beschl. v. 5.5.2009 – 20 W 13/08, NZG 2009, 950; *Müller-Michaels*, Hölters, AktG, § 39a WpÜG Rn. 12; *Grunewald*, MüKo-AktG, Band 6, § 39a WpÜG Rn. 38 m.w.N.; *Noack/Zetzsche*, Schwark/Zimmer, KMRK, WpÜG, § 39a Rn. 32; *Süßmann*, Geibel/Süßmann, WpÜG, § 39a Rn. 18.

1572 *Fromholzer/Hasselbach/v.Werder*, Eilers/Koffka u.a., Private Equity, Kapitel II.4 Rn. 125.

1573 *Grunewald*, MüKo-AktG, Band 5, § 327a Rn. 15.

1574 *Noack/Zetzsche*, Schwark/Zimmer, KMRK, WpÜG, § 39a Rn. 32; *Grunewald*, MüKo-AktG, Band 5, § 327a Rn. 15.

1575 Siehe zu der rechtspolitischen Kritik an den hohen Voraussetzungen: *Seiler*, in: Assmann u.a., WpÜG, § 39a Rn. 31.

1576 Vgl. zur geringen Praxisrelevanz des übernahmerechtlichen *Squeeze-outs*: *Fromholzer/Hasselbach/v.Werder*, Eilers/Koffka u.a., Private Equity, Kapitel II.4 Rn. 125.

1577 § 179a AktG.

1578 §§ 179a Abs. 3, 262 Abs. 1 Nr. 2 AktG.

1579 OLG Stuttgart, Urt. v. 21.12.1993 – 10 U 48/93, ZIP 1995, 1515; *Grunewald*, MüKo-AktG, Band 5, § 327a Rn. 12 m.w.N.; *Singhof*, Spindler/Stilz, AktG, Band 2, § 327a Rn. 8; *Müller-Michaels*, Hölters, AktG, Vorb. § 327a Rn. 13. Zur verfassungsrechtlichen

an der Verteilung des Abwicklungsüberschusses teil.[1580] Problematisch ist bei der übertragenden Auflösung jedoch, dass das Spruchverfahren nicht anwendbar ist und die Angemessenheit der Gegenleistung nur im Wege der Anfechtungsklage angegriffen werden kann; somit besteht ein erhebliches Risiko der Blockade der gesamten Maßnahme.[1581] Die Verfahrensdauer und der Ausgang einer auf eine Bewertungsrüge gestützten Anfechtungsklage sind dabei kaum kalkulierbar, sodass die übertragende Auflösung für die Praxis somit weitgehend unbrauchbar ist.[1582] Zu alledem werden im Rahmen der auflösenden Übertragung stille Reserven in der Bilanz des Portfolio-Unternehmens aufgedeckt, was zu erheblichen steuerlichen Nachteilen führen kann.[1583]

III. Würdigung

Ein Ausschluss der Minderheitsaktionäre des Portfolio-Unternehmens wird in der Regel nur im Wege des aktien- oder umwandlungsrechtlichen *Squeeze-outs* in Betracht kommen. Gelingt dem PE-Investor der *Squeeze-out*, kann er (zumindest mittelbar) sämtliche Personalentscheidungen im Portfolio-Unternehmen autark treffen und dieses nach Belieben lenken. Nach Durchführung des *Squeeze-outs* ist das Portfolio-Unternehmen hinsichtlich der Weitergabe sensibler Informationen an den PE-Investor nahezu unbeschränkt. Insbesondere entfallen sämtliche Schutzvorschriften und Mitwirkungsrechte der Minderheitsaktionäre, namentlich die Pflicht zur Nachauskunft in der Hauptversammlung sowie das Gebot zur Gleichbehandlung der Aktionäre. Des Weiteren findet das Verbot der Offenlegung von Insiderinformationen im (faktischen) Konzern ohnehin weitgehend keine Anwendung. Um seine Informationsposition gegenüber dem Portfolio-Unternehmen zu sichern, kann der PE-Investor schuldrechtliche Informationspflichten des Portfolio-Unternehmens begründen oder einen Beherrschungs- und Gewinnabführungsvertrag mit diesem abschließen. Ob sich die Durchführung eines aktien- oder umwandlungsrechtlichen *Squeeze-outs* für den PE-Investor lohnt, hängt vom Einzelfall und insbesondere der Höhe der Abfindung ab.

Zulässigkeit siehe: BVerfG, Beschl. v. 23.8.2000 – 1 BvR 68/95 u. 1 BvR 147/97, NJW 2001, 279.

1580 § 271 AktG; vgl.: *Lochner*, Heidel, AktG, Vor. §§ 327a Rn. 11; *Müller-Michaels*, Hölters, AktG, Vorb. § 327a Rn. 13; *Habersack*, ZIP 2001, 1230, 1231.

1581 *Müller-Michaels*, Hölters, AktG, Vorb. § 327a Rn. 13; *Krieger*, BB 2002, 53, 54; vgl. ferner: *Grunewald*, MüKo-AktG, Band 5, § Vorb. § 327a Rn. 12; *dies.*, ZIP 2002, 18, 20; *Kossmann*, NZG 1999, 1198, 1200.

1582 *Krieger*, BB 2002, 53, 54.

1583 *Müller-Michaels*, Hölters, AktG, Vorb. § 327a Rn. 13.

C. Rechtsformwechsel in eine GmbH

Schließlich kommt als weitere Strukturmaßnahme zur Optimierung des Informationsflusses zwischen PE-Investor und Portfolio-Unternehmen ein umwandlungsrechtlicher Vorgang zur Durchführung eines Wechsels der Rechtsform des Portfolio-Unternehmens in die Rechtsform der GmbH in Betracht.

I. Anreize für den Rechtsformwechsel in eine GmbH

Im Folgenden sollen kurz die Vorteile dargestellt werden, die ein Rechtsformwechsel des Portfolio-Unternehmens in die Rechtsform der GmbH für den PE-Investor mit sich bringt.

1. Corporate Governance in der GmbH

Die Möglichkeiten des PE-Investors, aus seiner Aktionärsstellung heraus Einfluss auf das Portfolio-Unternehmen zu nehmen, sind bei Portfolio-Unternehmen in der Rechtsform der AG gegenüber der Position von Gesellschaftern einer GmbH stark eingeschränkt.[1584] Während die *Corporate Governance* bei der AG sehr stark von der Leitungskompetenz des Vorstands[1585] geprägt ist,[1586] ermöglicht die Rechtsform der GmbH dem PE-Investor eine wesentlich stärkere Einflussnahme auf die unternehmerischen Entscheidungen der Geschäftsführung.[1587] Insbesondere können GmbH-Gesellschafter der Geschäftsführung durch Gesellschafterbeschluss[1588] Weisungen erteilen und somit unmittelbaren Einfluss auf deren Geschäftstätigkeit nehmen.[1589] Das Weisungsrecht umfasst dabei Weisungen jeden beliebigen Inhalts, einschließlich solcher betreffend die laufende Geschäftsführung des Portfolio-Unternehmens.[1590]

Des Weiteren führen die strengen formalen Anforderungen in der AG an die internen Willensbildungs- und Entscheidungsprozesse,[1591] die Zuständigkeitsverteilung zwischen den Organen und die laufende Führung und Verwaltung der Gesellschaft dazu, dass wichtige Ressourcen im Unternehmen allein darauf verwendet werden, den rechtlichen Rahmen einzuhalten; diese Ressourcen stehen für

---

1584 *Schewe u.a.*, Arbeitspapier Nr. 56, 2008, S. 15.
1585 § 76 Abs. 1 AktG.
1586 Siehe hierzu bereits die Ausführungen unter: § 3.B, S. 59ff.
1587 *Schewe u.a.*, Arbeitspapier Nr. 56, 2008, S. 15.
1588 § 47 Abs. 1 GmbHG.
1589 *Lenz*, Michalski, GmbHG, § 37 Rn. 16; *Stephan/Tieves*, MüKo-GmbHG, Band 2, § 37 Rn. 115; *Oetker*, Henssler/Strohn, GesR, GmbHG, § 37a Rn. 11, 14; *Altmeppen*, Roth/Altmeppen, GmbHG, § 37 Rn. 14f.
1590 *Altmeppen*, Roth/Altmeppen, GmbHG, § 37 Rn. 14.
1591 Genannt sei beispielsweise die grundsätzliche Pflicht zur Anfertigung einer notariellen Niederschrift über sämtliche Beschlüsse in der Hauptversammlung, § 130 Abs. 1 Satz 1 AktG.

die eigentliche unternehmerische Tätigkeit dann nicht zur Verfügung.[1592] Hingegen ist der Rechtsrahmen bei der GmbH weitgehend dispositiv, sodass die Ausgestaltung der Rechtsbeziehungen der Gesellschafter untereinander sowie zwischen den Gesellschaftern einerseits und der Gesellschaft andererseits größtenteils frei gestaltet und den individuellen Bedürfnissen des PE-Investments angepasst werden kann.[1593]

So kann beispielsweise bei Portfolio-Unternehmen in der Rechtsform der GmbH sowohl schuldrechtlich als auch korporationsrechtlich ein Beirat errichtet werden, auf den die vom AktG für den Aufsichtsrat vorgegebenen Kompetenzzuweisungen und Anforderungen an interne Willensbildungsprozesse keine Anwendung finden.[1594] Diesem Beirat kann neben Beratungs- und Überwachungsaufgaben etwa auch ein Weisungsrecht gegenüber der Geschäftsführung übertragen werden.[1595] Der Beirat kann dabei helfen, die Gesellschafterversammlung zu entlasten[1596] und den Einfluss des PE-Investors auf das Portfolio-Unternehmen zu sichern[1597].

2. *Informationsmöglichkeiten in der GmbH*

Auch hinsichtlich des Informationsflusses zwischen dem PE-Investor und dem Management ergeben sich bei Portfolio-Unternehmen, die in der Rechtsform der GmbH verfasst sind, erhebliche Vorteile gegenüber solchen in der Rechtsform der AG. Während die allein aus der Aktionärsstellung erwachsenden Informationsmöglichkeiten des PE-Investors in der AG, wie gezeigt,[1598] in zeitlicher und inhaltlicher Sicht stark limitiert sind, kann der Gesellschafter einer GmbH von der Geschäftsführung jederzeit auf sein Verlangen unverzüglich Auskunft über die

1592 Vgl. mit Bezug zur Rechtsformwahl bei VC-Transaktionen: *Wennekers/Bank*, Bank/Möllmann, VC Germany, Teil 7 Rn. 3.

1593 Siehe Fn. 1592.

1594 *Giedinghagen*, Michalski, GmbHG, § 52 Rn. 398f.; *Wennekers/Bank*, Bank/Möllmann, VC Germany, Teil 7 Rn. 4; siehe eingehend zur dogmatischen Herleitung der Zulässigkeit der schuldrechtlichen Begründung eines Beirats: *Uffmann*, NZG 2015, 169ff. Vorsichtshalber sollte für den Beirat die Anwendung des § 52 Abs. 1 GmbH abbedungen werden; allerdings ist auch bei der GmbH die Möglichkeit eines verpflichtenden Aufsichtsrats zu beachten, wenn etwa die GmbH mehr als 500 Arbeitnehmer (§§ 1 Abs. 1 Nr. 3, Abs. 2 Satz 1 Nr. 1 DrittelbG) oder gar in der Regel mehr als 2.000 Arbeitnehmer hat (§§ 1 Abs. 1, Abs. 2, 7 Abs. 1 Satz 1 MitbestG).

1595 *Spindler*, MüKo-GmbHG, Band 2, § 52 Rn. 748ff., 755; *Wennekers/Bank*, Bank/Möllmann, VC Germany, Teil 7 Rn. 4ff.; vgl. ferner: *Altmeppen*, Roth/Altmeppen, GmbHG, § 52 Rn. 75.

1596 *Giedinghagen*, Michalski, GmbHG, § 52 Rn. 399.

1597 *Altmeppen*, Roth/Altmeppen, GmbHG, § 52 Rn. 70; vgl. zu weiteren möglichen Motiven für die Errichtung eines Beirats ausführlich: *Giedinghagen*, Michalski, GmbHG, § 52 Rn. 399; *Spindler*, MüKo-GmbHG, Band 2, § 52 Rn. 714.

1598 Siehe hierzu die Ausführungen unter: § 4, S. 65ff.; § 5, S. 79ff.

Angelegenheiten der Gesellschaft verlangen.[1599] Bei diesem Auskunftsrecht handelt es sich um ein Individualrecht, das jedem Gesellschafter individuell gegenüber der GmbH zusteht.[1600] Der Terminus *Angelegenheiten der Gesellschaft* ist nach allgemeiner Auffassung weit zu fassen[1601] und umfasst insbesondere auch alle Tatsachen, welche die Geschäftsverhältnisse und Unternehmensführung betreffen (einschließlich des Rechnungswesens und der Beziehungen zu Dritten).[1602] Das Informationsrecht des GmbH-Gesellschafters ermöglicht dem PE-Investor ferner die Einsichtnahme in die *Bücher und Schriften* des Portfolio-Unternehmens.[1603] Anders als bei der AG bedarf es hier also für den PE-Investor zur Gewährleistung eines umfassenden Informationsrechts gegenüber dem Portfolio-Unternehmen keines Beherrschungs- und Gewinnabführungsvertrages.

Auch das Informationsrecht des GmbH-Gesellschafters gilt jedoch nicht schrankenlos.[1604] Zum Teil wird hier das Vorliegen eines Informationsbedürfnisses gefordert[1605], zum Teil wird das Informationsrecht als dadurch beschränkt erachtet, dass dessen Ausübung zweckgerecht[1606] erfolgen müsse.[1607] Um Unsicherheiten hinsichtlich des Bestehens eines Informationsrechts im Einzelfall zu vermeiden und den Informationsfluss zwischen Management und PE-Investor zu konkretisieren, systematisieren und automatisieren sowie, folgt man dem Ansatz einer restriktiveren Handhabung des Auskunftsrechts, ggf. noch auszuweiten, bietet es sich daher auch bei Portfolio-Unternehmen in der Rechtsform der GmbH an, bestimmte

---

1599 § 51a Abs. 1 GmbHG; vgl.: *Zöllner/Noack*, Baumbach/Hueck, GmbH-Gesetz, § 51a Rn. 10; *Leuering/Simon*, NJW-Spezial 2006, 507.

1600 *Strohn*, Henssler/Strohn, GesR, GmbHG, § 51a Rn. 2; *Wicke*, Wicke, GmbHG, § 51a Rn. 1.

1601 Vgl.: BGH, Urt. v. 11.11.2002 – II ZR 125/02, NJW-RR 2003, 830; BGH, Beschl. v. 6.3.1997 – II ZB 4/96, NJW 1997, 1985, 1986; *Hillmann*, MüKo-GmbHG, Band 2, § 51a Rn. 26 m.w.N.; *Römermann*, Michalski, GmbHG, § 51a Rn. 25; *Roth*, Roth/Altmeppen, GmbHG, § 51a Rn. 5; *Wicke*, Wicke, GmbHG, § 51a Rn. 3.

1602 *Strohn*, Henssler/Strohn, GesR, GmbHG, § 51a Rn. 11; vgl. ferner: *Zöllner/Noack*, Baumbach/Hueck, GmbH-Gesetz, § 51a Rn. 11; *Hillmann*, MüKo-GmbHG, Band 2, § 51a Rn. 27.

1603 § 51a Abs. 1 Alt. 2 GmbH; *Zöllner/Noack*, Baumbach/Hueck, GmbH-Gesetz, § 51a Rn. 19.

1604 *Hillmann*, MüKo-GmbH, Band 2, § 51a Rn. 76; *Inhester*, Jesch/Striegel, Rechtshdb. PE, S. 247 („*den allgemeinen Schranken (Verhältnismäßigkeit, Rechtsmissbrauch, § 242 BGB) unterworfen*").

1605 *Römermann*, Michalski, GmbHG, § 51a Rn. 138f.; *Hillmann*, MüKo-GmbH, Band 2, § 51a Rn. 83.

1606 BGH, Urt. v. 11.11.2002 – II ZR 125/02, NZG 2003, 396, 397; BGH, Beschl. v. 6.3.1997 – II ZB 4/96, DStR 1997, 829, 831; *Zöllner/Noack*, Baumbach/Hueck, GmbH-Gesetz, § 51a Rn. 27 („*funktionsgerecht*").

1607 Siehe zu dem Meinungsstand ausführlich: *Hillmann*, MüKo-GmbH, Band 2, § 51a Rn. 76ff.; *Römermann*, Michalski, GmbHG, § 51a Rn. 132ff.

Informationsrechte (etwa über den Erhalt monatlicher *Reportings*) schriftlich in der Beteiligungs- und Gesellschaftervereinbarung zu fixieren.

II. Up-stream-Merger und Formwechsel

Zur Umsetzung des „Formwechsels" in eine GmbH kommen vorliegend ein umwandlungsrechtlicher Formwechsel sowie eine Verschmelzung des Portfolio-Unternehmens auf die Erwerbsgesellschaft in der Rechtsform der GmbH in Betracht. Bei der Verschmelzung wird das Vermögen des Portfolio-Unternehmens als Ganzes, das heißt im Wege der Gesamtrechtsnachfolge, auf die Erwerbsgesellschaft übertragen.[1608] Sofern das Portfolio-Unternehmen börsennotiert ist und auf einen nicht börsenfähigen Rechtsträger oder eine nicht börsennotierte AG verschmolzen wird, führt dies zugleich zum Verlust der Börsennotierung (*kaltes Delisting*).[1609] Sowohl die Verschmelzung als auch der Formwechsel setzen auf Ebene des Portfolio-Unternehmens zunächst einen Beschluss der Hauptversammlung mit einer Mehrheit von mindestens drei Vierteln des bei der Beschlussfassung vertretenen Grundkapitals voraus.[1610] Während die Mitaktionäre im Falle des Formwechsels grundsätzlich unverändert Gesellschafter des Portfolio-Unternehmens mit neuer Rechtsform bleiben, muss der PE-Investor den Mitaktionären im Rahmen eines *Up-stream-Mergers* auf die Erwerbsgesellschaft als Gegenleistung Anteile an der Erwerbsgesellschaft[1611] sowie eine Abfindung[1612] anbieten. Sofern ein Aktionär dem Formwechsel in eine GmbH widerspricht, muss die Erwerbsgesellschaft auch diesem ein Abfindungsangebot machen.[1613]

III. Würdigung

Durch die Fortführung des Betriebs des Portfolio-Unternehmens in der Rechtsform der GmbH erhält der PE-Investor ein sehr umfassendes Auskunfts- und

---

1608 *Schröer*, Semler/Stengel, UmwG, § 5 Rn. 7, § 20 Rn. 8; *Heidinger*, Henssler/Strohn, GesR, UmwG, § 5 Rn. 5, § 20 Rn. 4; *Stratz*, Schmitt u.a., UmwG, § 5 Rn. 4.

1609 *Stratz*, Schmitt u.a., UmwG, § 29 Rn. 9; *Fromholzer/Hasselbach/v.Werder*, Eilers/Koffka u.a., Private Equity, Kapitel II.4 Rn. 132; vgl.: Begründung zum Regierungsentwurf des Zweiten Gesetzes zur Änderung des Umwandlungsgesetzes vom 12.10.2006, BT-Drucks. 16/2919, S. 13.

1610 Für die Verschmelzung ergibt sich dies aus: §§ 13 Abs. 1, 65 Abs. 1 Satz 1 UmwG; für den Formwechsel ergibt sich dies aus: §§ 193 Abs. 1 Satz 1, 240 Abs. 1 Satz 1 UmwG.

1611 *Schröer*, Semler/Stengel, UmwG, § 5 Rn. 9; *Heidinger*, Henssler/Strohn, GesR, UmwG, § 5 Rn. 6.

1612 § 29 Abs. 1 Satz 1 UmwG; *Müller*, Henssler/Strohn, GesR, UmwG, § 29 Rn. 4f; *Kalss*, Semler/Stengel, UmwG, § 29 Rn. 6.

1613 *Kalss*, Semler/Stengel, UmwG, § 207 Rn. 2f.; *Stratz*, Schmitt u.a., UmwG, § 207 Rn. 1; *Drinhausen/Keinath*, Henssler/Strohn, GesR, UmwG, § 207 Rn. 1.

Einsichtsrecht gegenüber dem Portfolio-Unternehmen, durch welches sein Informationsbedürfnis schon weitreichend gewahrt ist.[1614] Zugleich erhöhen sich bei der GmbH die Einflussmöglichkeiten des PE-Investors aus seiner Gesellschafterstellung heraus signifikant gegenüber denen bei der AG. Des Weiteren werden durch den Wegfall der strengen formellen Anforderungen bei der AG die Verwaltungskosten gesenkt und Ressourcen im Unternehmen freigesetzt. Ein Rechtsformwechsel von einer AG in eine GmbH wird aus Sicht des PE-Investors daher häufig erstrebenswert sein.

Der PE-Investor muss bei seinen Erwägungen jedoch berücksichtigen, dass sowohl die Verschmelzung als auch der Formwechsel erst mit ihrer Eintragung im Handelsregister wirksam werden.[1615] Die Eintragung erfolgt nicht, solange Anfechtungsklagen gegen den Hauptversammlungsbeschluss anhängig sind.[1616] Dies kann die Wirksamkeit der Verschmelzung blockieren.[1617] Dem PE-Investor drohen hierdurch nicht nur kostspielige Rechtsstreitigkeiten, sondern auch eine mitunter erhebliche Verzögerung etwaiger im Anschluss an den „Rechtsformwechsel" geplanter weiterer Umstrukturierungs- bzw. Integrationsmaßnahmen.

Schließlich mag es im Einzelfall auch gute Gründe dafür geben, die Rechtsform der AG bewusst beizubehalten. Zunächst wird der AG im Geschäftsverkehr oftmals eine größere Seriosität zugeschrieben als der GmbH.[1618] Gerade im Verhältnis zu Drittgeldgebern (insbesondere Banken) können hierdurch unter Umständen die Finanzierungskosten des Portfolio-Unternehmens gesenkt werden. Auch kann die Form des geplanten *Exits* des PE-Investors für eine Beibehaltung der Rechtsform der AG sprechen: beabsichtigt der PE-Investor einen *Exit* im Wege der Veräußerung der Aktien am Kapitalmarkt (*Initial Public Offering*), stehen die Transaktionskosten (einschließlich der Kosten für externe Berater wie Wirtschaftsprüfer, Steuerberater und Rechtsanwälte sowie Notarkosten) für den doppelten Wechsel der Rechtsform sowie die aufgrund der Reorganisation(en) zu erwartenden Beeinträchtigungen des operativen Geschäfts durch die Bindung von Ressourcen im Unternehmen ggf. außer Verhältnis zu den mit dem Rechtsformwechsel verbundenen Vorteilen. Darüber hinaus werden durch die Fortführung des Portfolio-Unternehmens in der Rechtsform der GmbH nicht nur die Informationsrechte des PE-Investors, sondern auch die aller anderen Gesellschafter gestärkt.[1619] Sofern der PE-Investor seine

---

1614 *Inhester*, Jesch/Striegel, Rechtshdb. PE, S. 247; vgl. zu den Verweigerungsgründen der Auskunft seitens der GmbH vgl.: *Strohn*, Henssler/Strohn, GesR, GmbHG, § 51a Rn. 17ff.; *Hillmann*, MüKo-GmbHG, Band 2, § 51a Rn. 62ff., 76ff.

1615 §§ 16 Abs. 1 Satz 1, 20 Abs. 1 UmwG bzw. §§ 198 Abs. 1, 202 Abs. 1 UmwG.

1616 §§ 16 Abs. 2, 198 Abs. 3 UmwG.

1617 *Fromholzer/Hasselbach/v.Werder*, Eilers/Koffka u.a., Private Equity, Kapitel II.4 Rn. 134f.

1618 *Wennekers/Bank*, Bank/Möllmann, VC Germany, Teil 7 Rn. 8.

1619 Vgl. zur minderheitsschützenden Wirkung des § 51a GmbHG: *Strohn*, Henssler/Strohn, GesR, GmbHG, § 51a Rn. 1, Rn. 5; *Roth*, Roth/Altmeppen, GmbHG, § 51a Rn. 3.

Einfluss- und Informationsrechte gegenüber dem Portfolio-Unternehmen bereits über die Beteiligungs- und Gesellschaftervereinbarung absichern kann, mag ein Formwechsel in eine GmbH angesichts dessen mitunter kontraproduktiv sein. Als weitere Option wäre es denkbar, dass der PE-Investor vor Durchführung des Rechtsformwechsels einen *Squeeze-out* betreibt.[1620]

D. Zusammenfassung

Als weitere Strukturmaßnahme zur Optimierung der Informationsmöglichkeiten kommt zunächst ein *Delisting* in Betracht. Dieses führt dazu, dass die insiderrechtlichen Restriktionen einschließlich des Verbots der Offenlegung von Insiderinformationen sowie die Verpflichtung zur Abgabe der DCGK-Entsprechenserklärung und damit einhergehend auch die ggf. selbst auferlegte Pflicht zur Einhaltung der *Fair Disclosure*-Empfehlung entfallen. Sofern dem PE-Investor im Einzelfall ein aktien- oder umwandlungsrechtlicher *Squeeze-out* gelingt und ihm dieser angesichts des gegenüber den übrigen Aktionären zu machenden Abfindungsangebots sinnvoll erscheint, entfallen damit auch sämtliche Schutzvorschriften und Mitwirkungsrechte der Minderheitsaktionäre (insbesondere die Pflicht zur Nachauskunft in der Hauptversammlung und das Gebot zur Gleichbehandlung der Aktionäre). Eine Ausweitung der Einfluss- und Informationsmöglichkeiten kann der PE-Investor ferner durch einen Rechtsformwechsel des Portfolio-Unternehmens in eine GmbH oder die Verschmelzung des Portfolio-Unternehmens auf die Erwerbsgesellschaft in der Rechtsform der GmbH erreichen. Hierdurch erlangt der PE-Investor neben erweiterten Einflussmöglichkeiten (nicht zuletzt aufgrund des Weisungsrechts der Gesellschafterversammlung) mit § 51a GmbHG ein sehr umfassendes und seinen Ansprüchen weitreichend genügendes Auskunftsrecht gegenüber dem Portfolio-Unternehmen. Gleichwohl wird es auch hier sinnvoll sein, den Informationsfluss zwischen dem Management des Portfolio-Unternehmens und dem PE-Investor über die Beteiligungs- und Gesellschaftervereinbarung zu konkretisieren, systematisieren, automatisieren und ggf. zu optimieren.

1620 Zu den diesbezüglichen Vorbehalten siehe bereits die Ausführungen unter: § 19.B, S. 266ff.

6. Teil: Zusammenfassung

§ 20. Wesentliche Ergebnisse der Untersuchung

A. Informationsbedürfnis von PE-Investoren

1. PE-Investoren wollen mithilfe ihrer Eigentums-, Informations-, Kontroll- und Stimmrechte über den Zeitraum der Haltedauer der Unternehmensbeteiligung zu einer Wertsteigerung beitragen und mit dem *Exit* eine möglichst hohe Rendite auf ihr Eigenkapital erreichen.
2. Sie führen auf Ebene des Portfolio-Unternehmens ein fortlaufendes Controlling durch, das neben Maßnahmen zur Überwachung des Portfolio-Unternehmens (*Monitoring*) auch gezielte Beratungs- und Betreuungsleistungen gegenüber dem Management des Portfolio-Unternehmens (*Mentoring*) umfasst.
3. Eine laufende Überwachung, Interessenwahrnehmung und (beratende) Einflussnahme setzen eine umfassende Informationsgrundlage voraus.

B. Allgemeine Informationsrechte des PE-Investors

4. Die grundlegenden Informationsmöglichkeiten der Aktionäre in der AG reichen für die Zwecke einer unternehmerischen Beteiligungsverwaltung, wie der des PE-Investors, nicht aus.
5. Das Auskunftsrecht in der Hauptversammlung ist in räumlich-zeitlicher Hinsicht sowie inhaltlich auf die Hauptversammlung bzw. die dieser zugrunde liegende Tagesordnung beschränkt und eignet sich daher nicht als fortlaufende Informationsquelle.
6. Die handelsrechtlichen und, im Falle der Börsennotierung des Portfolio-Unternehmens, erweiterten kapitalmarktrechtlichen Finanzberichte sind vorwiegend retrospektiv geprägt und werden den Aktionären nur zeitverzögert zur Verfügung gestellt. Sie ermöglichen dem PE-Investor weder ein schnelles Einwirken auf Fehlentwicklungen im Unternehmen noch eine zukunftsorientiert angelegte, unternehmerische Beteiligungsverwaltung.
7. Die *Ad-hoc*-Publizitätspflicht bei börsennotierten Portfolio-Unternehmen trägt zu einer besseren Überwachung des Portfolio-Unternehmens durch den PE-Investor bei, eignet sich jedoch nicht als Informationsquelle für eine (beratende) Einflussnahme des PE-Investors auf strategisch und/oder operativ gewichtige Prozesse des Portfolio-Unternehmens. Die *Ad-hoc*-Publizitätspflicht betrifft zunächst nur Informationen, die ein erhebliches Kursbeeinflussungspotenzial aufweisen. Zudem wird das Portfolio-Unternehmen häufig bestrebt sein, die

Bekanntgabe noch schwebender Prozesse, insbesondere laufender Verhandlungen über Unternehmenszukäufe sowie sonstige *M & A*-Transaktionen, bis zu deren Abschluss aufzuschieben. Gerade hier ist es für PE-Investoren jedoch besonders wichtig, frühzeitig in den Willensbildungs- und Entscheidungsprozess eingebunden und ggf. unterstützend tätig zu werden. Zum Zeitpunkt der Veröffentlichung wird eine Einflussnahme des PE-Investors nicht mehr möglich sein.

C. Überobligatorischer Informationsaustausch

I. Erweiterter Dialog mit dem Vorstand

8. Der Vorstand des Portfolio-Unternehmens als geschäftsführendes Leitungsorgan ist grundsätzlich berechtigt, dem PE-Investor auch außerhalb der Hauptversammlung Auskünfte zu erteilen. Der Vorstand muss hierbei jedoch seine Pflicht zur Verschwiegenheit, das Gebot der Gleichbehandlung und etwaige kapitalmarktrechtliche Restriktionen beachten.

1. Pflicht zur Verschwiegenheit

9. Die Pflicht zur Verschwiegenheit erfüllt keinen Selbstzweck. Sie tritt zurück, wenn die Weitergabe von Geschäftsgeheimnissen oder vertraulichen Informationen an den PE-Investor im Interesse der Gesellschaft liegt.

10. Bei der Bestimmung des Gesellschaftsinteresses muss sich der Vorstand primär an den Interessen der Aktionäre orientieren, darf sekundär aber auch die Interessen der übrigen Stakeholder (Arbeitnehmer, Öffentlichkeit und Gläubiger) berücksichtigen.

11. Das Interesse der Aktionäre besteht zunächst in der Sicherstellung der dauerhaften Rentabilität und des Bestands des Unternehmens; darüber hinaus bleibt es grundsätzlich dem unternehmerischen Ermessen des Vorstands überlassen, inwieweit er die Unternehmenspolitik an einer langfristigen Gewinnmaximierung oder einer Steigerung des Marktwertes des Unternehmens (*Shareholder Value*) orientiert. Der PE-Investor wird daher in der Regel auf einen Interessengleichlauf mit dem Management hinwirken, etwa indem es diesem eine (Rück-)Beteiligung an dem Unternehmen ermöglicht.

12. Die Überwachungs- und Beratungstätigkeit des PE-Investors dient neben der Kontrolle seines eigenen Investments insbesondere auch der Steigerung des Marktwertes der Unternehmensbeteiligung und kommt somit allen Aktionären zugute. Ein Gesellschaftsinteresse am Informationsaustausch mit dem PE-Investor wird daher regelmäßig zu bejahen sein.

13. Sofern der PE-Investor die Einräumung von Sonderinformationsrechten zur Bedingung für seine Beteiligung an dem Unternehmen macht, darf sich der Vorstand bei der Interessenabwägung auch an dem unternehmensstrategischen Interesse des Portfolio-Unternehmens an der Beteiligung des PE-Investors orientieren. Da PE-Transaktionen tendenziell dazu führen, dass die Unternehmen durch ihre Fokussierung gestärkt und die Arbeitsplätze nach Restrukturierungsphasen sicherer werden, wird ein solches Interesse oftmals gegeben sein. Die Kritik, PE-Investoren würden ihre Portfolio-Unternehmen durch die nicht atypischen Maßnahmen wie einen *Debt Push Down* oder fremdfinanzierte Ausschüttungen hoch verschuldet zurücklassen und in ihrem Fortbestand gefährden, hat sich nicht bestätigt.

2. *Gebot der Gleichbehandlung der Aktionäre*

14. Eine generelle informationelle Bevorzugung einzelner Aktionäre ist grundsätzlich mit dem deutschen Aktienrecht sowie der Kompetenzordnung in der AG vereinbar, solange der Aufsichtsrat gegenüber dem PE-Investor nicht benachteiligt sowie seine Stellung als Überwachungsorgan nicht beeinträchtigt wird und die Voraussetzungen des § 53a AktG eingehalten werden.
15. Bei dem Gleichbehandlungsgebot des § 53a AktG handelt es sich dogmatisch gesehen um ein relatives Gleichbehandlungsgebot, das unter Umständen Ungleichbehandlungen zulässt, wenn diese sachlich berechtigt sind und nicht willkürlich erfolgen. Eine informationelle Bevorzugung des PE-Investors muss hierfür geeignet und erforderlich sein, um ein Interesse des Portfolio-Unternehmens zu wahren, und auch unter Berücksichtigung der Interessen der ungleich behandelten Aktionäre als verhältnismäßig erscheinen.
16. Durch die Sonderinformationsrechte des PE-Investors werden die außenstehenden Aktionäre gegenüber dem PE-Investor benachteiligt. Die informationelle Bevorzugung des PE-Investors wird jedoch oftmals im Interesse der Gesellschaft liegen, da sich der PE-Investor nur so aktiv an der Überwachung des Portfolio-Unternehmens und der *Corporate Governance* beteiligen kann. Die selektive informationelle Bevorzugung des PE-Investors sowie ggf. weiterer ausgewählter Aktionäre ist zur Erreichung dieses Zwecks auch erforderlich; eine gleichmäßige Information aller Aktionäre scheidet angesichts der hohen Kosten einer intensiven Aktionärskommunikation sowie des schützenswerten Interesses des Portfolio-Unternehmens, den Kreis der Mitwisser möglichst klein zu halten, in der Regel aus.
17. Berücksichtigt man das unterschiedliche Informationsbedürfnis der einzelnen Aktionärsgruppen sowie den erhöhten Nutzen, den das Portfolio-Unternehmen angesichts der hohen Kosten aus dem intensivierten Informationsaustausch mit dem PE-Investor zieht, kann eine informationelle Ungleichbehandlung der übrigen Aktionäre gerechtfertigt sein. Dies gilt insbesondere dann, wenn sich die Überwachungstätigkeit des PE-Investors für alle Aktionäre positiv auswirkt.

18. Kleinaktionäre in der Publikumsgesellschaft verstehen sich typischerweise als reine Kapitalanleger; sie sind weder gewillt noch in der Lage, aktiv am Unternehmensleben teilzuhaben. Vor diesem Hintergrund wird eine Ungleichbehandlung der Kleinaktionäre regelmäßig gerechtfertigt sein.

19. Aktionäre, die unternehmensfeindliche Motive oder gesellschaftsexterne Partikularinteressen verfolgen, dürfen in der Regel ebenfalls gegenüber dem PE-Investor informationell benachteiligt werden.

20. Sofern sich neben dem PE-Investor strategische oder institutionelle Investoren in vergleichbarem Umfang wie der PE-Investor an der Überwachung des Portfolio-Unternehmens und der *Corporate Governance* beteiligen möchten und sich ihrerseits gegenüber dem Unternehmen zur Verschwiegenheit verpflichtet haben, müssen diese in der Regel informationell gleich behandelt werden. Beteiligen sich auch diese Aktionärsgruppen lediglich passiv an dem Portfolio-Unternehmen (*Free-Rider*-Problematik), dürfte eine informationelle Bevorzugung des PE-Investors auch hier zulässig sein.

21. Sieht der Vorstand die Interessen der benachteiligten Aktionäre aufgrund der Informationsasymmetrien gefährdet, muss er diese ggf. aufklären und insoweit auf einen Informationsgleichstand hinwirken.

22. Den benachteiligten Aktionären steht in der Regel kein erweitertes Auskunftsrecht in der Hauptversammlung zu. Das erweiterte Auskunftsrecht ist eine spezielle Ausprägung des Gleichbehandlungsgrundsatzes und lässt ebenfalls Differenzierungen zwischen Aktionären zu, sofern diese sachlich berechtigt sind.

3. *Kapitalmarktrechtliche Besonderheiten*

23. Eine Offenlegung von Insiderinformationen gegenüber dem PE-Investor ist ausnahmsweise zulässig, wenn sie im Zuge der normalen Ausübung einer Beschäftigung oder eines Berufs oder der normalen Erfüllung von Aufgaben geschieht. Dies wird im Wege einer Interessenabwägung zwischen dem Informationseindämmungsinteresse des Marktes einerseits und dem Emittenteninteresse an der Offenlegung andererseits ermittelt.

24. Bei der Interessenabwägung sind die Grundsätze der *Grøngaard & Bang*-Rechtsprechung des EuGH und insbesondere das darin vermeintlich postulierte Kriterium der *Unerlässlichkeit* der Informationsweitergabe nicht anzuwenden. Die MAR entsagt einer strengen Informationsgleichbehandlung und lässt die Offenlegung von Insiderinformationen auch dann zu, wenn dies durch Zweckmäßigkeitserwägungen gerechtfertigt ist.

25. Eine generelle Vorabinformation des PE-Investors mit Insiderinformationen ist mit dem Gleichbehandlungsprinzip der Marktteilnehmer, das ein Leitprinzip der MAR darstellt, nicht vereinbar.

26. Eine punktuelle Vorabinformation des PE-Investors ist zulässig, wenn der Vorstand in Angelegenheiten von grundlegender Bedeutung vor der Durchführung bestimmter Maßnahmen oder der Beschlussfassung der Hauptversammlung die Meinung des PE-Investors einholen möchte, um sich dessen Zustimmung zu versicheRn. Dies gilt insbesondere im Vorfeld von Hauptversammlungsbeschlüssen, wenn diese maßgeblich von der Zustimmung des PE-Investors abhängen.

27. Das Portfolio-Unternehmen darf den PE-Investor im Rahmen der Willensbildung und Entscheidungsfindung grundsätzlich wie externe Berater punktuell für Beratungsleistungen konsultieren und ihm gegenüber im Zuge dessen auch Insiderinformationen offenlegen.

28. Das Portfolio-Unternehmen darf den PE-Investor vorab über geplante Aktienemissionen im Wege der Kapitalerhöhung informieren, um dessen Interesse an der Kapitalmarkttransaktion zu ermitteln (sog. Marktsondierung). Die Zulässigkeit ist an umfassende Aufklärungs- und Dokumentationspflichten geknüpft. Sämtliche *wesentlichen* Informationen, die dem PE-Investor in diesem Zusammenhang erteilt werden, müssen im Rahmen der Aktienemission entweder in den Prospekt selbst (bzw. einem Nachtrag hierzu) aufgenommen werden oder, falls eine Prospektpflicht nicht besteht, den anderen Adressaten des Angebots anderweitig mitgeteilt werden.

29. Der DCGK empfiehlt, dass sämtliche wesentlichen neuen Tatsachen, die dem PE-Investor mitgeteilt werden, auch allen anderen Aktionären zur Verfügung gestellt werden. Sofern das Portfolio-Unternehmen der Empfehlung entsprechen möchte, bietet es sich ggf. an, den Dialog zwischen dem PE-Investor und dem Portfolio-Unternehmen auf weiche, nicht der *Fair Disclosure* unterliegende Informationen (Planungen, Konzepte, Strategien und bloße Vorbereitungsmaßnahmen) zu beschränken. Hingegen dürfte es in der Regel nicht zweckmäßig sein, die Informationspolitik des Portfolio-Unternehmens dergestalt von der Investmentphase des PE-Investors abhängig zu machen, dass das Portfolio-Unternehmen zunächst gegen die Einhaltung der *Fair Disclosure* optiert und erst in zeitlichem Zusammenhang mit dem Exit des PE-Investors (wieder) der *Fair Disclosure* entspricht. Zum einen ist der Informationsaustausch zwischen dem Portfolio-Unternehmen und dem PE-Investor ohnehin durch die Restriktionen des Insiderrechts beschränkt, zum anderen bleibt schließlich auch trotz Beachtung der *Fair Disclosure*-Empfehlung ein Informationsaustausch über weiche Informationen sowie nicht realisierte Gegenstände weiterhin zulässig. Darüber hinaus ist die Akzeptanz der Maßnahme durch den Kapitalmarkt ungewiss.

30. Will sich der PE-Investor den insiderrechtlichen Restriktionen und einer möglichen Verpflichtung zur *Fair Disclosure* entziehen, kommt ein Rückzug von der

Börse (*Delisting*) in Betracht. Dies setzt ein Angebot des PE-Investors an die übrigen Aktionäre zum Erwerb aller Wertpapiere voraus. Da der PE-Investor jedoch den übrigen Aktionären im Falle des *Going Private* ein Angebot im Sinne des WpÜG bezüglich des Erwerbs aller Wertpapiere an dem Portfolio-Unternehmen machen muss, wird vom Einzelfall abhängen, ob die Vorteile des *Delistings* die Nachteile überwiegen. Ein *Downlisting* wird in der Regel schon deshalb nicht in Betracht kommen, weil dieses das Portfolio-Unternehmen nicht von den insiderrechtlichen Restriktionen entbindet.

II. Dialog mit dem Aufsichtsrat

31. Dem Aufsichtsrat steht hinsichtlich der Themen aus seinem originären Aufgabenbereich die alleinige Informationshoheit zu. In diesem Rahmen ist er ferner berechtigt, in direkten Kontakt mit dem PE-Investor sowie ggf. weiteren Investoren zu treten.

32. Für den Investorendialog zuständig ist grundsätzlich der Aufsichtsratsvorsitzende. Dieser muss bei jeglicher Außenkommunikation mit dem PE-Investor die allgemeinen aktien- und kapitalmarktrechtlichen Regelungen (Pflicht zur Verschwiegenheit, Gebot der Gleichbehandlung und Verbot der Offenlegung von Insiderinformationen) sowie die *one voice policy* wahren.

33. Ein Informationsaustausch mit dem PE-Investor über Inhalte, die dem Beratungsgeheimnis unterliegen, wird nur in eng begrenzten Ausnahmefällen im Interesse der Gesellschaft liegen und somit zumeist unzulässig sein.

34. Die Kommunikation zwischen dem Aufsichtsrat und dem PE-Investor umfasst im Wesentlichen Themen der Überwachung der Geschäftsführung. Soweit jedoch Inhalte der Geschäftsleitung oder Unternehmensstrategie (auch nur mittelbar) betroffen sind, sollte sich der Aufsichtsrat zur Wahrung der *one voice policy* vorab mit dem Vorstand abstimmen. Ferner erhält der PE-Investor über den direkten Investorendialog die Möglichkeit, dem Aufsichtsrat Meinungen und Anregungen (insbesondere zu Personalfragen) mitzugeben, die dieser würdigen und ggf. erläuternd oder klarstellend kommentieren darf.

35. Mitglieder im Aufsichtsrat des Portfolio-Unternehmens, die vom PE-Investor entsandt bzw. vorgeschlagen und gewählt worden sind, dürfen die im Aufsichtsrat erlangten Informationen grundsätzlich nicht an diesen weitergeben. Dies gilt im Grundsatz auch dann, wenn sie zugleich Organ des PE-Investors oder dort angestellt sind.

36. Sofern dies der bisherigen Unternehmenspraxis entspricht, wird in der Praxis oftmals von einem konkludenten Einverständnis des Vorstands des Portfolio-Unternehmens mit der direkten Weitergabe von Informationen durch den Doppelmandatsträger auszugehen sein, insbesondere bezüglich der

Gegenstände der Regelberichterstattung. Hinsichtlich außergewöhnlicher Vorgänge, die etwa der Sonderberichterstattung unterfallen, ist ein konkludentes Einverständnis grundsätzlich ebenfalls denkbar; in der Praxis wird und sollte sich das Aufsichtsratsmitglied hier vor dem Hintergrund der drohenden persönlichen Haftung jedenfalls zuvor mit dem Vorstand abstimmen. Voraussetzung für die Annahme eines konkludenten Einverständnisses ist jedenfalls, dass der PE-Investor als Informationsempfänger zur Verschwiegenheit verpflichtet ist.

III. Besonderheiten in Konzernlagen

37. Soweit die Weitergabe von Informationen der einheitlichen Konzernleitung dient, greifen sowohl im Vertragskonzern als auch im faktischen Konzern weder die Pflicht zur Verschwiegenheit noch das Verbot der Offenlegung von Insiderinformationen.

38. Als Obergesellschaft im Vertragskonzern hat der PE-Investor gegenüber dem Vorstand des Portfolio-Unternehmens ein umfassendes Weisungs- und Auskunftsrecht bezüglich sämtlicher Umstände, die für die Ausübung der Konzernleitung relevant sind. Auch Doppelmandatsträger im Aufsichtsrat dürfen die im Aufsichtsrat erlangten Informationen für die Zwecke der einheitlichen Konzernleitung an den PE-Investor weitergeben.

39. Der PE-Investor kann den Informationsaustausch mit dem Portfolio-Unternehmen sowohl im faktischen Konzern als auch im Vertragskonzern dadurch konkretisieren, systematisieren und automatisieren, dass er Konzernrichtlinien erlässt, die auf einen kontinuierlichen, periodengerechten und standardisierten Informationsfluss im Konzern hinwirken. Solche Konzernrichtlinien sind jedoch nur im Vertragskonzern rechtlich bindend für das Portfolio-Unternehmen.

40. Im faktischen Konzern steht dem PE-Investor kein generelles Auskunftsrecht gegenüber dem Portfolio-Unternehmen zu. Ein Auskunftsrecht und konkrete Vorlagepflichten bestehen jedoch bezüglich der Pflicht des PE-Investors zur Konzernrechnungslegung. Dieses Auskunftsrecht kann nicht analog auf sonstige Publizitätspflichten des PE-Investors, etwa nach § 291 KAGB, übertragen werden.

41. Der Vorstand des abhängigen Portfolio-Unternehmens im faktischen Konzern ist jedoch berechtigt, den PE-Investor für die Zwecke der einheitlichen Konzernleitung umfassend zu informieren und ihm Einsicht in die Bücher der Gesellschaft zu gewähren.

42. Der PE-Investor ist gegenüber dem abhängigen Portfolio-Unternehmen im faktischen Konzern zum Ausgleich etwaiger Nachteile der durch ihn veranlassten Auskunftserteilung verpflichtet. Da von einer vertraulichen Behandlung der

Informationen durch den PE-Investor auszugehen ist, dürfte ein Nachteil in der Regel jedoch nicht anzunehmen sein.

43. Doppelmandatsträger im faktischen Konzern dürfen die im Aufsichtsrat des Portfolio-Unternehmens erlangten Informationen nicht ohne die Zustimmung des Vorstands an den PE-Investor weitergeben. Hier wird in der Praxis jedoch ebenfalls häufig von einem konkludenten Einverständnis des Vorstands mit der direkten Weitergabe der Informationen durch den Doppelmandatsträger auszugehen sein, sofern und soweit dies der bisherigen Unternehmenspraxis entspricht (siehe Nr. 36). Ferner dürfen sie die im Aufsichtsrat erlangten Informationen für die Zwecke der einheitlichen Konzernleitung selbst verwenden (etwa bei Abstimmungen im Geschäftsführungsorgan des PE-Investors). Hier bietet es sich an, dem Doppelmandatar in seiner Funktion als Geschäftsführer der Erwerbsgesellschaft Einzelvertretungsbefugnis zu erteilen. Sofern die Entscheidung im Einzelfall keiner Zustimmung des Managements oder eines internen Gremiums des PE-Investors bedarf, kann er die im Aufsichtsrat des Portfolio-Unternehmens erlangten Informationen zumindest bei weniger gewichtigen Entscheidungen im Sinne des PE-Investors verwerten, ohne sie intern weitergeben zu müssen.

44. Auskünfte, die dem PE-Investor bzw. seiner Erwerbsgesellschaft als Obergesellschaft im faktischen Konzern oder Vertragskonzern für die Zwecke der Konzernleitung erteilt werden, unterliegen nicht dem erweiterten Auskunftsrecht der anderen Aktionäre.

D. Sicherung des Informationsflusses

45. Zur Sicherung des Informationsflusses ist dem PE-Investor anzuraten, der gängigen Praxis entsprechend gesonderte Informationsrechte in die Beteiligungs- und Gesellschaftervereinbarung aufzunehmen. Diese können neben einer möglichen Ausweitung auch einer Konkretisierung, Systematisierung und Automatisierung des Informationsflusses dienen.

46. Über die Einräumung von beteiligungsvertraglichen Sonderinformationsrechten beschließt der Gesamtvorstand grundsätzlich mit einfacher Mehrheit. Der Aufsichtsrat, die Hauptversammlung und etwaige außenstehende Aktionäre müssen nicht zustimmen.

47. Beteiligungsvereinbarungen binden die Parteien nur schuldrechtlich. Dies kann im Streitfall die Durchsetzung der Informationsrechte erschweren. Der Vorstand darf die vertraglich vereinbarte Information des PE-Investors jedoch nur im Einzelfall verweigern, wenn durch die Informationsweitergabe an den PE-Investor ein Schaden drohen würde (etwa eine Verletzung der Verschwiegenheitspflicht oder des Verbots der Offenlegung von Insiderinformationen).

48. Alternativ können Sonderinformationsrechte auch direkt in der Satzung verankert werden. Satzungsänderungen setzen jedoch einen Beschluss der Hauptversammlung voraus und werden im Handelsregister eingetragen. Beteiligungsvertragliche Informationsrechte können daher wesentlich diskreter und flexibler vereinbart werden. Darüber hinaus kann der Vorstand auch hier die Information des PE-Investors mit sachlichem Grund verweigern, etwa im Falle der Verletzung der Verschwiegenheitspflicht oder des Verbots der Offenlegung von Insiderinformationen (siehe Nr. 47). Allein die Regelung der Informationsrechte in der Satzung vermag eine Verletzung dieser Gebote bzw. Verbote nicht zu rechtfertigen.

49. Gegenüber der Entsendung bzw. Abordnung von Mitgliedern des PE-Investors in den Aufsichtsrat oder einen etwaigen Beirat bieten beteiligungsvertragliche Sonderinformationsrechte den Vorteil, dass hier der PE-Investor als solcher informationsberechtigt ist, nicht nur das jeweilige Gremienmitglied. Darüber hinaus entfallen der durch die Mitwirkung in diesen Gremien bedingte persönliche Einsatz einzelner Mitglieder des PE-Investors sowie das nicht unerhebliche Haftungsrisiko.

50. Zur Optimierung des Informationsflusses kann der PE-Investor einen aktien- oder umwandlungsrechtlichen *Squeeze-out* in Erwägung ziehen, mit der Folge, dass sämtliche Schutzvorschriften und Mitwirkungsrechte der Minderheitsaktionäre (insbesondere das Gebot zur Gleichbehandlung der Aktionäre) entfallen. Ob sich dies für den PE-Investor im Einzelfall lohnt, wird insbesondere von der Höhe des den übrigen Aktionären zu machenden Abfindungsangebots abhängen.

51. Um seine Einfluss- und Informationsmöglichkeiten auszuweiten, kommt für den PE-Investor ferner ein Formwechsel des Portfolio-Unternehmens in eine GmbH bzw. die Verschmelzung auf die Erwerbsgesellschaft in der Rechtsform einer GmbH in Betracht. Neben den verglichen mit Aktionären einer AG erweiterten Einflussmöglichkeiten der Gesellschafter einer GmbH auf das Management (Weisungsrecht) vermittelt § 51a GmbHG dem PE-Investor bereits ein umfassendes und den Anforderungen des PE-Investors weitgehend genügendes Auskunfts- und Einsichtsrecht. Gleichwohl wird es auch hier sinnvoll sein, den Informationsfluss zwischen dem Management des Portfolio-Unternehmens und dem PE-Investor über Informationsrechte in der Beteiligungs- und Gesellschaftervereinbarung zu konkretisieren, systematisieren, automatisieren und ggf. zu optimieren.

Literaturverzeichnis

Altmeppen, Holger *Roth, Günter H.*	Gesetz betreffend die Gesellschaften mit beschränkter Haftung, 8. Auflage, München 2015 (zitiert: *Bearbeiter*, Roth/Altmeppen, GmbHG)
Anzinger, Heribert *Jekerle, Katherina*	Entwicklungen in der Besteuerung des Carried Interest in Deutschland, Großbritannien und den USA – Denkanstöße aus der neuen Welt?, IStR 2008, Seiten 821 bis 832
Apfelbacher, Gabriele *Metzner, Manuel*	Das Wertpapierprospektgesetz in der Praxis – Eine erste Bestandsaufname, BKR 2006, Seiten 81 bis 90
Arnold, Arnd	Die Steuerung des Vorstandshandelns, München 2007
Assmann, Heinz-Dieter	Das neue deutsche Insiderrecht, ZGR 1994, Seiten 494 bis 529
Assmann, Heinz-Dieter	Das künftige deutsche Insiderrecht, AG 1994, Seiten 237 bis 258
Assmann, Heinz-Dieter (Hrsg.) *Schütze, Rolf A. (Hrsg.)*	Handbuch des Kapitalanlagerechts, 4. Auflage, München 2015 (zitiert: *Bearbeiter*, Hdb. KapitalanlageR)
Assmann, Heinz-Dieter	Insiderrecht und Kreditwirtschaft, WM 1996, Seiten 1337 bis 1356
Assmann, Heinz-Dieter	Rechtsanwendungsprobleme des Insiderrechts, AG 1997, Seiten 50 bis 58
Assmann, Heinz-Dieter (Hrsg.) *Pötzsch, Thorsten (Hrsg.)* *Uwe H. Schneider (Hrsg.)*	Wertpapiererwerbs- und Übernahmegesetz, 2. Ausgabe, Köln 2013 (zitiert: *Bearbeiter*, Assmann u.a., WpÜG)
Assmann, Heinz-Dieter (Hrsg.) *Schneider, Uwe H. (Hrsg.)* *Mülbert, Peter O. (Hrsg.)*	Wertpapierhandelsrecht, 7. Auflage, Köln 2019 (zitiert: *Bearbeiter*, Assmann/Schneider, WpHR)

Assmann, Heinz-Dieter (Hrsg.) *Schlitt, Michael (Hrsg.)* *von Kopp-Colomb, Wolf (Hrsg.)*	Wertpapierprospektgesetz / Vermögensanlagegesetz, 3. Auflage, Köln 2017 (zitiert: *Bearbeiter*, Assmann/Schlitt/von Kopp-Colomb, WpPG)
Bachmann, Gregor	Der Grundsatz der Gleichbehandlung im Kapitalmarktrecht, ZHR 170 (2006), Seiten 144 bis 177
Bachmann, Gregor	Dialog zwischen Investor und Aufsichtsrat, Gesellschaftsrecht in der Diskussion 2016, Jahrestag der Gesellschaftsrechtlichen Vereinigung (VGR), Band 22, Köln 2017, Seiten 135 bis 180 (zitiert: *Bachmann*, VGR, Bd. 22 (2016))
Bachmann, Gregor	Kapitalmarktpublizität und informationelle Gleichbehandlung, Festschrift für Eberhard Schwark zum 70. Geburtstag, München 2009, Seiten 331 bis 347
Bachmann, Gregor	Kapitalmarktrechtliche Probleme bei der Zusammenführung von Unternehmen, ZHR 172 (2008), Seiten 597 bis 634
Bank, Stephan	Die Verschwiegenheitspflicht von Organmitgliedern in Fällen multipler Organmitgliedschaften, NZG 2013, Seiten 801 bis 806
Bank, Stephan (Hrsg.) *Möllmann, Peter (Hrsg.)*	Venture Capital Agreements in Germany, 1. Auflage, München 2017 (zitiert: *Bearbeiter*, Bank/Möllmann, VC Germany)
Barzen, Erich Theodor *Kampf, Henning*	Berichtspflicht des AG-Vorstands zu Tochtergesellschaften, BB 2011, Seiten 3011 bis 3014
Bauckhage-Hoffer, Florian *Katko, Peter*	Compliance-Systeme und Datentransfer im Konzern, WM 2012, Seiten 486 bis 492

Bauer, Jan *Schmidt-Bendun, Rüdiger*	Aktien- und kapitalmarktrechtliche Grenzen des Informationsflusses im faktischen Aktienkonzern – Informationsweitergabe durch Doppelmandatsträger im faktischen Aktienkonzern, Festschrift für Gerhard Wegen zum 65. Geburtstag, München 2015, Seiten 105 bis 118
Baumbach, Adolf *Hueck, Alfred*	Gesetz betreffend die Gesellschaften mit beschränkter Haftung, 21. Auflage, München 2017 (zitiert: *Bearbeiter*, Baumbach/Hueck, GmbH-Gesetz)
Baumbach, Adolf *Hopt, Klaus J.* *(u.a.)*	Handelsgesetzbuch, 37. Auflage, München 2016 (zitiert: *Bearbeiter*, Baumbach/Hopt, HGB)
Baums, Theodor	Der Aufsichtsrat – Aufgaben und Reformfragen, ZIP 1995, Seiten 11 bis 18
Baums, Theodor *von Randow, Philipp*	Der Markt für Stimmrechtsvertreter, AG 1995, Seiten 145 bis 163
Baums, Theodor	Empfiehlt sich eine Neuregelung des aktienrechtlichen Anfechtungs- und Organhaftungsrechts, insbesondere der Klagemöglichkeiten von Aktionären?, Verhandlungen des 63. Deutschen Juristentages, München 2000, Band I, Gutachten, Seiten F bis F 263 (zitiert: *Baums*, 63. DJT 2000, Band I)
Baur, Jürgen (Hrsg.) *Tappen, Falko (Hrsg.)*	Investmentgesetze, Zweiter Band, §§ 273-355 KAGB; InvStG, 3. Auflage, Berlin 2014 (zitiert: *Bearbeiter*, Baur/Tappen, Investmentgesetze, Band 2)
Bayer, Walter, *Habersack, Mathias*	Aktienrecht im Wandel, Band II, Tübingen 2007 (zitiert: Bearbeiter, Bayer/Habersack, Aktienrecht im Wandel, Bd. II)
Bayer, Walter	Aktienrechtsnovelle 2012 – Kritische Anmerkungen zum Regierungsentwurf, AG 2012, Seiten 141 bis 153

Bayer, Walter *Hoffmann, Thomas*	Aktivitäten sog. „Berufskläger“ eingebrochen, AG 2012, Seiten R107 bis R108
Bayer, Walter *Hoffmann, Thomas*	„Berufskläger“ in der aktuellen rechtspolitischen Diskussion, ZIP 2013, Seiten 1193 bis 1204
Bayer, Walter *Hoffmann, Thomas* *Sawada, Tobias*	Beschlussmängelklagen, Freigabeverfahren und Berufskläger, ZIP 2012, Seiten 897 bis 911
Bayer, Walter *Hoffmann, Thomas*	Das Aktionärsforum im Dornröschenschlaf, AG 2013, Seiten R61 bis R63
Bayer, Walter	Delisting: Korrektur der Frosta-Rechtsprechung durch den Gesetzgeber, NZG 2015, Seiten 1169 bis 1178
Bayer, Walter *Hoffmann, Thomas*	Der statutarisch verankerte AG-Beirat, AG 2009, Seiten R243 bis R244
Bayer, Walter	Empfehlen sich besondere Regelungen für börsennotierte und für geschlossene Gesellschaften?, Verhandlungen des 67. Deutschen Juristentages, München 2008, Band I, Seiten E 1 bis E 129 (zitiert: Bayer, 67. DJT 2008, Band I)
Bayer, Walter	Unterschiede im Aktienrecht zwischen börsennotierten und nichtbörsennotierten Gesellschaften, Festschrift für Klaus J. Hopt zum 70. Geburtstag am 24. August 2010, Unternehmen, Markt und Verantwortung, Band 1, Berlin 2010, Seiten 373 bis 390
Becker, Ralph	Gesellschaftsrechtliche Probleme der Finanzierung von Leveraged-Buy-Outs, DStR 1998, Seiten 1429 bis 1434
Beckmann, Klaus *Scholtz, Rolf-Detlev* *Vollmer, Lothar*	Investment, Ergänzbares Handbuch für das gesamte Investmentwesen, Band 2, Stand: Juni 2017, Berlin 2014 (zitiert: *Bearbeiter*, Beckmann/Scholtz/Vollmer, Investment-Hdb.)

Beck'scher Bilanz-Kommentar	*Grottel, Bernd / Schmidt, Stefan / Schubert, Wolfgang J. / Winkeljohann, Norbert*, 10. Auflage, München 2016 (zitiert: *Bearbeiter*, Beck'scher Bilanz-Kommentar)
Beisel, Wilhelm *Klumpp, Hans-Hermann*	Der Unternehmenskauf, 7. Auflage, München 2016 (zitiert: *Bearbeiter*, Beisel/Klumpp)
Berrar, Carsten (Hrsg.) *Meyer, Andreas(Hrsg.)* *Müller, Cordula (Hrsg.)* *Schnorbus, York (Hrsg.)* *(u.a.)*	WpPG und EU-ProspektVO, 2. Auflage, Frankfurt am Main 2017 (zitiert: *Verfasser*, FrankfurtKomm. WpPG)
Bingel, Adrian	Die „Insiderinformation" in zeitlich gestreckten Sachverhalten und die Folgen der jüngsten EuGH-Rechtsprechung für M&A-Transaktionen, AG 2012, Seiten 685 bis 700
Birke, Max	Das Formalziel der Aktiengesellschaft, Baden-Baden 2005
Black, Bernard S. *Coffee, John C. Jr.*	Hail Britannia?: Institutional Investor Behavior Under Limited Regulation, Michigan Law Review, Vol. 92, 1994, Seiten 1997 bis 2087
Bloß, Henning	Managementbeteiligungen bei Private-Equity Transaktionen, GmbHR 2016, Seiten 104 bis 113
Böcking, Hans-Joachim (Hrsg.) *Castan, Edgar (Hrsg.)* *Heymann, Gerd (Hrsg.)* *u.a.*	Beck'sches Handbuch der Rechnungslegung – HGB und IFRS, Band I, München, Stand 2016 (zitiert: *Bearbeiter*, Böcking u.a., Beck HdR, Band 1)
von Bonin, Gregor *Böhmer, Jörg*	Der Begriff der Insiderinformation bei gestreckten Sachverhalten, EuZW 2012, Seiten 694 bis 698
Bork, Björn	Zur Einbeziehung von Paketerwerben in die Erfolgsquote nach § 39a III 3 WpÜG, NZG 2011, Seiten 650 bis 656

Borsch, Uwe	Kauf eines Aktienpakets: Anforderungen an die Due Diligence, DB 2005, Seiten 2175 bis 2177
Böttger, Marcus (Hrsg.)	Wirtschaftsstrafrecht in der Praxis, Münster 2011 (zitiert: *Bearbeiter*, Böttger, WiPra)
Boxberger, Lutz *Klebeck, Ulf*	Anforderungen an die Vergütungssysteme von AIF-Kapitalverwaltungsgesellschaften, BKR 2013, Seiten 441 bis 450
Breithaupt, Joachim (Hrsg.) *Ottersbach, Jörg H. (Hrsg.)*	Kompendium Gesellschaftsrecht, München 2010 (zitiert: *Bearbeiter*, Breithaupt/Ottersbach, Komp. GesR)
Brettel, Malte *Kauffmann, Christian* *Kühn, Christian* *Sobczak, Christina*	Private Equity-Investoren, Stuttgart 2008 (zitiert: *Brettel/Kaufmann u.a.*, PE-Investoren)
Bruse, Matthias *Keinath, Felix*	Ausgewählte Rechtsfragen bei der Übernahme börsennotierter Aktiengesellschaften durch Private-Equity-Investoren, Festschrift zum zehnjährigen Bestehen von Pöllath + Partners, München 2008, Seiten 363 bis 380
Budde, Wolfgang Dieter *Steuber, Elgin*	Rechnungslegung im Spannungsfeld zwischen Gläubigerschutz und Information der Gesellschafter, AG 1996, Seiten 542 bis 550
Bühner, Rolf *Tuschke, Anja*	Zur Kritik am Shareholder Value – eine ökonomische Analyse –, BFuP 1997, Seiten 499 bis 516
Bühren, Lars	Auswirkungen des Insiderhandelsverbots der EU-Marktmissbrauchsverordnung auf M&A-Transaktionen, NZG 2017, Seiten 1172 bis 1178
Bunz, Thomas	Vorbereitungs- und Reaktionsmöglichkeiten börsennotierter Unternehmen auf Shareholder Activism, NZG 2014, Seiten 1049 bis 1053

Burgard, Ulrich *Heimann, Carsten*	Das neue Kapitalanlagegesetzbuch, WM 2014, Seiten 821 bis 868
Burgard, Ulrich *Heimann, Carsten*	Respice finem! – Eine Replik –, NZG 2014, Seiten 1294 bis 1295
Bürgers, Tobias *Schilha, Ralph*	Die Unabhängigkeit des Vertreters des Mutterunternehmens im Aufsichtsrat der Tochtergesellschaft, AG 2010, Seiten 221 bis 230
Bürgers, Tobias (Hrsg.) *Körber, Torsten (Hrsg.)*	Heidelberger Kommentar, Aktiengesetz, 4. Auflage, Heidelberg 2017 (zitiert: *Bearbeiter*, Bürgers/Körber, AktG)
Bürkle, Jürgen (Hrsg.)	Compliance in Versicherungsunternehmen, 2. Auflage, München 2015 (zitiert: *Bearbeiter*, Compl. Vers.)
von Buttlar, Julia	Die Stärkung der Aufsichts- und Sanktionsbefugnisse im EU-Kapitalmarktrecht: ein neues „field of dreams" für Regulierer?, BB 2014, Seiten 451 bis 458
Cahn, Andreas	Gesellschaftsinterne Informationspflichten bei Zusammenschluss- und Akquisitionsvorhaben, AG 2014, Seiten 525 bis 534
Cascante, Christian *Bingel, Adrian*	Insiderhandel – in Zukunft leichter nachweisbar? – Die Auslegung des Insiderrechts durch den EuGH und Folgen für die M&A-Praxis –, NZG 2010, Seiten 161 bis 165
Choi, Stephen J. *Fisch, Jill E.*	On Beyond CalPERS: Survey Evidence on the Developing Role of Public Pension Funds in Corporate Governance, Vanderbilt Law Review, Vol. 61, 2008, Seiten 315 bis 354
Cichy, Patrick *Jander-McAlister, Heiko*	Minderheitsbeteiligungen von Finanzinvestoren an Familienunternehmen, BB 2012, Seiten 723 bis 726
Cloppenburg, Matthias *Kruse, Dominik*	Die Weitergabe von Insiderinformationen an und durch Journalisten, WM 2007, Seiten 1109 bis 1115

Coenenberg, Adolf G. *Straub, Barbara*	Rechenschaft versus Entscheidungsunterstützung: Harmonie oder Disharmonie der Rechnungszwecke, KoR 2008, Seiten 17 bis 26
Cziupka, Johannes *Kliebisch, René*	Probleme der Steuerung des Gesellschafterbestandes durch schuldrechtliche Vereinbarungen zwischen Aktiengesellschaft und ihren jeweiligen Aktionären, BB 2013, Seiten 715 bis 718
Decher, Christian E.	Information im Konzern und Auskunftsrecht der Aktionäre gem. § 131 Abs. 4 AktG, ZHR 158 (1994), Seiten 473 bis 494
Diekmann, Hans *Wurst, Friederike*	Die Organisation der Aufsichtsratsarbeit, NZG 2014, Seiten 121 bis 127
Diem, Andreas	Akquisitionsfinanzierungen, 3. Auflage, München 2013
Dittmar, Falko	Weitergabe von Informationen im faktischen Aktienkonzern, AG 2013, Seiten 498 bis 507
Dornseifer, Frank (Hrsg.) *Jesch, Thomas A. (Hrsg.)* *Klebeck, Ulf (Hrsg.)* *Tollmann, Claus (Hrsg.)*	AIFM-Richtlinie, Richtlinie 2011/61/EU über die Verwalter alternativer Investmentfonds, München 2013 (zitiert: *Bearbeiter*, Dornseifer u.a., AIFM)
Drygala, Tim	A Step Ahead of the Crowd, WM 2001, Seiten 1313 bis 1324
Duden, Konrad	Gleichbehandlung bei Auskünften an Aktionäre, Festschrift für Ernst von Caemmerer zum 70. Geburtstag, Tübingen 1978, Seiten 499 bis 515
Ebenroth, Carsten Thomas *Boujong, Karlheinz* *Joost, Detlev (Hrsg.)* *Strohn, Lutz (Hrsg.)*	Handelsgesetzbuch, 3. Auflage, München 2014 (zitiert: *Bearbeiter*, E/B/J/S, HGB)
Eidenmüller, Horst	Leveraged Buyouts und die Effizienz des deutschen Restrukturierungsrechts, ZIP 2007, Seiten 1729 bis 1737
Eidenmüller, Horst	Private Equity, Leverage und die Effizienz des Gläubigerschutzrechts, ZHR 171 (2007), Seiten 644 bis 683

Eidenmüller, Horst	Regulierung von Finanzinvestoren, DStR 2007, Seiten 2116 bis 2121
Eilers, Stephan	Gefährliche Halbwahrheiten – eine differenzierte Betrachtung von Finanzinvestoren tut Not, AG 2006, Seiten 792 bis 793
Eilers, Stephan (Hrsg.) *Koffka, Nils Matthias (Hrsg.)* *Mackensen, Marcus (Hrsg.)* *Paul, Markus (Hrsg.)*	Private Equity, Unternehmenskauf, Finanzierung, Restrukturierung, Exitstrategien, 3. Auflage, München 2018 (zitiert: *Bearbeiter*, Eilers/Koffka u.a., Private Equity)
Eilers, Stephan (Hrsg.) *Rödding, Adalbert (Hrsg.)* *Schmalenbach, Dirk (Hrsg.)*	Unternehmensfinanzierung, 2. Auflage, München 2014 (zitiert: *Bearbeiter*, Eilers u.a., Unternehmensfinanzierung)
Elsing, Siegfried H. *Schmidt, Matthias*	Individuelle Informationsrechte von Aufsichtsratsmitgliedern einer Aktiengesellschaft, BB 2002, Seiten 1705 bis 1711
Emde, Thomas *Dreibus, Alexandra*	Der Regierungsentwurf für ein Kapitalanlagegesetzbuch, BKR 2013, Seiten 89 bis 102
Emmerich, Volker *Habersack, Mathias* *Schürnbrand, Jan*	Aktien- und GmbH-Konzernrecht, 8. Auflage, München 2016 (zitiert: *Bearbeiter*, Emmerich/Habersack, KonzernR)
Ettinger, Jochen (Hrsg.) *Jaques, Henning (Hrsg.)*	Beck'sches Handbuch Unternehmenskauf im Mittelstand, 2. Auflage, München 2017 (zitiert: *Bearbeiter*, Ettinger/Jaques, Beck'sches Hdb. Unternehmenskauf)
Fabritius, Andreas	Zu den Grenzen der Durchsetzung eines kapitalmarktrechtlich begründeten Informationsinteresses des herrschenden Unternehmens im faktischen Konzern, Festschrift für Ulrich Huber zum siebzigsten Geburtstag, Tübingen 2006, Seiten 705 bis 718

Freiherr von Falkenhausen, Joachim *Widder, Stefan*	Die Weitergabe von Insiderinformationen innerhalb einer Rechtsanwalts-, Wirtschaftsprüfer- und Steuerberatersozietät, BB 2004, Seiten 165 bis 169
Freiherr von Falkenhausen, Joachim	Weisungen an den Aufsichtsrat der abhängigen Aktiengesellschaft?, ZIP 2014, Seiten 1205 bis 1208
Farahbakhsh, Mehdi	Private Equity-Fonds und Secondary-Transaktionen, GWR 2016, Seiten 265 bis 268
Feldhaus, Heiner-Georg (Hrsg.) *Veith, Amos (Hrsg.)*	Frankfurter Kommentar zu Private Equity, Frankfurt am Main 2010 (zitiert: *Bearbeiter*, Feldhaus/Veith, FK PE)
Ferber, Manfred	Kapitalpartner, Private Equity und Managementbeteiligung für Familiengesellschaften, Festschrift für Mark K. Binz zum 65. Geburtstag, München 2014, Seiten 193 bis 198
Fleischer, Holger	§ 71 a Abs. 1 AktG im Lichte italienischer Erfahrungen, AG 1996, Seiten 494 bis 507
Fleischer, Holger *Bedkowski, Dorothea*	Aktien- und kapitalmarktrechtliche Probleme des Pilot Fishing bei Börsengängen und Kapitalerhöhungen, DB 2009, Seiten 2195 bis 2200
Fleischer, Holger *Strothotte, Christian*	Ein Stewardship Code für institutionelle Investoren: Wohlverhaltensregeln und Offenlegung der Abstimmungspolitik als Vorbild für Deutschland und Europa?, AG 2011, Seiten 221 bis 233
Fleischer, Holger	Empfiehlt es sich, im Interesse des Anlegerschutzes und zur Förderung des Finanzplatzes Deutschland das Kapitalmarkt- und Börsenrecht neu zu regeln?, Verhandlungen des 64. Deutschen Juristentages, Berlin 2002, Band I, Gutachten, Seiten F 1 bis F 144 (zitiert: *Fleischer*, 64. DJT 2002, Band I)

Fleischer, Holger (Hrsg.)	Handbuch des Vorstandsrechts, München 2006 (zitiert: *Bearbeiter*, Fleischer, Hdb. VorstandsR)
Fleischer, Holger	Informationsasymmetrie im Vertragsrecht, München 2001 (zitiert: *Fleischer*, Informationsasymmetrie)
Fleischer, Holger	Investor Relations und informationelle Gleichbehandlung im Aktien-, Konzern- und Kapitalmarktrecht, ZGR 2009, Seiten 505 bis 541
Fleischer, Holger *Bauer, Leopold* *Wansleben, Till*	Investorenkontakte des Aufsichtsrats: Zulässigkeit und Grenzen, DB 2015, Seiten 360 bis 368
Fleischer, Holger	Konkurrenzangebote und Due Diligence, ZIP 2002, Seiten 651 bis 656
Fleischer, Holger	Konzernleitung und Leitungssorgfalt der Vorstandsmitglieder im Unternehmensverbund, DB 2005, Seiten 759 bis 766
Fleischer, Holger	Unternehmensspenden und Leitungsermessen des Vorstands im Aktienrecht, AG 2001, Seiten 171 bis 178
Fleischer, Holger	Zur Leitungsaufgabe des Vorstands im Aktienrecht, ZIP 2003, Seiten 1 bis 11
Flume, Werner	Enzyklopädie der Rechts- und Staatswissenschaft, Allgemeiner Teil des Bürgerlichen Rechts, Erster Band, Zweiter Teil, Die juristische Person, Berlin 1983 (zitiert: *Flume*, AT des Bürgerlichen Rechts, Bd. I/2,)
Forstmoser, Peter	Exit oder Voice? Das Dilemma institutioneller Investoren, Festschrift für Wolfgang Wiegand zum 65. Geburtstag, Bern 2005, Seiten 785 bis 822
Forstmoser, Peter	Gewinnmaximierung oder soziale Verantwortung?, Festschrift für Dieter Simon zum 70. Geburtstag, Frankfurt am Main 2005, Seiten 207 bis 235

Freitag, Robert	Die „Investmentkommanditgesellschaft“ nach dem Regierungsentwurf für ein Kapitalanlagegesetzbuch, NZG 2013, Seiten 329 bis 335
Freitag, Robert	„Financial Assistance“ durch die Aktiengesellschaft nach der Reform der Kapitalrichtlinie – (k)ein Freifahrtschein für LBOs?, AG 2007, Seiten 157 bis 165
Frey, Johannes *Schmid, Florian*	Besteuerung von Exit-Boni im Kontext der neueren Rechtsprechung zu Managementbeteiligungen, Zugleich Anmerkung zum Urteil des FG Münster v. 12.12.2014 – 4 K 1918/13 E, rkr., DStR 2015, Seiten 1094 bis 1097
Fuchs, Andreas (Hrsg.)	Wertpapierhandelsgesetz (WpHG), 2. Auflage, München 2016
Fuhrmann, Ben W.	Kapitalmarktrechtliche Anforderungen an Marktsondierungen vor Kapitalmaßnahmen und öffentlichen Übernahmen – Teil I, WM 2018, Seiten 593 bis 603
Gegler, Felix	Die Neuregelung des Delistings – Angemessener Aktionärsschutz oder „Dolchstoß“?, BKR 2016, Seiten 273 bis 279
Gehrmann, Philipp	Das versuchte Insiderdelikt, Baden-Baden 2009
Geibel, Stephan (Hrsg.) *Süßmann, Rainer (Hrsg.)*	Wertpapiererwerbs- und Übernahmegesetz (WpÜG), München 2008
Geigenberger, Isabel	Risikokapital für Unternehmensgründer, 2. Auflage, München 2006
Geißler, Markus	Der aktienrechtliche Auskunftsanspruch im Grenzbereich des Missbrauchs, NZG 2001, Seiten 539 bis 545
Geßler, Ernst *Hefermehl, Wolfgang* *Eckardt, Ulrich* *Kropff, Bruno (u.a.)*	Aktiengesetz, Kommentar, Band I, §§ 1 bis 75, München 1984 (zitiert: *Bearbeiter*, Geßler/Hefermehl, Band 1)

Geßler, Ernst *Hefermehl, Wolfgang* *Eckardt, Ulrich* *Kropff, Bruno*	Aktiengesetz, Kommentar, Band II, §§ 76 bis 147, München 1973, 1974 (zitiert: *Bearbeiter*, Geßler/Hefermehl, Band 2)
Giering, Thomas	Das neue Kapitalmarktmissbrauchsrecht für Emittenten, CCZ 2016, Seiten 214 bis 220
Goette, Wulf	Leitung, Aufsicht, Haftung – zur Rolle der Rechtsprechung bei der Sicherung einer modernen Unternehmensführung, Festschrift aus Anlaß des fünfzigjährigen Bestehens von Bundesgerichtshof, Bundesanwaltschaft und Rechtsanwaltschaft beim Bundesgerichtshof, Köln 2000, Seiten 123 bis 142
Golland, Frank *Gehlhaar, Lars* *Grossmann, Klaus* *Eickhoff-Kley, Xenia* *Jänisch, Christian*	Mezzanine-Kapital, BB 2005, Beilage Nr. 5, Seiten 1 bis 32
Götz, Heinrich	Die Überwachung der Aktiengesellschaft im Lichte jüngerer Unternehmenskrisen, AG 1995, Seiten 337 bis 353
Götz, Heinrich	Leitungssorgfalt und Leitungskontrolle der Aktiengesellschaft hinsichtlich abhängiger Unternehmen, ZGR 1998, Seiten 524 bis 546
Götz, Heinrich	Rechte und Pflichten des Aufsichtsrats nach dem Transparenz- und Publizitätsgesetz, NZG 2002, Seiten 599 bis 604
Götz, Jürgen	Die unbefugte Weitergabe von Insidertatsachen, DB 1995, Seiten 1949 bis 1953
Graßl, Bernd	Die neue Marktmissbrauchsverordnung der EU, DB 2015, Seiten 2066 bis 2072
Graßl, Bernd *Nikoleyczik, Tobias*	Shareholder Activism und Investor Activism, AG 2017 Seiten 49 bis 60

Gräwe, Daniel *Freiherr von Maltzahn, Ruprecht*	Die Untreuestrafbarkeit von Stiftungsvorstand und -beirat: Vermeidungsstrategien bei stiftungstypischen Maßnahmen, BB 2013, Seiten 329 bis 336
Grigoleit, Hans Christoph (Hrsg.)	Aktiengesetz, Kommentar, 1. Auflage, München 2013
Groh, Manfred	Shareholder Value und Aktienrecht, DB 2000, Seiten 2153 bis 2158
Groß, Wolfgang	Informations- und Auskunftsrecht des Aktionärs, AG 1997, Seiten 97 bis 107
Groß, Wolfgang	Kapitalmarktrecht, 6. Auflage, München 2016 (zitiert: *Bearbeiter*, Groß, KMR)
Großkommentar zum Aktiengesetz	*Hirte, Heribert / Mülbert, Peter O. / Roth, Markus (Hrsg.),* Aktiengesetz, Großkommentar, Band 2/1, § 23 bis 40, 5. Auflage, Berlin 2016 (zitiert: *Bearbeiter*, GroßKomm-AktG)
Großkommentar zum Aktiengesetz	*Hopt, Klaus J. / Wiedemann, Herbert (Hrsg.),* Aktiengesetz, Großkommentar, Band 2, §§ 53a bis 75, 4. Auflage, Berlin 2008 (zitiert: *Bearbeiter*, GroßKomm-AktG)
Großkommentar zum Aktiengesetz	*Hirte, Heribert / Mülbert, Peter O. / Roth, Markus (Hrsg.),* Aktiengesetz, Großkommentar, Band 4/1, §§ 76 bis 91, 5. Auflage, Berlin 2015 (zitiert: *Bearbeiter*, GroßKomm-AktG)
Großkommentar zum Aktiengesetz	*Hirte, Heribert / Mülbert, Peter O. / Roth, Markus (Hrsg.),* Aktiengesetz, Großkommentar, Band 4/2, §§ 92 bis 94, 5. Auflage, Berlin 2015 (zitiert: *Bearbeiter*, GroßKomm-AktG)
Großkommentar zum Aktiengesetz	*Hopt, Klaus J. / Wiedemann, Herbert (Hrsg.),* Aktiengesetz, Großkommentar, Band 4, §§ 95 bis 117, 4. Auflage, Berlin 2006 (zitiert: *Bearbeiter*, GroßKomm-AktG)

Großkommentar zum Aktiengesetz	*Hopt, Klaus J. / Wiedemann, Herbert (Hrsg.),* Aktiengesetz, Großkommentar, Band 5, §§ 118 bis 149, 4. Auflage, Berlin 2008 (zitiert: *Bearbeiter*, GroßKomm-AktG)
Grothaus, Achim	Reform des Insiderrechts: Großer Aufwand – viel Rechtsunsicherheit – wenig Nutzen?, ZBB-Report 2005, Seiten 62 bis 68
Grunewald, Barbara	Der Einfluss des Aufsichtsrats auf die Geschäftsführung – was ist erwünscht, was ist erlaubt?, ZIP 2016, Seiten 2009 bis 2011
Grunewald, Barbara	Die neue Squeeze-out-Regelung, ZIP 2002, Seiten 18 bis 22
Grunewald, Barbara *Schlitt, Michael*	Einführung in das Kapitalmarktrecht, 3. Auflage, München 2014 (zitiert: *Grunewald/Schlitt*, Kapitalmarktrecht)
Grunewald, Barbara	Gesellschaftsrecht, 10. Auflage, Tübingen 2017
Gündel, Matthias *Katzorke, Björn*	Private Equity, Finanzierungsinstrument und Anlagemöglichkeit, Köln 2007
Habersack, Mathias	Der Finanzplatz Deutschland und die Rechte der Aktionäre, Bemerkungen zur bevorstehenden Einführung des „Squeeze Out", ZIP 2001, Seiten 1230 bis 1239
Habersack, Mathias	Staatliche und halbstaatliche Eingriffe in die Unternehmensführung, Verhandlungen des 69. Deutschen Juristentages, Band I, Gutachten, München 2012, Seiten E1 bis E106 (zitiert: *Habersack*, Verhandlungen des Deutschen 69. Juristentages, 2012, Bd. I, Gutachten)
Habersack, Mathias (Hrsg.) *Mülbert, Peter O. (Hrsg.)* *Schlitt, Michael (Hrsg.)*	Handbuch der Kapitalmarktinformation, 2. Auflage, München 2013 (zitiert: *Bearbeiter*, Habersack/Mülbert/Schlitt, Kapitalmarktinformation)
Habersack, Mathias	„Superdividenden", Festschrift für Karsten Schmidt zum 70. Geburtstag, 2009, Köln 2009

Habersack, Mathias (Hrsg.) *Mülbert, Peter O. (Hrsg.)* *Schlitt, Michael (Hrsg.)*	Unternehmensfinanzierung am Kapitalmarkt, 4. Auflage, Köln 2019 (zitiert: *Bearbeiter*, Habersack/Mülbert/Schlitt, Unternehmensfinanzierung)
Habersack, Mathias *Verse, Dirk A.*	Zum Auskunftsrecht des Aktionärs im faktischen Konzern, AG 2003, Seiten 300 bis 307
Hanau, Peter *Wackerbarth, Ulrich*	Unternehmensmitbestimmung und Koalitionsfreiheit, Baden-Baden 2004 (zitiert: *Hanau/Wackerbarth*, Unternehmensmitbestimmung)
Hasselbach, Kai	Die Weitergabe von Insiderinformationen bei M&A-Transaktionen mit börsennotierten Aktiengesellschaften, NZG 2004, Seiten 1087 bis 1095
Hasselbach, Kai *Peters, Karoline*	Entwicklung des Übernahmerechts 2016/2017, BB 2017, Seiten 1347 bis 1354
Hauschka, Christoph E. (Hrsg.) *Moosmayer, Klaus (Hrsg.)* *Lösler, Thomas (Hrsg.)*	Corporate Compliance, Handbuch der Haftungsvermeidung im Unternehmen, 3. Auflage, München 2016 (zitiert: *Verfasser*, Hauschka u.a., CorpCompl.)
Heidelbach, Anna *Preuße, Thomas*	Einzelfragen in der praktischen Arbeit mit dem neuen Wertpapierprospektregime, BKR 2006, Seiten 316 bis 323
Heidel, Thomas	Aktienrecht und Kapitalmarktrecht, 4. Auflage, Baden-Baden 2014 (zitiert: *Bearbeiter*, Heidel)
Hellner, Thorwald *Steuer, Stephan* *Höche, Thorsten (Hrsg.)* *Piekenbrock, Andreas (Hrsg.)* *Siegmann, Matthias (Hrsg.)*	Bankrecht und Bankpraxis, Band 4, 127. Ergänzungslieferung, Stand: Februar 2017, Köln (*zitiert*: Verfasser, Hellner/Steuer, BuB, Rn. .../...)
Hemeling, Peter	Gesellschaftsrechtliche Fragen der Due Diligence beim Unternehmenskauf, ZHR 169 (2005), Seiten 274 bis 294

Hengeler, Hans	Zum Beratungsgeheimnis im Aufsichtsrat einer Aktiengesellschaft, in: Gesellschaftsrecht und Unternehmensrecht, Festschrift für Wolfgang Schilling zum 65 Geburtstag am 5. Juni 1973, Berlin1973, Seiten 175 bis 205
Henn, Günter	Die Gleichbehandlung der Aktionäre in Theorie und Praxis, AG 1985, Seiten 240 bis 248
Henssler, Martin (Hrsg.) *Strohn, Lutz (Hrsg.)*	Gesellschaftsrecht, 3. Auflage, München 2016 (zitiert: *Bearbeiter*, Henssler/Strohn, GesR)
Henze, Hartwig	Leitungsverantwortung des Vorstands – Überwachungspflicht des Aufsichtsrats, BB 2000, Seiten 209 bis 216
Herzig, Norbert *Gocksch, Sebastian*	Die steuerliche Behandlung von Übergewinnanteilen für Sponsoren inländischer Private Equity-Fonds, DB 2002, Seiten 600 bis 607
Heuser, Moritz	Shareholder Activism, Aktienrechtliche Schranken für Anteilseigneraktivismus, Köln 2012
Hexel, Dietmar	Kapitalmarktkommunikation: Sonderrechte sind contra legem, Der Aufsichtsrat 2014, Seite 121
Hirt, Hans-Christoph *Hopt, Klaus J.* *Mattheus, Daniela*	Dialog zwischen dem Aufsichtsrat und Investoren, AG 2016, Seiten 725 bis 739
Hitzer, Martin	Zum Begriff der Insiderinformation, NZG 2012, Seiten 860 bis 863
Hoffmann-Becking, Michael	Das erweiterte Auskunftsrecht des Aktionärs nach § 131 Abs. 4 AktG, Festschrift für Heinz Rowedder zum 75. Geburtstag, München 1994, Seiten 155 bis 170
Hoffmann-Becking, Michael	Das Recht des Aufsichtsrats zur Prüfung durch Sachverständige nach § 111 Abs. 2 Satz 2 AktG, ZGR 2011, Seiten 136 bis 154

Hoffmann-Becking, Michael	Der Aufsichtsrat im Konzern, ZHR 159 (1995), Seiten 325 bis 345
Hoffmann-Becking, Michael *Kneiger, Gerd* *u.a.*	Stellungnahme des Handelsrechtsausschusses des Deutschen Anwaltsvereins e.V. zur Ergänzung des AktG durch einen Titel „Aktienerwerb durch den Hauptaktionäre“, NZG 1999, Seiten 850 bis 852
Hohaus, Benedikt *Kaufhold, Tim*	Garantien des Managements bei Private Equity-Transaktionen, BB 2015, Seiten 709 bis 714
Hölters, Wolfgang (Hrsg.)	Aktiengesetz, 3. Auflage, München 2017 (zitiert: *Bearbeiter*, Hölters, AktG)
Hölters, Wolfgang (Hrsg.)	Handbuch Unternehmenskauf, 8. Auflage, Köln 2015 (zitiert: *Bearbeiter*, Hdb. Unternehmenskauf)
Holzborn, Timo (Hrsg.)	WpPG, Wertpapierprospektgesetz, Kommentar, 2. Auflage, Berlin 2014
Holzner, Florian	Private Equity, der Einsatz von Fremdkapital und Gläubigerschutz, Baden-Baden 2009 (zitiert: *Holzner*, Private Equity)
Hommelhoff, Peter (Hrsg.) *Hopt, Klaus J. (Hrsg.)* *von Werder, Axel (Hrsg.)*	Handbuch Corporate Governance, 2. Auflage, Stuttgart 2009 (zitiert: *Bearbeiter*, Hommelhoff u.a., Hdb. Corp. Gov.)
Hopt, Klaus J.	ECLR Übernahmen, Geheimhaltung und Interessenkonflikte: Probleme für Vorstände, Aufsichtsräte und Banken, ZGR 2002, Seiten 333 bis 376
Hopt, Klaus J.	Europäisches und deutsches Übernahmerecht, ZHR 161 (1997), Seiten 368 bis 420
Hopt, Klaus J.	Familien- und Aktienpools unter dem Wertpapierhandelsgesetz, ZGR 1997, Seiten 1 bis 31
Hopt, Klaus J. (Hrsg.) *Wohlmannstetter, Gottfried (Hrsg.)*	Handbuch Corporate Governance von Banken, München 2011 (zitiert: *Bearbeiter*, Hopt/Wohlmannstetter)

Hopt, Klaus J.	Übernahmeangebote im europäischen Recht, Festschrift für Fritz Rittner zum 70. Geburtstag, München 1991, Seiten 187 bis 209
Hopt, Klaus J. *Kumpan, Christoph*	Unternehmenskäufe und Übernahmeangebote und Marktmissbrauchsverordnung (MAR), ZGR 2017, Seiten 765 bis 828
Hopt, Klaus J.	Vergleichende Corporate Governance, ZHR 175 (2011), Seiten 444 bis 526
Hopt, Klaus J.	Verhaltenspflichten des Vorstands der Zielgesellschaft bei feindlichen Übernahmen, Festschrift für Marcus Lutter zum 70. Geburtstag, Köln 2000, Seiten 1361 bis 1400
Hüffer, Uwe *Koch, Jens*	Aktiengesetz, 12. Auflage, München 2016 (zitiert: *Bearbeiter*, Hüffer/Koch, AktG)
Hüffer, Uwe	Die leitungsbezogene Verantwortung des Aufsichtsrats, NZG 2007, Seiten 47 bis 54
Hüffer, Uwe	Informationen zwischen Tochtergesellschaft und herrschendem Unternehmen im vertragslosen Konzern, Unternehmensrecht zu Beginn des 21. Jahrhunderts, Festschrift für Eberhard Schwark zum 70. Geburtstag, München 2009, Seiten 185 bis 198
Hupka, Jan	Das Insiderrecht im Lichte der Rechtsprechung des EuGH, EuZW 2011, Seiten 860 bis 865
Janke, Matthias	Gesellschaftsrechtliche Treuepflicht, Frankfurt am Main 2003
Jesch, Thomas A.	Private-Equity-Beteiligungen, Wiesbaden 2004
Jesch, Thomas A. *Striegel, Andreas* *Boxberger, Lutz*	Rechtshandbuch Private Equity, München 2010 (zitiert: *Bearbeiter*, Jesch/Striegel, Rechtshdb. PE)
Jugel, Stefan	Private Equity Investments, Praxis des Beteiligungsmanagements, Wiesbaden 2003

Just, Clemens (Hrsg.) *Voß, Thorsten (Hrsg.)* *Ritz, Corinna (Hrsg.)* *Zeising, Michael (Hrsg.)*	Wertpapierprospektgesetz (WpPG) und EU-Prospektverordnung, München 2009 (zitiert: Bearbeiter, Just/Voß u.a., WpPG)
Kaiser, Karin	Auswirkungen des Bilanzrechtsreformgesetzes auf die zukunftsorientierte Lageberichterstattung, WPg, 2005, Seiten 405 bis 418
van Kann, Jürgen *Redeker, Rouven* *Keiluweit, Anjela*	Überblick über das Kapitalanlagegesetzbuch (KAGB), DStR 2013, Seiten 1483 bis 1489
van Kann, Jürgen *Keiluweit, Anjela*	Verschwiegenheitspflicht kommunaler Aufsichtsratsmitglieder in privatrechtlich organisierten Gesellschaften, DB 2009, Seiten 2251 bis 2256
van Kann, Jürgen (Hrsg.)	Vorstand der AG, Führungsaufgaben, Rechtspflichten und Corporate Governance, 2. Auflage, Berlin 2012
Keilich, Jochen *Brummer, Paul*	Reden ist Silber, Schweigen ist Gold – Geheimhaltungspflichten auch für die Arbeitnehmervertreter im Aufsichtsrat, BB 2012, Seiten 897 bis 901
Kersting, Christian	Erforderlichkeit der Auskunft und Aktionärsrechterichtlinie, Festschrift für Michael Hoffmann-Becking zum 70. Geburtstag, München 2013, Seiten 651 bis 668
Kiesewetter, Matthias *Parmentier, Miriam*	Verschärfung des Marktmissbrauchsrechts – ein Überblick über die neue EU-Verordnung über Insidergeschäfte und Marktmanipulation, BB 2013, Seiten 2371 bis 2379
Kirchner, Jörg *Iversen, Malte*	Rechtliche Hürden beim außerbörslichen Verkauf eines Aktienpakets, NZG 2008, Seiten 921 bis 925
Klebeck, Ulf *Kolbe, Sebastian*	Aufsichts- und Arbeitsrecht im KAGB, BB 2014, Seiten 707 bis 714

Kleindiek, Detlef	Geschäftsleitertätigkeit und Geschäftsleiterkontrolle: Treuhänderische Vermögensverwaltung und Rechnungslegung, ZGR 1998, Seiten 466 bis 489
Kleinmanns, Hermann	Shareholder Activism – bedeutender Einfluss institutioneller Investoren auch in Deutschland?, IRZ 2016, Seiten 341 bis 345
Klöhn, Lars	Ad-hoc-Publizität und Insiderverbot im neuen Marktmissbrauchsrecht, AG 2016, Seiten 423 bis 434
Klöhn, Lars	Die Spector-Vermutung und deren Widerlegung im neuen Insiderrecht, WM 2017, Seiten 2085 bis 2092
Klöhn, Lars	Interessenkonflikte zwischen Aktionären und Gläubigern der Aktiengesellschaft im Spiegel der Vorstandspflichten, ZGR 2008, Seiten 110 bis 158
Klöhn, Lars (Hrsg.)	Marktmissbrauchsverordnung, München 2018 (zitiert: *Bearbeiter*, Klöhn, MMVO)
Knapp, Christoph	Auswirkungen des MoMiG auf Aktiengesellschaften und ihre Organmitglieder, DStR 2008, Seiten 2371 bis 2375
Koblenzer, Thomas	Management Buy-Out (MBO) und Management Buy-In (MBI) als Instrumente der Unternehmensnachfolgeplanung, ZEV 2002, Seiten 350 bis 355
Koch, Jens	Der Vorstand im Kompetenzgefüge der Aktiengesellschaft, 50 Jahre Aktiengesetz, ZGR-Sonderheft 19, Berlin 2016, Seiten 65 bis 102 (zitiert: Fleischer/Koch/Kropff/Lutter, 50 Jahre Aktiengesetz, 2016)
Koch, Raphael	Das Kapitalanlagegesetzbuch: Neue Rahmenbedingungen für Private-Equity-Fonds – Transparenz, gesellschaftsrechtliche Maßnahmen und Finanzierung, WM 2014, Seiten 433 bis 438

Koch, Raphael *Wackerbeck, Matthias*	Der Schutz vor räuberischen Aktionären durch die Neuregelungen des ARUG, ZIP 2009, Seiten 1603 bis 1608
Kocher, Dirk *Widder, Stefan*	Die Bedeutung von Zwischenschritten bei der Definition von Insiderinformationen, BB 2012, Seiten 2837 bis 2841
Kocher, Dirk	Einschränkungen des Anspruchs auf gleiche Information für alle Aktionäre – Keine Angst vor § 131 Abs. 4 AktG?, Der Konzern 2008, Seiten 611 bis 617
Kocher, Dirk *Widder, Stefan*	EuGH: Zwischenschritte einer gestreckten Entscheidung als Insider-Information, BB 2012, Seiten 1817 bis 1821
Koeberle-Schmid, Alexander *Groß, Joachim* *Lehmann-Tolkmitt, Arno*	Der Beirat als Garant guter Corporate Governance im Familienunternehmen, BB 2011, Seiten 899 bis 906
Kölner Kommentar zum AktG	Arnold, Arnd / Arnold, Michael u.a. (Hrsg.), Band 1, §§ 1 bis 75 AktG, 3. Auflage, Köln 2011 (zitiert: *Verfasser*, KK-AktG)
Kölner Kommentar zum AktG	Kersting, Christian (Hrsg.), Band 3 Teillieferung 1, §§ 131 bis 132 AktG, 3. Auflage, Köln 2010 (zitiert: *Verfasser*, KK-AktG)
Kölner Kommentar zum AktG	Mertens, Hans-Joachim / Cahn, Andreas (Hrsg.), Band 2/1, §§ 76 bis 94 AktG, 3. Auflage, Köln 2010 (zitiert: *Verfasser*, KK-AktG)
Kölner Kommentar zum AktG	Mertens, Hans-Joachim / Cahn, Andreas (Hrsg.), Band 2/2, §§ 95 bis 117 AktG, 3. Auflage, Köln 2013 (zitiert: *Verfasser*, KK-AktG)
Kölner Kommentar zum UmwG	*Dauner-Lieb, Barbara / Simon, Stefan (Hrsg.),* Köln 2009 (zitiert: Bearbeiter, KK-UmwG)
Kölner Kommentar zum WpHG	*Hirte, Heribert / Möllers, Thomas M. J. (Hrsg.),* 2. Auflage, Köln 2014 (zitiert: *Bearbeiter*, KK-WpHG)

Körber, Torsten	Geschäftsleitung der Zielgesellschaft und due diligence bei Paketerwerb und Unternehmenskauf, NZG 2002, Seiten 263 bis 272
Kort, Michael	Compliance-Pflichten von Vorstandsmitgliedern und Aufsichtsratsmitgliedern, Festschrift für Klaus J. Hopt zum 70. Geburtstag am 24. August 2010, Unternehmen, Markt und Verantwortung, Band 1, Berlin 2010, Seiten 983 bis 1003
Kort, Michael	Das Informationsrecht des Gesellschafters der Konzernobergesellschaft, ZGR 1987, Seiten 46 bis 75
Kort, Michael	Interessenkonflikte bei Organmitgliedern der AG, ZIP 2008, Seiten 717 bis 725
Kort, Michael	Vorstandshandeln im Spannungsverhältnis zwischen Unternehmensinteresse und Aktionärsinteressen, AG 2012, Seiten 605 bis 610
Kossmann, Alfred	Ausschluß („Freeze-out") von Aktionären gegen Barabfindung, NZG 1999, Seiten 1198 bis 1203
Köstler, Roland *Zachert, Ulrich* *Müller, Matthias*	Aufsichtsratspraxis, 9. Auflage, Frankfurt am Main 2009
Krämer, Lutz	Investorendialog des Aufsichtsrats – Best Practice oder rechtlicher Graubereich?, Der Aufsichtsrat 2017, Seiten 18 bis 20
Krauel, Wolfgang	Insiderhandel, Baden-Baden 2000
Krause, Hartmut	Kapitalmarktrechtliche Compliance: neue Pflichten und drastisch verschärfte Sanktionen nach der EU-Marktmissbrauchsverordnung, CCZ 2014, Seiten 248 bis 260
Kremer, Thomas (Hrsg.) *Bachmann, Gregor (Hrsg.)* *Lutter, Marcus (Hrsg.)* *von Werder, Axel (Hrsg.)*	Kommentar zum Deutschen Corporate Governance Kodex, 6. Auflage, München 2016 (zitiert: *Bearbeiter*, Kremer u.a., DCGK)

Krieger, Gerd	Squeeze-Out nach neuem Recht: Überblick und Zweifelsfragen, BB 2002, Seiten 53 bis 63
Krömker, Michael	Der Anspruch des Paketaktionärs auf Informationsoffenbarung zum Zwecke der Due Diligence, NZG 2003, Seiten 418 bis 424
Kropff, Bruno	Informationsbeschaffungspflichten des Aufsichtsrats, Festschrift für Thomas Raiser zum 70. Geburtstag am 20. Februar 2005, Berlin 2005, Seiten 225 bis 245
Kropff, Bruno	Textausgabe des Aktiengesetzes vom 6.9.1965, Düsseldorf 1965
Kuhner, Christoph	Unternehmensinteresse vs. Shareholder Value als Leitmaxime kapitalmarktorientierter Aktiengesellschaften, ZGR 2004, Seiten 244 bis 279
Kümpel, Siegfried *Wittig, Arne (Hrsg.)*	Bank- und Kapitalmarktrecht, 3. Auflage 2011, Köln 2011
Kümpel, Siegfried	Insiderrecht und Ad hoc-Publizität aus Bankensicht, WM 1996, Seiten 653 bis 662
Kuntz, Thilo	Gestaltung von Kapitalgesellschaften zwischen Freiheit und Zwang, Tübingen 2016 (zitiert: *Kuntz*, Gestaltung von Kapitalgesellschaften)
Kußmaul, Heinz *Pfirmann, Armin* *Tcherveniachki, Vassil*	Leveraged Buyout am Beispiel der Friedrich Grohe AG, DB 2005, Seiten 2533 bis 2540
Land, Volker	Rechtsfragen des internationalen Unternehmenskaufs, BB 2013, Seiten 2697 bis 2706
Lanfermann, Georg	Prüfung der CSR-Berichterstattung durch den Aufsichtsrat, BB 2017, Seiten 747 bis 750
Langenbucher, Katja	Zum Begriff der Insiderinformation nach dem Entwurf für eine Marktmissbrauchsverordnung, NZG 2013, Seiten 1401 bis 1406

Längsfeld, Alexander M. H.	Zum Verbot des Asset Strippings (§ 292 KAGB), Richtlinienkonforme Auslegung und internationale Anwendbarkeit, NZG 2016, Seiten 1096 bis 1101
Lenenbach, Markus	Kapitalmarktrecht, 2. Auflage, Köln 2010
Lenz, Susanne	Steigerung der Hauptversammlungsteilnahme durch monetäre Anreize?, NZG 2006, Seiten 534 bis 535
Leuering, Dieter *Simon, Stefan*	Aktienrechtliche Auskunftserteilung außerhalb der Hauptversammlung, NJW-Spezial 2006, Seiten 507 bis 508
Leyendecker-Langner, Benjamin E.	Kapitalmarktkommunikation durch den Aufsichtsratsvorsitzenden, NZG 2015, Seiten 44 bis 48
von der Linden, Klaus	Darstellung von Interessenkonflikten im Bericht des Aufsichtsrats an die Hauptversammlung, GWR 2011, Seiten 407 bis 410
von der Linden, Klaus	Das neue Marktmissbrauchsrecht im Überblick, DStR 2016, Seiten 1036 bis 1041
Linker, Anja Celina *Zinger, Georg*	Rechte und Pflichten der Organe einer Aktiengesellschaft bei der Weitergabe vertraulicher Unternehmensinformationen, NZG 2002, Seiten 497 bis 502
Linnarz, Markus	Neuerungen durch die Marktmissbrauchsverordnung, AG 2015, Seiten R187 bis R188
Löbbe, Marc	Konzernverantwortung und Umwandlungsrecht, ZHR 177 (2013), Seiten 518 bis 554
Löbbe, Marc	Unternehmenskontrolle im Konzern, Heidelberg 2003
Loges, Rainer *Distler, Wolfram*	Gestaltungsmöglichkeiten durch Aktiengattungen, ZIP 2002, Seiten 467 bis 474

Lüdicke, Jochen *Arndt, Jan-Holger*	Geschlossene Fonds, 5. Auflage, München 2009 (zitiert: *Bearbeiter*, Lüdicke/Arndt, Geschlossene Fonds)
Lüdicke, Jochen (Hrsg.) *Sistermann, Christian (Hrsg.)*	Unternehmenssteuerrecht, München 2008
Lutter, Marcus	Defizite für eine effiziente Aufsichtsratstätigkeit und gesetzliche Möglichkeiten der Verbesserung, ZHR 159 (1995), Seiten 287 bis 309
Lutter, Marcus	Due diligence des Erwerbers beim Kauf einer Beteiligung, Festschrift für Helmut Schippel zum 65. Geburtstag, München 1996, Seiten 455 bis 472
Lutter, Marcus	Due diligence des Erwerbers beim Kauf einer Beteiligung, ZIP 1997, Seiten 613 bis 620
Lutter, Marcus (Hrsg.) *Bayer, Walter (Hrsg.)*	Holding-Handbuch, 5. Auflage, Köln 2015 (zitiert: *Bearbeiter*, Lutter/Bayer, Holding-Hdb.)
Lutter, Marcus	Information und Vertraulichkeit im Aufsichtsrat, 3. Auflage, München 2006 (zitiert: *Lutter*, Information und Vertraulichkeit)
Lutter, Marcus	Konzernphilosophie vs. Konzernweite Compliance und konzernweites Risikomanagement, Festschrift für Wulf Goette zum 65. Geburtstag, München 2011, Seiten 289 bis 297
Lutter, Marcus *Krieger, Gerd,* *Verse, Dirk A.*	Rechte und Pflichten des Aufsichtsrats, 6. Auflage, Köln 2014 (zitiert: *Lutter/Krieger/Verse*, Rechte und Pflichten AR)
Mader, Florian	Der Informationsfluss im Unternehmensverbund, Tübingen 2016
Mader, Florian	Der Informationsfluss im Verbund als Vorfrage einer konzernweiten Legalitätskontrollpflicht, WM 2015, Seiten 2074 bis 2081

Maidl, Johannes *Kreifels, Rainer*	Beteiligungsverträge und ergänzende Vereinbarungen, NZG 2003, Seiten 1091 bis 1095
Marsch-Barner, Reinhard (Hrsg.) *Schäfer, Frank A, (Hrsg.)*	Handbuch börsennotierte AG, Aktien- und Kapitalmarktrecht, 4. Auflage, Köln 2018 (zitiert: *Verfasser*, Marsch-Barner/Schäfer, Hdb. börs. AG)
Marsch-Barner, Reinhard (Hrsg.) *Schäfer, Frank A, (Hrsg.)*	Handbuch börsennotierte AG, Aktien- und Kapitalmarktrecht, 3. Auflage, Köln 2014 (zitiert: *Verfasser*, Marsch-Barner/Schäfer, Hdb. börs. AG, 3. Auflage)
Marsch-Barner, Reinhard	Zur Berichterstattung des Aufsichtsrats, Festschrift für Eberhard Stilz zum 65. Geburtstag, München 2014, Seiten 397 bis 410
Martens, Klaus-Peter	Privilegiertes Informationsverhalten von Aufsichtsratsmitgliedern einer Gebietskörperschaft nach § 394 AktG, AG 1984, Seiten 29 bis 38
Marzinkowski, Dominik	Mezzanine-Finanzierung durch Teilgewinnabführungsverträge, Baden-Baden 2012 (zitiert: *Marzinkowski*, Mezzanine-Finanzierung)
Mayer, Dieter	Grenzen von Aktionärsvereinbarungen, MittBayNot 2006, Seiten 281 bis 291
Mayer-Uellner, Richard	From Public to Private: Öffentliche Übernahmen durch Private Equity-Investoren, AG 2013, Seiten 828 bis 839
Meilicke, Heinz *Heidel, Thomas*	Das Auskunftsrecht des Aktionärs in der Hauptversammlung (Teil I), DStR 1992, Seiten 72 bis 75
Meincke, Eberhard	Geheimhaltungspflichten im Wirtschaftsrecht, WM 1998, Seiten 749 bis 757
Mellert, Christofer Rudolf	Venture Capital Beteiligungsverträge auf dem Prüfstand, NZG 2003, Seiten 1096 bis 1100

Menke, Thomas	Befugnis des Vorstands einer börsennotierten Aktiengesellschaft zur bevorzugten Information eines Aktionärspools, NZG 2004, Seiten 697 bis 701
Merkelbach, Matthias *Herb, Anja*	Keine generelle Entbindung des Aufsichtsrats von seiner Verschwiegenheitspflicht im Voraus, GWR 2016, Seite 314
Merkt, Hanno	Verhaltenspflichten des Vorstands der Zielgesellschaft bei feindlichen Übernahmen, ZHR 165 (2001), Seiten 224 bis 257
Mertens, Kai	Die Information des Erwerbers einer wesentlichen Unternehmensbeteiligung an einer Aktiengesellschaft durch deren Vorstand, AG 1997, Seiten 541 bis 547
Meyer-Landrut, Andreas *Heuser, Moritz*	Rechtliche Aspekte der Kommunikation mit institutionellen Investoren vor der HV, AG 2011, Seiten R241 bis R242
Michalski, Lutz (Hrsg.)	Kommentar zum Gesetz betreffend die Gesellschaften mit beschränkter Haftung (GmbH-Gesetz), 2. Auflage, München 2010 (zitiert: *Bearbeiter*, Michalski, GmbHG)
Miesen, Sebastian	Gesellschaftsrechtliche Hinauskündigungsklauseln in der Rechtsprechung des Bundesgerichtshofs, RNotZ 2006, Seiten 522 bis 538
Möllers, Thomas M. J. *Seidenschwamm, Sabine*	Anlegerfreundliche Auslegung des Insiderrechts durch den EuGH, NJW 2012, Seiten 2782 bis 2765
Möllers, Thomas M. J. *Harrer, Andreas* *Krüger, Thomas C.*	Die Regelung von Hedgefonds und Private Equity durch die neue AIFM-Richtlinie, WM 2011, Seiten 1537 bis 1544
Möllmann, Jean-Claude *Möllmann, Jean-Philip*	Gestaltung der GmbH-Satzung bei Venture Capital-Finanzierung (Private Equity), BWNotZ 2013, Seiten 74 bis 87

Moritz, Joachim (Hrsg.) *Klebeck, Ulf (Hrsg.)* *Jesch, Thomas A. (Hrsg.)*	Frankfurter Kommentar zum Kapitalanlagerecht, Band 1 (Teilband 2), Frankfurt am Main 2016 (zitiert: *Bearbeiter*, Moritz/Klebeck/Jesch, KAGB, Band 1 (Teilband 2))
Morshäuser, Ralf *Falkner, Tobias*	Der Insolvenzplan als Sanierungschance für Portfolio-Unternehmen von Private-Equity-Investoren nach einem Debt-Push-Down, NZG 2009, Seiten 526 bis 530
Mülbert, Peter O.	Marktwertmaximierung als Unternehmensziel der Aktiengesellschaft, Festschrift für Volker Röhricht zum 65. Geburtstag: Gesellschaftsrecht, Rechnungslegung, Sportrecht, Köln 2005, Seiten 421 bis 441
Mülbert, Peter O.	Shareholder Value aus rechtlicher Sicht, ZGR 1997, Seiten 129 bis 172
Mülbert, Peter O.	Soziale Verantwortung von Unternehmen im Gesellschaftsrecht, AG 2009, Seiten 766 bis 774
Müller, Cédric	Der Aktionärspool in der Familienaktiengesellschaft, Frankfurt am Main 2012 (zitiert: *Müller*, Aktionärspool)
Müller, Klaus J.	Gestattung der Due Diligence durch den Vorstand der Aktiengesellschaft, NJW 2000, Seiten 3452 bis 3456
Müller, Michael	Hedgefonds und Private Equity – Fluch oder Segen, BKR 2008, Seiten 351 bis 352
Müller-Glöge, Rudi (Hrsg.) *Preis, Ulrich (Hrsg.)* *Schmidt, Ingrid (Hrsg.)*	Erfurter Kommentar zum Arbeitsrecht, 17. Auflage, München 2017 (zitiert: *Bearbeiter*, Müller-Glöge/Preis/Schmidt, Erfurter Kommentar)
Münchener Kommentar zum AktG	Goette, Wulf / Habersack, Mathias / Kalss, Susanne (Hrsg.), Band 1, §§ 1 bis 75, 4. Auflage, München 2016 (zitiert: *Bearbeiter*, MüKo-AktG, Band 1)

Münchener Kommentar zum AktG	Goette, Wulf / Habersack, Mathias / Kalss, Susanne (Hrsg.), Band 2, §§ 76 bis 117, 4. Auflage, München 2014 (zitiert: *Bearbeiter*, MüKo-AktG, Band 2)
Münchener Kommentar zum AktG	Goette, Wulf / Habersack, Mathias / Kalss, Susanne (Hrsg.), Band 3, §§ 118 bis 178, 4. Auflage, München 2018 (zitiert: *Bearbeiter*, MüKo-AktG, Band 3)
Münchener Kommentar zum AktG	Goette, Wulf / Habersack, Mathias / Kalss, Susanne (Hrsg.), Band 4, §§ 179 bis 277, 4. Auflage, München 2016 (zitiert: *Bearbeiter*, MüKo-AktG, Band 4)
Münchener Kommentar zum AktG	Goette, Wulf / Habersack, Mathias / Kalss, Susanne (Hrsg.), Band 5, §§ 278 bis 328, 4. Auflage, München 2015 (zitiert: *Bearbeiter*, MüKo-AktG, Band 5)
Münchener Kommentar zum AktG	Goette, Wulf / Habersack, Mathias / Kalss, Susanne (Hrsg.), Band 6, §§ 329 bis 410, 4. Auflage, München 2017 (zitiert: *Bearbeiter*, MüKo-AktG, Band 6)
Münchener Kommentar zum BilR	Hennrichs, Joachim / Kleindiek, Detlef / Watrin, Christoph (Hrsg.), Münchener Kommentar zum Bilanzrecht, Band 2, §§ 238 bis 342e HGB, München 2013 (zitiert: *Bearbeiter*, MüKo-BilR, Band 2)
Münchener Kommentar zum GesR	Gummert, Hans / Weipert, Lutz (Hrsg.), Münchener Handbuch des Gesellschaftsrechts, Band 2, Aktiengesellschaft, 4. Auflage, München 2014 (zitiert: *Bearbeiter*, MünchHdb. GesR, Band 2)
Münchener Kommentar zum GesR	Hoffmann-Becking, Michael (Hrsg.), Münchener Handbuch des Gesellschaftsrechts, Band 4, Aktiengesellschaft, 4. Auflage, München 2015 (zitiert: *Bearbeiter*, MünchHdb. GesR, Band 4)

Münchener Kommentar zum GmbHG	Fleischer, Holger / Goette, Wulf (Hrsg.), Münchener Kommentar zum GmbHG, Band 2, §§ 35 bis 52 GmbHG, 2. Auflage, München 2016 (zitiert: *Bearbeiter*, MüKo-GmbHG, Band 2)
Münchener Kommentar zum HGB	Schmidt, Karsten / Ebke, Werner F. (Hrsg.), Münchener Kommentar zum Handelsgesetzbuch, Band 4, §§ 238 bis 342e, 3. Auflage, München 2013 (zitiert: *Bearbeiter*, MüKo-HGB, Band 4)
Neumann, Franziska	Rechtliche Probleme von PIPE-Transaktionen, Frankfurt am Main 2014
Neumann, Lorenz *Böhme, Antje*	Die Haftung des Beirats in der Publikumsgesellschaft, DB 2007, Seiten 844 bis 848
Nuyken, Alexander W.	Finanzielle Unterstützung bei Private-Equity-Transaktionen – Fallstudien zu § 71a AktG, ZIP 2004, Seiten 1893 bis 1900
Oetker, Hartmut	Verschwiegenheitspflicht der Aufsichtsratsmitglieder und Kommunikation im Aufsichtsrat, Festschrift für Klaus J. Hopt zum 70. Geburtstag am 24. August 2010, Unternehmen, Markt und Verantwortung, Band 1, Berlin 2010, Seiten 1091 bis 1107
Osterloh, Margit	Zum Problem der rechtzeitigen Information von Arbeitnehmervertretern in Betriebs- und Aufsichtsräten, AuR 1986, Seiten 332 bis 340
Otto, Hans-Jochen	„Eigenkapitalraub“ und „nicht erwünschtes Verhalten“: Private Equity zwischen betriebswirtschaftlicher Logik und der Idee vom Unternehmen an sich, AG 2013, Seiten 357 bis 374
Paefgen, Walter G.	Unternehmerische Entscheidungen und Rechtsbindung der Organe in der AG, Köln 2002

Park, Tido (Hrsg.)	Kapitalmarktstrafrecht, 3. Auflage, Baden-Baden 2013 (zitiert: *Bearbeiter*, Park, Kapitalmarktstrafrecht)
Parmentier, Miriam	Ad-hoc-Publizität bei Börsengang und Aktienplatzierung, NZG 2007, Seiten 407 bis 416
Paschos, Nikolaos	Die Zulässigkeit von Vereinbarungen über künftige Leitungsmaßnahmen, NZG 2012, Seiten 1142 bis 1144
Passarge, Malte	Vorstands-Doppelmandate – ein nach wie vor aktuelles Thema!, NZG 2007, Seiten 441 bis 444
Pentz, Andreas	Auskunftsverlangen des Großaktionärs, Festschrift für Hans-Joachim Priester zum 70. Geburtstag, Köln 2007, Seiten 593 bis 617
Pentz, Andreas	Erweitertes Auskunftsrecht und faktische Unternehmensverbindungen, ZIP 2007, Seiten 2298 bis 2301
Pfeifer, Axel	Venture Capital als Finanzierungs- und Beteiligungsinstrument, BB 1999, Seiten 1665 bis 1672
Picot, Gerhard	Handbuch Mergers & Acquisitions, 5. Auflage, Stuttgart 2012
Poelzig, Dörte	Die Neuregelung der Offenlegungsvorschriften durch die Marktmissbrauchsverordnung, NZG 2016, Seiten 761 bis 773
Poelzig, Dörte	Insider- und Marktmanipulationsverbot im neuen Marktmissbrauchsrecht, NZG 2016, Seiten 528 bis 538
Polte, Marcel	Aktiengattungen, Eine rechtsvergleichende Untersuchung zum deutschen, US-amerikanischen und englischen Recht, Frankfurt am Main 2005
Potthoff, Erich *Trescher, Karl*	Das Aufsichtsratsmitglied, 6. Auflage, Stuttgart 2003

Priester, Hans-Joachim	Interessenkonflikte im Aufsichtsratsbericht – Offenlegung versus Vertraulichkeit, ZIP 2011, Seiten 2081 bis 2085
Raisch, Peter	Zum Begriff und zur Bedeutung des Unternehmensinteresses als Verhaltensmaxime von Vorstands- und Aufsichtsratsmitgliedern, Festschrift für Wolfgang Hefermehl zum 70. Geburtstag am 18. September 1976, München 1976, Seiten 347 bis 364
Redeke, Julian	Institutionelle Investoren und Organhaftung, AG 2015, Seiten 253 bis 261
Reichard, Michael	Die Verschwiegenheitspflicht von Aufsichtsratsmitgliedern, GWR 2017, Seiten 72 bis 74
Reichert, Jochem	Business Combinations Agreements, ZGR 2015, Seiten 1 bis 32
Reichert, Jochem *Schlitt, Michael*	Konkurrenzverbot für Aufsichtsratsmitglieder, Geltendes Recht – statutarische Gestaltungsmöglichkeiten – Reformüberlegungen, AG 1995, Seiten 241 bis 254
Renz, Hartmut T. *Leibold, Michael*	Die neuen strafrechtlichen Sanktionsregelungen im Kapitalmarktrecht, CCZ 2016, Seiten 157 bis 172
Retsch, Alexander	Die Selbstbefreiung nach der Marktmissbrauchsverordnung, NZG 2016, Seiten 1201 bis 1207
Reul, Jürgen	Die Pflicht zur Gleichbehandlung der Aktionäre bei privaten Kontrolltransaktionen, Tübingen 1991
Richardi, Reinhard (Hrsg.)	Bertriebsverfassungsgesetz mit Wahlordnung, 15. Auflage, München 2016 (zitiert: *Bearbeiter*, Richardi, BetrVG)
Ricke, Markus	Stichwort: Hedge Fonds, BKR 2004, Seiten 60 bis 65
von Riegen, Arend	Rechtliche Rahmenbedingungen bei PIPE-Transaktionen, CFL 2010, Seiten 1 bis 12

Riegger, Bodo	Kapitalgesellschaftsrechtliche Grenzen der Finanzierung von Unternehmensübernahmen durch Finanzinvestoren, ZGR 2008, Seiten 233 bis 249
Rittmeister, Maximilian	Due Diligence und Geheimhaltungspflichten beim Unternehmenskauf – Die Zulässigkeit der Gestaltung einer Due Diligence durch den Vorstand oder die Geschäftsführer der Zielgesellschaft, NZG 2004, Seiten 1032 bis 1037
Rittner, Fritz	Die Verschwiegenheitspflicht der Aufsichtsratsmitglieder nach BGHZ 64, 325, Festschrift für Wolfgang Hefermehl zum 70. Geburtstag am 18. September 1976, München 1976, Seiten 365 bis 381
Robertz, Franz-Joachim	Der Beirat als freiwilliges Organ der Gesellschaft, MittRhNotK 1991, Seiten 239 bis 252
Römermann, Volker (Hrsg.)	Münchener Anwalts Handbuch GmbH-Recht, 3. Auflage 2014, München 2014 (zitiert: *Bearbeiter*, Römermann, MAH GmbH-Recht)
Roschmann, Christian *Frey, Johannes*	Geheimhaltungsverpflichtungen der Vorstandsmitglieder von Aktiengesellschaften bei Unternehmenskäufen, AG 1996, Seiten 449 bis 455
Roth, Markus	Information und Organisation des Aufsichtsrats, ZGR 2012, Seiten 343 bis 381
Rothweiler, Stefan	Der Informationsfluss vom beherrschten zum herrschenden Unternehmen im Gesellschafts- und Kapitalmarktrecht, Frankfurt am Main 2008 (zitiert: *Rothweiler*, Der Informationsfluss)
Rubner, Daniel	Der Vorstand der Zielgesellschaft bei M&A-Transaktionen, KSzW 2011, Seiten 412 bis 417

Rubner, Daniel *Pospiech, Lutz*	Die EU-Marktmissbrauchsverordnung – verschärfte Anforderungen an die kapitalmarktrechtliche Compliance auch für den Freiverkehr, GWR 2016, Seiten 228 bis 230
Rudolph, Bernd	Funktionen und Regulierung der Finanzinvestoren, ZGR 2008, Seiten 161 bis 184
Ruffner, Markus	Die ökonomischen Grundlagen eines Rechts der Publikumsgesellschaft, Zürich 2000
Ruthardt, Frederik	Angemessene Barabfindung und Gleichbehandlung von Minderheits- und Mehrheitsaktionären, NZG 2014, Seiten 972 bis 980
Säcker, Franz Jürgen	Aktuelle Probleme der Verschwiegenheitspflicht der Aufsichtsratsmitglieder, NJW 1986, Seiten 803 bis 811
Schäfer, Frank A. (Hrsg.) *Hamann, Uwe (Hrsg.)*	Kapitalmarktgesetze, Band 1, 2. Auflage, 7. Lieferung (Stand 1/2013), Stuttgart 2013 (zitiert: *Bearbeiter*, Schäfer/Hamann, KMG)
Schall, Alexander	Anmerkung EuGH, Urt. v. 28.6.2012 – Rs. C-19/11, ZIP 2012, Seiten 1286 bis 1288
Schander, Albert A. *Posten, Olaf H.*	Zu den Organpflichten bei Unternehmensübernahmen, ZIP 1997, Seiten 1534 bis 1538
Schanz, Kay-Michael	Börseneinführung, Handbuch für den Börsengang und due börsennotierte Gesellschaft, 4. Auflage, München 2012 (zitiert: *Schanz*, Börseneinführung)
Scheffler, Eberhard	Controlling im Konzern unter Beachtung der rechtlichen Regeln für die Eigenständigkeit der konzernabhängigen juristischen Personen, AG 1991, Seiten 256 bis 261
Scheffler, Eberhard	Rolle des Aufsichtsrats bei der Vermeidung und Überwindung von Unternehmenskrisen, BB 2014, Seiten 2859 bis 2863

von Schenck, Kersten	Die laufende Information des Aufsichtsrats einer Aktiengesellschaft durch den Vorstand, NZG 2002, Seiten 64 bis 68
Schewe, Gerhard *Ortwein, Gisa* *Leo, Anika*	Arbeitspapier Nr. 56 des Lehrstuhls für Betriebswirtschaftslehre, insb. Organisation, Personal und Innovation der Westfälischen Wilhelms-Universität Münster, Der Einfluss von Private Equity-Gesellschaften auf die Corporate Governance – Der Fall Hugo Boss AG, Münster 2008 (zitiert: *Schewe u.a.*, Arbeitspapier Nr. 56)
Schewe, Gerhard *Grundmann, Frank* *Ortwein, Gisa* *Helmes, Sabrina*	Arbeitspapier Nr. 57 des Lehrstuhls für Betriebswirtschaftslehre, insb. Organisation, Personal und Innovation der Westfälischen Wilhelms-Universität Münster, Der Einfluss von Private Equity-Gesellschaften auf die Corporate Governance – Der Fall Grohe AG, Münster 2009 (zitiert: *Schewe u.a.*, Arbeitspapier Nr. 57)
Schiessl, Maximilian	Auf der Suche nach dem „Ankeraktionär" – „PIPE"-Transaktionsmodelle und Organpflichten, AG 2009, Seiten 385 bis 392
Schiessl, Maximilian	Empfehlungen an Publikumsgesellschaften für den Umgang mit Hedgefonds, ZIP 2009, Seiten 689 bis 697
Schilling, Wolf Ulrich	Shareholder Value und Aktiengesetz, BB 1997, Seiten 373 bis 381
Schimansky, Herbert (Hrsg.) *Bunte, Hermann-Josef (Hrsg.)* *Lwowski, Hans-Jürgen (Hrsg.)*	Bankrechts-Handbuch, 5. Auflage, München 2017 (zitiert: Bearbeiter, Schimansky/Bunte/Lwowski, BankR-Hdb.)
Schlitt, Michael *Schäfer, Susanne* *Basnage, John M.*	Aktuelle rechtliche Entwicklungen und Gestaltungen in der Praxis bei Equity- und Equity-linked-Transaktionen, CFL 2013, Seiten 49 bis 55
Schlitt, Michael *Singhof, Bernd* *Schäfer, Susanne*	Aktuelle Rechtsfragen und neue Entwicklungen im Zusammenhang mit Börsengängen, BKR 2005, Seiten 251 bis 264

Schlitt, Michael *Schäfer, Susanne*	Alte und neue Fragen im Zusammenhang mit 10%-Kapitalerhöhungen, AG 2005, Seiten 67 bis 77
Schlitt, Michael *Schäfer, Susanne*	Drei Jahre Praxis unter dem Wertpapierprospektgesetz – eine Zwischenbilanz, AG 2008, Seiten 525 bis 536
Schlitt, Michael (Hrsg.)	Finanzierungen im Mittelstand, Wiesbaden 2014 (zitiert: *Bearbeiter*, Schlitt, Finanzierungen im Mittelstand)
Schlitt, Michael *Schäfer, Susanne*	Finanzmarktkommunikation anlässlich von Kapitalmarkttransaktionen, Festschrift für Klaus J. Hopt zum 70. Geburtstag am 24. August 2010, Unternehmen, Markt und Verantwortung, Band 2, Berlin 2010, Seiten 2469 bis 2488
Schmidt, Karsten (Hrsg.) *Lutter, Marcus (Hrsg.)*	Aktiengesetz, 3. Auflage, Köln 2015 (zitiert: *Bearbeiter*, Schmidt, K./Lutter, AktG)
Schmidt-Aßmann, Eberhard *Ulmer, Peter*	Die Berichterstattung von Aufsichtsratsmitgliedern einer Gebietskörperschaft nach § 394 AktG, BB 1988, Beilage Nr. 13, Seiten 1 bis 24
Schmidt-Diemitz, Rolf	Pakethandel und das Weitergabeverbot von Insiderwissen, DB 1996, Seiten 1809 bis 1813
Schmitt, Joachim *Hörtnagl, Robert* *Stratz, Rolf-Christian*	Umwandlungsgesetz, Umwandlungssteuerrecht, 7. Auflage, München 2016 (zitiert: *Bearbeiter*, Schmitt u.a., UmwG)
Schmitz, Winfried F. *Slopek, David E. F.*	PIPE-Transaktionen aus rechtlicher Sicht – Aktien- und wertpapierrechtliche Gestaltungsmöglichkeiten von Private Investments in Public Entities, NJOZ 2009, Seiten 1264 bis 1273
Schmolke, Klaus Ulrich	Institutionelle Anleger und Corporate Governance – Traditionelle institutionelle Investoren vs. Hedgefonds, ZGR 2007, Seiten 701 bis 744

Schneider, Sven H.	Informationspflichten und Informationssystemeinrichtungspflichten im Aktienkonzern, Berlin 2006 (zitiert: *S.H. Schneider*, Informationspflichten)
Schneider, Sven H. *Schneider, Uwe H.*	Vorstandshaftung im Konzern, AG 2005, Seiten 57 bis 66
Schneider, Uwe H.	Alternative Geldgeber oder Eigenkapitalräuber? – Die sieben Halbwahrheiten über die „neuen Investoren“ –, AG 2006, Seiten 577 bis 580
Schneider, Uwe H.	Der Auskunftsanspruch des Aktionärs im Konzern, Festschrift für Marcus Lutter zum 70. Geburtstag, Köln 2000, Seiten 1193 bis 1205
Schneider, Uwe H.	Die kapitalmarktrechtlichen Offenlegungspflichten von Konzernunternehmen nach §§ 21 ff. WpHG, Festschrift für Hans Erich Brandner zum 70. Geburtstag, Köln 1996, Seiten 565 bis578
Schneider, Uwe H.	Die vertragliche Ausgestaltung der Konzernverfassung, BB 1986, Seiten 1993 bis 1999
Schneider, Uwe H.	Die Weitergabe von Insiderinformationen im Konzern, Festschrift für Herbert Wiedemann zum 70. Geburtstag, Seiten 1255 bis 1270, München 2002
Schneider, Uwe H. *Singhof, Bernd*	Die Weitergabe von Insidertatsachen in der konzernfreien Aktiengesellschaft, insbesondere im Rahmen der Hauptversammlung und an einzelne Aktionäre – Ein Beitrag zum Verhältnis von Gesellschaftsrecht und Kapitalmarktrecht –, Festschrift für Alfons Kraft zum 70. Geburtstag, Neuwied 1998, Seiten 585 bis 605
Schneider, Uwe H.	Missbräuchliches Verhalten durch Private Equity, NZG 2007, Seiten 888 bis 893

Schneider, Uwe H. *Burgard, Ulrich*	Treuepflichten im mehrstufigen Unterordnungskonzern, Festschrift für Peter Ulmer zum 70. Geburtstag am 2. Januar 2003, Berlin 2003, Seiten 579 bis 603
Schnittker, Helder *Steinbiß, Timo*	Steuerliche Qualifikation des Carried Interest und deren Folgen für die grenzüberschreitende Besteuerung von Initiatoren von Private Equity-Fonds, IStR 2015, Seiten 760 bis 767
Schockenhoff, Martin *Culmann, Johannes*	Shareholder Activism in Deutschland, ZIP 2015, Seiten 297 bis 307
Schröder, Christian	Handbuch Kapitalmarktstrafrecht, 3. Auflage, Köln 2015 (zitiert: *Schröder*, Hdb. Kapitalmarktstrafrecht)
Schröder, Oliver *Rahn, Alexander*	Das KAGB und Private Equity-Transaktionen – Pflichten für Manager von Private-Equity-Fonds und deren Verwahrstellen, GWR 2014, Seiten 49 bis 54
Schroeder, Ulrich	Darf der Vorstand der Aktiengesellschaft dem Aktienkäufer eine Due Diligence gestatten?, DB 1997, Seiten 2161 bis 2166
Schröpfer, Michael	Compliance im Aktienkonzern, Sipplingen 2014
Schüppen, Matthias *Schaub, Bernhard*	Münchener Anwaltshandbuch Aktienrecht, 2. Auflage, München 2010 (zitiert: *Bearbeiter*, Schüppen/Schaub, MAH AktR)
Schwark, Eberhard (Hrsg.) *Zimmer, Daniel (Hrsg.)*	Kapitalmarktrechts-Kommentar, 4. Auflage, München 2010 (zitiert: *Bearbeiter*, Schwark/Zimmer, KMRK)
Schwintowski, Hans-Peter	Die Zurechnung des Wissens von Mitgliedern des Aufsichtsrats in einem oder mehreren Unternehmen, ZIP 2015, Seiten 617 bis 623
Schwintowski, Hans-Peter	Verschwiegenheitspflicht für politisch legitimierte Mitglieder des Aufsichtsrats, NJW 1990, Seiten 1009 bis 1015

Seibert, Ulrich	Die Stimmrechtsausübung in deutschen Aktiengesellschaften – ein Bericht an den Deutschen Bundestag, AG 2004, Seiten 529 bis 533
Seibt, Christoph H. (Hrsg.)	Beck'sches Formularbuch Mergers & Acquisitions, 2. Auflage, München 2011 (zitiert: *Bearbeiter*, Beck'sches Formularbuch M & A)
Seibt, Christoph H.	Europäische Finanzmarktregulierung zu Insiderrecht und Ad hoc-Publizität, ZHR 177 (2013), Seiten 388 bis 426
Seibt, Christoph H.	Finanzanalysten im Blickfeld von Aktien- und Kapitalmarktrecht, ZGR 2006, Seiten 501 bis 539
Seibt, Christoph H.	Gläubigerschutz bei Änderung der Kapitalstruktur durch Erhöhung des Fremdkapitalanteils (Leveraged Recapitalization/Leveraged Buy Out), ZHR 171 (2007), Seiten 282 bis 314
Seibt, Christoph H.	Kapitalmarktrechtliche Überlagerungen im Aktienrecht, Gesellschaftsrecht in der Diskussion 2000, Jahrestagung der Gesellschaftsrechtlichen Vereinigung (VGR), Band 3, Köln 2001, Seiten 37 bis 75 (zitiert: *Seibt*, VGR, Bd. 3 (2001))
Seibt, Christoph H. *Wollenschläger, Bernward*	Revision des Marktmissbrauchsrechts durch Marktmissbrauchsverordnung und Richtlinie über strafrechtliche Sanktionen für Marktmanipulation, AG 2014, Seiten 593 bis 608
Semler, Johannes *von Schenck, Kersten (Hrsg.)*	Arbeitshandbuch für Aufsichtsratsmitglieder, 4. Auflage, München 2013 (zitiert: *Bearbeiter*, Semler/v.Schenck, AH AR-Mitglieder)
Semler, Johannes *von Schenck, Kersten (Hrsg.)*	Der Aufsichtsrat, §§ 95 bis 116, 161, 170 bis 172, 394 und 395 AktG, München 2015 (zitiert: Semler/v.Schenck, Der Aufsichtsrat)

Semler, Johannes *Stengel, Arndt*	Interessenkonflikte bei Aufsichtsratsmitgliedern von Aktiengesellschaften am Beispiel von Konflikten bei Übernahme, NZG 2003, Seiten 1 bis 8
Semler, Johannes	Leitung und Überwachung der Aktiengesellschaft, 2. Auflage, Köln 1996 (zitiert: *Semler*, Leitung und Überwachung)
Semler, Johannes (Hrsg.) *Stengel, Arndt (Hrsg.)*	Umwandlungsgesetz, 3. Auflage, München 2012 (zitiert: *Bearbeiter*, Semler/Stengel, UmwG)
Serfling, Klaus *Großkopff, Anne* *Röder, Marko*	Investor Relations in der Unternehmenspraxis, AG 1998, Seiten 272 bis 280
Servatius, Wolfgang	Strukturmaßnahmen als Unternehmensleitung, Köln 2004
Sethe, Rolf	Die Verschärfung des insiderrechtlichen Weitergabeverbots, ZBB 2006, Seiten 243 bis 257
Seyfarth, Georg	Vorstandsrecht, Köln 2016
Simons, Cornelius	Die Insiderliste (Art. 18 MMVO), CCZ 2016, Seiten 221 bis 231
Sina, Peter	Grenzen des Konzern-Weisungsrechts nach § 308 AktG, AG 1991, Seiten 1 bis 10
Singhof, Bernd	„Market Sounding" nach der Marktmissbrauchsverordnung, ZBB 2017, Seiten 193 bis 206
Singhof, Bernd	Zur Weitergabe von Insiderinformationen im Unterordnungskonzern, ZGR 2001, Seiten 146 bis 174
Söhner, Matthias	Neuer Rechtsrahmen für Private Equity – AIFM-Umsetzungsgesetz, Aktienrechtsnovelle 2014 und weitere Vorschriften, WM 2014, Seiten 2110 bis 2119
Söhner, Matthias	Praxis-Update Marktmissbrauchsverordnung: Neue Leitlinien und alte Probleme, BB 2017, Seiten 259 bis 266

Spindler, Gerald	Deregulierung des Aktienrechts?, AG 1998, Seiten 53 bis 74
Spindler, Gerald (Hrsg.) *Stilz, Eberhard (Hrsg.)*	Kommentar zum Aktiengesetz, Band 1, §§ 1 bis 149, 3. Auflage, München 2015 (zitiert: *Bearbeiter*, Spindler/Stilz, AktG, Band 1)
Spindler, Gerald (Hrsg.) *Stilz, Eberhard (Hrsg.)*	Kommentar zum Aktiengesetz, Band 2, §§ 150 bis 410, 3. Auflage, München 2015 (zitiert: *Bearbeiter*, Spindler/Stilz, AktG, Band 2)
von Stebut, Dietrich	Geheimnisschutz und Verschwiegenheitspflicht im Aktienrecht, Köln 1972
Stenzel, Roman	Managementbeteiligungen und Marktmissbrauchsverordnung, DStR 2017, Seiten 883 bis 889
Stoffels, Markus	Grenzen der Informationsweitergabe durch den Vorstand einer Aktiengesellschaft im Rahmen einer „Due Diligence", ZHR 165 (2001), Seiten 362 bis 382
Stoschek, Uwe *Daniel, Peer*	Gewinne aus Private Equity Fonds als nicht steuerbare Vermögensmehrungen – insbesondere zur Besteuerung von Beteiligungsveräußerungen, FR 2001, Seiten 816 bis 829
Strasser, Thomas *Mayston, Christopher* *Rebholz, Michael*	Die Rolle fakultativer Aufsichtsräte bei Venture-Capital-Investments, Der Aufsichtsrat 2017, Seiten 5 bis 7
Süßmann, Rainer	Die befugte Weitergabe von Insidertatsachen, AG 1999, Seiten 162 bis 173
Teichmann, Christoph	ECLR Corporate Governance in europa, ZGR 2001, Seiten 645 bis 679
Teichmann, Christoph	Fragerecht und Aktionärsrechterichtlinie, NZG 2014, Seiten 401 bis 407
Teigelack, Lars	Insiderhandel und Marktmanipulation im Kommissionsentwurf einer Marktmissbrauchsverordnung, BB 2012, Seiten 1361 bis 1365

Thaeter, Ralf *Guski, Roman*	Shareholder Activism: Gesellschaftsrechtliche Schranken aktiven Aktionärsverhaltens, AG 2007, Seiten 301 bis 308
Thiermann, Christoph	Beschränkungen von Leveraged Buy-Outs durch das Asset Stripping Verbot des § 292 KAGB?, NZG 2016, Seiten 335 bis 340
Thum, Oliver *Timmreck, Christian* *Keul, Thomas*	Private Equity, Leitfaden zur erfolgreichen Unternehmensfinanzierung, München 2008 (zitiert: *Thum/Timmreck/Keul*, Private Equity)
Timm, Wolfram	Grundfragen des „qualifizierten" faktischen Konzerns im Aktienrecht, Bemerkungen zur „Banning"-Entscheidung des OLG Hamm vom 3.11.1986, NJW 1987, Seiten 977 bis 987
Tissen, Simon W.	Die Investorensuche im Lichte der EU-Marktmissbrauchsverordnung, NZG 2015, Seiten 1254 bis 1259
Traugott, Rainer	Informationsflüsse nach Transaktionsabschluss bei Aktiengesellschaften, BB 2001, Seiten 2277 bis 2282
Uffmann, Katharina	Überwachung der Geschäftsführung durch einen schuldrechtlichen GmbH-Beirat?, NZG 2015, Seiten 169 bis 176
Ulmer, Peter	Aktienrecht im Wandel, AcP 202 (2002), Seiten 143 bis 178
Ulmer, Peter *Mathias, Habersack* *Henssler, Martin*	Mitbestimmungsrecht, 3. Auflage, München 2013 (zitiert: *Bearbeiter*, Ulmer u.a., Mitbestimmungsrecht)
Umnuß, Karsten (Hrsg.)	Corporate Compliance Checklisten, 3. Auflage, München 2017 (zitiert: *Verfasser*, Umnuß, CorpCompl.)
Veil, Rüdiger *Koch, Philipp*	Auf dem Weg zu einem Europäischen Kapitalmarktrecht: die Vorschläge der Kommission zur Neuregelung des Marktmissbrauchs, WM 2011, Seiten 2297 bis 2306

Veil, Rüdiger	Europäisches Insiderrecht 2.0 – Konzeption und Grundsatzfragen der Reform durch MAR und CRIM-MAD, ZBB/JBB 2014, Seiten 85 bis 96
Veil, Rüdiger (Hrsg.)	Europäisches Kapitalmarktrecht, 2. Auflage, Tübingen 2014 (zitiert: *Verfasser*, Veil, Europ. KapitalmarktR)
Veil, Rüdiger	Weitergabe von Informationen durch den Aufsichtsrat an Aktionäre und Dritte, ZHR 172 (2008), Seiten 239 bis 273
Verse, Dirk A.	Compliance im Konzern, ZHR 175 (2011), Seiten 401 bis 424
Verse, Dirk A.	Der Gleichbehandlungsgrundsatz im Recht der Kapitalgesellschaften, Tübingen 2006 (zitiert: *Verse*, Gleichbehandlungsgrundsatz)
Verse, Dirk A.	Doppelmandate und Wissenszurechnung im Konzern, AG 2015, Seiten 413 bis 420
Vetter, Eberhard	Handgeld für in der Hauptversammlung präsente Aktionäre?, AG 2006, Seiten 32 bis 35
Vetter, Eberhard	Kapitalmarktkommunikation, Kapitalmarktdruck und Corporate Governance, AG 2014, Seiten 387 bis 393
Vetter, Eberhard	Shareholders Communication – Wer spricht mit den institutionellen Investoren?, AG 2016, Seiten 873 bis 877
Viciano-Gofferje, Martin	Neue Transparenzanforderungen für Private Equity Fonds nach dem Kapitalanlagegesetzbuch, BB 2013, Seiten 2506 bis 2511
Viciano-Gofferje, Martin *Cascante, Christian*	Neues aus Brüssel zum Insiderrecht – die Marktmissbrauchsverordnung, NZG 2012, Seiten 968 bis 979
Völker, Martin	Gesellschafterwechsel und Unternehmensnachfolge mit geeignetem Eigenkapitalinvestor erfolgreich umsetzen, FuS 2014, Seiten 19 bis 24

Wachter, Thomas (Hrsg.)	Kommentar zum Aktiengesetz, 2. Auflage, Köln 2014 (zitiert: *Bearbeiter*, Wachter, AktG)
Wagner, Jürgen	Aufgabenwahrnehmung und Vergütung des Aufsichtsrats, NZG 1999, Seiten 1092 bis 1094
Wagner, Klaus-R.	Kapitalanlagerechtliche Aufklärungspflichten bei betrieblichen Mitarbeiter-Kapitalbeteiligungen und Private Equity Beteiligungen im Mittelstand?, BKR 2002, Seiten 17 bis 25
Watrin, Christoph	Disquotale Gewinnverteilung bei Private Equity-Fonds, BB 2002, Seiten 811 bis 813
Weber, Martin	Die Entwicklung des Kapitalmarktrechts im Jahre 2006, NJW 2006, Seiten 3685 bis 3693
Weber-Rey, Daniela *Reps, Markus*	Ankerbeteiligungen: Chancen für die Corporate Governance, Rechtsrahmen und Investorenvereinbarungen, ZGR 2013, Seiten 597 bis 646
Weber-Rey, Daniela	Gesellschafts- und aufsichtsrechtliche Herausforderungen an die Unternehmensorganisation, Aktuelle Entwicklungen im Bereich Corporate Governance, Compliance und Risikomanagement, AG 2008, Seiten 345 bis 359
Wegmann, Jürgen *Koch, Wolfgang*	Due Diligence – Unternehmensanalyse durch externe Gutachter – Ablauf und Technik, Folge-Due Diligence als neuer Analysestandard –, DStR 2000, Seiten 1027 bis 1032
Weimann, Stephan	Insiderrechtliche Aspekte des Anteilserwerbs, DStR 1998, Seiten 1556 bis 1561
Weitnauer, Wolfgang	Das Übernahmesonderrecht des KAGB und seine Auswirkungen auf die Private-Equity-Branche, AG 2013, Seiten 672 bis 678
Weitnauer, Wolfgang	Der Beteiligungsvertrag, NZG 2001, Seiten 1065 bis 1073

Weitnauer, Wolfgang	Die AIFM-Richtlinie und ihre Umsetzung, BKR 2011, Seiten 143 bis 147
Weitnauer, Wolfgang	Handbuch Venture Capital, 6. Auflage, München 2019 (zitiert: *Weitnauer*, Hdb. VC)
Weitnauer, Wolfgang	Management Buy-Out, 2. Auflage, München 2013 (zitiert: *Weitnauer*, Weitnauer, MBO)
Weitnauer, Wolfgang	Risiko und Kontrolle, Risiko und Verantwortung, Balancing of Interests Liber Amicorum: Festschrift für Peter Hay zum 70. Geburtstag, Frankfurt am Main 2005, Seiten 463 bis 482
von Werder, Axel *Wieczorek, Bernd J.*	Anforderungen an Aufsichtsratsmitglieder und ihre Nominierung, DB 2007, Seiten 297 bis 303
von Werder, Axel *Bartz, Jenny*	Corporate Governance Report 2014: Erklärte Akzeptanz des Kodex und tatsächliche Anwendung bei Vorstandsvergütung und Unabhängigkeit des Aufsichtsrats, DB 2014, Seiten 905 bis 914
von Werder, Axel *Turkali, Julia*	Corporate Governance Report 2015: Kodexakzeptanz und Kodesxanwendung, DB 2015, Seiten 1357 bis 1367
von Werder, Axel *Danilov, Kyrill*	Corporate Governance Report 2018: Kodexakzeptanz und Kodesxanwendung, DB 2018, Seiten 1997 bis 2008
von Werder, Axel	Zur Signalstärke der Entsprechenserklärung, Festschrift für Klaus J. Hopt zum 70. Geburtstag am 24. August 2010, Unternehmen, Markt und Verantwortung, Band 1, Berlin 2010, Seiten 1471 bis 1489
Wessing, Kurt *Hölters, Wolfgang*	Die Verschwiegenheitspflicht von Aufsichtsratsmitgliedern nach dem Inkrafttreten des Mitbestimmungsgesetzes, DB 1976, Seiten 1671 bis 1674

Wettich, Carsten	Aktuelle Entwicklungen und Trends in der Hauptversammlungssaison 2012 und Ausblick auf 2013, AG 2012, Seiten 725 bis 736
Wicke, Hartmut	Corporate Governance-Fragen in der Kautelarjurisprudenz kleiner und mittelgroßer Unternehmen, ZGR 2012, Seiten 450 bis 488
Wicke, Hartmut	Gesetz betreffend die Gesellschaft mit beschränkter Haftung (GmbHG), 3. Auflage, München 2016 (zitiert: *Bearbeiter*, Wicke, GmbHG)
Widder, Stefan	Kurzkommentar zu Højesteret (Oberster Gerichtshof Dänemark), Urt. v. 14.5.2009 – 219/2008 (Københavns Byret), ZIP 2009, 1526, EWiR 2009, Seiten 687 bis 688
Wiedemann, Herbert	Verantwortung in der Gesellschaft – Gedanken zur Haftung der Geschäftsleiter und der Gesellschafter in der Kapitalgesellschaft, ZGR 2011, Seiten 183 bis 217
Wilde, Christian	Informationsrechte und Informationspflichten im Gefüge der Gesellschaftsorgane, ZGR 1998, Seiten 423 bis 465
Wilsing, Hans-Ulrich *Goslar, Sebastian*	Ad-hoc-Publizität bei gestreckten Sachverhalten – Die Entscheidung des EuGH vom 28.6.2012, C-19/11, „Geltl“, DStR 2012, Seiten 1709 bis 1713
Wilsing, Hans-Ulrich *von der Linden, Klaus*	Selbstbefreiung des Aufsichtsrats vom Gebot der Gremienvertraulichkeit, ZHR 178 (2014), Seiten 419 bis 442
Winkler, Christoph	Rechtsfragen der Venture Capital Finanzierung, Berlin 2004 (zitiert: *Winkler*, Rechtsfragen VC-Finanzierung)
Wittmann, Martin	Informationsfluss im Konzern, Frankfurt am Main 2008 (zitiert: *Wittmann*, Informationsfluss)

Zetzsche, Dirk	Anteils- und Kontrollerwerb an Zielgesellschaften durch Verwalter alternativer Investmentfonds, NZG 2012, Seiten 1164 bis 1170
Zetzsche, Dirk	Aktionärsinformation in der börsennotierten Aktiengesellschaft, München 2006 (zitiert: *Zetzsche*, Aktionärsinformation)
Zetzsche, Dirk	Die Marktsondierung nach Art. 11 MAR, AG 2016, Seiten 610 bis 621
Zetzsche, Dirk	Insider-Information beim verdeckten Beteiligungsaufbau („Anschleichen") mittels Total Return Swaps?, AG 2015, Seiten 381 bis 388
Zetzsche, Dirk	Normaler Geschäftsgang und Verschwiegenheit als Kriterien für die Weitergabe transaktionsbezogener Insiderinformationen an Arbeitnehmer, NZG 2015, Seiten 817 bis 824
Zetzsche, Dirk	Sicherung der Interessen von (Wagnis-) Kapital-gebern, Zum Verhältnis von Satzung, Vertrag und Nebenordnung in der Kleinen Aktiengesellschaft, NZG 2002, Seiten 942 bis 948
Ziegler, Ole	„Due Diligence" im Spannungsfeld zur Geheimhaltungspflicht von Geschäftsführern und Gesellschaftern, DStR 2000, Seiten 249 bis 255
Zieglmeier, Christian	Die Systematik der Haftung von Aufsichtsratsmitgliedern gegenüber der Gesellschaft, ZGR 2007, Seiten 144 bis 166
Ziemons, Hildegard	Die Weitergabe von Unternehmensinterna an Dritte durch den Vorstand einer Aktiengesellschaft, AG 1999, Seiten 492 bis 500
Ziemons, Hildegard *Binnewies, Burkhard*	Handbuch Aktiengesellschaft, Teil I, 67. Lieferung, Köln 2014 (zitiert: *Bearbeiter*, Ziemons/Binnewies, Hdb. AG)

Zimmer, Lutz *von Imhoff, Julian*	Die Neuregelung des Delisting in § 39 BörsG, NZG 2016, Seiten 1056 bis 1062
Zöllner, Wolfgang	Unternehmensinnenrecht: Gibt es das?, AG 2003, Seiten 2 bis 12
Zumbansen, Peer *Lachner, Constantin M.*	Die Geheimhaltungspflicht des Vorstands bei der Due Diligence: Neubewertung im globalisierten Geschäftsverkehr, BB 2006, Seiten 613 bis 619

Abkürzungsverzeichnis

I.	**Für alle verwendeten Abkürzungen wird verwiesen auf:** Kirchner, Hildebert: Das Abkürzungsverzeichnis der Rechtssprache, 8. Auflage, Berlin 2015
II.	**Weitere Abkürzungen**
a.F.	alte Fassung
Abs.	Absatz bzw. Absätze
AG	Aktiengesellschaft
AIF	Alternative Investment Fund (siehe Fn. 91)
Alt.	Alternative
Anm.	Anmerkung(en)
Anm. d. Verf.	Anmerkung des Verfassers dieser Arbeit
Art.	Artikel
Artt.	Artikel (*plural*)
BaFin	Bundesanstalt für Finanzdienstleistungsaufsicht
Beschl.	Beschluss
BKartA	Bundeskartellamt
BörsO FWB	Börsenordnung für die Frankfurter Wertpapierbörse, Stand: 26. Juni 2017
BVK	Bundesverband Deutscher Kapitalbeteiligungsgesellschaften
bzw.	Beziehungsweise
ca.	Zirka
CEFS	Center for Entrepreneurial and Financial Studies der Technischen Universität München
CSR	*Corporate Social Responsibility*
DCGK	Deutscher Corporate Governance Kodex
DMP	Disclosing market participant
EBIT	*Earnings before interest and taxes*
ESMA	European Securities and Markets Authority
etc.	et cetera
Fn.	Fußnote
Halbs.	Halbsatz
IAS	International Accounting Standards
IFRS	International Financial Reporting Standards
i.V.m.	in Verbindung mit
Kap.	Kapitel
Leits.	Leitsatz bzw. Leitsätze

MAR	EU-Marktmissbrauchsverordnung
M & A	*Mergers & Acquisitions*
PE	Private Equity
PE-Fonds	Private Equity-Fonds
PE-Investor	Private Equity-Investor
PE-Transaktionen	Private Equity-Transaktionen
PwC	PricewaterhouseCoopers
Rn.	Randnummer
S.	Seite
sog.	sogenannter/sogenannte/sogenanntes
Unterabs.	Unterabsatz
Urt.	Urteil
Var.	Variante
VC	Venture Capital
VC-Investoren	Venture Capital-Investoren
VC-Transaktionen	Venture Capital-Transaktionen
vgl.	Vergleiche
Vorb.	Vorbemerkungen
WpAIV	Wertpapierhandelsanzeige- und Insiderverzeichnisverordnung
z.B.	zum Beispiel
Zf.	Ziffer

www.ingramcontent.com/pod-product-compliance
Ingram Content Group UK Ltd.
Pitfield, Milton Keynes, MK11 3LW, UK
UKHW021834290926
8980IPUK00004B/456